中国共産党の歴史

高橋伸夫

A History of the Chinese Communist Party

CCP

慶應義塾大学出版会

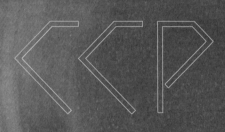

中国共産党の歴史　目次

序　章　中国共産党史の語り方　1
第*1*章　中国共産党の誕生　11
第*2*章　国共合作とその挫折　25
第*3*章　武装蜂起、そして大粛清　47
第*4*章　退却と分裂　69
第*5*章　日中戦争下での危機と成長　87
第*6*章　国共内戦とソ連への傾斜　111
第*7*章　新しい国家の樹立と社会主義建設　131
第*8*章　中国的な社会主義を求めて　151
第*9*章　大躍進の挫折　167
第*10*章　文化大革命への道　187
第*11*章　自己目的化した「革命」――文化大革命　207
第*12*章　毛沢東時代の終焉、そして文化大革命の終わり　237
第*13*章　改革開放への大転換　259

第*14*章　突進あるいは漂流――江沢民時代　287
第*15*章　軌道修正あるいは修復――胡錦濤時代　303
終　章　凍結あるいは反動――習近平時代　325

あとがき　345
参考文献一覧　*9*
索　引　*1*

序　章　中国共産党史の語り方

現時点において中国共産党の通史を書こうという企てが、いかに大それたことか、少しでも歴史について真面目に考えたことがある人間なら理解していただけると思う。ある人物がまだ鬼籍に入らないうちに、彼または彼女の伝記を書くことなどできるであろうか。通常、影響力の大きい人物に関する資料は、本人の存命中にはその一部しか利用することができない。また、その人物が生きているうちに、言い換えれば、彼または彼女が引き起こしたさまざまな出来事がまだ熱を帯びているうちに、その人について冷静に考えることは難しいであろう。したがって、中国のみならず世界を揺るがし、何億人もの人々の運命を左右し、しかも存命中でその影響力をますます拡大しつつある中国共産党の「生涯」について、いま書くことは無謀だといわなければならない。

中国共産党の「伝記」を現在書くことの困難はそれだけではない。この政党の歴史――中国では一般に「党史」と称される――という学問領域は、本家本元の中国においては政治と不可分であるうえに、ほとんど極限まで細分化され、あらゆる時期、あらゆる人物、あらゆる事件についてそれぞれ山のように多くの専門家が控えている。そのため、中国においても共産党の誕生から今日に至るまでを一人で論じようとする学者はほとんど見当たらない。そのようなことを試みる愚か者はまずいないであろう。というのも、もしそのような企てに着手するなら、好むと好まざるとにかかわらず、政治的色彩をもつ党派的な争いに加わることが避けられないばかりか、特定の時期、人物、事件を扱う無数の専門家たちからの尽きることのない批判を覚悟しなければならないからである。

それでも、蟷螂の斧をふるって中国共産党の通史を書いてみようという気になったのは、ひとつには二〇二一年が同党の生誕からちょうど一〇〇年に当たるからである（後で述べるように、同年に誕生したという点については、疑問がなくはない）。一世紀というのは、過去を振り返る節目としては悪くないように思われる。

もうひとつは、日本語で書かれた中国共産党の歴史に関する著作に、私がいささか不満をおぼえたからである。現在、日本語で読むことができる同党の歴史に関する著作で、近年の新しい資料状況と個別的研究の成果を十分に反映したものはまれである。そのうえ、これらの著作は比較的時期を限定して書かれたものがほとんどで、歴史を途切れ途切れにしか語っていない。しかも多くは、極端に党派的か、極端に詳細か、極端に「教科書風」――包括的ではあるが、あたかも事実の目録を読まされているようで味気ない――かのいずれかであるようにみえる。そのために、日本語で書かれた中国共産党の歴史は、ひとつの物語として描かれておらず、全体としてそれを眺めることが難しいものとなっている。そこで、可能な限り新しい資料を踏まえ、新しい個別的研究の成果を反映させることで、現在の中国共産党の歴史に関する理解の到達点を示しておくこと、そして細部への執着を抑制して、従来のものよりいくらか高い位置から歴史を眺めることを目標として通史を書いてみたいと考えたのである。

とはいえ、紙幅が限られるなか、これらの要請の間で均衡を打ちたてるのは容易ではない。そのため、いくつかの点を犠牲にせざるをえなかった。本書が扱うのは、いま流行している「下からの」歴史ではない。物語の中心に置かれているのは、政治構造の頂点を占める人々の思想と行動――したがって純然たる「上からの」物語――である。対外関係については、ソ連、アメリカとの関係にはいくらか言及しているものの、わずかに扱われているのみである。そして、これまた中国という国家の性格を理解するうえで重要な位置を占める北京と「少数民族」の関係についても、ほとんど触れていない。

新しい資料と研究成果を記述に反映するといっても、私が読むことのできたものは、実際には一部にすぎないことは認めなければならない。少しだけ言い訳を聞いていただけるなら、同党の歴史に関する膨大な文献をたった一人で把握することは、まったく不可能である。関連する資料は、大袈裟にいえば、日ごとに増えつつある。一九八〇年代末、幸運にも、各革命根拠地別に編集された『革命根拠地資料彙編』を入手できた際は、努力すれば全部に目を通すことが可能な分量だと思われた。しかし、二〇一〇年代初め、カリフォルニア大学バークレー校の東アジア図書館で偶然見つけた『中共重要革命歴史文献彙集』は、私を有頂天にさせたが、その全貌を知るにつれ、完全に圧倒されてしまった。このきわめて重要な資料群の膨大さは、それと格闘しようとする研究者の心を折るに十分である。さらに、二〇一九年に上海復旦大学で見せてもらった毛沢東時代の中国社会の「草の根」部分の現実を物語る途方もない量の手書き資料は、私をほとんど絶望的な気分にさせた。それだけではない。いまやインターネットを通じて、出所が怪しいものを含め、中国共産党の歴史に関する無数の文書を閲覧することができる。歴史を書くための新しい戦略――すなわち、問題設定と方法論と資料の適切な組み合わせ――と武器(技術的ツール)が考案されなければならない。しかし、それが手元にないうちは、自分が読むことができる範囲の限られた資料をひたすら読解するという旧来の方法に基づいて書くよりほかはない。したがって、あれも読んでいなければ、これにも目を通していないという批判は一定程度覚悟しなければならない。

資料については、さらにいうべきことがある。何かといえば、時代が現在に近づくにつれ、当然ながら利用可能な文書は限られるということである。われわれは毛沢東や鄧小平の政治的生涯および彼らの下した決断について、さまざまな角度から語るための文書をすでに手にしている(もちろん、すべての資料をわれわれが利用できるということではない)。だが、胡錦濤や習近平がいかなる人物であり、実際に何を考え、いつ、いかなる理由から、いかなる決断を下したかについて周到に語ることは現時点では無理である。したがって、読者はすぐに気づかれると思うが、天安門事件以降の部分は歴史学的な考察からはほど遠い。せいぜいのところ、これから本格的な研究を行うための足場となる――そうなればよいのであるが――スケッチにとどまっている。

資料の問題に劣らず重要なのは、どのような見地から中国共産党の歴史を書くべきかという問題である。この点について、あらかじめ私の態度をいくらか述べておいたほうがよいであろう。

中国共産党の歴史について書く人々は、三つの種類に分けられる。第一は、いうまでもなく中国共産党自身である。彼らは革命と一体化し、それを内部から蘇らせようと試みる。彼らの書く歴史——それが公式の「党史」となる——においては、通常、二〇世紀初頭の中国における労働者階級の成長に紙幅が割かれ、その結果としての共産党の「自然な」誕生が語られる。この革命勢力は「反封建、反帝国主義」を旗印にして圧倒的な数の大衆に支持され、中国社会の徹底的改造に乗り出す。そして、同党は反革命勢力である国民党の執拗な攻撃によって、また残酷な日本軍の侵略によって、大いに苦しめられながらも、最終的に帝国主義と封建主義のくびきから人々を解放し、旧い中国と根本的に手を切る様子が描かれる。

この物語の主要な「文法規則」となっているのは、フュレがブルジョア革命の概念を批判した際に用いた表現を借りるなら、革命という事件の必然性と、革命による時代の断絶である（フュレ、三七—三八頁）。二〇世紀初頭の中国における社会的・経済的構造の必然として中国共産党が生まれ、そしてそのような構造の申し子として同党は成長を遂げる。その過程で彼らが犯した数々の過ちおよび被った挫折は、結局は正しい軌道に帰ってくる一時的な回り道にすぎない。あるいは、党内におけるごく少数の道を踏み外した堕落変質分子の仕業であるにすぎない。共産党はあたかも見えざる構造の手に導かれるかのように最終的な勝利に至るのである。同党は構造を味方につけているがゆえに「正しく」、その成し遂げた事業の大きさゆえに「偉大」であり、そして自らの社会に根差しているがゆえに「自立」しているのである。

そしてこの物語は、革命家たちの自己意識、すなわち「新中国」をつくりあげたという意識に忠実である。そのため、一九四九年が「旧中国」と「新中国」を分かつ分水嶺を形作る。常識的には、ある民族が一夜にしてその社会的相貌を変えることなどありそうにない。だが、この物語においては民族の歴史に、革命を通じた「新しい始まり」が与えられているのである。その意味で、この物語は基本的に外部からの冷めた視線を意識することなく語られ、自足している。それは革命家たちの自己幻想とでも呼ぶべきものと一体化した歴史である。

第二は、反中国共産党の立場、あるいはより広く反共産主義的な立場をとる人々である[†1]。この立場から同党の歴史を書く人々は、中国革命に一片の同情も抱くことなく、ただ鋭く批判的である。彼らは中国の共産主義者が成し遂げたと称するものについて、嘲笑的で、敵対的で、あら探し的な精神をもって臨む。革命とは、政治権力がただ一群の過激で野心的な人々の手に移ることにほかならない。彼らの接近方法のもっとも重要な特徴は、中国の革命家たちを鼓舞し、そして革命の不可欠の要素をなした――私はそう考えているが――理想主義に少しの敬意も払わないということである。その代表的な文献ともいうべきユン・チアンの『マオ』によれば、毛沢東は最初から「信念のあやふやな男」で、大衆の利益などまったく眼中になかった。この並外れて権力欲が強い野心家、陰謀家、詭弁家に引きずり回されたのが中国革命の本質であったというのである。こうして、彼女の描く中国革命の物語は、理想主義とはまったくかけ離れたところで展開する。

私には、このような描き方では、二〇世紀に中国共産党が成し遂げた事業の意義、中国の人々が革命に注いだ熱情の大きさ、そして事業が挫折した際の彼らの絶望の深さを十分に描くことはできないように思われる。われわれは、中国の知識人たちの理想が大衆の間に一定の共鳴板を見出し、両者の願望がある場合には直接的につながり、別の場合にはねじれた形でつながりながら、両者の共同作業として革命が行われたと考えたほうがよいであろう。そして、党自らが掲げた理想を、意図せずして、あるいは理解しているにもかかわらず党自らが裏切っていくところに悲劇が生まれたと考えたほうがよい。その悲劇は、彼らがもっとも警戒していた危険にはまり込み、もっとも憎んでいた傾向のまえにひざまずき、もっとも遠ざけようとしていた価値にとらわれたことから生じたのである。これについて私は、官僚主義的独裁、無制約の権力、権力に伴う腐敗、「同志的関係」が、伝統的な「君臣関係」に置き換えられたことなどを念頭に置いている。

第三は、以上二つの立場の中間に立つ人々である。とはいえ、彼らの間に、いかなる戦略をもって中国共産党の歴史を書くべきかについて合意があるわけではない。彼らは公式の党史を引き写すこともできなければ、中国革命の意義について何ら真剣に考えようとしない反共主義者の議論にも与することができない、という点のみを共通項としている。日本の歴史家たちの間では、文化大革命後、中国における公式の党史から距離を置いて同党の歴史を書く必要性が折にふれて叫ばれてきたものの、代替的な書き方をめぐる議論は進まなかった。私はかつて、「短い中国革命史」[†2]——すなわち、一九二一年の党創設から一九四九年の革命勝利に至るまでの時期——を念頭において、中国共産党史に関する四つの可能な描き方を提示し、そのうちのひとつを当面の研究のために望ましい戦略として推奨したことがある（高橋、補論2）。

だが、その描き方は、「長い中国革命史」——それは現在に至るまでの改革開放の時代を含むが、いつ終わるのかはっきりしない物語である——においては意味を失わざるをえない。というのも、私が推奨した物語の描き方は、中国の共産主義者たちが社会的・経済的構造を味方につけて必然的に勝利に導かれたという観点を拒否するものであったが、それでも中国革命が中国の歴史に新しい出発点を与えたという観点を含んでいたからである。中国革命が「新しい始まり」をもたらしたなどという主張ほど馬鹿げたものはない、と一部の読者はいうに違いない。あなたは天安門事件以降の中国共産党の顕著な伝統への回帰を知らないわけではあるまい、と。たしかに、改革開放の時代を視野に収めるとき、同党による革命と統治が中国史に荒々しい断絶をもたらしたとはいいがたいようにみえる。近年において中国共産党は、あたかも自らが行った革命の痕跡を自らの手で消し去っているかのようにみえる。習近平は、中国の遠い過去と現在が切れ目なくつながっていると考えているようにみえる。文化大革命の際に紅衛兵があれほど激しく破壊して回った孔子像が、あちこちに建てられているのはその象徴である。

だが、そうなると中国共産党による革命と統治の一〇〇年に及ぶ物語を、全体としてどのような理解の枠組みのなかに包摂すべきなのであろうか。可能な枠組みのひとつは「逸脱—回帰」であろう。すなわち、革命は壮大であるけれども中国史の一時的な逸脱、あるいは迂回にすぎず、異常な逸脱の後は本来の軌道に戻り、中国はようやく中国らしい面目を取り戻したという理解の仕方である。さらに一部の人々は、中国の範囲を超えて、ここに一九一七年のロシア革命から始まり、各国の革命が次々に続く大遁走曲（フーガ）――このイメージはドイッチャーのものである（ドイッチャー、二九―三〇頁）――の終わりをみるかもしれない。

いずれにせよ、この一〇〇年を視野に収めた「逸脱―回帰」という解釈図式は、中国革命に特別な意味を与えることなく、それを「エピソード」（副次的な楽節）の地位にまで押し下げてしまうであろう。そして、この解釈を支持する人々は続けてこういうであろう。もし中国共産党が革命など企てなければ、進歩はもっと整然として合理的であったろう、中国は共産主義者が人々に無理やり払わせた途方もない代価を支払う必要もなければ、毛沢東主義の圧政に耐える必要もなしに、いちはやく工業化を進め、もっと早く世界の超大国となったかもしれない、と。その超大国は中国の伝統的な面影を色濃く残したままで、相変わらず「皇帝」が君臨し、西洋とは異なる価値が信奉され、世界に対して自らが中心に位置すると主張する国家ということになるであろう。かくして、この解釈図式は、中国はどこまで行っても中国であるという保守的な観念に、きわどいところまで近づいてしまう。

だが、未来はまだ定まっていない。この一〇〇年の歴史の「貸借対照表」の確定は、遠い将来の作業とならざるをえない。もし、中国共産党の統治が続くなかで民主主義が――もちろん西洋的な意味での――姿を現したらどうであろうか。その場合には、中国共産党は、長い時間がかかったとはいえ、やはり中国史に断絶を持ち込んだといいうるであろう。世界が待ち望み、あげて称賛するはずのこの種の変化が起こるとすれば、それはどのような歴史の解釈図式のなかに収めるべきであろうか。すぐに思い浮かぶのは、普遍的と考えられている近代化の過程を――その最終局面で訪れるのは民主化であるが――中国もやはりたどったという理解の枠組みのなかに収めることである。

あるいは、中国共産党自身が思ってもみなかった「長引いたブルジョア民主主義革命」という図式を適用することもできるであろう。この図式を採用するとき、われわれは同党による革命と統治の時代を中国史における特別な時期としてみるより、ブルジョア革命の課題が、孫文らの革命派、国民党、共産党という具合に、あたかもリレー競争のようにバトンを引き継ぎながら達成される長期の過程に埋め込んで語ることになるであろう。そして、もし将来において民主化が達成されたとすれば、そこで中国のブルジョア民主主義革命の長い物語はようやく完結するというわけである。この物語における中国共産党の役割は、あたかも悪をなそうとして善をなしてしまうメフィストフェレスのようなものとなるであろう。

以上は、この一〇〇年に中国共産党が成し遂げたことを全体としてどう描くかに関わることである。それはまた、数世代後の人々がこの時代をどのように想起するかについての、いくつかの可能性に関わることでもある。複数の顕著に異なる可能性に開かれている以上、あらかじめ解釈の方法を固定したうえで物語を書くことは適切ではないであろう。解釈図式が定まらないために、必然的に私の描く物語は、どこか一貫しないものとならざるをえない。私は前記の第三の立場に属し、中国共産党の言説とは距離を置きながら、そうかといって中国の共産主義者が成し遂げた革命およびさまざまな事業にある種の共感を失わず、物語の結末はなかなか定まらないかのように書くであろう、と大まかに述べることができるだけである。

各章の参考文献リストに掲載されている文献は、基本的に、実際に引用したものに限定されている。参考文献は、各章ごとに日本語、中国語、英語の文献の順にそれぞれまとめ、その中で出版年の古いものから順に並べてある。それらから引用を行う場合には、本文中において、著者名もしくは書名を簡略化した形で括弧に入れ、出所を示している。なお、本文中にさかんに現れる「第X期Y中全会」という会議の呼称は、第X期の中央委員による第Y回目の全体会議という意味である。

†1　とはいえ、左右の両翼から「反共産主義的」と認定される文献であっても、必ずしもこの範疇に当てはまらない文献がある。それは、共産主義の原理的な立場から、過去の革命運動、および現存する「社会主義」体制について批判的な態度を示す文献である。そのような文献は、ここには含めない。

†2　この「短い中国革命史」という言葉は、ホブズボームの「短い二〇世紀」から着想を得たものである。とはいえ、彼のいう「短い二〇世紀」は、一九一四年からソ連邦の終焉に至るかなり長い時間ではあるが。

第*1*章　中国共産党の誕生

中国共産党は、同党の公式の歴史がほのめかすように、中国独自の社会的、経済的、文化的諸条件のなかから「自然に」生まれたのであろうか。それとも、反共産主義的な文献が示唆するように、外部から「無理やり」移植されたのであろうか。単純な二者択一が誤りであることはいうまでもない。中国大陸における共産党の誕生に寄与した要因はさまざまであり、それらは複雑に絡まり合っていた。

国内的文脈

まず中国国内に目を向ければ、一九一四年に始まる第一次世界大戦が中国に与えた社会的、経済的影響に注目しなければならない。ヨーロッパ列強は、欧州における大規模な戦闘のため、一時的に中国に対する投資と輸出を控えざるをえなかった。すると、その間隙を突いて、中国には土着の民族資本が台頭したのである。民族資本の成長は紡績、製粉、マッチ、セメント、石鹸などの軽工業部門において著しかった。

この変化は、当然のことながら新しい社会層の形成に導いた。すなわち、民族資本家層と労働者階級、および新たな社会が生まれつつあることを察知し、人々に行くべき道を指し示そうとする――したがって一定の政治的志向を備えた――知識人層である。知識人たちは中国共産党の誕生に先立って多数の政党（ただし、この言葉をもっとも緩く定義した場合に限られる）を組織していた。清朝の土壇場での議会開設の動き、そして辛亥革命後の短命に終わった議会がこれらの政治集団誕生の触媒となった。かくして、二〇世紀初頭の中国においては、政党が雨後の筍のように現れていた（山田、一五四―一五五頁）。これらの政治集団は、当時、急速に拡大しつつあった新聞や雑誌などのメディアを通じて影響力を競い合っていた。これはまさに政治的近代化の兆候にほかならなかった。中国においても政党の時代が幕を開けていたのである。

これらの政党は、保守的なものであれ急進的なものであれ、新文化運動を通じて中国に一気に流入した西洋のさまざまな近代思想の影響を多かれ少なかれ受けていた。おそらくはそのためであろうが、これらの集団はいずれも近代主義的な発想に基づいて国家権力の基礎を社会に求めたのであった。シュウォルツが指摘するように、もはや伝統的規範や宗教によって従来の統治者と被治者の区別（そして隔離）が支えきれなくなった近代の政治組織体に共通する特徴のひとつは、「人民から主権を引き出している」という観念の共有なのである（Schwartz, p. 222）。そこで、新たに国家を担おうとする人々は、天や神や自然を祭壇から引きずり降ろした後、それらに代えて社会もしくは人民をそこに据えた。今後いかなる政党が国家権力を手にしようとも、それは社会あるいは人民という領域を意識し、それをもちあげ、その名において語り、そのためにと称して統治するであろう。このような近代主義的な発想は国民党と中国共産党に顕著であったとはいえ、それらに特有のものであったわけではない。一九〇三年に一〇〇万部も発行されたとみられ、知識人の間に革命の概念を広めるのに役立った鄒容によるパンフレット『革命軍』には、その国の人々が政治運営に参加できないならば、それは「国」ではなく、また彼らは「国民」でもない、との表現がみられる（周永林編、七二頁）。

特徴的なことは、近代主義的な思想の受容が、その半面において伝統の拒否を伴っていたことである。つまり、当時の中国知識人は、西洋の思想を自らの伝統文化に接合しようとしなかった。このような態度は、約半世紀前に唱えられた「中体西用」論とは鮮やかな対照をなしていた。一九一五年に陳独秀によって創刊され、新文化運動を支えた雑誌『青年雑誌』（翌年に『新青年』と改称された）に集った人々は、中国の伝統的思想と文化に容赦ない集中砲火を浴びせた。陳はこの雑誌の創刊宣言にあたる「敬《つつし》みて青年に告ぐ」において、旧中国を支えていた儒教倫理を捨て、科学に依拠することを唱え、伝統文化に対する攻撃ののろしをあげた。胡適は一九一七年に「文学改良芻議」を発表し、文章に口語（白話）を使用することを提唱した。伝統社会における官僚層の文化的ヘゲモニーの象徴であった文語に代えて口語の使用を唱えたことは、文化の再構築という観点からみてきわめて意義深いことであった。魯迅は「狂人日記」など一連の口語を用いた小説を発表して、胡適の主張にこたえるとともに、伝統的思想を強烈に風刺した。

だが、やがて西洋近代にも批判的なまなざしが向けられるようになる。一九一七年に起こったロシア革命が転機となった。この世界を震撼させた事件以降、それまで中国知識人の運動全体を支えていた、西洋の思想であれば何であれ受容するといった態度が改められ、取捨選択の動きが生じた。知識人の多くに選び取られたのは、マルクス・レーニン主義であった。李大釗が、その中国への紹介にあたり主導的な役割を果たした。早稲田大学への留学経験をもつこの北京大学教授は、一九一八年一〇月、『新青年』に「庶民の勝利」および「ボリシェビズムの勝利」という二つの論文を発表し、第一次世界大戦を資本主義および軍国主義に対する庶民の勝利、ボリシェビズムの勝利であると概括し、さらにロシア革命とマルクス・レーニン主義を積極的に評価した。このような主張は、当時の若い急進的な知識人たちをたちどころに捉えた。その理由は、シュウォルツの説得力に富む説明に従えばこうである。

第一に、マルクス主義は西洋の観点から西洋を批判する武器を与えてくれるようにみえた。当時の中国知識人たちはこう考えた。西洋には中国にない優れた思想と技術がある。だから、中国人はいとも簡単に西洋人に屈服させられてしまった。したがって、中国は西洋の優れた点を学ぶべきだ、と。しかし他方で、まさに西洋こそ、中国に多くの災いと苦しみを与えている張本人であった。その意味で、彼らの西洋に対する感情は愛憎半ばするものであった。だが、マルクス主義は、西洋で生まれた理論でありながら、西洋を徹底的に批判する理論でもあった。そこで、この理論に中国知識人はある種の精神的満足感を見出すことができたのである。

第二に、知識人たちは、ロシアでボリシェビキと呼ばれる比較的小さな政治集団が、大きな変革を成し遂げたことにすっかり魅せられてしまった。中国と同様に巨大な国家で、知識人に率いられた小さな集団が、国家を混乱と貧困のなかから救い出した（少なくともそうみえた）。同じことがわれわれにもできるのではないか、と中国の知識人たちは考えた。そこで、彼らはロシア革命について本気で研究してみようという気になったのである。

第三に、レーニンの帝国主義の理論が中国の直面している状況をきわめて明快に説明してくれるようにみえた。彼の有名な『帝国主義論』においては、中国のような後進地域の惨めさの責任は、ほとんどすべて「資本主義における発展の最新の段階」である金融資本にあるとされている。そして、レーニンの描いた世界のイメージにおいては、一方に帝国主義列強のグループがあり、他方にすべての抑圧された民族、植民地、労働者階級の利益を代表すると称するソ連があった。たしかに、当時、ヨーロッパ列強と日本は、中国から搾り取れるだけのものを搾り取ろうとしているようにみえた。かたやソ連は一九一九年と一九二〇年にカラハン宣言を発して、帝政ロシアが有していた中国に対する帝国主義的権利を放棄すると明言した。帝国主義列強が群れをなして中国から奪おうとしているときに、ひとりソ連だけが救いの手を差し伸べているようにみえたのである。この状況のなかでは、中国の知識人がレーニンの理論に引きつけられても無理はなかった（シュウォルツ、一三一二一頁）。

李大釗は一九一八年末、北京大学内に「マルクス学説研究会」を組織した。『新青年』や『毎週評論』などの雑誌を通じて、ロシア革命とその成果に関する情報、およびマルクス・レーニン主義の思想が急速に全国の大都市に住む知識人の間に広がっていった。とはいえ、ザーロウが戒めているように、マルクス・レーニン主義が一夜にして中国知識人全体を飲み込んでしまったと考えるのは禁物である（Zarrow, p. 186）。なるほどマルクス・レーニン主義は、中国を根本から変革するための魅力的な手段のひとつには違いなかったが、他のさまざまな政治思想が完全に拒否されたわけではなかった。とりわけ、無政府主義の影響は、陳独秀の示唆するように、それが中国古来の老荘思想との類似性のためであるかどうかはともかくとして（「中国式の無政府主義」、『中国共産党史資料集』第1巻、五一頁）、強く残った。したがって、ロシア革命を契機として、中国共産党の成立に向かって事態が一気に動いたとみることはできない。

ロシア革命に続いて中国知識人を大きく揺さぶる事件が、まさに彼らの足元で生じた。一九一九年五月に北京で発生した五四運動である。この運動は第一次世界大戦の終結に際し、中国に触手を伸ばそうとする日本と、日本に融和的な北京政府に反対する学生たちの抗議運動に端を発する反帝国主義運動であった。運動はまたたく間に全国の主要都市へと拡大し、六月には上海で労働者や商人を含む大規模な大衆運動へと発展した。この運動の成果は、北京政府の親日的閣僚の罷免であった。大衆の力を目の当たりにした知識人の一部は、「人民のなかへ」飛び込む必要性を理解した。すなわち、政治的、社会的な大変革を成し遂げるには、人民大衆の力を借りなければならないという認識に到達したのである。だが、現実に変革に乗り出す職業革命家の集団が誕生するまでには、この時点ではまだ至らなかった。

国際的文脈

当時の中国の社会的、経済的、文化的諸条件を中国共産党の母とするなら、モスクワを中心とする国際共産主義運動は助産婦どころか父そのものであった。革命後に誕生したソビエト・ロシアは中国に向かって何本もの腕を伸ばしていた。そのひとつは、ソ連政府から北京政府に向けて伸ばされた腕であった。モスクワは、中国がロシアの革命政権を承認する最初の国家となることを期待して使節団を派遣した。ところが、北京政府はなかなか交渉に応じようとはしなかった。折しも、軍閥の二大勢力である安徽派と直隷派の間で行われた戦争で直隷派の呉佩孚が勝利して北京政府を支配下に収めると、ソ連政府は、この五四運動において学生たちを公然と支持した

「愛国軍人」に接近した。だが同時に、おそらくは軍閥混戦の先が見通せない状況下で保険をかけたのであろうが、広東に拠点を置いて北京政府の打倒を目指す孫文とも接触したのである。中国の天下がいずれの方向に転んだとしても、親ソ連的な反帝国主義の盟友を極東に作ることが眼目であった。

ソ連政府とは別に――といっても完全に区別することはできないが――コミンテルン（第三インターナショナル）もまた中国国内の急進的民族主義者および共産主義者に向けて腕を伸ばした。もっとも、一九一九年三月にモスクワで誕生した、世界に共産主義を広めるためのこの組織は、当初、ソ連の周辺にある植民地や半植民地諸国の問題について、さしたる関心を示していなかった。というのも、ボリシェビキは、植民地の解放は宗主国における革命の結果としてもたらされるであろうと考えたが、その逆の可能性について考えるに至っていなかったためである。ところが、彼らはすぐに事態を再考する必要に迫られた。レーニンがソ連を苦境から救うために、あれほど期待をかけた全ヨーロッパ革命の見通しが一九二〇年までに潰えてしまったからである。そこで、東洋における民族解放闘争がソビエト政権の安定化に寄与する可能性が注目された。一九二〇年夏に開かれたコミンテルン第二回大会は、「民族問題と植民地問題に関するテーゼ」を採択し、植民地における共産主義者と民族主義者の暫定的同盟に道を開いた。次いで、バクーで開催された東洋諸民族大会は東方の国々から共産主義者、アナキスト、および急進的民族主義者を集めて、共産主義インターナショナルと東洋の諸民族との兄弟的同盟をうたいあげた（マグダーマットほか、二二一―二二六頁）。かくして、中国に対するコミンテルンの接近が本格化したのである。

一九二〇年四月には、ウラジオストクのソ連共産党極東局からヴォイチンスキーらが北京に派遣された。彼らは李大釗および張国燾と何度も会談した――その会談は英語で行われたという（張国燾、第一冊、一一八頁）――のち、上海に赴いて陳独秀と接触し、中国における共産党の設立について働きかけを行った。これは同じ頃、東方世界（日本、朝鮮、インド、インドネシアなど）において土着の革命運動とコミンテルンの働きかけによる化学反応を通じて、いくつもの共産党が誕生しようとしていた、より大きな構図の一部であった。

ここから翌年七月の中国共産党第一回全国代表大会（以後、第一回党大会と略記する）に至る道程は、いまなおはっきりしていない。公式の党史が述べるところでは、一九二〇年五月、上海において陳独秀がマルクス主義研究会を組織した。その中核にいたのは『新青年』同人の李漢俊、兪秀松、施存統らであった。この集団は翌月、たんなる研究会から一歩踏み出し、「党」となることを決意した。彼らはこのとき、一〇条からなる党の綱領も起草した。それにはプロレタリアート独裁、生産合作などの手段を通じて社会革命の目的を果たすことがうたわれていたという。党名をどうするかという問題について、陳独秀が李大釗に意見を求めると、李は「共産党」を提案し、陳独秀もそれに同意したという。かくして、同年八月、上海のフランス租界に置かれていた『新青年』編集部において共産党は誕生し、陳独秀が書記に収まったのであった。[†1] 一一月、この組織は「中国共産党宣言」を出し、階級闘争を通じて――具体的手段としては、ゼネストを通じて――ブルジョアジーの政治権力を打倒し（この点において、この文書はマルクス主義者というより急進的サンディカリストの手によるものという印象を与える）、プロレタリアート独裁を打ち立てると宣言した（『中共中央文件選集』第一冊、五四八―五四九頁）。あわせて機関誌『共産党』も創刊された。

とはいえ、今日の公式の党史は、この組織を「共産党早期組織」と呼び、その翌年に全国の共産主義者を集めて誕生する中国共産党の前身であるにすぎないという印象を与えている（『中国共産党的九十年　新民主主義』、二七頁）。そのような記述の背後に、後にトロツキストとなって党を除名される陳独秀に大きな歴史的役割を賦与しないため、あるいは（そして同時に）毛沢東に党創設の功績を分け持たせるためという政治的目的が潜んでいるのかはわからない。

その点はさておき、以上のような公式の党史の行間に潜んでいるのは、コミンテルンの使者が果たした作用および財政的援助である。彼らが中国に到着する前に、中国で暴力革命に従事する党の結成を提起した知識人は見当たらなかった。ロシアからやってきた使者たちの作用を通じて初めて革命活動に専門に従事する人々の集団が生まれたのである（『コミンテルンと東方』、二〇四頁）。そして、これらの使者たちは中国に出現した「共産主義者」の出版・宣伝活動などを資金面で支えたのであった。公式の党史のひとつは、第一回党大会に出席した李達の回想を根拠として「当時、党の活動経費はすべて党員の自発的な献金によっていた」と主張している（『若干問題説明』、二五頁）。だが、いきなり誕生した少数者からなる革命集団が、出版費、宣伝費、労働者の組織工作に関わる費用などの活動費すべてを自前で調達することなど、およそ不可能であった。一九二二年六月、陳独秀によるコミンテルンに対する報告によれば、一九二一年一〇月から一九二二年六月までの党中央の支出は一万七六五五元、収入は「国際援助」が一万六六五五元（すなわち支出の九四パーセントをまかなっている）であり、自発的な献金は一〇〇〇元にすぎなかった（楊奎松、一三八頁）。

自身が「外来植物」ではなく、いかに中国の土壌のなかから自然に芽吹いたかを印象づけようとする公式の党史は、さらに別の面でも出生に関する秘密をいくらか覆い隠している。その秘密とは、組織的な側面に関わるものである。時間はいくらか前後するが、上海で「共産党」が成立した後、一〇月には李大釗、張国燾らが北京で「共産党小組」を成立させた。この組織はやがて「共産党北京支部」を名乗った。ほぼ同じ頃、武漢、長沙、済南、広東において、さらには日本とフランスにおいても留学生たちによって、同様の組織が誕生した（『中国共産党的九十年　新民主主義』、二八頁）。中国の大都市に散らばるこれらの組織は、それぞれが内部に不協和音を抱えていた。例えば、広東のグループはマルクス主義者と無政府主義者の混合物であり、主導権を握っていたのは、むしろ無政府主義者のほうであった（Van de Ven, pp. 64–65）。公式の党史は、陳独秀の努力を通じて、ようやく一九二一年春になって、このグループから無政府主義者が退出したとしている（『中国共産党歴史』第一巻上冊、七七頁）。張国燾によれば、北京の「共産党小組」にも数名の無政府主義者が紛れ込み、彼らを追放するのは手間のかかる仕事であった（『中共中央文件選集』第一冊、一四頁）。

これらの組織を単一の共産党にまとめあげてゆく過程――それは決して第一回党大会をもって完了したわけではない――は、ヴァン・デ・ヴェンが示唆するように、曲折に富んでいたに違いない。彼は、今日の公式の党史からは無視されている重慶と成都の共産主義者グループの存在を指摘し、後者は少なくとも一九二五年に至るまで中国共産党に統合されなかったと述べている（Van de Ven, pp. 73-75）。もしこれが事実であるとすれば、それは朝鮮やベトナムなどの地域において、共産党が単一の組織として姿を現すまでに経験した困難――それは政治的経験に欠ける若くて血気盛んな知識青年たちを束ねることに伴う困難にほかならなかった――を中国もまた免れなかったことを物語っている。その困難は一九二一年七月に開催された第一回党大会においても持続していたのである。

第一回党大会

ヴォイチンスキーが中国から日本へと活動の舞台を移した後、コミンテルンは彼に代わってオランダ人マーリン（本名ヘンドリクス・スネーフリート）とロシア人ニコルスキーを中国に派遣した。彼らのお膳立てにより、一九二一年七月、上海で秘密裏に第一回党大会が開催された。大会の開催通知を受け取った各地の代表たちは、六月末から上海に向かい始めた――コミンテルンから支給された旅費で！　こうして、毛沢東を含む一三人の代表を集めて七月二三日から三一日まで歴史的な会議が開催されたのである（石川、二七四頁および二九五頁）。

公式の『毛沢東伝』の著者は、「これは若者たちの会議であった」と述べている。年長者である陳独秀と李大釗はこの会議に参加しなかった。一三人にマーリンとニコルスキーを加えた一五人の平均年齢は、二八歳にすぎなかった（『毛沢東伝』みすず書房、上、七五頁）。この会議に集った人々の思想信条はまだこの段階においては堅固なものではなかった。広東のグループを代表していた陳公博は、会議の途中で妻と杭州に観光に出かけてしまっただけでなく、一年後には党を離れ米国に留学した。彼は一九二五年に帰国すると国民党に入党し、さらに日中戦争の時期には汪精衛の南京国民政府に参加することになる。日本への留学生グループを代表していた周仏海は党大会後、日本へと戻り、一九二四年に帰国すると間もなく共産党を離れ、やはり日中戦争の時期には汪精衛の南京国民政府に加わった。武漢グループを代表していた包惠僧もまた一九二七年夏に党を離脱し、国民政府に加わった。北京グループを代表していた劉仁静はやがてソ連留学を契機としてトロツキストとなる（以上の記述は、『近代中国人名辞典』修訂版の記述に基づいている）。

これらの事実が物語るものは二重である。それは第一に、当時の自称「共産主義者」たちは、信念とするものが必ずしもマルクス・レーニン主義である必要はなかったということである。ただし、それは必ずしも彼らの信念があやふやであったことを意味しない。彼らのうちの何人もが影響を受けていた河上肇が、マルクス主義者であると同時に仏教にも深く肩入れしていたことを想起されたい。おそらく、一九二〇年代における中国共産主義者の思想面での一見つかみどころのなさは、当時の東洋における知識人の多面性の表現であったと理解することができるのである。第二に、信念を同じくする人々が党を組織したのではなく、党の組織化（およびそれに伴う規律の強化）が事後的に彼らの間に信念の一致を作り出したということである。

党の綱領および組織について討論が始まると、深刻な意見の分岐があらわになった。この分岐は、おおむね穏健派と急進派との間の距離を反映していたと理解してよいであろう。この大会で主席を務めた張国燾の回想に基づくなら、李漢俊は党が合法的運動を行えば十分であると主張した。つまり、党はただマルクス主義を宣伝し、研究すればそれでよいというのである。彼は党の綱領について、まずロシアとドイツに人を派遣し、研究してから決めればよいとさえ主張した。一方、もっとも若い参加者であった劉仁静は、中国共産党がたんなるマルクス主義の研究団体であってはならないと主張し、武装暴動によるプロレタリアート独裁の確立を党の直接の目的とみなした。しかし、代表たちの大多数は、李と劉の見解を極端なものとして退けた。[†2]

また、党の組織的性格をめぐる討論の際、李漢俊は中央がひとつの連絡機関にすぎないような党員たちの緩やかな連合を主張した。それどころか、党員たちは党の実際の活動に参加する義務を負う必要はなく、ただマルクス主義を信じてさえいればよいと主張したのである。この見解もまた極端であるとされ、退けられた（張国燾、第一冊、一四〇―一四一頁）。

以上の点に加えて、大会直後に作成され、コミンテルンに送られたと思われる報告書には、共産党員が国会議員や官僚になることを許すべきかに関して激烈な討論が展開されたと記されている。この報告書によれば、ある者は、党員が国会議員となることは自らの原則を放棄し、ブルジョアジーの一部となることを意味するがゆえに、許されるべきではないと主張した。だが、別の者は党の活動は秘密活動だけで成り立つものではなく、公然たる活動も必要であると主張した。すなわち、労働者が置かれた諸条件を改善する闘争において、また出版と集会の自由を勝ち取る闘争において、国会での活動は有利だというのである。報告書は、この点をめぐる論争に決着はつかなかったと述べている。また、官僚となることが認められるべきかという問題についての議論は意図的に回避されたと記している（『中国革命档案資料叢書』第二巻、二一六―二一七頁）。

大会は党の指導機関として中央書記処、ならびに組織部と宣伝委員会を設置した。投票の結果、陳独秀は欠席のまま書記に、そして張国燾と李達がそれぞれ組織部、宣伝委員会の責任者に選出された（蘇杭ほか、一九頁）。

大会では「中国共産党綱領」と「中国共産党の最初の決議」という二つの文書が採択された（いずれも『中共中央文件選集』第一冊、三―九頁に収録）。公式の党史は、「第一回党大会で採択された党の綱領は、外国のものを引き写したのではなく、当時の中国共産党人の、党の性質と任務に対する認識の集中的な表現である」としている（『若干問題説明』、二九頁）。だが、驚くべきことに、石川禎浩による疑問の余地なき考証に基づけば、「綱領」はアメリカ共産党綱領を、また「決議」はアメリカ共産党宣言を手本としていたのであった（石川、三〇三頁）。なるほど、共産党およびその対外的なアピールがいかなるものか当時は知る由もなかった中国の「共産主義者」たちが、すでに党を樹立していた欧米の共産党のやり方を模倣したとしても、無理はなかった。

二つの文書から浮かび上がる、生まれたばかりの中国共産党の姿はいかなるものであろうか。まったく奇妙なことに、われわれはそれらの文書のなかに民族主義的要求を見出すことができない。つまり、帝国主義に抗して民族の自己決定権を回復するというテーマが見当たらないのである。これは、今日の同党がナショナリズムの権化のように振る舞っているのとは著しく対照的である。中国の歴史家は、第一回党大会当時、レーニンがコミンテルン第二回大会で表明した「民族植民地問題に関するテーゼ」がすでに中国に届いていたことを認めている（張文琳ほか、一二三六頁）。それならば、なぜ民族の独立という主題が欠落しているのであろうか。それはアメリカ共産党の文書を引き写したためであろうか。それとも、一三人の「共産主義者」たちが中国国内の変革の問題に関心を集中させていたためであろうか。あるいは、国内の根本的変革が達成されれば、対外的な問題はおのずと解決するはずであると信じていたためであろうか。その理由はよくわからない。

その代わりに、あたかもそれ以外のことは目に入らないかのような、階級闘争至上主義とでもいいうるような態度がうかがわれる。この階級闘争は、共産党単独で行われる孤独なたたかいであった。彼らは当時、四億人を超える人口を抱えた中国社会において、数十人からなる、取るに足りない、ちっぽけな集団であったにもかかわらず、あくまでも独力で資本主義社会に終止符を打とうと意気込んでいたのである。「決議」は、その他の政党に対する攻撃的な態度をとることをうたっている。「現有のその他の政党に対しては独立した攻撃的な政策をとるべきである。政治闘争において、軍閥主義と官僚制度に反対する闘争において、言論、出版、集会の自由を勝ち取る闘争において、われわれは終始完全に独立した立場に立ち、プロレタリアートの利益を擁護するのみであり、その他の党とはいかなる関係も打ち立てるべきではない」[†3]。

だが、少数精鋭の職業的革命家の集団、あるいは軍隊からの類推によって理解される厳格な規律と訓練に支えられる集団という色彩はきわめて薄かった。「綱領」は、党員が政府委員もしくは国会議員となりうる道を開いていた。一方、「決議」は地方組織の自立性をある程度まで容認するものであった。すなわち、地方組織は新聞、週刊誌、通告などを独自に出すことができるとしているのである。以上の諸点から判断すれば、穏健派と急進派の論争は、いくらか急進派の優位に傾いたものの、彼らの全面的勝利に終わったわけではなかったといいうる。

そして、コミンテルンとの関係について、「綱領」はそれと「連合する」ことをうたい、「決議」は毎月報告を行うこととしているが、その支部となることはまだ定められていなかった。だが、すぐにコミンテルンの太い腕が生まれたばかりの中国共産党をとらえた。そして、彼らの進むべき方向を転換してしまうのである。

†1 『中国共産党的九十年　新民主主義』、二七頁。綿密な考証を行った石川禎弘によれば、一九二〇年五月頃から陳独秀を中心とする『新青年』同人が「社会主義研究社」を名乗り、それが翌月に「社会共産党」と改称した。この団体は「社会主義青年団」を併設して勢力拡張を図りながら、出版、宣伝活動を続けたのであった（石川、一九一頁）。ただし、論争は現在もなお続いている。ある中国の歴史家は、一九二〇年五月に陳独秀が上海で組織した「研究会」に正式な名称はなかったかもしれないといい、また共産党の誕生は、一九二〇年八月ではなく九月であった可能性があると主張している（洪小夏、三八〇―三八一頁）。『毛沢東年譜』修訂本、上巻には、一九二〇年八月に「上海で『中国共産党』が正式に成立した」と記されている（六二頁）。

†2 張国燾、第一冊、一三八―一三九頁。この記述は、やはり会議の参加者であった陳潭秋の回顧とおおむね一致している（「中国共産党第一回全国代表大会の回顧」、『中国共産党史資料集』第1巻、五九―六〇頁）。

†3 『中共中央文件選集』第一冊、八頁。陳潭秋は、大会のなかで孫文に対する態度をめぐる討論が行われた際、包惠僧が、われわれと孫文は二つの敵対する階級を代表しているのだから、妥協はありえないと主張し、批判を浴びたと回想している。そして、孫文が進める進歩的運動については、党外協力の形でそれを援助するという原則が採択されたと述べている（『中国共産党史資料集』第1巻、五八―六三頁）。だが、「綱領」と「決議」はこの原則なるものの痕跡をまったくとどめていない。おそらく、陳は後からの知恵を彼の回顧録のなかに持ち込んだのであろう。

第2章　国共合作とその挫折

中国共産党の党員自身がどう考えていたかはともかく、後見役のロシア人からみて、生まれたばかりの同党が順調に発育を遂げられるかどうかは大きな疑問であった。東洋の広大な地域で、頭でっかちの知識人が数十人集まり革命を唱えたところで、何ができるというのであろうか。この赤子を育てるためには、中国の特殊な条件に根差した「保育器」が必要であった。ロシア人が探し当てたその保育器には「国共合作」という名前がついていた[†1]。中国共産党に先んじて革命に乗り出した国民党にひとまずは寄生し、ともにブルジョア民主主義革命を成し遂げた後、共産主義者はブルジョア民主主義の枠を踏み越えて進み、最後にはプロレタリア革命を成功させるというのが、この戦略の眼目であった。

国共合作への道

この戦略に従うなら、中国共産党は国民党と協力しなければならなかった。すでに述べたように、共産党は誕生当初、その目標をブルジョアジーによって支配されている従来の社会構造の根底からの変革に定めていた。他方、生まれたての共産党は帝国主義による支配からの解放、すなわち民族独立という問題にほとんど関心を払っていなかった。したがって、まさにブルジョアジーを基盤とし、民族独立を目標に掲げる政党である国民党と力を合わせることは、共産党の最初の指導部の眼中にはなかった。だが、コミンテルンの圧力によって、共産党はなかば無理やり国民党との合作を押しつけられた。

当時コミンテルンは、ヨーロッパにおけるブルジョアジーに対するプロレタリアートの闘争を、後進地域における民族解放闘争と世界的規模で結合させようと目論んでいた。この壮大な企ては、いまやグローバルに展開する資本主義は、安価な労働力と原料、そして有利な投資の機会を提供してくれる周辺世界から切り離されれば、決定的に弱体化するであろうとの想定に基づいていた。とはいえ、これら二種類の闘争は、簡単に折り合うはずはなかった。なぜなら、一方は異なる階級がたたかうことを、他方は異なる階級が連合して共通の敵とたたかうことを意味していたからである。だが、後進地域において、プロレタリアートがいきなり社会主義革命を目指すことが無理であることは自明であった。そこで、まず諸階級が連合し、民族独立を達成してブルジョアジーがその地域で資本主義を発展させることを容認したうえで、次の段階でプロレタリアートがその十分に発展した資本主義的秩序を覆す闘争に立ち上がる、という二段階革命のシナリオが描かれたのである。そのためコミンテルンは、民族独立を目指すブルジョア民主主義的革命勢力が帝国主義に反対する限り、共産党はそれを支持しなければならない、と主張した。

しかし、この作戦は、文字通りの机上の空論にすぎなかった。もし後進地域における共産党がブルジョア勢力に手を貸すだけで、プロレタリア革命への展望がいっこうに開けないどころか、かえってそのような可能性がしぼんでしまったらどうするのであろうか。「革命」の結果、反動的ブルジョアジーによる反革命政権が誕生し、共産党を粉砕しにかかった場合にはどうすればよいのであろうか。答えはなかった。[†2] だが、一九二〇年代後半に中国で生じた事態はまさにこのようなものであった。中国革命の悲劇は、陳独秀その他の指導者がそうした結末を十分に思い浮かべることができた時点においてもなお、スターリンとブハーリンが国民党との連合のなかにとどまり続けるよう指示し続けたこと、言い換えれば、中国共産党独自の革命を許さなかったことから生じたのである。

中国共産党を国民党と連合させようとするコミンテルンの努力は、早くも共産党の第一回党大会直後に始まった。コミンテルンから中国に派遣されたマーリンが一九二一年末、広西省桂林に孫文を訪ね、ソ連と国民党との協力について意見交換を行った際、中国共産党と国民党の提携の可能性についても打診した。その際、孫文は共産党員が国民党内で共産主義の宣伝を行ってもかまわないと述べた（『中国革命档案資料叢書』第一巻、二五四—二五五頁）。これにより「党内合作」の方式について確信を得たこのオランダ人共産主義者は、一九二二年四月初旬、上海で当時、中国共産党中央局（後の政治局に当たる）のメンバーであった陳独秀、張国燾、李達に対し、国共合作の可能性についての自分の意見を披露した。ところが、陳らはマーリンの提案をにべもなくはねつけた。この会議後に、陳独秀がヴォイチンスキーに送った手紙には、「共産党と国民党では、革命の趣旨およびその依拠する基礎が異なる」、「広東、北京、上海、長沙、武昌の各区の同志は国民党に加入することについて、いずれもすでに会議を開き、絶対に賛成できないことを決議しており、事実上も加入できる可能性はない」と記されていた（『中共中央文件選集』第一冊、三一—三二頁）。

だが、マーリンは決してあきらめなかった。彼はモスクワに向かい、七月中旬、コミンテルン執行委員会に中国の状況を報告した。その際、マーリンは中国共産党が、まだまともな政党とはいいがたく、せいぜい「宣伝に携わるグループ」にすぎないとし、この「共産主義グループがもし組織上、国民党と結合しなければ、彼らの前途は暗澹たるものである」と悲観的に述べた（『中国革命档案資料叢書』第二巻、二三九頁）。この提案に動かされたコミンテルン執行委員会は、彼を再び中国に派遣することを決めた。マーリンは八月初旬、極東局代表のヴォイチンスキーがしたためた中国共産党に対する指令を携えて上海に戻った。絹の布にタイプされ、マーリンの上着の裏地に縫い付けられたこの指令書には、中国共産党中央委員会がただちにその所在地を上海から広州に移す（つまり国民党と本拠地をともにする）こと、およびマーリンと密接に協力してすべての工作を進めるよう記されていた（蘇杭ほか、五四頁）。

このとき、上海で開かれた中国共産党第二回党大会はすでに閉幕していた。この大会で採択された決議のひとつは、他の政党に対しては「攻撃と排斥」の態度をとるという以前の態度を改め、「民主派」と「民主的連合戦線」を組織し、これを援助するという新たな方針を掲げていた。ただし――とこの決議はつけ加える――これは決して「民主派」に投降することでも、その付属物となることでも、それと合併することでもない、と（『中共中央文件選集』第一冊、六五頁）。中国共産党はひとつの独立した政党として、国民党と何らかの協力をする気になっていたが、それ以上ではなかった。そこでマーリンは八月末、杭州西湖において臨時に開催された共産党中央執行委員会において、「党内合作」の方式、すなわち共産党員が国民党に加入することを、要求したのである。張国燾の回想によれば、このときのマーリンの主張には以下の点が含まれていたという。「中国には今後長い期間にわたって、ただ民主主義的で民族的な革命があるだけであり、社会主義革命は決してない」、「国民党は中国で現在、強力かつ民主主義的で民族的な革命政党であり、ブルジョアジーの政党とはいえず、各階層の革命分子の連盟である」、「孫中山（孫文のこと――高橋。以下同様）氏は、共産党員が国民党に加入してもよいとしており、またそれだけを許容できる。共産党と平等な連合戦線を打ち立てることはありえない」（張国燾、第一冊、二四一―二四二頁）。この会議に出席した五人の中央執行委員――陳独秀、李大釗、張国燾、蔡和森、高君宇――全員が以上の主張に反対を表明した。反対の主な理由は、それでは共産党がブルジョアジーと入り交じることになり、独立した階級的立場が失われてしまう、ということであった（『中国革命档案資料叢書』第一巻、三四〇―三四一頁）。

だがマーリンは、これはすでにコミンテルンの既定路線であると主張して譲らなかった。中国共産党はすでに第二回党大会においてコミンテルンへの加入を表明していたため、モスクワは逆らいがたい権威となっていた。同時にそれは不可欠の資金源でもあったので、彼らはその指示に従うよりほかなかった。[†3] 西湖会議後、陳独秀、李大釗、蔡和森、マーリンは孫文を訪ね、両党の合作を正式に提案し、受け入れられた。間もなく、陳独秀、李大釗、蔡和森、張太雷が正式に国民党に加入した。マーリンに対してもっとも激烈に反対していた張国燾も加入した。とはいえ、共産党員の入党は一九二二年末になってもほとんど進まなかった。党中央はすべての党員が国民党に加入することを求めていなかったため、大多数の党員はただ形勢をながめていたのである（蘇杭ほか、五六—五七頁）。

二つの出来事が党内の雰囲気を変化させた。ひとつは、一九二二年一一月から一二月にモスクワで開催されたコミンテルン第四回代表大会である。この会議に出席した陳独秀の目の前で、コミンテルン執行委員のラデックは、中国共産党がまだとるに足りない組織であることを諭すようにこう述べた。「そこ〔中国〕にいるわれわれの多くの同志は、自分を書斎に閉じ込めてマルクスとレーニンの研究をしている。以前、彼らが孔子について研究していたように」（『〝一大〟和〝三大〟』、一三五頁）。後にトロツキーと結んでシベリアに追放されるこの筋金入りのボリシェビキにとって、中国共産党はまだ現実の革命に乗り出せるような団体ではなかった。翌年一月にコミンテルン執行委員会が行った中国共産党と国民党の関係に関する決議は、もっと率直にこう述べている。「中国の唯一重要な民族革命集団は国民党である。それは自由〔主義的〕なブルジョアジーとプチブルジョアジーに依拠していると同時に、知識分子と労働者にも依拠している。……したがって、現在の条件下では、中国共産党員は国民党内にとどまるのが適切である。だが、これは中国共産党独自の政治的面目を取り消すことを代価とするものではあってはならない」（『中国革命档案資料叢書』第二巻、四三六—四三七頁）。陳独秀は、自らの党に対するコミンテルンの認識がかくも厳しいものであることを思い知らされたに違いない。

もうひとつは、一九二三年二月初旬、河南省鄭州において労働運動が軍閥によって完膚なきまでに粉砕された事件（後に言及する「二七惨案」）であった。この経験が中国共産党に、単独で労働運動に勢いを与えることの困難さ、そしてこの問題を解決するための政治勢力の連合の必要性についての認識を与えたのである。このようにして、中国共産党は半ば外部の力によって強いられ、半ば自らの力量に関する認識の変化を通じて、国民党との合作に傾いていった。

とはいえ、まだ議論に完全な決着がついたわけではなかった。中国共産党は一九二三年六月、広州で第三回党大会を開催した。前年の西湖会議の経験から、国共合作に関する決議がこの大会で無事採択されることに不安を感じたマーリンは、大会直前、大会に参加する代表たちを訪ねて説得を行った。案の定、彼がもっとも手を焼いた相手は張国燾であった。論争の焦点は、マーリンが主張した、すべての共産党員が例外なく国民党に加入しなければならないという点、一切の工作は国民党に帰すという点、および共産党の組織的独立と国民党に対する批判の自由を強調しすぎてはならないという点であった。これらの主張はまったく受け入れることができない、と張国燾は考えた。マーリンの主張に従えば、共産党は完全に国民党のなかに溶け込んでしまう、と張は危惧したからである（蘇杭ほか、六一―六二頁）。

論争は、党大会へと持ち込まれた。張国燾の回想に従えば、大会の最中、マーリンは国民革命が中心任務であり、それがすべてに優先されるべきであると主張したが、張はそれが共産党の唯一の任務ではなく、階級闘争という重要な任務があると主張した。マーリンは党員全体が国民党に加入すべきであると主張したが、張は指導的な地位に当たる党員および労働運動に関わる党員は必ずしも加入しなくてもよいと主張したのであった（張国燾、第一冊、二八七―二九〇頁）。当時のマーリンの工作ノートに張国燾の発言として、「共産党を発展させる唯一の道は独立した運動であり、国民党内で活動することではない。……われわれは間違っているかもしれないが、われわれは左寄りであるほうがよい。左の誤りは、右の誤りよりも正すことが容易である」（蘇杭ほか、六三頁より再引用）という言葉が記録されているのをみると、大会における論争は、大筋において張国燾が語るとおりであったと考えられる。議論は激烈で、張国燾の表現を借りれば、マーリンは張と「決闘」に及ぶ寸前であった（張国燾、第一冊、二九一頁）。張の意見は一部の出席者の賛同を得たものの、大多数はマーリンの意見に同意した。その結果、第三回党大会は、共産党員が国民党に加入し、二重の党籍をもちながら国民党の活動に参加するという特異な形での国民党との合作を正式に承認した。同大会の「宣言」は、「われわれは社会の革命分子が、すべて中国国民党のもとに結集し、国民革命運動を速やかに実現せしめるよう希望する」と述べている（『中国共産党史資料集』第1巻、二五六頁）。ついでにいえば、論争に敗れた張国燾は、この大会で中央執行委員の地位を失ったばかりか、候補執行委員にも選出されなかった。党大会後に共産党の中央機関は、再び広州から上海へ移った。

共産党との合作に傾いた国民党側の事情についても触れておくのがよいであろう。第二革命に敗れたのち日本に亡命した孫文は、一九一四年に中華革命党を結成し、革命運動の立て直しを図った。その後、一九一九年の五四運動で示された民衆の力を目の当たりにした彼は、この団体を広い民衆的基盤をもつ革命政党に変貌させようとし、中国国民党と称した。その後、彼は広東に赴き、そこで現地の軍閥と結びつき、広東軍政府を樹立した。孫文はこの軍閥を巧みに操ろうとしたが、相手のほうが一枚上手であり、かえって裏をかかれて広州から追い出されてしまった。一九二二年八月、やむなく上海に逃れた彼は、ソ連に接近する姿勢をはっきりと打ち出した。いわゆる「連ソ、容共」の方針がこれである。というのも、当時孫文にとってソ連しか頼りになりそうな協力相手を見出すことができなかったからである。

その結果、一九二三年一月、孫文・ヨッフェ共同宣言なる文書が発表された。ヨッフェとは、当時孫文と接触したソ連の外交官である。この文書で注目されるのは、次の二つの点である。第一に、共産主義は中国の現状には適用できない。第二に、中国の差し迫った課題は国民的統一と国家的独立であり、そのためにソ連は国民党を――革命を標榜する政党である国民党を――助ける用意がある。これらは孫文とソ連の両者にとって満足できる内容であった。なぜなら、孫文にとって、この宣言はソ連が国民党の主張を認めたことを意味する一方、ソ連にとっては、国民党の支配地域において中国共産党に合法的活動を行う余地を与えたからである。

共同宣言以降、国民党はソ連からさまざまな援助を受けることとなった。一〇月にはスターリンの命を受けたミハイル・ボロディンが国民党の政治顧問となるべく、広州に到着した。ヨーロッパ各国で危険分子としてお尋ね者になっていたこの人物は、ロシア共産党流の党組織の作り方、大衆に対する宣伝の仕方などを伝授した。同時に、軍事専門家のグループもやってきた。彼らの努力を通じて、広東省に陸軍将校を育成するための黄埔軍官学校が建てられた。ソ連は、一九二七年に国民党との関係を断絶するまで、この学校の運営費を全額払い続けた（スラヴィンスキーほか、一一七頁）。この学校の初代校長が蔣介石であり、周恩来が政治部教官を務めた。卒業生は革命軍の中核を形成したが、彼らの多くは後に中国共産党の軍を率いる将校となったのである。

これらの援助の代償が中国共産党との協力、すなわち国共合作であった。孫文にとって、共産党との連携は取るに足りないことのように思われた。というのは、当時、共産党はまだ生まれたばかりのきわめて弱体な集団にすぎなかったからである。一九二二年秋、李大釗が孫文に会って国民党加入を申し出た際、李がきわめて率直に、自分はコミンテルン中国支部のメンバーであると告げると、孫文は「これは大した問題ではありません。あなたは第三インターナショナルの党員をやりながら、本党に加入して私を助けてください」と述べた（『若干問題説明』、五五頁）。実際、共産党の党員数は一九二三年六月の時点においてに四二〇人を数えるにすぎなかった（『中国共産党的九十年　新民主主義』、五七頁）。一方、国民党の党員数は、同年にはほぼ五万人に達していた。したがって孫文には、そのようにちっぽけな集団と協力したところで、国民党の指導権が脅かされるとは、とうてい考えられなかった。その結果、一九二四年一月、広州において国民党の記念すべき第一回全国代表大会が開催されたとき、この大会は中国共産党員を個人の資格で国民党に入党させることを正式に認めたのであった。孫文の推薦によって、共産党員である李大釗、林伯渠、毛沢東、譚平山、瞿秋白、張国燾らが国民党中央執行委員会のメンバーに選出された。だが、孫文は共産党の発展の潜在力を過小評価したのかもしれない。実際、彼が一九二五年三月に死去した直後に共産党は目を見張る成長を遂げ、国民党内部に次第に動揺が広がり始めたのであった。

時間はいくらか前後するが、上海で「連ソ、容共」の方針を打ち出した後、孫文は再び広州に戻り、そこを拠点として広東省内に支配を広げることに成功しつつあった。自信を深めた彼は、一九二四年九月、悲願であった北伐を開始した。これは革命軍を北上させ、各地に割拠する軍閥を武力で平定して全国統一を成し遂げようとする企てであった。ところが、その途中の一九二五年三月に孫文が肝臓癌により死去したため、いったん北伐は中止された。

これ以降、中心的人物を失った国民党は、表向きは集団指導体制がとられたものの、内部で複雑な派閥抗争を繰り広げた。もっとも重要な対立の軸は、共産党との提携を容認する左派と、それに批判的な右派の争いであった。だが、軍を掌握する蔣介石が次第に右に傾くにつれ、左派の影響力は後退を余儀なくされた。蔣の権力は一九二六年三月二〇日に広州で起こった中山艦事件を契機として際立ったものになる。中山艦とは、革命軍の軍艦の名称であるが、この軍艦を使ってロシア人と共産党員が蔣介石をウラジオストクに――最終的にはモスクワへ――連れ去ろうとする陰謀が発覚したとされるのが、この事件である。蔣介石は、これを共産主義者によるクーデターであると決めつけ、多数の共産党員とロシア人顧問を逮捕した。そのうえ、この措置に抗議した左派の指導者である汪精衛（汪兆銘）をヨーロッパに追いやった。さらには、共産主義者を国民党の指導部から締め出し、共産党に対して国民党に加入したすべての党員の名簿を差し出すよう要求した。陳独秀の指導部は、コミンテルンの顧問たちに押されて、この要求を受け入れざるをえなかった。

この事件を通じて、国民党内部で蔣介石は強力な指導権を得た。彼は汪精衛に代わって国民政府軍事委員会主席に就任し、さらに国民革命軍総司令のポストも手中に収めた。そして、七月には七万人の国民革命軍を率いて北伐を再開したのである。

国共合作の社会的基盤

国共合作は、たんに二つの政治勢力が手を結んだ結果できあがったというわけではなかった。当時の中国が大衆運動の時代に突入していたこと、そして社会の頂点で生じた国共合作が、底辺で生じた大衆運動と共鳴しあっていたという点に目を向けなければならない。労働運動、農民運動、都市の生活困窮者の運動などの大衆運動に道を開いたのは、中国における近代工業の遅ればせながらの発展、第一次世界大戦後に中国を襲った不況、軍閥の支配による農村の荒廃、西洋列強の資本による民族資本の圧迫などであった。中国共産党は発足当初から、これら既存の大衆運動を味方につけて、あるいはほとんど基礎のないところから作り上げ、自らの影響力を社会に広めようとした。とりわけ、労働者の動員は共産党の得意とするところであった。一九二二年一月、党員である蘇兆徴の指導によって、香港の海員が大規模なストライキに立ち上がったのが最初の顕著な成功例であった。このストライキは中国における労働運動の全国的な高揚をもたらし、続いて上海、漢陽、安源などで労働者による激しいストライキが起こった。

高まる労働運動の波に乗って、一九二二年五月、広州に全国から労働組合の代表者を集めて第一回全国労働大会が開催された。その後、中国の労働運動は最高潮に達した。中心となったのは、いずれの国の労働運動とも共通するのであるが、鉱山労働者と鉄道労働者であった。もちろん、ストライキがいつも資本家たちに譲歩を強いることができたわけではなかった。一九二三年二月七日、共産党の指導下での労働組合の結成を目指して、河南省鄭州に集結した鉄道労働者に対して、現地を支配下に収める軍閥である呉佩孚が軍隊を派遣して弾圧を行い、流血の大惨事となった。この事件は、一般に日付を冠して「二・七惨案」と呼ばれている。この事件の衝撃の大きさは、中国における労働運動の一時的な退潮を招くに十分であった。

だが、労働運動は一九二五年に劇的な形で反帝国主義運動と結びつき、再び全国に波及することになる。きっかけは同年二月より始まっていた上海の日系企業である内外綿紡績工場での労使紛争であった。五月一五日、紛争のなかで中国人労働者が日本人によって射殺される事件が起きた。この事件は、階級を超えた中国人の憤激を呼び起こした。五月三〇日には射殺に抗議する学生や労働者のデモが上海共同租界で行われた。イギリスの官憲はデモに参加した群衆に対して発砲し、多くの死傷者を出した。中国共産党はただちに李立三を委員長とする上海総工会を組織し、広く労働者を動員して反帝国主義運動に立ち上がらせた。ストライキは空前の規模に発展し、上海の都市機能は麻痺した。これが中国労働運動史上にその名を留める五・三〇運動である。

この運動は上海にとどまらず、北京、天津、広州、漢口など全国に波及した。とりわけ激しい運動が広東省で起こった。六月下旬、上海労働者に同情した労働者、農民、学生、商人、兵士が広州の沙面租界の対岸でデモを行い、イギリス官憲と衝突し、多数の死傷者を出した。大衆運動の過激化は、共産党の党員数増大の結果であると同時に原因でもあった。五・三〇運動以降、同党の党員数は爆発的に増えていった。一九二五年一月に第四回党大会が開催された際には九九四人にすぎなかった党員は、一九二七年春に第五回党大会が開催される頃には五万七九六七人にまで増えていたのである（『中国共産党的九十年　新民主主義』、八二頁）。

共産党だけが労働運動から力を引き出そうとしていたわけではなかった。国民党もまた独自に労使協調的な労働組合（共産党の組織する「紅色工会」に対して、「黄色工会」と称された）を組織していた。だが、総じて、大衆運動の組織化においては共産党のほうが国民党よりも上手であった。いうまでもなく、それはプロレタリアートの政党を自任する共産党が掲げていたイデオロギーに多くを負っていたのである。国民党が、たんに新手の軍閥ではなく、大衆的基盤を備えた近代政党であろうとすれば、共産党とともに、中国各地で自発的に、あるいは半自発的に展開される大衆運動と結びつくのが得策であった。一方、共産党としても、自らが組織化する大衆運動はいつも弾圧の危険にさらされていたので、国民党のもつ武力によって保護される必要があった。このように、共産党と国民党は一九二〇年代の中国各地において沸き起こった大衆運動の背に乗って成長し、また階級闘争と反帝国主義闘争が交じりあった大衆運動を媒介として、結びついたのである。

国共合作の終わり

陳独秀はそもそもはじめから国共合作に乗り気ではなかった。彼は先に述べた五・三〇運動における労働運動の高まり、およびそれに対するブルジョアジーの反動的な姿勢を目の当たりにして、一九二五年一〇月、コミンテルンに対して共産党の国共合作からの退出を提案した（『陳独秀文集2』、三五三頁）。しかし、コミンテルン執行部はその提案をまったく相手にしなかった。モスクワの考えでは、中国で始まっている革命はブルジョア革命であり、プロレタリア革命を準備すべき段階ではない。国民党の背後にある反帝国主義的ブルジョアジーは、革命的な役割を演じている。したがって、国民党との連合を維持し、それを敵に回すことがあってはならない、と。そのように指示したコミンテルンは、中国の同志たちをこれ以上つけあがらせないようにするため、一九二六年早々、国民党を準加盟党としてコミンテルンへの加入を認めたうえ、蔣介石をはなばなしく同執行委員会の名誉委員に加えた（ドイッチャー、三三七―三三八頁）。そのため、陳独秀とその指導部はモスクワに従うよりほかなかった。皮肉にも、先述した中山艦事件は、蔣がコミンテルン執行委員会の名誉委員に選出されたすぐ後に生じたのである。

中国共産党として何をなすべきかについての陳独秀の苦悩は、蔣介石が始めた北伐が、予想に反して全国的な革命運動の高まりを招いたことでかえって深まった。北伐軍が進軍した地域では（あるいは進軍が目前に迫った地域では）、都市の労働者たちが労働組合を次々と立ち上げ、ストライキやデモを組織し始めた。農民たちは、いたるところで蔣介石の軍隊を歓呼して迎え、地主や高利貸したちに対抗して決起し始めた（鄭超麟、二四八―二四九頁）。こうなった以上、やはりロシア人の言いつけ通りに、当面は国共合作の枠組みのなかにとどまるのがよいのであろうか。それとも、ますます強大になりつつある蔣介石が、やがてナショナリストとしての仮面をかなぐり捨てて、かつての袁世凱のように反革命の態度をあらわにすることは時間の問題であるから、その前に合作を解消しておき、独自の道を歩むべきであろうか。陳独秀は後者の立場に立っていたようにみえる。中国における共産主義思想のパイオニアであるこの頑固な知識人は、国民党の軍事運動に共産党の革命運動を従属させることが、どうしても我慢ならなかった。そのため陳は、一九二六年の中山艦事件の後、再びコミンテルンに対して、中国の同志たちが国民党から引き揚げることを認めてくれるよう求めた。だが、コミンテルン執行委員会は、またしても陳の要求を拒絶した（ドイッチャー、三四一―三四二頁）。

一方、北伐の大波に乗っていくことが中国共産党と革命運動の発展にとって最善の道であると考える指導者たちもいた。そのような考えは、国民政府とともに広州で活動する党員たちに顕著であった。かくして、党内においてかつて圧倒的であった陳独秀の権威が衰え始めるとともに、党内に深い亀裂が生じ始めた。その亀裂は、党内を左右両翼に引き裂こうとしていた――左翼には陳独秀が、そして右翼には譚平山、瞿秋白、そしていまやコミンテルンの路線の熱心な擁護者となった張国燾らがいた。おそらく、中国の同志たちの間に現れた危険な兆候を読み取ったためであろう、モスクワからは次々と新しい使者が中国にやってきた。そのうちの一人はベンガル生まれのインド人共産主義者であるM・N・ロイであった。

一九二六年秋、北伐の過程で国民党左派と共産党は、国民政府の所在地を広州から武漢に移すことを考え始めた。それは、労働運動の中心地のひとつであったこの都市が、蔣介石の増大する権力を掣肘するためにうってつけの舞台装置となると考えられたからであった。一一月、広州で開催された国民党の中央政治会議は、この案を採用することに決めた。その結果、国民政府は翌年一月に武漢への移転を果たした。やがて共産党の主要な指導者たちもこの都市へ移った（ただし陳独秀は、翌年四月まで上海に残っていた。鄭超麟、二五四頁）。武漢政府を支えた人々は、蔣介石への権力集中に強い警戒心を抱いていたものの、そうかといって彼を完全に敵に回そうと考えていたわけではなかった。だが、三月に開かれた国民党三中全会は、中央執行委員会の権限を強化すると同時に、国民革命軍総司令の地位を廃止し、蔣介石の権力を削いでしまった。しかも、四月初旬には、ヨーロッパから帰国した汪精衛が陳独秀と共同宣言を発して――後に陳は、これを「あの恥ずべき宣言」と呼んで後悔している（『陳独秀文集2』、三五七頁）――国共合作の継続をうたったため、武漢政府と蔣介石との関係はいっそう緊張を深めた。

一方、武漢政府内部でも国民党左派と共産党との関係がこじれ始めていた。それは、同政府の力が及ぶ地域において労働者と農民の運動が急進化したためであった。漢口と九江において、労働者たちはイギリスの官憲と衝突し、これらの都市のイギリス租界を力ずくで回収してしまった。また上海では、共産党の指導下で武装蜂起を繰り返した労働者たちは、一九二七年三月下旬、上海臨時市政府の樹立を宣言した。これら労働者の急進的な運動は、蔣介石をさらに武漢政府から遠ざけただけでなく、西洋列強にも脅威を与えた。湖南省では、共産党の指導下で（ときにその指導すらも超えて）食うや食わずの農民たちをメンバーとする農民協会が地主たちの土地を没収していた。国民党左派は、こうした大衆運動とともに成長を遂げたのだから、労農運動の発展を頭から抑えつけることができなかった。そうかといって、国民党左派は西洋列強をあえて敵に回そうとは望んでいなかった。また、武漢政府を支えていた将軍たちの多くは地主であったから、土地革命に反発を覚えるのは当然であった。かくして国民党左派と共産党との協調体制は崩れ始めた。

四月一二日、蔣介石は白崇禧指揮下の軍隊および秘密結社を動員して、上海臨時市政府を支えていた労働者糾察隊の武装解除を行った。労働者と共産党が指導する大衆組織は武力によって鎮圧され、数百人の犠牲者を出した。上海だけでなく、その他の大都市においても白色テロの嵐が吹き荒れ、共産党の組織は多くの地方で見る影もなく破壊された。これが一般に四・一二クーデターと呼ばれる事件である。その直後、蔣介石は南京にもうひとつの国民政府を樹立した。彼の企ては、西洋列強および上海のブルジョアジーの意を汲んだものであったから、これは中国全土で展開されていた階級対立の到達点であったといいうる。

南京国民政府の成立によって、武漢政府はますます苦境に追い込まれた。武漢政府は、蔣介石のクーデター直前に南京への遷都を予定していたが、先手を打たれて、この経済先進地域を掌握するための計画もあえなく潰えた。経済は武漢政府の致命的な弱点であった。帝国主義諸国と蔣介石が長江下流域を封鎖すると、この地域の商工業はひとたまりもなかった。武漢政府の財政は破綻しつつあり、その支配が及ぶ地域ではインフレが猛威を振るいつつあった。

かくして反革命勢力は蔣介石のもとへ集結しつつあり、革命陣営内部も動揺をきたすなか、革命を前進させるために何がなされるべきであろうか。中国共産党の公式の党史は、このとき党内部では二つの関連する問題をめぐって議論がたたかわされた、と記している。ひとつは革命を「深く」行うべきか、それとも「広く」行うべきかに関するものであった。もうひとつは「東征」に打って出るべきか、それとも「北伐」を継続すべきかに関わっていた。前者は、湖北省、湖南省、江西省などで土地革命を徹底的に行い、現有の革命根拠地を打ち固め、さらに発展させるべきか、それとも土地革命の実行は北京を奪い取るまでは待つべきか、という論争であった。後者の「東征」とは蔣介石の討伐を指し、「北伐」とは河南省まで兵力を進め、張作霖の軍隊を討つことを意味した。ボロディンと陳独秀は、一方において、もし兵力を沿海部に差し向ければ、帝国主義勢力と直接衝突することになり、また土地革命を徹底的に行えば、国民党軍の指導者たちを革命から離反させることになると恐れた。他方において、もし北上して馮玉祥――キリスト教の洗礼を受けた「クリスチャン・ジェネラル」として知られ、ソ連に滞在した経歴をもつ軍閥である――の軍隊と連合できれば、西北地方に根を張ってソ連との交通が可能となり、そうなれば兵力を沿海部へ差し向けることができると期待した。この「広く」と「北伐」の組み合わせは、土地革命と労農大衆の武装化を後回しにし、最後の希望を馮玉祥に託すことを意味した、と公式の党史は述べている（『中国共産党的九十年　新民主主義』、九二頁）。

とはいえ、以上の記述は、陳独秀をどうしても「日和見主義者」として描こうとする態度から発しているようにみえる。彼の本心はといえば、労農大衆の革命運動を抑制しようという意図はもっていなかったと考えるのが妥当だと思われる。陳が逡巡し、躊躇し、日和見主義的に振る舞ったとすれば、それはコミンテルンが彼に独自の道を行かせないよう、鉄の拘束衣を着せたことによるのである。蔣介石が四・一二クーデターを起こした後、陳独秀は政治局会議で「現在われわれの前には、指導権を放棄するのか、それとも彼らと決別するのか、いずれかの道しかない」と述べて、またも国民党からの離脱を提案した（『陳独秀文集2』、三五八頁）。だが、それはブハーリンから強烈な反撃を食らった。このスターリンの協力者だが、一〇年あまり後に書記長による粛清の犠牲となる人物はこう述べた。「いつかある日、われわれが『国民党から退出せよ』というスローガンを提出するのを考えてみることはできる。だが、現在はこうすることについて、まったくいかなる根拠もない」(『中国革命档案資料叢書』第六巻、七一頁)。

独自の道を歩みたいという願望とコミンテルンによる拘束の間で進退窮まった陳独秀は、一般党員からはともかく、コミンテルンの路線に忠実な他の指導者たちからは、遠ざけられた。陳の支持者はといえば、後に彼とともにトロツキスト反対派を組織する彭述之だけであった(鄭超麟、一二五五頁)。かくして、党は統一された意思をもたなくなると同時に、独立して思考する集団ではなくなってしまった。

革命の進路をめぐる議論が続くなか、四月下旬から五月上旬にかけて、武漢において中国共産党第五回党大会が開催された。同党の代表者のみならず、国民党中央委員会の代表団、およびコミンテルン代表、さらにはイギリス、フランス、アメリカ、ソ連の共産党代表までもが参加し、空前の規模で開催されたこの会議(『第五次全国代表大会档案文献選編』、二二五六頁)の基調は、モスクワにおいてあらかじめ定められていた。コミンテルンは、前年一二月の第七回拡大執行委員会総会の決議にみるように、いまや中国革命を担う労働者、農民、小ブルジョアジー、民族ブルジョアジーの「四階級ブロック」から民族ブルジョアジーが脱落したため、土地革命を遂行し、労働運動を強化し、そして国共合作を維持することは、何ら矛盾しないという頑なな立場を崩していなかった。これは中国革命の現場を子細に観察して得られた情報に基づいていたのではなく、スターリンが政敵であるトロツキー派を黙らせるために打ち出された主張であった。[†4] このような主張が、中国共産党にとってまったく実現不可能で、役に立たないものであることは明らかであった。

しかし、コミンテルンの支部である中国共産党は、このスターリンの主張を受け入れなければならなかった。第五回党大会の諸決議は、蒋介石のクーデターを、大ブルジョアジーの革命陣営からの離脱の証しとみなした。汪精衛は小ブルジョアジーの代表であり、彼が牛耳る武漢政府は労働者、農民、小ブルジョアジーによる比較的強固な革命的ブロックであるとみなされた。したがって、国民党左派との合作の継続と労農運動のさらなる発展の間に矛盾はないはずであった。では、中国の共産主義者は何をなすべきであろうか。農民問題決議は、こう主張している。すなわち、平等な土地所有を目指す土地革命を継続すべきだが、小地主の土地を没収の対象から外さなければならない。また、革命軍の将校が所有している土地も没収すべきではない、と（「農民問題決議」、『中国共産党史資料集』第3巻、四六頁）。こうして、この決議は「右」を向くと同時に「左」を向いていた。おそらく、スターリンが命じた国共合作の継続と大衆運動の発展を両立させるためには、こう主張するほかなかったであろう。だが、これによって、中国共産党はますます身動きがとれなくなり、今日、公式の党史が正当にも述べているように、党員に事態の打開策を示すことがまったくできなかった。それでも、コミンテルンに忠実な指導者の一人である蔡和森はこういってのけた。「第五回大会のあらゆる決議の精神は、すべてコミンテルンの決議に基づくものである。ゆえに第五回大会そのものは正しい」（李頴、一九三頁）。

陳独秀は、かろうじて総書記の地位に残された。それは一般党員の間で依然として権威をもっていたためであった。だが、彼はすでにボロディン、ロイ、そして彼らを取り巻く瞿秋白、張国燾、譚平山、蔡和森らにとって厄介者と化していた。

ほぼ時を同じくして、モスクワではコミンテルン第八回総会が開催されていた。この総会では、スターリンの対中国政策の継続が承認され、中国革命の全面的な急進化を主張するトロツキー派が厳しく批判された。折しも、スターリンとトロツキーの闘争はまさに最高潮を迎えていた。極東における革命の展開に満足できない書記長は、ボロディンとロイに新たな指示を電報で伝えた。その電報にはこう記されていた。「下から土地を奪うことによって土地革命を行え」、「信頼できない将軍たちを一掃し、二万人の共産党員を武装させ、湖北省と湖南省から選抜した五万人の労働者と農民を加えて新たな軍隊を組織せよ」、「国民党中央執行委員会の古参の委員を新しい労働者と農民分子に取り換えよ」、「著名な国民党員を指導者とする革命裁判所を組織して反動的士官を裁判にかけよ」（『陳独秀文集2』、三六〇―三六二頁）。要するにこの電報は、中国共産党が国民党左派の差し出した傘の下にとどまりながら、独自の運動を急進化するよう指示していたのである。トロツキーは、このような政策の破綻は「絶対に不可避である」とはっきりと予言した。「われわれがそれを厳しく、即座に、断固として訂正しないなら、崩壊は急速に起こるであろう」（「漢口とモスクワ」（一九二七年五月二八日）、トロツキー、一〇三頁）。

六月一日、スターリンからの電報を受け取ったボロディンは、その内容が公表された際の衝撃を予測して、内容を秘密にしておくようロイに提案した。ところが、このインド人革命家はまったく軽率にも、電報を中国共産党の指導者ではなく、汪精衛にみせてしまった。汪がこの電文の内容を他の国民党指導者に知らせると、党内に動揺が走った。彼らの一部は、国民党に対するソ連の援助はなおも必要であるから、穏便に事を運ぶよう主張したが、大多数は国民党から共産党員を追い出すべきだと主張した（スラヴィンスキーほか、一六六頁）。事態は風雲急を告げ始めた。ボロディンと陳独秀が最後の期待をかけた馮玉祥は六月下旬、蔣介石と会談した後、自軍から共産党員を追放してしまった（同右、一六四頁）。

国民党左派と中国共産党の決裂は不可避になったと、いつモスクワが判断したのかははっきりしない。だが、中国共産党の公式の党史は、七月一二日に「コミンテルン執行委員会の指示に基づき」指導部の改組が行われたとしている。これは国共分裂を予期してのものであったに違いない。その結果、「日和見主義的な」陳独秀は指導者の座から追われ、張国燾、李維漢、周恩来、李立三、張太雷の五人からなる中央臨時政治局常務委員会が発足した（『毛沢東年譜』修訂本、上巻、二一八頁）。翌日、党中央は声明を発し、国民政府に参加している共産党員を引き揚げさせるが、真の革命分子との協力は継続するつもりであると述べた（『中共中央文件選集』第一冊、二〇五―二〇七頁）。汪精衛が「共産党と一線を画す」提案を国民党中央執行委員会に提出し、同委員会が満場一致で共産党と袂を分かつことを決議したのは、その二日後のことであった。七月一六日付の国民党政治委員会主席団の声明文は、国民党は国民政府の命令なしに、大衆によって土地を奪うという方法で地主の土地を没収するという共産党の原則、労働者と農民によって革命軍を設けるという路線、そして国民党の指導機関に共産党員を入れてその組織構造を変えるという路線は受け入れがたい、と述べた（『武漢国民政府史料』、一一九頁）。同時に、国民党顧問のボロディンは解雇された。このような国共合作のあわただしい崩壊の経緯をみると、中国共産党の公式の党史が主張するところの、国民党左派が「裏切り」、共産党がその被害者となったという説明を額面通り受け取るわけにはいかない。どちらがどちらを「裏切った」のかは判然としないのである。

コミンテルンは、国民党左派と中国共産党の決裂を知ると、ただちに中国革命に関する決定を下した。これまでのモスクワの政策が誤っていたことを一切認めようとしないこの文書は、一方で農民革命を支持しなかったばかりか労働者を武装解除した国民党左派を批判し、他方で農民革命を断固として行わず、多くの労働者を武装させず、全力をあげて国民党を真の革命の道へ誘導しなかった中国共産党の指導者を批判していた。そして、中国の共産主義者に対して、武漢政府から退出すべきであるが、「国民党から退出してはならず、その党内にとどまり」、国民党の党員と密接な関係を保ち、彼らに国民党の指導部を取り換えるよう仕向けることを要求した。さらにコミンテルンは、「日和見主義的」な中国共産党指導部の改組を公然と要求したのであった――これが後に述べる八七緊急会議の招集に導いた（『中共中央文件選集』第一冊、六二二―六二八頁）。

コミンテルンが、この期に及んでもなお国共合作の枠組みにすがりつこうとしたのは、国共合作などはじめから誤りであったと主張するトロツキー派に攻撃の口実を与えないためであった。しかし、中国革命の現場から六〇〇〇キロも離れた地点から中国の共産主義者を、自らの都合によって振り回した代償は高くついた。中国共産党は各都市で過酷な弾圧を受け、党員と党組織は地下に潜ることを余儀なくされるか、さもなければ農村に放り出された。同党はまさに存亡の危機に立たされた――もっとも、これは当時の東方世界の各国において共産主義者を待ち受けていた運命とそう変わりはなかったのであるが。[†5] それにもかかわらず、トロツキー派に対して、国共合作が決して失敗ではなかったことを証明したいスターリンは、中国の共産主義者に対して一連の武装蜂起に立ち上がることを命じたのである。かくして武装蜂起の時期が幕を開けた。

†1　E・H・カーのみるところ、この戦略の原型は、明らかに、イギリス共産党員が労働党員でもあるという二重の地位によるものである（カー、一四一頁）。

†2　共産主義者と反帝国主義的ブルジョアジーの同盟というスターリンとブハーリンが中国共産党に押しつけた考え方に対して、トロツキーは一九二七年三月以降、はっきりと異なる考え方を示した。この「合同反対派」の領袖の見解の要点はこうである。中国共産党は国民党と同盟を結ぶために、彼らの社会主義への情熱を捨てる必要はない。革命のブルジョア的段階とプロレタリア的段階は、ロシアでそうなったように、互いに入り混じってひとつになるであろう。革命はプロレタリアート独裁を導き入れるプロレタリアートの運動として勝利するか、さもなければまったく勝利できないであろう（ドイッチャー、三四四頁）。

†3　中国共産党の財政は、同党について研究する際のもっとも難しい部分といいうる。それは資料が秘密のファイルに綴じこまれたままであるか、あるいは資料そのものが欠落しているかのいずれかの理由による。それでも、断片的な資料は、中国の共産主義者たちが、財政面においてモスクワに大きく依存していたことを示唆している。ある資料は、コミンテルンが一九二八年において、中国共産党に四月、五月、六月分として毎月一万二八二〇米ドルを支払っていたことを示している（残念ながら、同年における中国共産党の収入規模全体は不明であるが）。この金額は、同時期、コミンテルンが日本共産党に供与していた毎月の資金額一〇二五ドル、および「朝鮮人」に対して渡していた毎月二五六ドルを大きく上回るものであった（『中国革命档案資料叢書』第七巻、三九五頁）。
　同年六月、コミンテルン執行委員会書記のピャトニツキーからスターリンに送られた書簡のなかに、中国共産党政治局が同党の財政について行ったごく簡単な報告が含まれている。それによると、毎月の党の「工作費」は五二万元であり、同年五月と六月分の「追加経費」として毎月三万元、そして七月分の「追加経費」として五万七〇〇〇元かかったとある。そして、同党はコミンテルンに対して、年末までの「工作費」、「軍事工作経費」、労働運動に要する経費など合計二三二万一〇〇〇元を要求している。一方、ピャトニツキーによれば、同

年、コミンテルン執行委員会が中国共産党に支払う金額は二〇万ルーブルが見込まれており、すでに六月までに一二万五〇〇〇ルーブルが支払われていた（この書簡には、一元が八九コペイカ（すなわち、〇・八九ルーブル）に相当するとあるので、二〇万ルーブル、一二万五〇〇〇ルーブルはそれぞれ、約二二万四七二〇元、約一五万四五〇〇元に相当した（同右、四八三―四八四頁）。この書簡から理解できることは、この時期において、コミンテルンは中国共産党が要求したすべての金額を支払っていたわけではないが、それでも同党にとって不可欠の収入源であったということである。

†4　中国共産党がいかに振る舞うべきかについてのトロツキーの主張は、スターリンのそれと真っ向から対立するものであった。第五回党大会の直後に書いた長い評論のなかで、トロツキーはこう述べている。「農業革命の深刻化、農民による土地の即時占拠は、たちまち蔣介石を弱らせ、彼の軍隊の内部に混乱を引き起こし、奥地の農民を運動に巻き込むであろう。これ以外には、勝利への道は存在しないし、また存在しえない。……およそ農業革命の進行中に平和政策を実行するものは破滅する。決断を恐れ、逡巡し、ひよりみ、時機を失するものは敗れる」（「中国革命と同志スターリンのテーゼ」（一九二七年五月一七日）、トロツキー、六四―六五頁）。

†5　一九二二年に生まれた日本共産党は、成立当初から非合法組織であり、誕生とともに弾圧された。革命勢力の取り締まりに関していえば、日本の警察は有能で徹底していた。そのため、同党は一九二四年初めに自ら解散する道を選んだ。同党は一九二六年一二月にどうにか再建されたものの、一九二九年の一斉逮捕によって、再び踏みにじられた（『日本共産党の五十年』、一九―五三頁）。朝鮮においては、一九二〇年代初めに共産主義者の組織が相次いで誕生したが、お互いの間で複雑な抗争を繰り返し、統一されることがなかった。ようやく一九二五年四月に「三つの派閥が劇的に連合して」最初の党が樹立されるも、日本の官憲によって指導者と活動家の検挙が続き、一九二八年末には崩壊してしまった（徐大粛、第三章および第四章）。インドネシアにおける共産主義者の組織は、一九二〇年に東インド共産党という名称で成立したが、イスラーム民族主義組織との抗争のせいで消耗し、大きく成長することができなかった。一九二六年一一月、同党（このときの名称はインドネシア共産党に変わっていた）が指導する武装蜂起が生じたものの、すぐに鎮圧された。その後、大量逮捕と処刑が続き、同党は事実上解体されてしまった（カー、一五一頁）。

第3章　武装蜂起、そして大粛清

新しい指導部と武装蜂起の失敗

国共合作崩壊直前、「日和見主義的」な陳独秀を追放して成立した、張国燾、李維漢、周恩来、李立三、張太雷の五人からなる中央臨時政治局常務委員会は、ただちに武装蜂起の準備に加え、動揺する党を立て直し、意思を統一するための党中央緊急会議の準備に取りかかった（『毛沢東伝』みすず書房、上、一三〇頁）。これらはすべてコミンテルンの指令に基づくものであった。モスクワは中国共産党に対する指導を貫徹するため、新たに二九歳のグルジア人であるロミナーゼと二六歳のドイツ人であるノイマンを武漢へ送り込んだ――どちらも中国問題については何ら知識がなかった。

新しい指導部による最初の武装蜂起は、江西省最大の都市である南昌で行われた。一九二七年八月一日――この日付は後に人民解放軍の誕生日として記念されることになる――この都市はいとも簡単に反乱分子の手に落ちた。だが、彼らは四日間ここを支配することができただけであった。国民党軍の猛攻を受けた蜂起軍は広東省南部へと退却した。南昌蜂起の失敗をみたロミナーゼとノイマンは、八月七日、大急ぎで党の緊急会議を招集させた（一般に日付をとって八・七会議と称される）。

武漢で行われたこの会議において、陳独秀は正式に指導者の座から追放され、代わって瞿秋白を総書記とする新しい指導部が誕生した。文学者で肺結核に苦しむこの男が新しい指導者に選ばれた理由は、彼がブルジョア階級との一切の妥協を拒む、戦闘精神に富む人物であったためだけでなく、ロシア語に堪能で、コミンテルンから派遣された人物との意思疎通が容易であったためであろう。トルストイとツルゲーネフを愛する新しい指導者は、蔣介石と徹底的に対決する腹を決めた。そして、さらなる一連の武装蜂起に打って出ようとした。

この会議は、秋の収穫時の大衆蜂起――秋収蜂起と呼ばれた――を成功させるべく、長沙に置かれていた湖南省党委員会へ毛沢東を中央特別派遣員の資格で送り込むことを決めた（『毛沢東伝』みすず書房、上、一二三四頁）。そこで毛は秘密裏に長沙に赴き、暴動の準備を開始した。彼の信念に従えば、民衆による暴動は、軍隊による作戦行動によって支えられないかぎり成功するはずがなかった。だが、軍事作戦よりも民衆蜂起のほうがはるかに「革命的」であると信じて疑わない党中央は、毛の観点をこっぴどく批判してこう述べた。「外面的な軍事力を頼みとして長沙を奪取するという軍事力偏重では、その結果はたんなる一種の軍事的冒険となるであろう」（『毛沢東年譜』修訂本、上巻、二一〇頁）。だが、現実主義者である毛沢東は、この批判をあっさりと無視して、長沙を攻撃するための兵員を集め始めた。彼は国民党の軍隊から共産党に寝返った将校と兵士たち、農民の自警団、失業した鉱山労働者などを寄せ集めて、約三〇〇〇人からなる「労農革命軍」を作り上げた。ところが、その軍隊が長沙を目指して移動する途中、その後の中国革命の運命を変えたかもしれない出来事が起こった。こともあろうに、毛自身が国民党とつながる地主の私兵によって捕らえられてしまったのである。彼は全力で走って逃げ、背の高い草むらに身を潜め、かろうじて事なきをえた（スノウ、一二二頁）。蜂起軍も国民党軍によって大部分が叩きつぶされ、長沙攻撃は中止された。他の地域で計画された暴動もほとんどが惨めな失敗に終わった。

秋収蜂起がうまくいかなかった理由のひとつは、この武装蜂起が国民党左派の旗を掲げて行われたことにあった（毛沢東は独自の判断でこの旗を掲げず、鎌と斧を旗印とした）。奇妙なことに、国共合作崩壊後の一連の武装蜂起のなかで、共産党は自らを国民党左派と名乗っていた。彼らが茶番劇を演じ続けたのは、コミンテルンがまだ国共合作に未練を抱き続けていたからにほかならない。というのも、第一に、中国共産党が単独で革命を遂行できるとはとうてい考えられなかったからである。第二に、スターリンとしては、国共合作が失敗したという事実が明らかになれば、トロツキーがそれみたことかと彼を攻撃することが心配であったからである。こうした理由から、事実上、国共合作は消滅していたにもかかわらず、コミンテルンがその事実を認めて、根本的に戦略を立て直すにはしばらく時間がかかった。クレムリンの主が、中国共産党が国民党の旗印を掲げることが無意味であるどころか、有害であることを認めたのは、秋収蜂起の惨憺たる失敗を告げられた後であった。その結果、一九二七年九月半ば、共産党はようやく国民党の名札を外すことができた。

しかし、だからといって暴動がただちに成功したわけではなかった。もっとも劇的な失敗は、一九二七年一二月の広州における暴動であった。これは広州の労働者数千人を動員した大規模な武装蜂起であった。市当局を乗っ取った党員、労働者、学生たちは、パリ・コミューンにならって広東コミューンの成立を宣言した。「すべての権力を労働者、農民、兵士へ！　すべての権力をソビエトへ！」と彼らは叫んだ。ところが、その数日後に国民党が反撃を開始した。虐殺が数日間続いた結果、約六〇〇〇人の共産党員および労働者が殺害された（ノース、一七六―一七七頁）。この広州での失敗は世界的に知られた大事件だったので、さすがのスターリンも困惑し、中国共産党に対して軌道修正を命じた。書記長の新しい方針は、一九二八年二月のコミンテルン執行委員会で示された。この会議の決議文によれば、中国共産党の目下の最大の任務は、「暴動をもてあそぶ」ことではなく、大衆をしっかりと味方につけて力を蓄えることであった（『中国革命档案資料叢書』第十一巻、一〇九頁）。この新しい方針は、一九二八年六月から七月にかけて開かれた中国共産党第六回党大会で党の公式の方針となった。

毛沢東による革命軍と革命根拠地の形成

毛沢東は秋収蜂起の失敗後、引き続き長沙を攻撃せよという党中央の命令を無視し、千数百名の残党を率いて江西省と湖南省の境界地帯に向かった。九月下旬、彼は三湾という村で残存部隊を編成しなおした。「労農革命軍第一軍第一師団第一連隊」と称するこの軍隊には、政治委員が置かれ、さらに各部隊には党支部が、各大隊には党委員会が置かれた。これら党の系統はすべて毛沢東が書記を務める前敵委員会の指揮下に置かれたのである。これが、今日、公式の党史が画期的と称する「三湾改編」である。だが、党によるこうした軍の統制はソ連の方式にならったもので、国民党の軍隊もそうしていたのだから、とくに毛の独創によるというわけではない。

毛沢東が独創的であったのは、彼が中国の歴史上現れたいかなる軍隊とも異なる組織上の方針を打ち出したことである。第一に、この軍隊は志願制とされた。やめたければ好きにやめてよく、やめる際には路銀さえ与えられた。将来、戻りたくなったときには歓迎する、とまで毛沢東は述べた。第二に、軍隊内部では「民主制」が施行されると毛は宣言した。将校と兵士は平等で、兵士はもはや将校に殴られたり、罵られたりすることはなく、問題が生じれば、兵士たちはそれぞれの部隊に設置された兵士委員会に訴えることができた（『毛沢東伝』みすず書房、上、一四六頁）。

とはいえ、どこに向かって進軍すべきかという問題は残った。やがて毛沢東と労農革命軍は、匪賊の頭目であった袁文才と王佐という人物の手引きで、三湾から約四〇キロ南にある井崗山と呼ばれる約四〇〇〇平方キロメートルの険しい山岳地帯にたてこもった。このとき毛は、中国の古い小説である『水滸伝』に登場する、政府に盾突いて梁山泊に立てこもった英雄たちと自分の姿を重ね合わせていたに違いない。この山中の砦において、彼は厳格な規律と訓練に支えられた武装力と農民の結合を核心とする革命戦略を練り上げてゆくのである。

農民大衆と結びつくためには、軍隊は中国史上に現れた過去の軍隊とは異なる態度で、人々に接しなければならなかった。そのために生まれたのが、「三大規律、六項注意」と呼ばれる行動規則であった。「三大規律」はこう規定している。第一に、行動は指揮に従うこと。第二に、土豪から取り上げた金は公に帰すること。第三に、農民からはサツマイモひとつ取ってはならない。一方、「六項注意」は次のように定めていた。第一に、戸板をはめる。第二に、敷き藁は束ねる（以上の二つは兵士の寝床に関する事柄である）。第三に、話し言葉は穏やかに。第四に、売り買いは公平に。第五に、借りたものは返す。第六に、壊したものは弁償する（後に、二つの注意が追加されて「八項注意」となった。追加されたのは、「大便は便所でする」、「女性の前で体を洗わない」であった）。一見して、とるに足りないこれらの規則の意味を理解するためには、中国においては古来より、兵隊はとにかく乱暴狼藉を働く最低の人間であるというのが人々の常識であったことを知らなければならない。「三湾改編」と同様、これらの規律もまた中国の古い伝統と意図的に手を切ろうとする試みであり、独創的なものといってよい（とはいえ、これらは黄埔軍官学校の規律と共通するものがあり、毛沢東はそこから着想を得たのかもしれない。黄埔軍官学校の規律については、『周恩来伝』阿吽社、上、一三三―一三四頁）。

約半年後の一九二八年四月、朱徳が自らの指揮する部隊を引き連れて毛沢東の部隊と合流した。毛の軍隊と朱の軍隊は合併して約一万人の兵力――だが、銃はわずかに二〇〇〇丁で兵士たちは草鞋を履いていた――からなる労農革命軍第四軍（やがて紅軍第四軍と称した。略称、紅四軍）が誕生した（東立「朱毛紅軍の歴史ならびにその状況に関する報告」、『中国共産党史資料集』第4巻、四八三頁）。その名称は、朱徳および彼の将校たちの多くの出身母体である国民党第四軍からきている。毛と朱の合流は、井崗山根拠地を急速に拡大させ、同年夏には人口五〇万人を抱えるまでに至った。

毛沢東の努力によって共産党が独自の軍事力を備えるようになったことは、同党の自立をさらに促した。なぜなら、共産党にとって、軍事力は過酷な政治的環境において自らの安全を確保し、革命の成果を守り、革命をさらに前進させるために不可欠の手段であったし、またそれに劣らず重要なことであるが、党と革命を養うための資源を、外部に依存することなく、自前で獲得するための手段でもあったからである。

国民党に続いて共産党が軍隊を保有したことが、中国の政治構造にもたらした帰結は明白であった。対峙する二つの主要な政党が独自の暴力装置を備えることによって、政治闘争と軍事闘争の間の敷居が低くなり、前者が容易に後者に転化する傾向が生じることは避けられなかった。このような状況のもとでは、政治的安定とは、それぞれの支配領域が相互に承認されるのでなければ、一方の他方に対する完全な軍事的制圧によって達成されるものとなるであろう。このような政治と軍事の混交状態は、反対派（そして少数派）の尊重を不可欠の条件とする議会制民主主義――それは二〇世紀初頭、いったんは中国に根を下ろすかに思われた――が根づくわずかな基盤を中国から奪い去ってしまった。さらに、党が独自の軍事力を備えたことは、後に党がまさに強制の機関としての国家と一体となることを容易にしたのであった。

ところで、遠く上海にあった瞿秋白の指導部は、毛沢東の行動を疑いの眼差しで眺めていた。瞿の考え方は、文学者らしい考え方というべきであろうが、極端にいえば、労働者と農民が革命的熱狂のなかで蜂起すれば、軍隊などなくても旧体制を打倒できるというものであった。一方の毛沢東はといえば、労働者と農民は革命のエネルギーの供給源として重要であるとしても、彼らの自然発生的な蜂起に任せておけば革命はおのずと成功するなどとは微塵も考えていなかった。すでに八・七会議の際、毛は彼の特徴的な観点を次のように明らかにしていた。「以前、われわれは中山〔孫文〕を軍事運動ばかりしていると罵っていたが、われわれはそれとはまったく反対で、軍事運動をやらず、民衆運動ばかりしてきた。……今後は是非とも軍事に意を注ぎ、政権は鉄砲のなかから得られるものであることを深く知る必要がある」（『毛沢東伝』みすず書房、上、一三二―一三三頁）。革命に対する接近方法をめぐる両者の違いは、衝突を免れなかった。

一九二八年三月、党湖南省南部特別委員会の代表が井崗山に到着し、毛沢東を「右傾逃亡主義」、「鉄砲主義」などと批判した。要するに、毛は軍勢を引き連れてお山の大将を気取り、大衆運動に少しも力を注いでいないというのである。そのうえ、この代表は、党中央が毛の政治局候補委員の地位を取り消した決定――これは一九二七年一一月の決定である――を誤って「党籍剝奪」と伝えてしまった。だが、やがて党中央の文書が届き、これは誤りであることが判明した（『毛沢東伝』みすず書房、上、一六三頁）。

上海と井崗山の指導者たちは、もしもっと近い場所にいたなら、激烈な論争を展開していたに違いない。だが、少なくとも毛にとって幸いであったのは、お互いの手紙が数カ月を費やしてやっと相手に届いていたことである（無線通信が可能となるのは、まだ先のことである）。これによって、革命に対するアプローチの違いは、決定的な分裂に至ることを免れていた。

上海と井崗山との間で、途切れ途切れに気まずいやり取りが繰り返されるなか、意外にも、毛沢東の戦略はコミンテルンによって事実上、承認されることとなった。それは一九二八年六月から七月にかけて、モスクワ郊外にある旧地主の別荘で行われた第六回党大会の決議から理解することができる（楊慶旺、六七頁）。中国共産党の大会がモスクワで行われたこと自体が、当時の党中央のコミンテルンに対する従属ぶりを如実に示している。一年後にはスターリンによって政治局から追放されることになるブハーリンがこの大会に出席し、九時間に及ぶ演説を行った（同右、七〇頁。瞿秋白の報告もまた九時間に及んだ）。第六回党大会の政治決議は、中国においては「革命の高潮」がすでに過ぎ去ってしまったことを率直に認めた。したがって、それを理解せず「暴動をもてあそんだ」瞿の指導部は批判されなければならなかった（これによって、またしても新しい指導部が誕生した。新たな総書記に就任したのは、武漢の港湾労働者出身の向忠発という人物であった。しかし、彼は中国共産党が労働者の政党であることをことさら印象づけるために組織の頂点に座らされたお飾りにすぎなかった。実権は、やがて軍事部長の周恩来と宣伝部長の李立三の手に握られる）。だが、同決議はきわめてわかりにくい表現で、中国においては「新たな革命の高潮」が不可避であり、その「最初の、弱くはあるが、新たな兆し」をすでに見出すことができるとも述べた。「新たな革命の高潮」の到来に合わせて決定的な武装暴動を準備するため、中国共産党には次のような任務が課された。すなわち、地主階級の土地を没収し、農民の遊撃戦争を援助し、労農革命軍を最大限に発展させ、ソビエト区を発展させ、打ち固めなければならない、という任務である（「中共六全大会政治決議」、『中国共産党史資料集』第4巻、三一―二七頁）。これらは、まさに毛沢東が井崗山において実践していたことにほかならなかった。

第六回党大会の諸決議が井崗山に届いたのは、一九二九年一月初旬のことであった（『毛沢東年譜』修訂本、上巻、二四三頁）。それらに目を通した毛沢東は大いに喜んだに違いない。だが、喜びもつかの間、井崗山は国民党軍による大規模な攻撃にさらされた。それ以前に、紅軍の規模が大きくなった時点で、生産力の低い山中で多くの兵士を養うことは困難になりつつあった。かくして、毛沢東は井崗山根拠地を放棄することを決意した。追手によって執拗な攻撃を受け、兵力を大幅に減らしながら、紅四軍は江西省から広東省へと移動し、次に福建省と広東省の境界地区に向かった。すると幸運にも、蔣介石と広西軍閥との戦争が始まり、その間隙を突いて紅軍は一九二九年春、福建省西部と江西省南部を支配下に収めることができた（『中国共産党史資料集』第4巻、四八七―四八八頁）。この地域が、やがて中央革命根拠地と呼ばれるようになる。一九三二年秋には人口約三二〇万人を抱えたこの根拠地の発展は、中国革命の重心が都市から農村へと移っていく過程、また革命の担い手が労働者から農民へと移っていく過程を加速したのであった（人口については、『中央革命根拠地歴史資料文庫』1、一二頁）。このような革命の性質の重大な変化を推進し、同時にその受益者となったのが毛沢東であった。

とはいえ、間もなく毛にとって厄介なことが起こった。上海にいる周恩来が、毛沢東の行動をコントロールすべく、モスクワ帰りの人物を連絡員として紅四軍に送り込んだのである。一九二九年六月下旬、この人物の影響下で行われた紅軍内部の党員大会で、毛沢東はその「家父長制的傾向」を厳しく批判され、前敵委員会の指導から外されてしまった。一九二〇年代末の毛沢東は、まだ同僚たちから心服されない人物であった。だが、この解任劇は、やがて上海の党中央が連絡員のほうが間違っていたことを認め、毛に復職を願い出ることになる（高文謙、上、四四―四九頁）。いずれにせよ、毛は党中央にとって厄介者であったが、革命の現場には不可欠の実力者として台頭したのである。それはコミンテルンも認めていたことであった。コミンテルンは、一九三〇年初めに機関紙『インプレコール』に誤って掲載した毛沢東の訃報のなかでこう述べた。「中国共産党の創始者、中国遊撃隊の創立者、中国紅軍の創建者の一人である毛沢東同志が長期にわたり肺結核を患ったことで、福建省の前線において逝去した。……これは中国共産党、中国紅軍、および中国の革命事業にとって重大な損失である」(『毛沢東伝』みすず書房、上、一九六―一九七頁より再引用)。もちろん、この男は死んではいなかった。毛とその軍隊は、間もなく始まる李立三の冒険のなかで大いに頼りにされることになる。

李立三の冒険と挫折

モスクワで開催された第六回党大会は、武装暴動に血道をあげていた中国の共産主義者の頭を冷やすのに一定の効果があった。だが、この大会をお膳立てしたロシア人は、中国人に武装暴動を一切やめるよう命じたわけではなかった。実際、第六回党大会の政治決議には、次のような一節があった。すなわち、国民党の統治能力は地域によって不均等であるから、共産党がまずそうした国民党の支配力の弱いひとつの省、あるいはいくつかの省で先に勝利を収めることもできる、と(『中国共産党史資料集』第4巻、一六―一七頁)。この考え方が、中国共産党によって「一省数省首先勝利」と呼ばれた命題であった。つまり彼らは、チャンスがあればそれを逃すことなく、再び大規模な暴動に立ち上がらなければならないと教えられていたのである。

新たなチャンスの到来を告げたのは、コミンテルン自身であった。ロシア人の目には、第六回党大会後、中国では労働運動が回復の兆しをみせているように映っていた。一九二九年一〇月に中国共産党に送られた書簡にはこう書かれていた。「中国は深刻な全国的危機の段階に入った」、「労働運動の新たな波は高まりつつある」、「農民運動とそのなかの遊撃戦争運動もまさに復興しつつある」(『中国革命档案資料叢書』第十一巻、五七八―五八六頁)。要するに、中国に新しい革命の波が起こりつつある、というのである。ちょうどこの頃、ニューヨークの株式市場の大暴落を契機とする世界大恐慌が始まっていた。アメリカ、ヨーロッパ諸国、日本などの資本主義諸国で株価が大暴落し、資本家たちが悲嘆にくれているのをみて、モスクワは時が熟しつつあると判断したのである。

同じ頃、中国共産党の指導部内では、政治局員の一人で中央宣伝部長であった李立三が実権を握るようになっていた。コミンテルンから送られて来た書簡をみて、彼にはある種の霊感が働いた。それは世界革命が近いと彼に告げていた。この筋金入りの労働運動の指導者には、世界恐慌が始まって資本主義世界が大騒ぎしていることは天佑であるように思われた。しかも、中国国内に目を転じると、一九三〇年春から、蔣介石と彼に反抗的な軍閥である閻錫山、馮玉祥が大規模な戦争を始めていた。中原大戦と呼ばれたこの戦いは、双方あわせて一〇〇万人以上の兵力を繰り出した大戦争であった。これをみた李立三は好機到来と考えた。彼は大胆にも、もしこのどさくさにまぎれて、共産党が全国的に暴動を起こし、勝利を収めることができれば、世界的規模の革命に向けた突破口になると考えたのである。こうして「李立三路線」が始まった――今日、共産党の公式の歴史が「李立三左傾冒険主義」と呼んで批判し、何ら価値を認めていない戦略計画である。

李立三の冒険は一九二九年秋、まず限定された地域で準備された。一一月、彼は自らが直接指導した江蘇省第二回党大会の諸決議に、彼の特徴的な観点を盛り込んだ。李維漢によれば、これらの観点に労働運動の指導者である何孟雄らは、中国の労働者たちは大規模な蜂起に立ち上がる準備などできていない、と不満を表明した。だが、李は批判者たちに「調和主義」、「調和路線」というレッテルを貼り、強引に彼らを従わせた(李維漢、(上)、二九八頁)。とはいえ、江蘇省第二回党大会の後、無理なストライキとデモがたたり、党員と赤色労働組合会員は減少し、大衆は意気消沈し始めた。

だが、李はいささかもひるむことなく、一九三〇年を迎えると、自らの戦略を全国的規模で展開し始めた。二月下旬、党中央は「現在の政治情勢と党の中心的戦略」という文書を発し、以下の点を指摘した。(1)一省もしくは数省の首先勝利が、とりわけ武漢とその周辺の地域で大きな可能性を示している。(2)党のもっとも差し迫った任務は、武装暴動による直接的革命情勢の到来を促すことである。(3)軍閥戦争を国内の階級闘争に変え、国民党の統治を覆し、ソビエト政権を樹立する(『中共中央文件選集』第六冊、二五一―三四頁)。当面の目標は、五月一日に各地で計画された大規模なデモを成功させることであった。だが、それらの準備は事前に警察に察知され、多数の活動家が逮捕された。そのため、デモは実行に移されたものの、何ら期待した成果を挙げることはできなかった。

それにもかかわらず、中央宣伝部長はまったく意気消沈することはなかった。五月三〇日、李維漢は李立三と会った際、次のように告げられたという。現在の革命は、ちょうど乾いた薪のようなものだ。一本のマッチで点火できる。武装暴動を準備する時期がやって来たのだ、と（李維漢、（上）、三〇三頁）。当時の政治局は李立三、向忠発、項英、周恩来で構成されていた。このうち、労働者あがりの向忠発は自身の意見をもつことができず、項英はやがて長江局を任されることになった。周恩来は三月にモスクワへと旅立っていた。かくして、李維漢によれば、李立三を制止する者がいなくなり、政策はますます過激な色彩を帯びていったのである。

一九三〇年六月九日、李立三は政治局会議で当面の革命戦略について長い説明を行った。李によれば、革命の高揚はすでに到来し、中国革命の高揚はひいては世界革命の高揚を呼び覚ますであろう。遊撃戦は現時点の必要に合っておらず、したがって毛沢東の路線は完全に中央と異なる。紅軍は中心都市を奪取し、敵の主力に向かって進攻すべきである（李維漢、（上）、三〇四―三〇五頁）。この議論に基づき、一一日後、「李立三路線」の代表的文献と目される政治局決議「新たな革命の高まりと一省数省首先勝利」が採択された。このよく知られている文書の特徴的な論点はこうである。（1）「全世界最後の階級決戦」が到来する可能性がある。（2）根本的な危機は、全国のいかなる場所でも同じように先鋭化しており、いささかも差異はない。（3）中心都市での武装暴動がない限り、一省または数省の勝利は決して得られない。（4）「農村で都市を包囲する」、「紅軍がやって来て都市を奪取することにひたすら頼る」という考え方は大きな誤りである。（5）「民主革命の勝利は、必然的に社会主義の勝利へと転化する」。したがって、その「中間には決していささかも懸隔はない」（『中国共産党史資料集』第5巻、三―一八頁）。

ところが、この勇ましい決議は、中国共産党と上海に置かれていたコミンテルン極東局とのすでに緊張していた関係をさらにこじらせてしまった。当時、上海に駐在していたコミンテルン極東局代表はこの決議に同意せず、党中央がそれを下部機関に通達することに反対した。すると、李立三はこのコミンテルン代表を「右傾」と決めつけ、中国共産党の指導を妨害していると非難した（李維漢、（上）、三〇五頁）。李のみるところ、コミンテルンは中国の現状を理解せず、モスクワにいる周恩来の右傾的観点に惑わされていた。折しも、七月二七日に紅軍が長沙を占領したので、中央宣伝部長は有頂天になっていた。かくして、李はまったく躊躇することなく大胆な進攻計画を推進したのである。

八月初旬、党指導部内では武漢暴動、南京暴動、そして上海ゼネストの計画が具体的に検討された。李立三の理解では、これらの暴動やゼネストは全国の一斉暴動を促し、ソ連とモンゴルもそれに呼応して出兵するはずであった。シベリアにいる数十万の中国人労働者も立ち上がり、中国革命を支持する。そうなれば、日本帝国主義はただちにソ連に進攻して世界大戦を引き起こし、中国革命は世界革命の高まりのなかで勝利を収めるであろう（李維漢、（上）、三〇六頁）。かくも大胆不敵な計画を思い描いた革命家は、中国にもソ連にも李以外には見出すことはできない。この計画を聞いたスターリンは仰天したに違いない。

だが、李立三の夢はあっさりと潰えた。一九三〇年八月中旬、モスクワから上海に戻った周恩来が政治路線を修正するため、ただちに精力的な活動を展開したからである。政治局会議が連続して開催され、周が李を批判した。その結果、李はこれまでの政策が武装蜂起の準備にあまりにも力点を置きすぎていたことを認めた。周はコミンテルン宛の電報を書き、政治局がコミンテルンのすべての指示を執行することを決定したと表明した。八月下旬には瞿秋白がモスクワから上海に帰ってきた。彼が周恩来に加勢することで、政治路線の修正は加速された。九月八日、政治局は再びコミンテルンに打電し、武漢と南京における暴動を停止すること、また「最近の戦術が有害であったことを認める」ことを明らかにした（『周恩来伝』阿吽社、上、三〇六—三〇七頁）。この電報は「李立三路線」の事実上の終了を意味するものであった。

李の企ての挫折は、たんに彼の個人的な計画の挫折を意味するものではなかった。中国革命の中心を、農村から都市へ力強く引き戻そうとした企て――中央宣伝部長の計画の核心はここにある――も挫折したのである。この挫折は当然のことながら、この後中国革命の重心が農村へと移ってゆく過程を加速することとなった。

それにしても、なぜ李立三はあっさりと周恩来の説得に屈したのであろうか。周がコミンテルンの意図を十分明確に伝えたので、李としても従わざるをえなかったと考えることは可能である。だが、暴走する中央宣伝部長を屈服させたもっとも重要な要因は、コミンテルンが中国共産党に対する活動費の支給を停止させたことであったかもしれない（唐純良、一〇八頁）。

李立三が一九二九年秋から一九三〇年半ばにかけて実行に移そうとした計画は、たしかに無謀なものであった。彼の計画を形作った要因として、従来の研究は次の四つを重視してきた。第一は、「右傾」が党内の主要な危険であるとするコミンテルンの論断である。折しも当時、ソ連共産党内部では反ブハーリン右傾機会主義闘争が展開されていた。そのため、コミンテルンの「右傾」反対が中国共産党内部にも影を落とし、李立三がそれに過敏に反応したと理解することができる。第二は、一九二九年七月の中東路事件をきっかけにして中ソ関係が決定的に悪化した後、スターリンが東北の張学良軍の活動を阻むべく、中国共産党に活動を活発化するよう促したことである（例えば、劉宋斌、四五四―四五六頁）。第三は、中国内外の客観的な情勢である。すでに述べたように、蔣介石は軍閥たちからの重大な挑戦に直面していた。目を外に転じれば、一九二九年一〇月、ニューヨークの株式市場の大暴落は、世界恐慌の引き金となった。そして第四は、李立三の専制的気質、あるいは横暴な性格である。

以上の要因を混合すれば、なるほど「李立三路線」は必然的に生成するように思われる。だが、最初の二つの要因は、その程度は別として、李立三以外の多くの指導者たちにも影響を与えていたと考えられる。とすれば、「李立三路線」は、必ずしも中央宣伝部長の独断専行の産物ではなかったかもしれない。試みに、一九二七年夏の国共合作崩壊以降に党が直面した組織的状況と心理的傾向を振り返ってみよう。国民党による白色テロの嵐は、党員の間に無力感をはびこらせ、彼らを委縮させていた。多くの支部組織においては、無気力とその反動としての個人的突撃が表裏一体をなしていた。その意味では、党員たちは深刻な「右傾機会主義」にとらわれていたのであり、党指導部がこの沈滞した状況を打開しようと躍起になっていたとしても不思議ではない。

さらに、一九二九年後半を迎えると、党内に重大な亀裂が走っていることが明らかとなった。もっとも重大な挑戦は、トロツキスト反対派によるものであった。モスクワの大学で学んでいた中国人留学生のトロツキストたちは、一九二八年秋から一九二九年にかけて相次いで中国に送還され、上海、北京、香港などでトロツキストの組織を結成しはじめた。そして、一九二九年九月、陳独秀、彭述之らが最大のトロツキスト組織である中国共産党左派反対派（後に無産者社）を結成した。この勢力は党中央の路線に対する初めての系統的で組織的な反対派であった（郭華倫、第二巻、九五頁）。このような状況に党が置かれていたとき、李立三が党員を再び力強く立ち上がらせ、党内に統一を蘇らせ、革命活動に活力を与えようと欲したなら、彼が自らに権力を集中させ、全党員の参加を必要とする大胆な行動計画を思い浮かべたとしても驚くにはあたらない。

そう考えると、この戦略計画に李立三個人の名を冠することは、ますます不適切に思えてくる。実際、ソ連から帰国後、李に対する批判の先頭に立った周恩来も、モスクワに赴く前には、李に対して重大な挑戦を試みたことはなかった（『周恩来伝』上、二九三頁）。他の重要な指導者たち――向忠発、李維漢、項英――のいずれもが、李の前に立ちはだかったのではなく、むしろ彼を積極的に支持した。したがって、「李立三路線」は、かつてないほど有利に思われた客観的状況への戦略的回答であったと同時に、党内に活力と凝集力を回復させようという党指導部の共通した願望をも反映していたとみるのが妥当であろう。言い換えれば、李立三は横暴な独裁者であったと同時に、当時の党指導部の代表者でもあったのである。

コミンテルンの介入とその余波

一九三〇年九月下旬、周恩来と瞿秋白は路線の修正を公式のものとするため、第六期三中全会を招集した。この会議で、李立三はその行き過ぎた冒険主義的戦略を批判され、自己批判に追い込まれた。ところが、奇妙なことに、彼は失脚を免れた。というのも、李に対する徹底的な批判が行われなかったからである。この会議において周恩来は、李立三は情勢判断の誤りと、戦術上の個別的な誤りを犯したのであって、李の指導部の路線とコミンテルンの路線は「完全に一致している」と述べた（『中国共産党史資料集』第5巻、九〇頁）。加えて、同会議の決議のひとつは、「一省または数省での首先的勝利をかちとる」ことが依然として党の任務であることをあらためて確認した（同右、一一三頁）。その意味で、この会議は李立三の冒険を制止する一方で、彼の冒険を生み出した論理と心理を温存したのであった。たしかに、この時期のコミンテルンの考え方が、李立三のそれと大きく違っていたようにはみえない。とすれば、三中全会での李に対する批判が限定されたものになったのは不思議ではない。

不思議なのはここからである。この会議の後間もなく、コミンテルン執行委員会は中国共産党に長い書簡を送り、三中全会に不満を表明した。李立三の路線は同委員会の路線に完全に対立する間違ったものであり、それをきちんと清算しなかった中央委員会総会は誤った決議を採択した、というのである（『中国革命档案資料叢書』第十二巻、三五一―三六一頁）。この書簡を受け取った党指導部はすっかり困惑してしまった。そもそも、コミンテルンの監視下で行われた第六回党大会で「一省数省首先勝利」の命題が決議文に書き込まれたのであり、その後もコミンテルンはこの命題を決して取り下げようとはしなかった。李立三はたしかに早まって大それた行動に出たが、それでも彼はコミンテルンの指示どおり、「一省数省首先勝利」をめざして努力していたのではなかったか。それなのに、なぜ李の戦略がコミンテルンの路線から完全に外れているというのであろうか。周恩来や瞿秋白らにはそれがよく理解できなかった。折しも、前年春にモスクワから中国に戻ったソ連留学経験者である王明（本名、陳紹禹）や博古（本名、秦邦憲）ら、それに加えて労働運動の指導者であった羅章龍らが、コミンテルン書簡の内容を知り、党指導部の改組を要求して騒ぎ始めた(『周恩来伝』阿吽社、上、三一八—三一九頁)。かくして、窮地に追い込まれた周恩来と瞿秋白は、コミンテルンの主張に従うことを余儀なくされた。彼らはこの書簡内容の受け入れをもって、三中全会決議の「補充」とし、事を収めようとした(『中国革命档案資料叢書』第十二巻、三六二—三六三頁)。

だが、決議の「補充」ではすまなかった。コミンテルンはまったく満足せず、ウクライナ生まれのユダヤ人共産主義者であるミフを上海に送り込み、中央委員会総会のやり直しを命じたのである。こうして、ミフ自らが議長を務め、一九三一年一月に第六期四中全会が開催された。この会議は先に行われた三中全会の決議を全面的に否定した。その結果、李立三はコミンテルンの命令に逆らった「盲動主義者」として厳しく批判され、失脚を余儀なくされた。それればかりか、彼はまもなくモスクワに呼ばれて学習を命じられ、その後一五年間、中国の土を踏むことができなかった。

ミフの剛腕は四中全会において、李立三、瞿秋白、李維漢を政治局から排除し(周恩来は残された)、それまで中央委員ですらなかった王明——モスクワの孫逸仙大学でのミフの教え子であった——を政治局に加えた(『周恩来伝』阿吽社、上、三二一頁)。総書記には向忠発が残されたが、彼にできることはほとんどなく、実権は王明の手に握られた。王明とは、要するにスターリンの息のかかった人物であった。中国という土地になんら根をもたない、つまり革命家と称しながら、労働者や農民とほとんど接点のない王明にとって、スターリンの信頼こそが唯一にして最大の政治的資産であった。それゆえ、王はコミンテルンに対する絶対的忠誠心をもっていた。かくして——と公式の党史はいうのだが——李立三の「左翼冒険主義」の終了に続いて、王明による新しい「左翼教条主義」の時代が幕を開けたのであった。

とはいえ、こうした事態の展開は、党内に大きな混乱をもたらした。というのも、ひとつには、ミフの会議運営があまりにも強引であったからである。しかも、このユダヤ人が無理やり指導部に加えた王明らソ連留学組は、あまりにも若すぎた。王明は当時まだ二四歳であったし、彼のもっとも親しい協力者である博古も二三歳であった。こうしたまだ若く経験もない青二才たちが、ロシア人の力を借りて強引に指導者の座に着いたことに、党内から不満の声が上がったのは当然の成り行きであった。そのうえ、王明らソ連留学組の言葉づかいが、多くの党員には理解できなかった。彼らは、李立三の犯した誤りが「右の誤り」で、当面の最大の危険は共産党が右傾化することだと主張していたのである（周国全ほか、一四二－一四四頁）。端的にいって、共産主義者の間で「右」とは、ブルジョアジーや帝国主義などの「階級の敵」に対して敢然と立ち向かわず、妥協的な態度を取ることを指す。そして、この態度を裏返しにしたものが「左」となる。すなわち、階級敵に対して勇敢に立ち向かうことを指す。したがって、「左」は基本的には推奨すべき態度となる。だが、それが行き過ぎてもいけない。「左」が行き過ぎると、ただやみくもに敵に突進するだけになってしまう。これもまた厳に慎まなければならない態度であった。

このように理解したうえで、先ほどの王明らの主張に戻れば、なぜ李立三が「右の誤り」を犯したというのであろうか。世界恐慌の始まりを目の当たりにして、すっかり舞い上がってしまった中央宣伝部長は、全国的規模の暴動を企て、それを世界革命の導火線にしようと夢見ていた。この中国のドン・キホーテは、このうえない「左の誤り」をこそ犯したのであって、「右の誤り」を犯したのではないはずである――多くの党員はそう考えた。王明らが李を「右」としたのは、おそらくは次のような事情によるであろう。一九三〇年代に入って、スターリンは各国共産党の指導者を自分に忠実な人物で固めようとしていた。おそらく、中国共産党の指導者も自分の息のかかった人物にしたかったに違いない。その場合、李立三に「左の過ち」の罪を着せることはできなかった。なぜなら、そうすれば、その反動で中国共産党は右に傾いてしまうに違いないからである。世界恐慌で資本主義世界が音を立てて崩れかけているときに、資本家や帝国主義に対して妥協的な姿勢をとる必要はなかった。それゆえ、どうみても極左的な政策を取った李立三に、「右の過ち」の罪を着せたのである（四〇年後、まったく同じ理由で、毛沢東は林彪を「極右」と断定する)。だが、この理屈は党員たちの頭をただ混乱させるだけであった。混乱はたんにイデオロギー上の問題にとどまらなかった。四中全会は、中国共産党を組織的にも引き裂いてしまった。会議後、憤慨した経験豊かな労組の指導者である何孟雄らは秘密の会合を開いて、いかに王明らに対抗するかについて協議を繰り返した。ところが、彼ら三六名は、宿舎その他で警察によって一網打尽にされた(これは王明らの密告によるものであったとの説がある)。その結果二三名が処刑されてしまった(『一九二一―一九三三』、二二八―二二九頁)。同じ頃、新しい党中央に反旗を翻したのが、羅章龍であった。学生時代、湖南省で毛沢東の親友であったこの男もまた労働組合を足場にして、「反四中全会代表団」の会合を重ね、コミンテルンに対してミフの更迭を要求したばかりでなく、全党員に対して緊急会議を開催し、臨時中央を打ち立てることを呼びかけた(『中国革命档案資料叢書』第十二巻、四六一―四七〇頁、および『一九二一―一九三三』、二二七―二二八頁)。羅は「党の分裂を企てた」という理由で、間もなく党から除名されて、この騒ぎもいったんは落ち着いた。

ところが、混乱はまだ終わりではなかった。有力な党員の裏切りが相次いだのである。一九三一年四月、顧順章が国民党に捕らえられた後、寝返ってしまった。彼はウラジオストクで特務工作の訓練を受け、後に中共中央特務委員会(中央特科)という共産党内の諜報機関の責任者となった。彼は手品師を生業としており、上海のデパートの屋上でマジックショーに出演していた。しかし、昼の手品師は、夜には冷酷な暗殺者となった。標的とされた人物に、後ろから音もなく近づき、首を絞めて殺す。彼は職務柄、敵に知られてはならない情報をたくさんもっていたのだが、それがそっくりそのまま国民党に渡ってしまった。そのおかげで、八〇〇人以上の共産党員が逮捕されたとされる。この裏切りへの報復として、周恩来は三人の子供を含む顧順章の家族全員の殺害を命じた(ウィルソン、一〇九頁)。

同年六月には、顧順章が提供した情報のおかげで、総書記の向忠発が国民党に捕らえられた。そして彼もまた、自分のもっている共産党の重要な情報をすべて明かしてしまった。蔣介石は必要な情報を聞きだした後、用済みになったこの男を当然のように殺してしまった。

中国共産党にとって存亡の危機が訪れた。そして、そのような危機の原因であると同時に結果でもあったのだが、一九三一年春以降、すべての根拠地において空前の規模の粛清が行われた。この粛清について、公式の党史はごくわずかしか語らない。しかし、断片的な記述を総合すれば、粛清の驚くべき実態が浮かび上がる。どうみても数万人あるいはそれ以上の数の党員、および共産党に加担したとみられる人々が、さまざまな反革命活動に関与したという嫌疑をかけられて殺されたと考えざるをえないのである。

大粛清

中央根拠地においては、一九三〇年から大規模な粛清が始まっていた。富田事件がその象徴である。富田事件とは、一九三〇年一二月、江西ソビエト区の省ソビエト政府所在地である吉安県富田で起こった革命根拠地内部での「反乱」とその鎮圧を指す。事件の概要はこうである。同月初旬、毛沢東を書記とする第一方面軍総前敵委員会は、李韶九（毛の忠実な部下であった）らを、富田に急行させ、江西省ソビエト政府内および江西省行動委員会内で活動しているとされる「AB団」（アンチ・ボリシェビキ団）なる反革命団体の頭目を捕らえるよう命じた。李らは、富田に到着するとただちにソビエト政府および江西省行動委員会の幹部たちを逮捕し、残酷な拷問にかけた。すると、「AB団」に関する新たな供述が得られたため、李韶九らは次に紅二〇軍の本部の所在地である東固に赴き、同軍内で「AB団」の逮捕を続けようとした。しかし、難を逃れた紅二〇軍政治委員の劉敵は、同じく同軍幹部の謝漢昌らとともに反撃に出た。彼らは、部隊を率いて省ソビエト政府機関を包囲し、反革命分子の疑いで投獄されていた人々を釈放するとともに、「AB団」狩りに関わった多数の指導者を逮捕した。これが毛沢東によって「反乱」とみなされた。そして、この「反乱部隊」は省ソビエト政府、省行動委員会の名のもとに「毛沢東を打倒し、朱（徳）彭（徳懐）黄（公略）を擁護しよう」というスローガンを掲げた。この「反乱」はほぼ二〇日間続いたが、最終的に彭徳懐および林彪指揮下の部隊によって完全に鎮圧された。劉敵は逮捕され、軍法会議にかけられた後に銃殺された。彼に続いて逮捕された者は四〇〇〇人以上、処刑された者は二〇〇〇人を超えた（以上の要約は、主として小林、第三章の記述に基づく）。

一九八〇年代初頭まで、中国共産党は劉敵らの行動を純然たる「反革命暴動」とみなしてきた。それは事件当時の毛沢東の認識を引き継ぐものであった。だが、一九八〇年代に行われた事件の再調査を経て、現在、公式の党史はこの事件を「歴史的冤罪」としている。権威ある党史の解説書はこう述べている。「ソビエト区にはAB団、社会民主党なる組織は存在しなかった。AB団、社会民主党を粛清したことは歴史的冤罪である。したがって、富田事変を『AB団が指導した反革命暴動』であるとした性格づけもまた誤りである」（『若干問題説明』、一一三頁）。

とはいえ、なぜこれほどまで多くの犠牲者が出たのかについて、そして事件と毛沢東のかかわりについて、公式の党史は口をつぐんでいる。だが、近年における諸研究を踏まえると、この事件は毛沢東によって仕組まれたものであると結論づけざるをえない。

一九二九年一月に毛沢東と朱徳が率いる紅四軍が井崗山を離れ、疲弊しながら各地を転々とした後、江西省吉安県富田にどうにかたどり着いたとき、この地域には土着の共産主義者である李文林らによって打ちたてられた、比較的安定した革命根拠地があった。ここで紅軍は兵力を拡大し、一九三〇年八月には、約三万人からなる紅軍第一方面軍を編成した。毛沢東は、この兵力を頼みとして、この江西省南部の根拠地において蒋介石の軍隊と決戦を行おうとした。毛は、この根拠地内部に「敵を深く誘い込み、その疲れを待って殲滅する」戦術を頑強に主張した。ところが、この作戦に李文林を書記とする江西省行動委員会と、その指導下にある紅二〇軍は強く反対した。おそらく、それが原因で毛沢東は、同年一一月末から一二月初旬にかけて、紅軍内部の「AB団」分子の摘発を名目として、四〇〇〇人以上を逮捕し、約二〇〇〇人を処刑したのである。李文林もこのとき逮捕された。小林一美の説得力ある説明に従えば、李の逮捕をまだ知らされていない紅二〇軍に反撃のいとまを与えないために、毛は李韶九らを使って富田を急襲したのである(小林、一五四頁)。

さまざまな要素が、この大粛清の背景を形作った。迫りくる蔣介石の軍隊とそれに伴い張り詰めた根拠地内部の空気、共産党支配地域と国民党支配地域の間での日常的なテロルの応酬、食い詰めた農民やさまざまな機会主義者を抱え込んで膨れあがったが、それだけに信頼のおけない兵士たちを抱え込んだ紅軍第一方面軍、李文林ら江西省土着の幹部と外来の毛沢東派の幹部との対立、過酷な内部粛清を必要と信じる極度に左傾化した上海の党中央。だが、これらのすべてを一九三〇年一二月の大粛清に向かって収斂させたのは、毛沢東の権力への意志であったように思われる。彼は、何千人もの人々を最後まで「AB団」だと信じて処刑し続けたのではなかったであろう。毛は忍び寄る敵の影におびえ、恐怖に駆られて多数の無実の人々を殺したというより、権力に関わる冷徹な計算に基づき彼らを死に追いやったように思われるのである。

ともあれ、一九三一年三月、上海のコミンテルン極東局および党中央が毛沢東の粛清を全面的に擁護し(『中国革命档案資料叢書』第十巻、一七五―一七九頁、および『中共中央文件選集』第七冊、二〇三―二〇九頁)、各革命根拠地にも反革命分子の粛清を命じたため、粛清の嵐はすべての根拠地をとらえた。福建省西部に位置した閩西根拠地においては、同年春から夏にかけて、六〇〇〇人もの人間が殺されたのである(『中国共産党福建省組織史資料』、一一四頁)。河南省、湖北省、安徽省の境界地区に建設された根拠地(鄂豫皖根拠地)においても、一九三一年九月から翌年春までに、各級幹部および大衆運動の活動家三〇〇〇人が逮捕された(『中国共産党湖北省組織史資料』、二二〇頁)。中国のある歴史家によれば、この時期、「AB団」七万人あまり、「社会民主党」六二〇〇人、「改組派」二万人あまりが殺されたという(韓鋼、一〇頁)。明らかに、「中国共産党の歴史全体のなかで、もっとも血なまぐさい粛清」が行われたのである。[†1]

粛清は一九三一年で終わらなかった。同年一二月、周恩来が瑞金に到着した後に政治局が採択した「ソビエト区の反革命粛清工作に関する決議案」に、次のように、粛清が行きすぎたことへの強烈な反省が記されているにもかかわらずである。「反AB団、反社会民主党の闘争方法は、単純化されただけでなく悪化した。例えば、もっぱら供述だけに頼って被疑者を大量に捕らえ、とりわけ労農分子をむやみに逮捕し、むやみに殴りつけて自白させようとした。こうして殺人を児戯のごとくみなした。もっとも重大なことは、このため党内に恐怖心が発生し、同志間で互いに猜疑し不安に陥り、ついには指導機関にまで影響を与えるに至ったことである」(『中共中央文件選集』第八冊、二〇頁)。だが、党機関、軍、および大衆組織を巻き込んだ大掛かりな粛清は、その後も各革命根拠地において間歇的に繰り返された。

もし以上の観察が正しいとすれば、一九三〇年代前半における中国共産党の歴史は、現在の公式の党史が述べるように、蔣介石による包囲討伐作戦に対する党と紅軍の勇敢で機知に富んだ戦いを基調に書かれるべきではないであろう。国民党軍との戦闘で失われた人命の数よりも、内部の粛清による死者数のほうがはるかに多かった可能性がある以上、この内部的な恐怖と大混乱もまた——あるいはそれこそが——物語の中心に置かれるにふさわしい。

†1　チェン、一四九頁。第六期三中全会における向忠発の報告に基づけば、当時の共産党の党員数は、約一二万人二〇〇〇人であったのだから、このような言明は決して大げさなものではない。当時の各根拠地における大粛清については、小林一美の研究（二〇一三年）が全体的な展望を与えてくれる。

第4章　退却と分裂

上海の臨時中央と毛沢東

一九三一年四月以降、上海で党の秘密活動の責任者であった顧順章と総書記の向忠発が相次いで逮捕され、間もなく処刑された。このままでは、指導者の誰もが逮捕されかねなかった。政治局常務委員のうち、王明はモスクワへと向かい、周恩来は中央根拠地へと旅立った。博古は張聞天（別名、洛甫）――モスクワで五年間学んだ後、帰国したばかりの若き理論家であった――とともに上海にとどまり、「臨時中央」の指導者を代行した。ソ連留学経験はあるものの、中国国内では学生運動の経験しかもたない博古は、王明の推薦とコミンテルン極東局の支持がなければ、この地位につくことはできなかったであろう。

共産党はただ座して弾圧されるに任せていたわけではなかった。上海の若き党指導者たちは、南京国民政府に対抗するために、江西省にある中央根拠地に中華ソビエト共和国政府の樹立を目論んだ。これは彼らが掲げる「進攻路線」の一部であった。六月下旬、同政府の樹立の日は、いかにもモスクワに忠実なソ連留学組らしく、一一月七日のロシア革命記念日とすることに決まった。

だが、新しい共和国の樹立の前になすべきことがあった。それは毛沢東のもとで、敵に対して積極的に攻撃をしかけようとしない中央根拠地の紅軍を、党中央の「進攻路線」に従わせることであった。そのために、一一月初旬、江西省瑞金で一般に贛南会議と称される重要な会議が開催された（贛とは、江西省を指す）。この会議では、毛沢東の指揮する紅軍第一方面軍が「遊撃主義の伝統」を温存し、「陣地戦」と「攻城戦」を軽視していることが批判された。同時に、やはり毛の考えに基づく土地政策、すなわち「〔地主を含む〕すべての人に土地を分け与える」政策も、階級闘争をあいまいにする「富農路線」であるとしてとがめられた。その結果、中央根拠地における毛沢東の影響力は大きく削がれた。彼は紅軍第一方面軍総司令官と総政治委員、および総前敵委員会書記を解任されてしまった。要するに、毛は中央根拠地における紅軍の指導的地位から排除されたのである（『毛沢東伝』みすず書房、上、二五六―二五八頁）。

一一月七日に予定通り、中央根拠地では中華ソビエト共和国の成立が宣言された。その実態はどうであれ、中華民国という国家のなかに別の「国家」――面積は約四万平方キロメートル、人口は二百数十万人であったとみられる――が誕生したのである。その「中央政府」による布告第一号はこのようにうたっている。「今日以降、中国の領土内には、すでに二つの絶対に相いれない国家が存在することとなった。ひとつはいわゆる中華民国であり、それは帝国主義の道具であって、……蔣介石、汪精衛などの国民政府こそ、その国家の反革命的政権機関である。他のひとつは中華ソビエト共和国であり、それは搾取され抑圧されている広範な労働者、農民、兵士、勤労大衆の国家である」（『中国共産党史資料集』第5巻、五一一頁）。中央政府中央執行委員会主席と行政機関である人民委員会主席には毛沢東が任命された（『毛沢東年譜』修訂本、上巻、三五九頁）。とはいえ、実質的には、彼は主要な意思決定から排除された。この共和国の実質的な最高指導者はといえば、同年一二月末に瑞金に到着し、党ソビエト区中央局書記に就任した周恩来であった。

中華ソビエト共和国に対して、上海の党中央はあくまで敵に対する積極的な攻撃を要求した。博古はまたしても「一省数省首先勝利」という方針を蒸し返し、江西省の中心都市を奪い返すよう求めた。瑞金では検討の結果、毛沢東の反対を押し切って、江西省南部に位置する贛州に対する攻撃が決定された。意見が聞き入れられなかった毛沢東は、病気療養を口実に、しばらく瑞金郊外で隠遁生活に入った。果たせるかな、約二カ月後、紅軍の贛州攻撃が困難に直面した際、毛は紅軍の指導のために呼び戻された。彼は紅軍部隊を引き連れて江西省東北部に向かい、次に福建省西部との境界に沿って新しい根拠地を建設しようとした。その結果、四月中旬、毛は福建省第二の都市である漳州の攻略に成功した。収穫は実に大きかった。紅軍はこの都市において大量の金の延べ棒と銀元を収奪し、それを元手にしてソビエト中央政府は「人民銀行」を設立することができた。その責任者は毛沢東の弟の毛沢民であった。この金は後の長征の際、紅軍の各軍団に分配され、彼らの行軍を経済的に支えた（『毛沢東伝』みすず書房、上、三〇九頁）。毛沢東はといえば、同市の中学校の図書館で、レーニンの『民主主義革命における社会民主主義の二つの戦術』や『共産主義における「左翼」小児病』を含む相当数のマルクス・レーニン主義に関する書籍を手に入れ、大いに満足した。これらの本を集中的に読んだことが、のちに彼が『矛盾論』や『実践論』などの哲学的著作を執筆する際の大きな手助けとなるのである（逢先知、二〇頁）。

公式の党史は、一九三二年春の一連の軍事作戦を指揮する毛沢東の姿を、あたかも敵を自在に翻弄する諸葛孔明であるかのように描いている（『毛沢東伝』みすず書房、上、二七〇―二七二頁）。だが、この「孔明」は「劉備」（すなわち、上海の党中央）からまったく信頼されていなかった。というのも、毛は大きな勝利を収めたとはいえ、彼の作戦は江西省の中心都市を奪えという博古と張聞天の指示からは、大きく逸脱したものであったからである。そのため、まさにその勝利によって、毛沢東とその戦い方を「敵の侵攻を待つばかりの右傾の主要な危険」とみなす上海の党中央との関係は、ますます緊張を深めた。

瑞金に置かれていた任弼時や項英らを指導者とするソビエト区中央局もまた、前線で紅軍第一方面軍を指揮する毛沢東に不満を感じていた。このままでは、コミンテルンの「積極進攻路線」が貫徹されないと彼らは恐れた。業を煮やしたソビエト区中央局は、一九三二年九月下旬、前線にいる周恩来に対し、厄介者である毛沢東を召還し、前線の指揮から外すよう公然と要求した。前線の指揮官たちと後方のソビエト区中央局の間で板挟みとなった周は、一九三二年一〇月、江西省南東部の寧都において軍事問題を議論するためソビエト区中央局の会議を開催した。この会議で、任弼時らは毛沢東を前線の指揮から外して、もっぱら根拠地政府の仕事に当たらせ、代わりに周恩来を前線での作戦指揮の総責任者とすることを提案した。このとき周は、自分が前線での総責任者となるが、毛を前線にとどめて補佐役とするとの折衷案を示し承認された。だが、これによって、毛沢東はまたしても紅軍を指揮する権限を剝奪されてしまった。彼には、ほとんど何の権限もない中央ソビエト区主席の地位だけが残された。李維漢は、この頃、博古が張聞天に対して「老毛〔毛沢東〕は、これからはただのカリーニンさ、はっ！」と笑うのを聞いたとしている（李維漢、（上）、三五三頁。カリーニンとは、ソ連成立当初から国家元首の座にあったが、実権をもつことがなかった人物である）。この措置を不当だと考えた毛は、前線に残って周恩来を助けることを拒否し、「療養」と称して長汀にある宣教師が建てた病院に引きこもってしまった。その後約二年間、毛沢東はあらゆる軍事的決定に関与することがなかった。

一九三三年一月、国民政府による弾圧がますます強まったため、上海から脱出してきた博古と張聞天が瑞金に到着し、コミンテルンと王明の指示で自分たちが党の責任者となったと中央根拠地の指導者たちに告げた。本来、「臨時中央」の指導者にすぎない博古は、中央委員を集めたしかるべき会議においてその地位を承認されなければならないはずであった。だが、周恩来はこの手続きを踏まず、党の指導権を博古に与えたのである（高文謙、上、七一―七二頁）。

ところで、寧都会議後、長汀の病院で療養していた毛沢東は、福建省委員会代理書記の羅明と出会った。毛は羅に対して、広範囲でゲリラ戦を展開することによって蔣介石の軍隊の包囲攻撃を打ち破る必要性を熱心に説いた。羅は毛の話にすっかり感化され、ゲリラ戦術の提唱者となった。ところが、これが瑞金に向かう途中で長汀に立ち寄った博古の逆鱗に触れた。彼は中央根拠地における毛沢東の影響力を払拭するつもりであったからである。一九三三年二月、中央根拠地において「羅明路線」に反対する運動が鳴り物入りで始まった。羅明は「革命に対して悲観失望し、機会主義的で取り消し主義的な逃亡退却路線」の代表者とされ、一切の職務を解任された（張鼎丞、二〇三―二〇六頁）。この運動は、表向き「羅明路線」の克服を目的に掲げていたが、実際には、毛沢東と彼に追随する人々に向けられていた（なお、この運動の巻き添えとなった人々に含まれていたのが、毛沢東の弟である毛沢覃と鄧小平であった）。なぜ毛沢東が名指しで直接批判され、粛清されなかったかといえば、それはコミンテルンが彼の有用性を認め、「毛沢東に対してはできるだけ忍耐強い態度で臨む」よう求めていたからにほかならない（『毛沢東伝』みすず書房、上、二八九頁）。そのため、毛は軍事的決定からは外されたものの、臨時中央政府の活動を率いることができた。

とはいえ、急進主義的な博古や張聞天の圧力のもとで、毛沢東はあまり気の進まない仕事にも取り組まなければならなかった。もっとも重要であったのは、一九三三年夏に中央根拠地で全面的に展開された査田運動と称される運動であった。この運動は、土地改革の徹底、地方政府機関の改造、農村における反革命勢力の粛清、農業生産の回復など、複合的な目的で開始された。だが、その眼目は、農村における上層階級に大きな打撃を与える左傾的な土地政策を貫徹すること、すなわち地主には土地を分配せず、そして富農には悪い土地を分配することであった。毛沢東は、土地分配を行う際、「富裕中農」なる新しい範疇をこしらえて、富農に当てはまる人々の数を小さくし、富農への打撃を小さくしようと試みたが無駄であった。いつものように運動は左へと傾き、地主、富農だけでなく、土地を没収されるのではないかという恐怖を抱いた中農までもが大挙して白区へと逃亡してしまった（温必権、一四一―一四二頁。この文章の筆者は、当時、福建省ソビエト区副主席を務めていた）。

「長征」の始まり

査田運動が猛威を振るっていた一九三三年九月、蔣介石は五〇万人の大軍を動員して中央根拠地に対する五回目の大がかりな包囲攻撃を始めた。行き過ぎた左翼的政策のために疲弊していた根拠地は、大きな試練に直面することとなった。ところが、事態は思いもかけぬ方向に展開した。蔣介石の日本に対する不抵抗方針に不満をもつ愛国主義的な福建省の十九路軍が、国民政府に反旗を翻したのである。国民党直系の部隊がいないこの軍隊は、蔡廷鍇将軍に率いられ、前年の上海事変の際に日本軍に対し英雄的な抵抗を行っていた。同年一〇月、毛沢東、周恩来、朱徳らが同軍との交渉に携わった結果、ソビエト区政府、福建省政府、十九路軍の間に「反日反蔣初歩協定」が成立した。この協定においては、互いに対する軍事行動を停止すること、赤区と白区の間で交易を復活させること、福建省内の政治犯を釈放することなどがうたわれていた。つまり、共産党は思いもかけず、中央根拠地の東に隣接する地域に大きな友軍を得たのである。

一一月二〇日、さらに驚くべき事態が生じた。全国二五の省および市から福建省の省都である福州に集まった多くの人々が「中国全国人民臨時代表大会」を開催したのである。この大会は、蔣介石の日本に対する不抵抗主義を激しく非難し、日本帝国主義に打ち勝つために、まず「その手先である蔣介石」の打倒を訴えた。そして、この大会は「中華共和国人民革命政府」の成立を宣言した。中華ソビエト共和国に続いて、中国のなかにさらにもうひとつの「人民の政府」が誕生したのである（呉明剛、二二九―二四〇頁）。そのうえ、「人民革命政府」の指導者の一人である陳銘枢は「生産人民党」を立ち上げ、同党が長期にわたって中国共産党と合作することを宣言した（同右、二五四―二五七頁）。共産党にとって、またとない協力相手が突如現れたのである。

だが、博古を先頭とする指導者たち（毛沢東も例外ではなかった）は、若さのためであろうか、あまりにも「左」の眼差しでこの政府を眺めた。そのため、彼らは人民革命政府の指導者の意図を疑った。博によれば、共産党が「人民革命政府」に対してとるべき方針は、「もっとも厳格に、容赦なく福建派のスローガンと政治綱領の反動性、およびその指導者の動揺、妥協、投降、裏切りを暴露すること」だというのである（『中共中央抗日民族統一戦線文件選編』（上）、二九四頁）。彼は「人民革命政府」の成立を、反動派内部の仲間割れとしかみていなかった。その結果、共産党は人民革命政府に対する支援をためらい、みすみす蔣介石による攻撃によって潰されるに任せてしまった。マルクス・レーニン主義者の知恵を活かして、「敵内部の矛盾」を利用する千載一遇の機会はこうして失われた。

この幕間劇の後、一九三四年一月、蔣介石は五回目の包囲攻撃作戦を再開した。このとき、蔣介石は軍事顧問であるフォン・ゼークト将軍の進言に従って新たな戦術を採用した。フォン・ゼークトは第一次世界大戦後のドイツ軍の再建に重要な役割を果たした大物軍人であった。今回採用されたトーチカ（堡塁。丸太で作られた小規模な防御陣地を指す）戦術は、それまでの失敗に終わった戦術とはまったく違っていた。トーチカは、一・五キロメートルほどの間隔で造られ、それらは軍用道路で結ばれていた。これらのトーチカが三〇〇キロメートル以上に及ぶ大きな弧を描いて、北側と西側から中央根拠地を締め上げ始めた。国民党軍がじりじりと前進するにつれて、背後の兵力は支配地域の政治的支配を強化し、前線部隊は数キロ先のところに新しいトーチカを建設していった（ショート、上、三八六頁）。このようにして、国民党軍による包囲網は徐々に狭まっていった。

この作戦を迎え撃ったのは、コミンテルンから派遣され、一九三三年九月末に瑞金に到着した共産党のドイツ人軍事顧問であるブラウン（中国名は李徳、すなわちドイツ人の李という意味である）であった。博古は軍事をまったく理解していなかったため、作戦指揮の権限をすべてこのバイエルン州生まれの若いドイツ人に委ねた。だが、ブラウンの「トーチカにはトーチカを」、そして「短促突撃」戦術、すなわち敵が前進するためにトーチカを出てきたところを急襲するという戦術は、一定の有効性をもちながらも、敵の攻勢を全面的に阻むほどの効力をもたなかった（姫田、一四五頁）。二人のドイツ人の対決は、実戦経験において圧倒的に上回るフォン・ゼークトに分があった。これに代わる作戦は、毛沢東が唱えた戦術で、紅軍全体が北か西へ移動し、自分たちの得意とする遊撃戦に向いた地勢で戦うことであった。だが、博古とブラウンは、毛の戦い方を「逃亡主義」として一蹴した。

トーチカ戦術による包囲網は次第に狭まり、革命根拠地を窮地に追い込み始めた。政治的な恐慌の兆候がまたも現れた。敵のスパイによるとされる破壊行為が相次いで「発見」され、それがスパイ活動を摘発せよという活動に油を注ぎ、やがて根拠地全体を恐慌に陥れた。何万人もの人々が群れをなして白色地域へと逃亡し始めた。

近年における中国の歴史家たちの研究に従えば、中央根拠地は蔣介石による包囲攻撃とともに、あるいはそれ以上に、自らの重みによって崩壊を余儀なくされたのであった。すでに蔣介石の五回目の包囲殲滅作戦が始まる以前から、「百万の紅軍」を建設せよとの毛沢東の号令のもと、紅軍拡大キャンペーンが始まり、一九三三年五月以降、毎月平均一万人あまりの兵力が拡充されていた。しかし、人口がせいぜい数百万人の中央根拠地において、生産活動から離脱した数万人もの兵士を養うことは無理であった（夏宇立、二一一―二一三頁）。石城県では、人口一三万六〇〇〇人のうち、紅軍に参加した者は一万六〇〇〇人に及んだ。寧都県においては、人口二七万人のうち、驚くべきことに、五万六〇〇〇人もが紅軍あるいは赤衛隊（地方的な防衛に携わる部隊）に動員されていた。そのため、農業生産が深刻な打撃を受けていた（黄道炫、二五二―二五三頁）。そのうえ、中央根拠地を徹底的に「ソビエト化」しようと試みた博古と張聞天の努力によって、根拠地政府の人員が肥大化した結果、生産活動から離れる人々の数はさらに膨らんだ。蔣介石による五回目の包囲討伐が始まったとき、中央ソビエト区では、生産活動から離脱・半離脱していた人々の数は、三〇万人から四〇万人にのぼると黄道炫は推定している（同右、二八七頁）。その結果、根拠地の経済は崩壊の瀬戸際に追い込まれていた。根拠地の財政をかろうじて支えていたのは、江西省南部にあるタングステン鉱山であった。この鉱山は一九三二年に開発され、そこから産出されるタングステン（兵器や工作機械に用いられる。中国が世界でもっとも産出量が多い）は、広東省の軍閥である陳済棠――蔣介石と仲が悪かった――によって購入され、その代金が根拠地の財政をどうにか支えていたのである（高橋、八八頁）。

崩壊の足音が迫るなか、指導部では仲間割れが生じた。一九三四年春、中央根拠地の北の玄関口にあたる広昌における激戦で手痛い敗北を喫した後、博古と張聞天がブラウンの戦術をめぐって白熱した議論を展開したのである（ブラウン、一一四―一一五頁）。もはや張は博の教条主義的な態度と経験のなさに愛想がつき始めていた。そして、このことが後の遵義会議における毛沢東の勝利の布石となるのである。

一九三四年一〇月一〇日、党中央、政府機関の人員、および紅軍第一方面軍が瑞金を離れ、中央根拠地から脱出した。第一方面軍は、総勢八万六八五九人であった（夏宇立、一一四頁）。博古は当初、毛沢東を置いていくつもりであったらしい。しかし、毛が中華ソビエト政府主席であったため、ともに脱出することがかろうじて許されたという（『毛沢東伝』みすず書房、上、三一〇頁）。毛は妻の賀子珍を連れてゆくことはできたものの、子供を残してゆかざるをえなかった。その後、毛沢東夫妻は、これらの子供たちに会うことはなかった。ともあれ、これが後に長征と呼ばれる中国共産党の逃避行の始まりである（長征、すなわち事前に計画があったかのような響きをもつ「長き遠征」という言葉は、一九三五年五月、朱徳によって最初に使われたが、同年末以降、毛沢東が政治的な目的で事後的にこの用語を広めた。高華、一四〇頁）。どこを目指すのか誰も知らなかった。誰もこの逃避行が、二万五〇〇〇華里（一華里は五〇〇メートル）も歩くはめになるとは予想していなかった。そして誰もこの行軍の結末をあらかじめ思い描くことはできなかった。そのため、一行は小さな兵器を作る機械設備、造幣のための機械、印刷機など重たい設備まで運んだ。かくして、五〇〇〇人もの人夫が荷担ぎのために必要となった（『陳雲与遵義会議』、一一六頁）。ともかくも、彼らはひとまず西へ向かった。[†1]

一一月下旬、貴州省を流れる湘江を渡る際、待ち構えていた国民党軍との大きな戦闘が生じ、紅軍はここで多くの人員を失った。出発前に雇い入れた荷担ぎ人夫と新兵の多くが逃亡したのである。その結果、紅軍は半数以上を失い、約三万人が残るのみとなった（『周恩来伝』阿吽社、中、六—七頁）。あまりに多くの逃亡兵を目の当たりにして茫然自失した博古は、自分に向けてピストルを振り回したという（『聶栄臻回憶録』上、二三七頁）。

遵義会議

紅軍がどうにかいたるところ山ばかりの貴州省に入ると、党指導部内の対立は次第に先鋭化した。指揮権をもたない毛沢東、いまや毛の側についた張聞天、そして怪我のため動けず担架で運ばれていた王稼祥は密議を重ね、指導部を再編成するために遵義での政治局会議開催を提案した。その結果、一九三五年一月一五日から一七日にかけて、周恩来の主宰により、遵義で政治局拡大会議が開催された。それまでいわば窓際に追いやられていた毛沢東を最高指導者の一人へと返り咲かせたことで知られるこの中国共産党史上重要な会議については、奇妙にも、ほんのわずかの公式記録が残されているのみである。陳雲によって記された会議の「伝達要綱」によれば、遵義会議は蔣介石による五回目の包囲攻撃を撃退できなかった軍事指導上の誤りの責任は博古、ブラウン、周恩来にある（しかし、主要な誤りは博古とブラウンにある）としたうえで、以下の決定を下した。

（1）毛沢東を政治局常務委員に選出する。

（2）張聞天に決議を起草させ、常務委員会の審査に付した後、支部に送って討論させる。

（3）常務委員会内部で再度適切な分業を行う。

（4）「三人グループ」（軍事上の指揮権をもつ博古、周恩来、ブラウンの三人を指す）を解消し、朱徳と周恩来に軍事の指揮をとらせる。そして周に軍事指導上の最終決定権限を与える。

以上の（3）に基づき、会議終了後、常務委員会はただちに分業を行い、毛沢東を周恩来の軍事指揮上の協力者としたという（『陳雲文選』第一巻、四二―四三頁。以上の要綱は、一九三五年六月に長征から離脱した後、同年九月、ひそかにモスクワに到着した陳雲によってコミンテルンに伝えられた。とはいえ奇妙なことに、以上の決議は、遵義会議の期間中には採択に至らず、「かなり後になって策定された」ものであった。石川、四二―三頁）。

現在の公式の党史は、党の存亡の危機に終止符を打った画期としてこの会議を讃えている。もっとも権威ある記述に従えば、同会議は「左傾教条主義の誤りが中央を統治することを終わらせ、毛沢東が中共中央と紅軍における指導的地位を確立した。これらの成果はまた中国共産党がコミンテルンとの連絡が途絶えている状況下において、独立自主で勝ち取られたものである。この会議は、極端に危険な歴史の転換点において、党を救い、紅軍を救い、中国革命を救った。それ以来、中国共産党は毛沢東を代表とするマルクス主義の正しい路線の指導下で、いくつもの困難を克服し、一歩一歩中国革命を勝利に導いていくことができたのである」（『中国共産党歴史』中共、第一巻上冊、四九二頁）。すなわち、中国共産党の歴史は遵義会議の前と後で截然と区別しうる。この会議の前には極端に左傾的な誤った指導と危機があり、後には毛沢東による「正しい」指導と勝利に向かう進軍がある、というのである。

だが、前述の遵義会議の決定を字義どおりに解釈すれば、この会議は毛沢東を最高指導者に押し上げたわけではなかったことがわかる。軍事上の指揮権についてみれば、周恩来こそが最終的な決定権を握ったのである。たしかに、権力の所在に重要な変化が起こり始めていた。毛沢東は権力の中枢に返り咲いた。もし博古があれほどまで攻撃一本槍でなければ、またブラウンがあれほどまで自らの戦術に固執しなければ、この変化は起こらなかったであろう。他の指導者たちは、手痛い敗北の後、展望が開けない存亡の危機のなかで、これまでの軍事戦略に破産宣告を行った後、ふとそれまで厄介者と思われていた毛沢東の価値に気がついたようであった。それでも、この時点では、毛は周の「軍事上の協力者」にすぎなかった。そのうえ、党の権力は依然として博古の手中にあったのである。

『周恩来秘録』の著者である高文謙によれば、遵義会議後、周恩来は事実上、紅軍の指揮権を毛沢東に譲ったという（高文謙、上、八七―九一頁）。それから約三カ月間、毛沢東は得意の遊撃戦を展開してみせた。紅軍は大きく弧を描くように南進し、敵に包囲されるなか、貴州省と四川省の間を流れる赤水を四度渡り、党史に伝説を作った。その後、紅軍は雲南省の省都である昆明を脅かしたかと思えば再び針路を北にとり、五月初旬になって長江の上流である大渡河を渡った――これまた党史上の語り草である。この場所は、七十数年前、太平天国の王の一人である石達開が太平天国から軍を率いて離脱した後、渡河に失敗して清朝の軍隊に捕らえられた地点であった。石は後に成都に連れていかれ、凌遅の刑に処せられた。だが、共産党と紅軍は見事に渡河に成功してみせた。

そうはいっても、と高文謙はいうのだが、軍事上の最高指揮権は依然として周恩来が握っていた。毛沢東が正式に軍の最高指揮権を手中に収めるのは、遵義会議から七カ月がたった一九三五年八月一九日の政治局常務委員会での決定によるのである（高文謙、上、九三—九六頁。『毛沢東年譜』修訂本、上巻、四六六頁には、沙窩で開催された政治局常務委員会で常務委員の工作分担問題が討議され、「毛沢東は軍事工作に責任を負うことになった」とそっけなく記されている）。そうだとすれば、遵義会議は公式の党史が述べるような党史上の明確な転換点ではなく、「毛沢東時代」の緩やかな幕開けにすぎなかったと理解するのが妥当であろう。言い換えれば、遵義会議後もしばらくの間、毛沢東は他の指導者から抜きんでた、同僚たちが心服するほどの指導者ではなかったのである。遵義会議で、政治局員の一人である凱豊は、毛沢東に対してこう述べたという。「君はどんなマルクス主義を理解しているっていうんだ。君はせいぜい、いくらか『孫氏兵法』を知っているだけじゃないか！」（『紅軍長征史』第二版、八三頁）。この言葉は、当時の他の指導者たちの毛沢東に対する見方を象徴しているように思われる。[†2]

紅軍の合流そして分裂

紅軍が生き残るには、長征に参加していなかった他の部隊と合流を果たし、兵力を充実させるほかはなかった。話は前後するが、一九三五年五月一二日、雲南省の会理郊外で、政治局拡大会議が開催された。この会議で、彭徳懐に前線の指揮をとらせようとした林彪の策動が毛沢東によって厳しく批判された（『毛沢東年譜』修訂本、上巻、四五四頁）。このとき、毛は林に対して「お前は赤ん坊だ！　お前に何がわかる」と述べたという（『中国工農紅軍長征全史』（一）、一二九頁。このくだりは『毛沢東年譜』修訂本、には記載が見当たらない）。林彪は毛沢東に叱責されたものの、北上して張国燾の指揮する紅四方面軍と合流するとの林が提案した方針は採択された（『林彪元帥年譜』上冊、一〇四頁）。ここでようやく逃避行に目標地点が与えられた。

敵を避けながら北上するために、紅軍は標高四〇〇〇メートルを超える夾金山の山道を抜けるルートを選んだ。寒さ、高山病、疲労で多くの兵が失われた。このときの様子をブラウンはこう記している。「もう夏も始まっているというのに、気温が一〇度を超すことはまずなく、夜はほとんど零度以下に下がるのだった。人口は非常に少なく、彝族と、中国人が古来蛮族（野蛮人）と呼ぶチベット系少数民族が住んでいたが、これら住民は紅軍兵と白色系中国人との区別などしなかった。彼らはラマ教貴族と家父長制的封建的従属関係にあり、国民党政府の役人からも圧迫されるものだから家畜を追って山中や森林へ逃げ込み、そこから機をうかがって通過する小部隊や落伍兵に襲いかかって来るのだった。われわれが進むにつれて道の傍らの死者――撲殺された者、ただ疲労で倒れた者――の数はだんだんと増えていった。それに、われわれは全員ひどく虱にたかられており、それは想像できないほどだったが、さらにもっとも悪いのは出血性の赤痢が蔓延し、最初のチフス患者も出始めたことだった」（ブラウン、一九一頁）。

　雪山をどうにか越えた後、一九三五年六月中旬、第一方面軍は四川省西部の松藩付近で紅四方面軍と合流を果たした。いまや毛沢東は自分の指導権に対する、ソ連留学組とは異なるタイプの挑戦者、張国燾と相まみえていた。[†3] ブラウンが「この毛沢東に負けず劣らず野心家で、負けず劣らず権力欲を有する男」（ブラウン、一九六頁）と呼んだ張は、毛より四歳若く、堂々たる体軀の持ち主であった。張国燾は党創立者の一人で、年功では毛沢東にひけを取らなかった。何よりも、毛の率いる紅一方面軍は、いまや一万五〇〇〇人に満たず、かたや張の率いる紅四方面軍は一〇万人近く、しかも十分な食糧と休息を与えられていた。毛に事実上の最高指導権が獲得できたのなら、張にも同じことができないはずはなかった。この北京大学で学び（卒業はしていない）、そして中国共産党指導者でただ一人レーニンと会ったことのある男は（張国燾、第一冊、一九七―一九九頁）、正当にも、遵義会議での決定に疑問を呈した。実際、遵義会議には政治局員一二人のうち六人しか出席しておらず、その後、暫定的指導者となった張聞天は前任者の博古と同様、中央委員に正式に選出されてはいなかった。そのうえ、いまや毛沢東が政治局の最有力者となっていた。これらは、いずれもコミンテルンのあずかり知らぬところでなされた決定であった。そうである以上、この新指導部の体制はまだ固まってはいない――したがって、挑戦することは可能である——と張が判断したとしても不思議はない。

六月二六日、二つの軍隊の指導者が顔を合わせた。一般に両河口会議として知られる政治局拡大会議がこれである。おそらく、毛沢東にとっては危険な局面であったに違いない。もし張国燾、ソ連留学組、周恩来が手を結べば、再び毛沢東を窓際へ追いやることが——それどころか窓の外へ放り出すことさえ——可能だったであろう。だが、公式の党史はいずれも、この会議においては、張国燾が完全に孤立したと述べている。すなわち、今後どこへ進むかの問題については、張は西に針路をとることを強く主張したが、誰からも賛同を得ることができず、最初に発言した周恩来の提案である北へ向かって進み、四川省、甘粛省、陝西省の境界地帯に根拠地を築くことに同意せざるをえなかったというのである（蘇杭ほか、二七三―二七四頁。だが、夏宇立の考証によれば、張国燾は孤立などしていなかった。張は周の提案に積極的に賛同したというのである。夏宇立、三五三―三五六頁。おそらく、われわれは張国燾から「分裂主義者」という既存のレッテルをいったん引きはがして一九三五年夏の出来事を考えたほうがよいであろう。公式の党史は、「分裂主義者」という事後のレッテルから出発して、張の政治活動すべてを論じる傾向がある）。だが、三日後の政治局会議において、張には朱徳に次ぐ地位である中央軍事委員会副主席の地位が与えられた。次いで彼は、それまで周恩来が担当していた紅軍総政治委員のポストを得たのである（『周恩来伝』阿吽社、中、一九頁）。したがって、張国燾と毛沢東の間である種の取引が行われたとみることができる。とはいえ、この取引は火種を含んでいた。張国燾は回想録のなかで、両軍の合流後、毛沢東、張聞天、博古らには紅四方面軍を支配しようという意図があると疑ったと述べている（張国燾、第三冊、二四六頁）。それは毛沢東も同様であったに違いない。おそらく、二つの軍は合流を果たしたものの、互いに、自分が相手方によって吸収されてしまうのではないかという不信感を抱いていたのである。

七月中旬、松藩の攻略に失敗した後——党の公式の歴史によれば、この失敗は張国燾が意図的に軍の北上を遅らせたためであった（『中国工農紅軍長征全史』（二）、一八二頁）——紅軍を左路軍と右路軍に分け、同時に北上させることが決定された。張国燾と朱徳は主として紅四方面軍で構成された左路軍を率いた。一方、毛沢東、周恩来、その他の政治局員たちは紅一方面軍と紅四方面軍の混成部隊で構成された、はるかに小さな規模の右路軍を率いた（『毛沢東年譜』修訂本、上巻、四六三―四六四頁）。八月中旬、右路軍は甘粛省に向かって北上する途中、いたるところ沼地である草原地帯を越える羽目になった。ここが「今度の進軍のなかでももっとも困難な部分」であったとブラウンは述懐している。「高原は草に覆われて一見それとわからないが、下はどろどろの黒い水のたまった沼になっており、表面の草を踏み抜いたり、そこを通っている狭い道を外れたりすると、何でもかでもいやおうなしに飲み込んでしまうのだった。私は一匹の騾馬がそんな風にして哀れに死んでゆくのをこの目でみた。われわれは土地の牛や馬を先に立てて進んで行った。ここの牛や馬は本能的に一番危険の少ない道を知っているからである。地上にはほとんどいつも灰色の雲が垂れ込め、一日に何度も冷たい雨が降り、夜にはそれがみぞれやあられに変わるのだった。辺りは見渡す限り一軒の人家も一本の木もなく、灌木の茂みとてほとんどみられなかった。われわれは、夜は湿原から少し高くなっている小さな丘の上で座ったまま眠った。かけるものはといえば、薄い布切れと、軍の備品となっている大きな麦藁帽、それか油紙の合羽、ごくまれには敵から鹵獲したマントだった。多くの兵士は寒さと疲労のため、朝になってももう起きてこなかった」（ブラウン、二一四頁）。

九月上旬、右路軍がやっとのことで草原を抜けたところで、意外な知らせが伝えられた。張国燾麾下の左路軍が、河の水かさが増して渡ることができず、また食糧が不足していることを理由に北上をやめて引き返す決心を固め、しかも右路軍に対しても南への退却を求めてきたというのである。九月一二日、毛沢東は政治局拡大会議を開催して「張国燾同志の誤りに関する決定」を採択し、さらに二日後、右路軍は左路軍にはかまわず、このまま北上を続けると張国燾に打電した（『長征档案』下巻、九四〇―九四一頁）。右路軍は北上を続け、甘粛省南部の平原地帯に入った。すると、ここで国民党の新聞が手に入り、陝西省北部に比較的大きな革命根拠地が存在し、相当規模の紅軍がいることを知ったのである（『周恩来伝』阿吽社、中、一二九頁）。毛沢東はただちに同地に進むことを決めた。一九三五年一〇月一九日、毛の率いる紅軍は陝西省と甘粛省にまたがる根拠地（陝甘根拠地）の呉起鎮に到着し、当地の党員と兵士の歓迎を受けた。これにより、全行程二万五〇〇〇華里といわれる紅軍の逃避行は、約一年の歳月を費やして終結したのである。

とはいえ、疲れ果てた紅軍が陝甘根拠地にようやくたどり着いたとき、国民政府はこの根拠地に対する攻撃をまさに強化しようとしていた。加えて、この根拠地内部においても粛清の嵐が吹き荒れ、根拠地の創設者であった劉志丹までもが逮捕されているありさまであった。そこで、毛沢東、周恩来、彭徳懐はわずかの休息の後、再び軍団を率いて南下し、国民党軍の部隊を打ち破るとともに、敵軍の配置を大きくかき乱した。同時に、根拠地内部の粛清を終了させ、捕らわれていた劉志丹らを解放した（『周恩来伝』阿吽社、中、三三一―三三五頁）。こうして、一九三五年一二月中旬までに、根拠地には相対的な安定がもたらされた。

ところで、張国燾と彼の率いる紅四方面軍はどうなったであろうか。毛沢東らが「張国燾同志の誤りに関する決定」を採択したのとほぼ同じ頃、張は川康省委員会および紅軍中の党活動家を集めた会議を開催していた。ラマ教の寺院で行われたこの会議の会場には「毛、周、張（聞天）、博（古）が北へ逃亡することに反対する」との横断幕がかかっていた。会議は荒れ模様で、「（右路軍の）北上とは右傾逃亡だ、間違っている！」、「何が北上抗日だ、完全に逃亡主義だ！」などという怒号が飛び交っていた。この会議は、「北上抗日は純粋にプチブル的幻想で、実際には逃亡主義である」とする決議を採択した（蘇杭ほか、二九六―二九七頁）。一〇月五日、張国燾は高級幹部会議を開催し、毛沢東、周恩来、博古、張聞天を除外した新しい「中央委員会」と「政治局」を選出し、張本人が総書記におさまった。このとき、張は「中央の威信は地に落ち、全党を指導する資格を失った。われわれはレーニンが第二インターナショナルと決裂したやり方にならって、新しい臨時中央を組織すべきだと思う」と語った（同右、二九八―二九九頁）。さらに一二月五日、張国燾は毛沢東らに対して、今後は党中央を名乗ってはならず、「党北方局」の名義を用いるよう電報で通告した（『長征档案』下巻、九五九頁）。だが半年後、張は部下に迫られて、ようやく自身が党中央であることを取り消した。それでも、彼は依然として毛沢東らの党中央を認めず、コミンテルンに党中央を代行させるよう主張した（『朱徳年譜新編本』（上）、五六七頁）。張がかくも強気でいられたのは、紅四方面軍が紅軍のなかで最大の規模を誇っていたからにほかならない。

だが、張国燾の運勢には陰りがみえていた。張が率いる紅四方面軍の内部では、次第に北上を求める声が高まり、一九三六年二月中旬、彼もまた北上に同意せざるをえなくなった（『朱徳年譜新編本』（上）、五五八頁）。やがて任弼時と賀竜が指揮する紅二方面軍が張国燾の軍勢に加わると、この連合軍は、毛沢東の紅一方面軍が一年前に陝西省に向かったのと同じ道をたどった。紅一方面軍との合流が目前に迫るなか、張国燾は心理的に恐慌をきたし、陝甘根拠地に着いたら自分はもう終わりだ、党籍を剝奪され、監獄につながれる、と述べたという（蘇杭ほか、三一三頁）。

一九三六年一〇月、ようやく紅四方面軍、紅二方面軍は紅一方面軍と合流を果たした。だが、英雄的でもあり悲劇的でもある長征の物語は、まだ完全に終わりではなかった。合流が実現したとき、毛沢東は紅軍が黄河を西に渡って寧夏を奪取することを提案したのである。これは中国共産党と紅軍が、すでに得ていたコミンテルンの同意に基づき、ソ連と直接つながる道を開拓するためであった。この寧夏戦役計画に基づき、紅軍部隊の一部は黄河を西側に渡ったが、国民党軍の攻撃によって孤立させられてしまった。文字通りの孤軍奮闘を強いられたこの部隊約二万一八〇〇人――党中央によって西路軍という名称を与えられた――は、引き返すことがかなわず、西へ西へと向かった。だが、食糧がつき、回族の騎馬兵の攻撃を受けて、かろうじて四〇〇人が新疆の迪化にたどり着き、ソ連領事館の保護を受けたが、残る部隊はほぼ壊滅した（朱玉総編、（上）、四頁および三六頁）。

一二月六日、張国燾は朱徳とともに陝西省北部の紅軍司令部で開催された「団結回復」のための気まずい祝賀会に出席した。翌日、毛沢東は中央軍事委員会主席に指名され、張国燾と周恩来が副主席となった。だが、容易に想像しうるように、もはや張には何の権限も与えられなかった。毛に対する彼の長期にわたる挑戦はここで終わりを告げたのである。一九三八年四月、張は西安で国民党に投降した。その三〇年後、彼はカナダに亡命して、その地で生涯を終えた。奇しくも、享年は毛沢東と同じであった。

†1　ユン・チアンによる真偽のほどが定かではない説によれば、紅軍の逃走を許したのは、ほかならぬ蒋介石であった。蒋は、中央の支配を拒み続ける四川省と貴州省に紅軍を追い込み、紅軍の居座りを恐れる当地の軍閥から請われる形で中央軍を進駐させ、国家統合を完成させることができる、と目論んでいたというのである（チアンほか、上、二三二―二三三頁）。

†2　凱豊の言葉は、その後長い間、毛沢東の心に突き刺さっていたようである。一九六一年三月、毛は広州での中央工作会議の席上、遵義会議では凱豊に対して、君は『孫氏兵法』を読んだことがないのに、どうして僕がそれに詳しいとわかるのだ、と言い返してやったとわざわざ述べている（『毛沢東文集』第八巻、二六三頁）。マルクス・レーニン主義の優れた理論家でなければ、結局のところ、党内では軽んじられると毛沢東があらためて思い知ったのが、彼が最高指導部に返り咲いた遵義会議のときであったのかもしれない。

†3　張国燾は、一九二八年六月にモスクワで開かれた第六回党大会に参加した後、中国共産党駐コミンテルン代表としてしばらく同地にとどまっていた。一九三〇年一一月にモスクワから帰国した後、湖北省、河南省、安徽省の境界地帯に設けられた鄂豫皖根拠地に赴いた。彼の指導下で、この根拠地は中央根拠地に次ぐ規模に発展した——大規模な粛清の犠牲者を対価として。一九三二年秋、国民党軍の攻撃を受けて根拠地を放棄した後、張は四川省北部へと移動し、第四方面軍を八万人の兵力をもつ軍隊へと拡大させた。

第5章　日中戦争下での危機と成長

日中戦争の始まり

一九三〇年代初頭の世界恐慌による資本主義世界の全面的混乱のなか、日本は隣国における支配地域の拡大に活路を見出そうとした。一九三一年九月一八日、奉天（現在の瀋陽）郊外の柳条湖付近において、南満洲鉄道の線路上で小さな爆発が起きた（柳条湖事件）。関東軍はこれを張学良率いる東北軍の仕業であるとして、ただちに軍事行動を起こし、奉天、長春、営口などの都市を占領した。日本政府は、これ以上軍事行動をエスカレートさせない方針を決定したが、関東軍が自衛のためと称して独断で戦線を拡大した。翌年一月には、日本軍は上海でも軍事行動を展開した（第一次上海事変）。やがて、関東軍は国際世論を全面的に敵に回すことを避けるため、東北地方全体の占領ではなく、傀儡国家の樹立に動いた。すでに退位していた「ラスト・エンペラー」溥儀を担ぎ出して執政に据え、一九三二年三月に満洲国を建国したのである。

一九三三年二月以降、関東軍はこの傀儡国家の版図拡大を目指して、万里の長城の南側へとなだれ込んでいった。だが、北平（現在の北京）や天津にまで戦火が及ぶことを恐れた中国側の申し入れで停戦交渉が始まり、五月末に河北省塘沽で停戦協定が成立した。これによって長城以南の一定地域が中立地帯となり、関東軍と国民党軍はいずれもそこから撤退した。だが、領土的野心をたくましくした日本軍は、一九三五年から華北地区に傀儡政権を樹立することによって、同地区を事実上中国から切り離し、日本の支配下に置こうと公然たる画策をめぐらしはじめた。いわゆる華北分離工作がそれである。

ところが、侵略を受けている中国の国民政府はといえば、まず獅子身中の虫である共産党を打倒して国内を安定させ、しかる後に日本と対決するという方針をとった。しかし、このような政府の方針に対し、国民の一部は強い不満を表明した。とりわけ、学生や知識人たちは北平をはじめ各地でデモに立ち上がり、「内戦停止」と「一致抗日」を要求した。それに対する国民政府の応答は、警察と軍隊の大量動員によるデモの鎮圧であったから、かえって火に油を注ぐ結果となった。

一方、中国共産党のほうも、蒋介石と手を組む気はまったくなかった。度重なる国民党軍の攻撃によって、いわば瀕死の重傷を負わされた共産党と紅軍が、いかに外敵に直面していたとはいえ、蒋をパートナーとみなすことができなかったのは無理もなかった。一九三五年一〇月に党中央が発した秘密の指示には、「中国人民も抗日のためには、必ずまず蒋介石を討たなければならないことを理解しつつある。蒋を討ってはじめて抗日が順調に運ぶのである」とある(『建党以来重要文献選編』第一二冊、四三〇頁)。一二月末に開催された政治局会議(一般に瓦窰堡会議として知られる)の決議もこう述べている。「党の戦術路線は、全中国、全民族のすべての革命勢力を動員し、団結させ、組織して、当面の主要な敵である日本帝国主義および売国奴の頭目である蒋介石に反対させることにある」(『中国共産党史資料集』第8巻、二九頁)。だが、このような共産党の態度は外部の圧力によって変化を余儀なくされた。一九三五年七月にモスクワで開催されたコミンテルン第七回大会が、各国共産党にブルジョア民主主義勢力と連合して反ファシズム統一戦線を構築するよう求めたからである。

一九三〇年代前半、ヨーロッパにおいては、ヒトラーやムッソリーニが率いるファシズムが台頭した。ファシズムは強烈な反共産主義を旗印としていた。ファシズムが共産主義を目の敵にしている以上、共産主義者も当然それに対抗する戦略を作り上げなければならなかった。そのような戦略はスターリンによって作られ、そしてコミンテルンの方針となり、やがて全世界の共産主義者が従うべきものとなった。ところが、この国際共産主義運動の指導者は、ドイッチャーが述べるように、「そのとき次第の便宜主義」（ドイッチャー、一二九頁）によって方針を何度も変えたために、世界の共産主義者はモスクワにさんざん振り回されたのである。

では、ファシズムに対抗するために、コミンテルンが立案した戦略とはいかなるものであり、それはいかなる紆余曲折をたどったのか。一九三〇年代から四〇年代初頭にかけて、ファシズムに対するコミンテルンの方針には、三つの大きな転換点があった。第一の転換点は、一九三五年夏に開催されたコミンテルン第七回大会である。この大会以前、コミンテルンはドイツ、イタリアというファシズム諸国も、イギリス、フランス、アメリカというブルジョア民主主義諸国も、帝国主義である点において何ら変わりがないと考えていた。そのため、ドイツ、イタリア、イギリス、フランス、アメリカを十把ひとからげに帝国主義とみなし、これらはすべてわれわれの敵だと主張していた。しかし、コミンテルン第七回大会以降、ブルジョア民主主義諸国とファシズム諸国は区別しなければならない、前者と手を組んで後者に十字砲火を浴びせようという立場がとられることになった。

第二の転換点は、一九三九年八月の衝撃的な独ソ不可侵条約の締結とともに訪れた。犬猿の仲であるはずのファシズムと共産主義が突然手を結ぶという事態に、世界はあっけにとられた。そしてこの直後に、ドイツがポーランドに攻め込んで、第二次世界大戦の火ぶたが切って落とされた。こうして始まったヨーロッパの戦争を、コミンテルンは「交戦国の双方において不正義の戦争」と規定した。つまり、ドイツは邪悪であるが、それと戦っているイギリスやフランスも同様に邪悪であるというのである。そこでコミンテルンは、世界の共産主義者に対して、こうした帝国主義同士の共食いに一切加担すべきではない、どちらにも味方してはならないという指示を与えた。

ところが、この立場も一九四一年六月の独ソ戦勃発とともに再び逆転する。これが第三の転換点である。独ソ戦開始以降、再び帝国主義諸国の間に区別を設けて、ブルジョア民主主義諸国であるイギリス、フランス、アメリカと手を組んでファシズムに攻撃を集中しようという論理が蘇った。このように、ファシズムと戦うにあたり、ブルジョア民主主義は敵か味方かという問題について、コミンテルンは最初は敵だといい、次に味方だといい、また敵だといい、さらに味方だと主張した。このご都合主義は各国の共産主義者を大いに困惑させ、ヨーロッパでは嫌気のさした多くの人々が共産党から離れていった。だが、当時スターリンとコミンテルンの権威は絶大であったため、各国共産党は内部に動揺をきたしながらも、モスクワの方針転換をその度ごとに承認し、弁護した。それは中国共産党も例外ではなかった。

第二次国共合作の成立

一九三五年八月一日、モスクワにいる駐コミンテルン中国共産党代表団が「抗日救国のために全同胞に告げる書」（八一宣言）を発表したのは、まさに以上のようなコミンテルンの方針転換に対応するものであった。この宣言は、中国のあらゆる「愛国的同胞」――ただし蔣介石は売国奴だと述べている――に対し「国防政府」と「抗日連軍」のもとに結集するよう呼びかけた（『中国共産党史資料集』第7巻、五二一―五二六頁）。だが、当時まだ長征の途上にあった党指導部は、モスクワとの連絡が途絶えており、コミンテルンの新しい方針をすぐに知ることはできなかった。彼らがそれを知ったのは、同年一一月末、コミンテルン大会に出席した張浩（林育英）がモンゴルを経て陝西省北部にたどり着いたときであった。張の報告を受けた毛沢東はただちに政治局会議（先述した瓦窰堡会議）を開催し、抗日民族統一戦線の構築に向けた「国防政府」の樹立、および「抗日連軍」の編成という目標を掲げた。とはいえ、共産党は依然として「売国奴」蔣介石を統一戦線に含めることに反対し続けた。

一九三六年三月、モスクワからもう一人、コミンテルン大会に出席した中国共産党の代表である劉長勝が大会関連の多くの文書に加え、新しい無線機と暗号表を携えて帰ってきた。これによって、途絶えていたモスクワとの通信が回復し、彼らは再びモスクワの強力な統制のもとに置かれることとなった（スラヴィンスキーほか、三六七頁)。これが党指導者たちの背中を、蔣介石との気の進まない妥協に向けてひと押しした。その結果、彼らは五月に重要な方針転換を表明した。すなわち、それまで繰り返し売国奴と呼んでいた国民政府の指導者を「蔣氏」と呼び、あわせて彼にも抗日への参加を呼びかけたのである。同年九月、党中央は「逼蔣抗日」を新たな党の基本方針とすることを全党に指示した(『建党以来重要文献選編』第一三冊、二七六頁)。これは蔣介石に圧力をかけて、彼を抗日に追いやるという意味である。こうしてこの頑迷な反共主義者は、初めて共産党の取り込み工作の対象となった。

満洲事変で日本軍により東北を追われた張学良が陝西省に移動し、同省北部の紅軍を掃討するよう蔣介石から命じられたのはこの頃であった。張は、すでに現地で作戦に当たっていた一七軍を指揮する楊虎城とともに、共産主義者を討伐することとなった。だが、彼らはあまり乗り気ではなかった。というのも、紅軍との戦闘で戦力の消耗を強いられ、使い捨てにされるかもしれないとの不安を抱え、また日本による華北分離工作に反対する国民的な運動の盛り上がりを目の当たりにして、いまは共産主義者と戦っている場合ではないと考えていたからである。

かつて日本軍によって爆殺された東北の大軍閥を父とする張学良は、すでに同年春、周恩来と交渉を行い、紅軍との間に停戦協定を結んでいた。これは張にとって、一時的な戦術以上のものであった(『周恩来伝』阿吽社、中、四五―四七頁)。彼は共産党を日本軍に対するレジスタンスの信頼できるパートナーとみなすようになっていた。それはこの軍閥の息子が、驚くべきことに、中国共産党への加入を申し出たことからも明らかである(『張学良年譜』、七〇八頁)。だが、張学良を文字通りの「軍閥」とみなすコミンテルンは、彼の入党を認めなかった(楊奎松、二〇一二年、二一一六頁)。

それでも張学良は共産党との良好な関係を保ち続けた。それだけでなく、「一致抗日」の実現に向けて、蔣介石の説得にいっそう力を注ぎはじめた。それは前述のように、コミンテルンの主張に応じた共産党が、蔣介石を含めた統一戦線を主張するようになったからであった。一九三六年一二月四日、二人の将軍の煮え切らない態度に業を煮やした蔣介石は、西安に飛んで、張学良と楊虎城の尻を叩こうとした。ところが、逆に張はこの最高指導者に対して内戦停止を要求した。蔣介石がこれを拒否したところ、一二月一二日、張は蔣を監禁したうえで、内戦停止、逮捕された愛国者たちの釈放、救国会議の即時開催などを全国に呼びかけた。これが西安事変である。

誰も予想しなかったこのクーデターは、スターリンを大いに困惑させた。モスクワはただちに『プラウダ』や『インプレコール』などさまざまな媒体を使って、ソ連はこの事件と一切かかわりがない、事件の平和的解決を求めると述べた（『張学良年譜』、八〇七頁）。ソ連の指導者がこのとき恐れていたのは、蔣を失って中国が大混乱に陥ると、天皇の軍隊はいとも簡単に中国を占領してしまうであろうが、そうなると日本帝国主義者の次の標的はソ連となるに違いないということであった。したがって、蔣が殺されるような事態はどうしても避けなければならなかった。

一方、蔣介石が捕らわれの身となったことを告げられた毛沢東は有頂天となった。直後に開催された政治局会議において、彼は興奮した様子で「西安事変は革命だ」と述べている。毛の考えでは、この機に乗じて蔣を人民裁判にかけ――もしそうなれば、大元帥が帰らぬ人となることは目に見えていた――そのうえで新しい政府の樹立を目論むべきであった。[†1] この見解に張国燾も同意した。一方、周恩来と張聞天は、より冷静な態度を示した。彼らのみるところ、すでに共産党が蔣介石に統一戦線を呼びかけている以上、ここで強硬策をとり、国民政府と決定的な対立を招くのは得策ではなかった。かくして、党中央ではしばらくの間議論が続いた。だが、モスクワの断固とした態度――事件の平和的解決――がコミンテルン書記長ディミトロフから伝えられると（『張学良年譜』、八五一頁）、それに従うほかはなかった。スノーが宋慶齢から伝え聞いた話として記すところ、毛沢東は蔣介石の釈放をモスクワから命じられると悪態をつき、地団太を踏んで悔しがったという（スノウ、一二三頁）。

ともあれ、毛沢東は周恩来を西安に派遣し、コミンテルンの方針どおり事件の平和的解決を目指した。一方、南京からは宋子文と宋美齢がやってきた。交渉の結果、蔣介石は態度を軟化させ、彼の身柄の解放と事件の平和的解決に関する合意が成立した。このとき蔣は国民政府の改組、愛国者の釈放、紅軍との連合による抗日などを口頭で約束した（ただし彼は合意事項を文書としてまとめることを最後まで拒否した）。一方、周恩来は共産主義の宣伝の停止、紅軍が蔣介石の指揮に従うことなどを約束した。一二月二五日、蔣介石は「今後私は共産党討伐を絶対にしない」という言葉を残して西安を飛び去ったという（『毛沢東伝』みすず書房、上、三九四頁）。

西安事変の解決後、国共合作に向けた長く、いつ終わるとも知れない交渉が開始された。最初は西安で、次いで杭州で、さらに廬山で国民党との交渉に当たったのは周恩来であった。一九三七年二月一〇日、彼は国民政府に対して、内戦停止、共同での救国、早急な抗戦準備などを国策に掲げるならば、共産党は武装暴動を停止し、紅軍を国民革命軍と改称し、土地改革を停止する用意があると伝えた。この提案に対し、国民党は態度を二転三転させ、交渉はだらだらと続いた。交渉の焦点は、紅軍改編後の指揮命令系統、人事、規模をどうするかという問題にあった。この問題をめぐって、交渉は暗礁に乗り上げてしまった。仇敵同士をやむなく合作に向かわせる触媒として作用したのは、外的な要因、すなわち日本軍のさらなる侵略であった。

一九三七年七月七日夜、マルコ・ポーロの『東方見聞録』にも登場する北平郊外の盧溝橋付近で日本軍が演習を行っている最中、発砲事件が起こり、兵士一人が行方不明となった。これをきっかけにして日本軍と国民革命軍第二九軍との間に戦闘が始まった。いったんは現地で停戦協定が成立したものの、同月二八日、日本軍は総攻撃を開始し、またたく間に北平、天津を占領した。翌月には上海でも先端が開かれ（第二次上海事変）、ここに日中両国は宣戦布告のないまま全面戦争に突入した。

盧溝橋事件の一週間後、周恩来は「国共合作の公布のための宣言」を蔣介石に手渡した。そこには共産党が「国民党政権を転覆するあらゆる暴動政策と赤化運動をとりやめ、地主の土地を暴力で没収する政策を停止する」と記されていた（『建党以来重要文献選編』第一四冊、三七〇頁）。すると間もなく国民政府は、西北の紅軍を国民革命軍第八路軍（通称、八路軍）に、そして華中の紅軍を国民革命軍新編第四軍（通称、新四軍）に改編すること、あわせて陝甘寧ソビエト区を陝甘寧辺区と改称すると発表した。これらは、その実態がどうであれ、中国共産党の軍と政府が国民政府の指揮下に入ることを国内外に印象づけるものであった。こうして第一次国共合作崩壊後、一〇年の時を経て再び国共合作が成立したのである。この新しい枠組みのもとで、国民政府から共産党に一定の軍費が支給され、合法化された共産党は大都市に事務所を構えることが再び可能となった。党員たちは一〇年ぶりに「地下生活」から解放され、都市の空気を吸うことができた。

第二次国共合作の背後で

形式的には国民政府の指導下に置かれたとはいえ、毛沢東はそれによって共産党の政府と軍の活動が自立性を失うわけではないと主張した。彼は一九三七年八月に陝西省中部で開かれた政治局会議（一般に洛川会議として知られる）において、統一戦線における共産党の「独立自主」を堂々と主張した。毛の考えでは、共産党の軍隊は状況に応じた兵力使用の自由、民衆を動員し根拠地を作る自由、および国民政府が定めた戦略を自らの判断で執行する自由を保持すべきなのである（『毛沢東年譜』修訂本、中巻、一六―一七頁）。

だが、そのような主張にすべての指導者が賛同していたわけではなかった。もっとも強力な反対者は王明であった。王は、すでに述べたように、「李立三路線」を清算した一九三一年一月の第六期四中全会において権力を握った後、モスクワに滞在していた。その彼が、一九三七年一一月末、延安に飛行機で舞い戻った（ちなみに、公安活動の専門家である康生と、二年半前に遵義会議で下された決定をモスクワに伝えるために派遣されていた陳雲も同じ飛行機で帰ってきた）。このコミンテルンの代理人は、ただちに政治局会議を開くよう要求した。一二月初旬から中旬にかけて開催された会議において、政治局は分裂してしまった。つまり、王明派と毛沢東派にである。前者に加わったのは、周恩来と博古であり、後者には張聞天、陳雲、康生が加わった。両派の対立の核心は、国民党との協力をめぐるものであった。王明はこう主張した。目下の共産党の最大の任務は、日本人を中国で食い止め、その矛先がソ連に向けられるのを防ぐことである。そのためには、国民党は不可欠のパートナーであるから、統一戦線におけるプロレタリアートの指導権や共産党の自主独立などは問題外であり、あらゆる手を尽くして国民党との協力を推進しなければならない。要するに、抗日はすべてに優先するのだ、と（郭徳宏編、三五〇―三五二頁）。これに対して、毛沢東は国民党との協力と並行して、それに対する闘争は続くと主張した。国民党の指示どおりに日本軍とぶつかるのではなく、国共合作の枠組みのなかで自立性を維持し、軍事力を温存しておくべきだ、と。

両者は論争を続けたが、毛沢東のほうが一枚上手であった。やがて王明が中央長江局書記となって延安を去り武漢に行ってしまうと、毛は任弼時――彼はソ連留学経験者であったが、いまや毛に忠実な人物となっていた――をモスクワに派遣し、中国共産党は毛の指導のもとで見事な成功を収めていると訴えさせたのである（『任弼時年譜』、三七〇―三七二頁）。この目論見は的中した。一九三八年九月、駐コミンテルン中国共産党代表の役割を任弼時に託しモスクワから戻ってきた王稼祥――彼もまた毛沢東の古い盟友であった――が、政治局会議で、コミンテルン書記長ディミトロフの声明文を厳かに読み上げた。それにはこう記されていた。「中央の指導機関は、毛沢東をはじめとする指導のもとで問題解決を図り、指導機関には親密な団結した雰囲気がなければならない」（『張聞天年譜』上巻、五八五頁）。これによって、少なくとも統一戦線の問題については、毛沢東の考え方が党内で基本路線となったのである。つまり、自主独立の立場を維持し、兵力を温存し、根拠地の拡大を図るということである。

だが、それではコミンテルンの方針との間に矛盾が生じてしまう。そこで、筆者の推測では、同月下旬に開催された中央委員会総会（第六期六中全会）が、モスクワの方針との表面上の一致を作り上げるために利用されたのである。この重要な会議における毛沢東の政治報告および決議においては、奇妙にも、抗日民族統一戦線がすべてに優先すると主張されている。おそらく、これはモスクワと武漢に向けて巧妙にしつらえられた外観にすぎなかった。内実はといえば、国民党との統一戦線はますます拡大する闘争によって特徴づけられることになった。

共産党は華北に次々に支配地域(中国共産党はこれを抗日根拠地と呼んだ)を切り開いた。もっとも早く成立したのは山西省、察哈爾省、河北省にまたがる地域に誕生した根拠地(一般に晋察冀辺区と呼ばれる)であった。次いで、山西省、察哈爾省、山東省、河南省の省境地帯に晋冀魯豫辺区が生まれた。やがて江西省など華中にも根拠地が誕生した。これらの根拠地の多くは、日本軍の侵入によって従来の地方行政機関が崩壊した後、日本軍が打ち立てた治安維持機構が脆弱な地域に、八路軍その他の共産党の部隊が事実上の支配を打ち立てたことによって成立したものであった。これらの抗日根拠地において、共産党は伝家の宝刀である土地改革は差し控え、その代わりに小作料と借金の利子を引き下げさせた。さらに開明的地主や知識人を代議機関に選出する仕組みを採用して、少なくとも表向きは権力の独占を避ける姿勢をみせた。

だが、共産党による事実上の支配地域が拡大するにつれ、蔣介石が不安を募らせたのは当然であった。一九三九年冬から翌年春にかけて、国民党軍の地方部隊が各地で八路軍、新四軍その他の部隊を襲撃する事件が相次いだ。共産党の公式の歴史が「国民党頑迷派による第一次の反共の高まり」として列挙する一連の衝突がこれである。

続いて一九四〇年夏から、共産党が「第二次の反共の高まり」と呼ぶ対立が始まった。それは八路軍が華北の鉄道沿線において、「二十数万人を動員した」日本軍に対する大規模な奇襲作戦を行ったことに端を発するものであった。公式の党史が「百団大戦」と呼ぶこの一連の作戦において、八路軍は日本軍二万人あまりを死傷させたとしている(『毛沢東伝』みすず書房、下、五四八頁)。この攻撃に衝撃を受けた国民党は、同年一〇月、八路軍と新四軍が一カ月以内に全軍を黄河以北に移動させ、しかも兵力を現存の五〇万人から一〇万人に削減するよう共産党に要求した(同右、五四九頁)。このとき毛沢東は、蔣介石が共産党の軍隊を黄河以北に閉じ込め、それを国民党軍と日本軍に挟み撃ちにさせて殲滅させたうえで、日本に投降する気ではないかと本気で考えた。そして、この最悪の事態を回避するため、一五万人の精鋭部隊を使って国民党軍の背後を突くべきだと主張した。しかし、ディミトロフから指令が届き、蔣介石が日本に投降すると決まったわけではない、したがって国民党軍との衝突は自衛の域を超えるべきではないと釘をさされ、毛は攻撃をあきらめた（楊奎松、二〇〇二年、九八―一〇三頁）。

ともあれ、共産党指導部は皖南（安徽省南部）の軍を北方に移動させることを承諾した。公式の党史は、この決定に応じて皖南の新四軍に北方への移動命令が下されたにもかかわらず、指揮をとる項英の優柔不断により、出発は一九四一年一月に至るまで何度となく延期されたとしている。そして、ようやく移動が開始されたとき、新四軍は待ち伏せしていた国民党軍八万人から攻撃を受けた。兵力の差はあまりに大きく、新四軍は約七〇〇〇人を失い、軍長の葉挺は捕らえられ、副軍長の項英は戦死した。とはいえ、国内世論と国際社会は、いずれもこの攻撃について激しい批判を展開したため、さすがの蔣介石もしばらく矛を収めるほかはなかった。こうして、同年春「第二次の反共の高まり」は収束するに至った。だが、この事件をきっかけにして、抗日民族統一戦線はほとんど有名無実の存在と化した。

危機とその克服

侵略者の眼前での全面的内戦のはじまりは、すんでのところで回避されたとはいえ、共産党は大きな危機に直面した。危機を作り出した要因は、国民党軍による抗日根拠地に対する封鎖、日本軍による百団大戦に対する報復、および根拠地を襲った日照りや水害などの自然災害であった。公式の党史は、一九四一年から一九四二年にかけて共産党が支配する根拠地が直面した危機と、それに対する対処の説明にかなりの紙幅を割いている。そこでは、空前の危機とそれを克服した共産党の見事な指導、その指導の中核に位置した毛沢東の卓越した手腕、そして起死回生を果たした根拠地内部において党、軍、民衆が共同で作り上げたこのうえなく「民主的な」共同体といった、ある種の英雄物語が語られている。

本当だろうか。たしかに、根拠地が直面した深刻な危機については、ほとんど疑問の余地はない。根拠地自体がきわめて貧しい地域に築かれていたため、そこでの生産活動は危うい均衡の上に成り立っていた。自然災害、経済封鎖、さらに兵士たちのための食糧や家畜の大量徴発といったことが起これば、根拠地の社会はたちまち存亡の危機に立たされることになった。当時、延安に滞在していたソ連タス通信社の記者で、毛沢東の手厳しい批判者であったウラジミロフは、一九四二年七月二七日、日記にこう記している。「八路軍前線将兵の食事は、柄杓一杯の粥を日に二回きりだ。……人々は事実上半飢餓状態に置かれている。洞窟にはネズミもいない。とっくに食べられてしまったのだ」（ウラジミロフ、上、四一―四二頁）。これが事実であるなら、公式の党史が、一九四二年には八路軍と新四軍の兵力は五〇万人から四〇万人へと減少し、根拠地の総人口も半減した（『中国共産党的九十年　新民主主義』、二二四頁）と書いていることは、おおむね正しいと考えてよいであろう。

危機に対する共産党の回答は、「精兵簡政」、「三三制」、「減租減息」、「大生産運動」を含む、後に「十大政策」と公式の党史が呼ぶところの諸政策であった。「精兵簡政」とは、軍隊の精鋭化と行政機関の簡素化を指す。これは軍と行政機構の人員を削減し、支出を節約して、人々の負担を軽減することを目的とするものであった。「三三制」とは、行政機構に共産党、中間派、そして知識人をそれぞれ三分の一ずつ参加させ、民意を集め、政策に反映させる疑似民主主義的な制度であった。「減租減息」は小作料の軽減と借金の利息の軽減を指す。そして、「大生産運動」は根拠地の物質的条件を改善する目的で、農業、牧畜、手工業などの生産を大いに促すために、行政人員と兵士を動員するものであった。公式の党史が、これらの諸政策の結果、根拠地内部の物質的条件が大いに改善されたと誇らしげに述べていることは、おそらく事実であろう。八路軍の捕虜となり、延安で暮らしていた日本軍の兵士たちも、大生産運動が開始されてから、食生活が大いに改善されたと述懐している（香川ほか、八二―八三頁）。

とはいえ、党と軍、およびそれとともに生活した人々の類いまれなる努力と工夫を描くだけでは、彼らの危機克服の物語の重要な部分が抜け落ちることになる。台湾の研究者である陳永発は、公式の党史が決して語らない、根拠地を財政的に支えていた秘密を明らかにした。すなわち、陝甘寧辺区の財政は、アヘン――「革命アヘン」という名で売られていた――の大規模な交易によって支えられていたのであった（陳永発、二〇〇一年、三六六頁、また、楊海英、（下）、一四―一五頁にも有益な記述がある）。陳が明らかにしたところによると、かつて帝国主義が中国人民の間に広めた害毒であるアヘンを自ら生産し商品とすることの是非は、共産党内で激烈な論争を招いたが、結局のところ毛沢東によって認められ、一九四一年から陝甘寧辺区で大規模なケシの栽培が始まった。そして、一九四五年に至るまで、年によって違いはあるが、「革命アヘン」は党中央の財政収入の約二五パーセントから五〇パーセントをまかなったのであった（陳永発、二〇一八年、四四頁）。

「民主的な」共同体についてはどうであろうか。根拠地内部の社会生活と政治生活にある種の生き生きとした局面が生まれたことはたしかであろう。それは生存そのものを脅かされた閉鎖社会が、生き延びることを最優先目標とした際にみせる、超階級的、超世代的、超性別的な共同体精神を体現していた。おそらく、中国の長い歴史において、このときほど政治権力と民衆が緊密に結びつき、広範な民衆の生産に対する意欲がかきたてられるとともに、敵――日本軍と国民党――に対する闘争心が旺盛になった局面はなかったであろう。そうであるがゆえに、このときの記憶は、後に毛沢東が幾度となく立ち返る理想郷となったのである。

このようにして生まれた「延安精神」とでも呼ぶべきもの、あるいは広く知られたセルデンの表現では「延安方式（The Yan'an Way）」が、一九四九年の中華人民共和国建国に至る革命の成功に決定的な役割を果たした（セルデン、一九七六年）とみるべきであろうか。たしかに、中国共産党を最終的勝利に導いた究極的な要因をめぐる従来の有力な見解のひとつはそうであった。延安時代に同党がコミュニストというよりナショナリストとして、革命集団というより農業改革者（agrarian reformer）の集団として、そして独裁機関というより民主主義者として振る舞ったことが、決定的な意味をもったというのである。もうひとつの有力な見解は、共産党が民衆の素朴なナショナリズムを独占することに成功した点を強調するものであった（ジョンソン、一九六七年）。

だが、セルデンの見解は、近年少なからず進展があった革命根拠地の個別研究に照らすと、十分な事実の裏づけをもちえないことが次第に明らかとなった。彼は「延安方式」に「プロト民主主義的傾向」（Selden, p. 32）あるいは民主主義の種子を見出しているが、われわれは次節において、延安において民主主義——先進諸国で一般的に理解されている民主主義のことであるが——とはまったく異なる政治的傾向が確認できることをみるであろう。セルデンは「延安方式」が備えていた生き生きとした政治生活が別の顔をもっていたことを入念に考察すべきであった。一方、ジョンソンの議論については、暴虐の限りをつくす日本軍の出現は、いかなる場合でも農民に反射的にナショナリズムを芽生えさせるとは限らないことが、いくつかの研究によって指摘されている。いずれにせよ、中国共産党の勝利を締めくくる最後の言葉を見出そうとする歴史家たちの探究は、これまでのところ決着をみていない。

ともあれ、抗日戦争中に中国共産党の組織とそれが指導する軍隊は目を見張る成長を遂げた。公式の党史の語るところ、日中全面戦争が始まった一九三七年七月と、終戦直前の一九四五年四月を比べると、党員数は三〇倍となっていた（『中国共産党的九十年　新民主主義』、二四四頁および二五三頁）。一方、兵力は一九四〇年末には五〇万人であったが、終戦時には一三二万人にまで膨れ上がった（同右、二〇頁および二六三頁）。これらの数字はおそらく誇張されたものであるが、党組織と軍の飛躍的な成長それ自体については疑問の余地がない。

整風運動と「毛沢東思想」の誕生

公式の党史は、十大政策のうち整風運動と大生産運動が、党全体の活動を引き続き前進させるための中心の環であり、それぞれ精神生活と物質生活の面で決定的役割を果たしたと評価している。前者は、全党の団結を強化し、党の政策を貫徹し、執行するうえで重要な保障となったというのである（『党的建設七十年』、一九〇—一九一頁)。

整風運動とは、一九四一年から一九四四年にかけて根拠地において行われた一種の思想改造運動を指す。党員全体が指定された文献を読み、討論し、これまでの「誤った」考え方について自己批判を行った。思想を再構築するための指針は、中国の諸条件に合わせたマルクス主義であった。党員たちは、これまで身につけていたロシア製のマルクス主義の衣を脱ぎ捨て、その代わりに中国製のマルクス主義の衣をまとうよう命じられた。これは教育と説得と強要の入り交じった過程であった。運動の最終的な生産物は、民族化されたマルクス主義としての「毛沢東思想」が党の指導的な思想と定められたこと、および毛沢東個人の突出した権力であった。

日中全面戦争が始まって以来、毛沢東が哲学的な思索に没頭したことがマルクス主義の中国化に向けた助走となった。よく知られている彼の二つの著作――『実践論』および『矛盾論』――は、そのような彼の哲学的情熱の産物であった。だが、この情熱は哲学への純粋な情熱というよりは、権力への情熱と不可分であった。遵義会議を経て、軍事的指導権を手中に収めたものの、毛沢東の権力はまだ限られたものであった。それは、彼がまだ中国共産党の公式イデオロギーの解釈権をもつ司祭ではなかったからである。ソ連の経験は、党のヒエラルキーが理論のヒエラルキーであることを教えていた。高い地位を占める人間ほどマルクス主義の理論に通じており、党の最高指導者は最良の理論家であると目されていた。だが毛沢東は、ソ連に留学して最新のマルクス主義理論を学んだ同輩たちのなかにあって、理論を知らない「田舎革命家」にとどまっていた。この構図がどこかで打破されなければ、彼の権力は突出したものにはならなかったに違いない。毛はこのような状況に甘んじるような人物ではなかった。とはいえ、このような彼の哲学―権力への情熱は、それだけでは党全体を思想改造運動へと導くことはなかった。毛の哲学マニアは、彼にとって幸運な、根拠地を取り巻く新たな客観的な諸条件に媒介されなければ、決して整風運動へと至ることはなかったであろう。

客観的諸条件とはこうである。第一に、日本軍の侵攻によって、日本軍、国民党と三つ巴の「新たな三国志」

が始まるなかで――毛沢東は間違いなくその歴史的類推を好んだであろう――共産党の生存と発展を図るために、国民党との連合を至上命題とするコミンテルンに表面上は従いながら、その背後で別の戦略、すなわち独立自主の戦略を実行に移すことが必要となっていた。第二に、日中全面戦争開始以来、根拠地において党員数が激増していた。全国の党員数は一九三七年七月には四万人であったが、わずか一年半後の一九三八年末には五〇万人に達していた（『中国共産党的九十年　新民主主義』、二四四頁）。彼らの多くは、戦争が始まって以来、ナショナリズムの感情に突き動かされて延安にやって来た知識青年であった。これらの新参者はマルクス・レーニン主義を知らず、革命を知らず、また党の組織生活がいかなるものであるかを知らなかった。したがって、彼らは教化される必要があったのである。そして第三に、一九四一年六月に独ソ戦が始まると、モスクワは中国共産党に十分な注意を払う余裕を失ってしまった。目付役のウラジミロフほか数人のロシア人が翌年春に延安に派遣されたが、それでも毛沢東は以前よりも大きな自由を得ることになった。その自由は、毛沢東を有頂天にさせた一九四三年五月のコミンテルンの解散によってさらに拡大した。そのうえ、一九四一年一二月には日本軍の真珠湾攻撃で日米戦争が始まったことにより、天皇の軍隊の圧力もまた弱まることになった。以上の客観的諸要因の組み合わせが、大戦争の背後で毛沢東が大がかりな党内の思想改造運動に取り組む環境を用意した。

それは、一九四一年五月一九日、毛沢東が延安の幹部学習会で「われわれの学習を改造しよう」と題する報告を行ったことが始まりであった。この報告において、毛は「マルクス主義の普遍的真理と中国革命の具体的実践を結びつける」必要性を強調し、マルクス・レーニン主義をあたかも信仰箇条のようにみる態度、すなわち教条主義を攻撃した。これはマルクス主義の民族化に向けた公然たる宣言であった。教条主義に対する批判が誰に向けられているかは明らかであった。この批判は、モスクワ仕込みのマルクス・レーニン主義を振りかざす王明らソ連留学組に向けられていたのである。とはいえ、この段階における整風運動は党幹部の間で行われたものにすぎず、王明に対する直接的な批判も控えられていた。

日米戦争開始後の一九四二年二月、毛沢東が行った「党の作風を整頓しよう」および「党八股に反対する」と題する二つの講演をきっかけにして、整風運動の新たな段階が始まった。この段階において、運動の対象は幹部のみならず、一般党員および兵士にまで拡大された。これによって、全党をあげた思想改造運動が開始されたのである。

毛沢東はたんにイデオロギー上の解釈権を独占する教権を手に入れようとしただけではなかった。彼は俗権をも手中に収めようとした。一九四三年三月二〇日、政治局は党の指導機構の重要な改組を決定した。この決定に従い、毛沢東が政治局主席、および政治局の決定のもとに日常の党活動を指揮する事務機構である中央書記処の主席を兼務することとなった。新たな中央書記処は毛沢東、劉少奇、任弼時の三人で構成されることとなり、毛にはこの機関で討論される問題について「最終決定権」が与えられることとなった（『毛沢東年譜』修訂本、中巻、四三〇―四三一頁）。一方、中央書記処の従来のメンバーであった王明、博古、張聞天、周恩来、王稼祥はこの機関から排除された。公式の党史は、このとき毛沢東が党活動における全面的な権力を掌握したわけではないと読者に戒めているが（『毛沢東伝』みすず書房、下、六〇九―六一〇頁）、もはや彼が他の指導者たちから抜きんでた、別格の権力者となったことは明らかであった。つけ加えるなら、劉少奇はこのとき、毛によって新たに党中央の指導者に抜擢され、新たに誕生した絶対的指導者を補佐するようになった。

新たな指導体制が発足した直後のコミンテルンの解散（五月一五日）――小林弘二が指摘するように、この解散を事前に知っていたがゆえに、前述の指導部改組が行われたのかもしれない（小林、七九頁）――は、毛沢東にとって大いなる追い風となった。この機を逃すことなく、毛はそれまで控えていた王明に対する名指しの批判を開始した。このソ連留学組の筆頭格は、党内における「教条主義派」の頭目として厳しい批判を浴びることとなった。加えて、この「教条主義派」に盲従したとして「経験主義派」も同様に批判されることとなった。同年七月、重慶で活動していた周恩来が延安に呼び戻され、整風運動に参加するよう促された。周を待っていたのは、「経験主義派」の代表格として彼を批判する一連の会議であった。周は屈辱的な自己批判を行い、毛沢東に忠誠を誓うはめになった。『周恩来秘録』の著者によれば、このときの経験が、周に毛に対する永遠の屈従を強いたのであった（高文謙、上、一二四―一二六頁）。

とはいえ、日本軍を眼前にしての党内におけるあからさまな権力闘争は、おそらくはウラジミロフの訴えを通じて、ディミトロフの介入を招いた。このブルガリア人のコミンテルン元指導者は、一九四三年一二月二二日、毛沢東宛に書簡を送り、周恩来と王明はコミンテルンの政策を実行しただけであるのに、彼らが党を分裂させようと振る舞ったかのように扱うのは誤っている、彼らを党から除名せず、党の事業のために引き続き利用すべきであると主張した（*The Diary of Georgi Dimitrov*, p. 290、および『若干問題説明』、一九四―一九九頁）。これによって、周恩来と王明に対する攻撃は沙汰やみとなった。

閉ざされた城塞のなかでの異端審問は、毛沢東のお気に入りの表現である「病を治して人を救う」のとはまったく逆の方向に進んだ。整風運動の一環として、さまざまな方法による拷問を駆使した残酷なスパイ摘発運動、あるいは反革命分子狩りが行われた。まったく皮肉なことに、この運動には「搶救失足者運動」（過ちを犯した人々を救う運動）という名が冠されていた。公式の党史は、その起源は一九四〇年八月に党中央が発した「幹部を審査する問題に関する指示」において、党員数が短期間のうちに大量に増大したことを背景として、幹部の「純潔さ」を確認する必要性が強調されたことにあるとしている（『中国共産党歴史』中共、第一巻下冊、五六五頁）。これが次第に、敵が根拠地内部に潜り込ませたスパイの摘発運動へと変容し、整風運動に引き継がれた。当初、この「幹部審査」工作は秘密裏に、そして限られた範囲内で行われていたが、一九四三年四月三日に党中央が「引き続き整風運動を展開することに関する決定」をくだすと、大衆的な性格をもつ運動へと発展しはじめた。というのも、この決定は整風運動の任務を、党幹部の非プロレタリア的思想を改造すること、および党内に潜伏している反革命分子を一掃することと規定しなおしたからである。後者の任務は、党中央に設置された中央総学習委員会が主として担うこととなり、その活動を取り仕切ったのは、ソ連で対スパイ工作の技術を身につけた康生であった。この人物は、一九三〇年代半ばにモスクワに滞在した際、NKVD（内務人民委員部）と協力しながら、モスクワにいた数々の中国人同胞を粛清した過去をもっていた（バイロンほか、上、一四六頁）。すぐに壮絶な特務狩りが始まった。陝甘寧辺区では一万五〇〇〇人が「特務」ないし「トロツキスト」などとしてあぶりだされ、拷問にかけられ、才能豊かな作家である王実味を含む少なからぬ人々が死に追いやられた。後に毛沢東の秘書を務める李鋭も、このとき一年あまりの間数百人とともに監禁された。李はこう回顧している。「自白を強要されるなかで、私が受けた刑罰はまだ軽いほうで、手に鎖をかけられ、ビンタをくらい、背もたれのない小さな椅子に座らされ、長時間立たされて、五日五晩眠らされなかっただけだ」（李鋭、五二頁）。当時延安で活動していた有名な作家である蕭軍も日記に次のように記している。「この招待所はほとんど『内奸』の世界になってしまった。ここに住んでいる一五〇人から二〇〇人は、およそ七〇パーセントが特務か、政治問題のある人々だ。……恐ろしいのは女性の特務だ。彼女たちは特殊な方法を用いて男性の弱点を利用し、愛情を用いて攻めてくる。今では、私が知っている人間を疑わずにはいられない」（一九四三年七月二〇日の記載。蕭軍、下巻、一八七頁）。

公式の党史は、「搶救失足者運動」が過酷に展開された期間は、一九四三年七月一五日に延安で反スパイ動員大会が開催され三〇日に毛沢東がその停止を命じるまでのわずか二週間にすぎず、その後は、「一人も殺さず、大部分は捕らえない」という原則が徐々に貫徹されたとしている。したがって、この運動の誤りは、整風運動のなかの「ひとつの支流問題」にすぎなかったというのである（『若干問題説明』、二〇二―二〇五頁）。このような言明がどこまで事実に即しているかについて評価するための十分な材料を、われわれは手にしていない。だが、われわれは少なくとも、この「支流」なるものが中国共産党の歴史のなかで、たまたま出現したのではなく、繰り返し現れたものであることを知っている。[†2]「反革命分子」に対しては、かつての中央根拠地における「AB団」に対しても、そして後にみるように、一九五五年以降の「隠れた反革命分子」に対しても、同様の組織的で容赦ない暴力が振るわれた。そのように考えると、「延安方式」は、セルデンのいう民主主義の種子だけではなく、全体主義の種子もまた同時にはらんでいたとみるべきであろう。

整風運動には二つの到達点がある。ひとつは、「毛沢東思想」が公式に中国共産党を指導する思想となったことである。この概念は、一見したところ、大した意味をもっていないようにみえるが、整風運動が展開されなければ、そしてコミンテルンが解散しなければ、決して登場することはなかったであろう。公式の党史によれば、この概念は一九四三年七月八日、王稼祥が『解放日報』に寄せた文章のなかで初めて用いて以来、他の指導者たちによっても使用されるようになった（『若干問題説明』、二〇九頁）。

もうひとつの到達点は、中国共産党創立以来の公式の党史ができあがったことであった。関連する資料が集められ、取捨選択されて編纂された。そのうえで、党が歩んできたこれまでの道程について、度重なる討論が行われた。その結果、「若干の歴史問題についての決議」と題する文書が一九四五年四月二〇日の第六期七中全会で採択された。この文書には、スターリンによって編纂され、一九三八年九月にソ連で出版された『全連邦共産党（ボリシェビキ）小史』をよく研究した痕跡がとどめられている。この書物が、あたかもスターリンを主人公として党史の中心に据えているように、「若干の歴史問題についての決議」は中国共産党の誕生から抗日戦争の始まりに至るまでの約一六年間の時期の各段階において、毛沢東が果たした役割を特筆し、惜しみなく称賛している。他方で、「悪玉」たち――陳独秀、李立三、張国濤そして王明ら――に対しては容赦ない批判の鞭が振るわれている。

このようにして、毛沢東の権力には大いなる光彩が添えられた。俗権と教権を一身に集めた絶対的な指導者としての総仕上げは、第二次世界大戦終結間際の一九四五年四月から六月にかけて行われた第七回党大会であった。この大会における数々の登壇者たち――日本共産党の代表である野坂参三を含めて――の報告の要点は、参加者であるウラジミロフによって要領よくまとめられている（ウラジミロフ、下、三七五―四四〇頁）。登壇したすべての人々は、毛沢東こそが党のこれまでの歩みのなかで唯一の正しい道標であったし、今後も彼をそのようにみなさなければならないと力説した。この大会において、劉少奇が党規約改正報告で強調したように、たしかに中国共産党は「新しい党」となったのである。

戦後の新たな政治的展望とその挫折

このように戦争を通じて中国共産党とその軍隊は大きく成長し、毛沢東を超越的な指導者として推戴する教団にも似た組織ができあがった。だが、ここからただちに同党が武装闘争を通じて国民党を打ち負かし、中国全土を支配下におさめるという物語が始まるわけではなかった。というのも、この戦争が同党を新たな政治的展望のもとに置いたからである。

ソ連において第二次世界大戦が当初から「愛国戦争」として定式化され、対立する人々を幅広く団結させたように、中国においてもこの大戦争は、国家全体が抱える矛盾をさしおいて、権力と民衆の新たな結合を促した。国民党であれ共産党であれ、自らの大衆的基盤を拡大する好機が訪れていた。その限りで、両者ともその本心はどうであれ、国民の多様な要求を集める民主主義者の衣をまとわざるをえなくなった。それはまた、逆らいがたい連合国側の要求でもあった。一九四三年一二月のカイロ会談、および一九四五年二月のヤルタ会談で確認されたのは、反ファシズム連合はファシズムの侵攻によって余儀なくされた緊急事態以上のものであり、共通の敵に対する勝利が宣言されるや自動的に解消されるべきものではなく、戦後世界の枠組みの基礎に据えられるべきものである、ということであった。実際、スターリンは一九四七年にマーシャルプランが発表されるまで、アメリカとの「大同盟」の維持に固執していた（グェルラ、三〇―三三頁）。そして、彼はこれに有力な保証を与えるために、各国の共産主義者に対し、それぞれの国内で戦時中に形成された反ファシズム連合を基礎とする連合政府を樹立するよう促したのである。

この構想に毛沢東が乗り気であったとは考えにくい。だが、それはスターリンからの逆らいがたい要請であったため、毛もそれに応じざるをえなかった。その結果、一九四四年秋、中国共産党は国民党に対し、一党支配の状態にただちに終止符を打ち、各抗日党派からなる連合政府をともに樹立しようと呼びかけた。

公式の党史がまったく言及しないことであるが、この呼びかけの背後には、アメリカ軍が中国を拠点として対日最終反攻作戦を行うであろうとの見通しがあった。願望と分かちがたく結びついていたこの見通しは、中国共産党のアメリカへの接近を大いに促した。なぜなら、この見通しのもとに党指導者たちは、中国の国内政治に対するアメリカの強力な介入を予想したからである。アメリカが国民党に対して次第に批判的になる一方、それに反比例するかのように共産党に対する関心を増大させつつあることは、毛沢東をはじめすべての指導者たちの理解するところであった。一九四四年七月、アメリカ陸軍視察団（通称ディクシー・ミッション Dixie Mission）が国民党の反対を押し切って延安を訪問したことは、そのような彼らの見通しを確信にまで高めた。したがって、連合政府案は、蔣介石に対するアメリカからの強力な圧力が得られるとの見込みのうえに提出されたものであった。

しかし、毛沢東の目論見ははずれた。ワシントンは蔣介石に批判的な中国・ビルマ・インド戦区司令官スティルウェルを解任してしまった。ハーレー駐華米国大使は毛沢東による延安訪問要請をいったんは拒否しながら、一九四四年一一月に突然延安の飛行場に降り立ち、共産党が作成した五項目からなる国民党との協定案に支持を表明した後、重慶に戻って態度を翻し、今度は国民党による三項目協定案を支持した。こうしたハーレーの奇行に大いに困惑させられた共産党の指導者たちは、ハーレーを経由せずアメリカ政府の意図を直接確認したいとの衝動に駆られた。そこで、共産党は一九四五年一月九日、視察団のクロムリー大尉を通じ、重慶のウェデマイヤー（スティルウェルの後任）司令部宛に、毛沢東と周恩来がアメリカと中国共産党との友好関係樹立のためにワシントンを訪れ、経済および武器援助に関してローズヴェルト大統領と会見したい旨記した書簡を送った。だが、ウェデマイヤーがこの書簡をハーレーに見せてしまったことから、共産党首脳部の訪米計画は立ち消えとなった（Tuckman, pp. 44-46）。

だが、それでも彼らは上陸作戦を敢行すると思われるアメリカ軍に期待を寄せ続けた。一九四四年一二月、共産党の軍隊は華中、華南、沿海部に向けて進撃を開始し、国民党軍と各地で衝突しながら、根拠地を積極的に拡大し始めた。その目的は、上陸するアメリカ軍と事実上の協力状態を創出することであった。もしアメリカ軍が上陸を敢行する地点の近くを共産党の軍隊が支配していれば、アメリカ軍は彼らと共同で作戦を行うほかなかったであろう。一九四五年四月一日、毛沢東は延安に滞在していたアメリカの外交官サーヴィスとの最後の会談においてこう述べた。「もしアメリカ軍が上陸するか、あるいは共産党地区に入るなら、彼らは完全に組織化され、敵と戦う熱意のある軍隊と人々に出会うであろう」(Service memo, April 1, 1945, *FRUS*, 1945, Vol. VII, p. 314)。

しかし、終戦は中国共産党指導者たちの予想よりもはるかに早く、そしてアメリカ軍の中国上陸作戦を伴うことなく訪れた。そのため、同党はアメリカとの協力関係を築く機会を失ってしまった。「もし毛沢東がワシントンを訪れていたら」と問うたタックマンと同様、筆者も、もし戦争がもう少し長引いてアメリカ軍と中国共産党の事実上の協力関係が生まれていたら、また(あるいは)もし終戦の遅れによって冷戦の始まりがもう少し遅れていたら、戦後の中国政治をめぐる国内的および国際的構図は実際にたどられたものとは大きく異なっていたかもしれないと想像するものである。反ファシズム運動の結果、盛り上がった国内的・国際的連帯の機運がもう少し長く続いていたら、社会主義は諸国においてより多様な形態をとり、中国でも「連合政府」は可能となったかもしれない。だが、冷戦のすばやい訪れは、そのような探求の芽を無残にも摘み取ってしまった。

†1　楊奎松、二〇一二年、三〇八―三一〇頁。だが、『毛沢東伝』みすず書房、上、三八八―三八九頁においては、この政治局会議において、毛沢東は強硬派ではなく思慮深い穏健派として登場する。そして、もっとも強硬な主張を展開したのは張国燾だとされている。

†2　すでに公式の党史が、「搶救失足者運動」は一九四三年になって突如出現した粛清の大波というわけではなく、「幹部審査」を名目とした粛清という小さな前段階を伴っていたと認

めているように、一九三〇年代初め以来、粛清の小さな波が間断なく起こり続けていたと考えるのが妥当であろう。中国の歴史家、高華によれば、延安においては、一九三七年一一月に康生がモスクワから戻って以降、ひそかに、しかし次第に多くの人々を恐怖に陥れる方法で「トロツキー派の粛清」(「粛托」と略称されていた)が行われていたのであった。その標的となって殺害されたグループのひとつは、かつて大長征のなかで張国燾に従い西路軍に属した幹部たちであった。殺害の規模は現在に至るまで不明であるという。「トロツキー派の粛清」は延安から遠く離れた他の根拠地でも行われ、一九三九年一〇月には、山東湖西地区(蘇魯豫根拠地)において、トロツキー派の嫌疑をかけられた幹部たち約三〇〇人が殴打、生き埋め、犬に噛み殺させる、などの方法で処刑された。殺害された人々の名誉が回復されたのは、一九八三年末のことであった(高華、四四〇―四四八頁)。「搶救失足者運動」に合流し、粛清の大きな波を作り出したのは、幹部審査工作のみならず、このような「トロツキー派の粛清」でもあったのである。

第6章　国共内戦とソ連への傾斜

国民党との交渉、そして内戦の始まり

日本の降伏が目前に迫ったとき、毛沢東は蔣介石との最後の決戦を行う腹を決めていた。毛は一九四五年八月一三日、「抗日戦争勝利後の時局とわれわれの方針」を発表し、今後の方針は「〔国民党と〕まっこうから対決し、一寸の土地も必ず争う」ことであると述べた（『毛沢東選集』外交、第四巻、九頁）。だが、誤算が生じた。毛にしてみれば信じがたいことであったろうが、八月一四日、モスクワでモロトフ外相と国民政府の王世傑外交部長が中ソ友好同盟条約に調印した。スターリンは同時に、毛沢東に電報を送り、国民党との連合政府を受け入れるよう強く促した。戦時中の国際的反ファシズム連合の枠組みを維持するとともに、中国国内においても共産党による政権ではなく、友好同盟条約によって、ソ連と手を結んだ国民党政権を中国の唯一の正統な権力と認めるモスクワの姿勢は明白であった。蔣介石からも、会談を呼びかける慇懃な電報が「毛沢東先生」宛に続々と届いた（中央統戦部ほか編、二八三―二八四頁）。そのため、中国共産党は不本意ながら国際的文脈に自らの方針を適合させることを余儀なくされた。八月二五日、共産党は「目前の時局に対する宣言」を発表し、「英米ソおよびすべての友邦と協同して」国際間の恒久平和を強固なものにしなければならないとの方針を明らかにした。この宣言は、「抗戦に勝利した！　新しい平和的建設が開始された！　われわれは平和、民主、団結を堅持し、独立、自由、富強

の新中国のために奮闘しなければならない！」との言葉で締めくくられた（中央統戦部ほか編、六―七頁）。かくして、毛沢東は重慶に赴き、蔣介石と歴史的な会談を行う羽目になった。ソ連のタス通信社の記者で、延安に滞在していたピョートル・ウラジミロフによれば、ハーレーとともに飛行機で重慶に向かう毛沢東は、さながら「刑場に向かう受刑者のよう」であった†1。

重慶での会談は六週間に及んだ。毛沢東がこの会談を、結局は避けることができない国民党との最終決戦をたんに一時的に遅らせるための戦術とみていたのか、それとも大国の保証のもとに新たな政治的展望を切り開くきっかけと考えていたのかは微妙である。少なくとも、一〇月一〇日に「断固として内戦を避ける」ことをうたい、また蔣介石が新憲法について議論することを約束した「双十協定」が成立した後、共産党内部では国民党との協定を大国によって押しつけられた、たんなる時間稼ぎの戦術以上のものとみる空気が広がっていった。とくに一二月中旬、アメリカからマーシャル将軍の使節が重慶に到着し、両陣営を説得してつかの間の停戦を実現させた直後はそうであった。

このような党内における平和ムードの広がりは、当時の大国間の動向に加えて、ヨーロッパ諸国の共産党の動向によっても促されていた。一九四五年から一九四七年にかけて、ヨーロッパ各国共産党では、ユーゴスラビアを唯一の例外として、社会主義への「新しい道」の模索が行われていた。この模索は、既存のブルジョア国家の諸制度を利用しながら、つまり従来の国家機構の破壊を通じてではなく、その変革を通じて平和裏に社会主義に到達できるとの仮定に基づくものであった。スターリンもまた、このようなヨーロッパ各国共産党の「新しい道」をとがめたてることはなかった。したがって、一九四五年一〇月に毛沢東が宿敵との会談に疲れ果てて延安に戻った頃の国際共産主義運動全体を包む雰囲気は、平和的手段による社会主義への移行という目標に中国共産党の方針を適合させるよう迫るものであった。

同党の指導者たちのなかで、こうした当時の国際的文脈にもっとも敏感に――あるいは過敏に――反応したのが劉少奇であった。彼は延安に戻った毛沢東が約二カ月間休養をとっていた間、党中央を率いた。その間、劉は党中央の名において一九四六年二月一日、「時局問題についての報告」および「中共中央の当面の情勢と任務に関する指示」と題する文書を発表した。後者にはこう記されていた。「中国革命の主要な闘争形式は、現在すでに武装闘争から非武装の大衆の議会闘争へと変化した。国内問題は政治方式で解決する。党のすべての工作は、この新しい情勢に適応しなければならない」(『劉少奇年譜　増訂本』第二巻、一七七頁)。ここで劉が表明した「投降主義的」な「平和と民主主義の新段階」論が後の文化大革命の際に、彼の罪状のひとつとされることになる。つまり、劉は国民政府の性格を見誤り、また英米ソの調停に過大な期待を寄せた結果、必要な警戒を怠り、日和見主義の罠にはまったというのである。とはいえ、いくつかの資料が物語るところ、同様の認識は毛沢東、朱徳、周恩来らにも共有されていたのである。[†2]

だが、平和の見通しはすぐに曇らされた。というのも、一九四六年春、東北の要衝である遼北省の省都四平をめぐって、共産党の指導する東北民主連軍と国民党軍との間で激しい戦闘が始まったからである。毛沢東は林彪と彭真に対して、たとえ数千人の死傷者が出ようとも、「ここ数日のうちに四平と本渓の戦闘に勝利を勝ち取ることが重要である」と檄を飛ばした(『毛沢東軍事文選』、二七五頁)。しかし、東北民主連軍は一カ月に及ぶ戦闘の末、四平から撤退を余儀なくされた。

毛沢東はこの戦闘が行われている最中に、国際情勢と中国国内の政治の関係について熟考を重ねた。その結果発表されたのが「当面の国際情勢についてのいくつかの評価」という文書であった。彼の現実主義者としての面目がよく表れているこの文書において、毛は英米仏とソ連がいくらかは妥協を行う可能性があるが、「こうした妥協は、決して資本主義世界の各国人民に、これにならって国内でも妥協せよと要求するものではない」と明確に主張した(『毛沢東選集』外交、第四巻、一〇七頁)。米ソの圧力を背景に国民政府に改組を迫り、連合政府を樹立しようとする戦略が明らかに現実性を欠くものとなったいま、「平和と民主主義の新段階」という見通しに自らを縛りつけることは危険であった。そのため、毛沢東は中国国内の反ファシズム連合の維持に見切りをつけ、平和的手段による権力への接近を断念し、蔣介石の軍隊を軍事力によって粉砕することを決意したのである。かくして、一九四六年夏、国民党との全面的内戦の火ぶたが切って落とされた。

戦況の推移

最初の九カ月間、紅軍は後退を余儀なくされた。蔣介石が精鋭部隊を配置した旧満洲では、ハルビンのみを残して、ほぼすべての地域が国民党軍の手に落ちた。一九四六年一二月には、蔣介石はマーシャル将軍に対し、共産党の軍事力を翌年秋までに封じ込めることができると自信たっぷりに語った。だが、蔣介石の軍隊の快進撃とみえたものは、実際には国民党軍がたんに地図の上で支配地域を拡大したことを意味するにすぎなかった。毛沢東は得意のゲリラ戦術で対応した。一九四七年三月、共産党支配地域の「首都」である延安が国民党軍によって陥落したが、その直前、毛沢東は延安を奪われたらどうなるのだろうと恐れるロシア語通訳の師哲にこう述べた。「蔣介石は阿Q精神で満ちている〔魯迅「阿Q正伝」の主人公のように現実を自分の都合のいいように解釈するという意味であろう――高橋〕。延安を占領したら、それでもう勝ったと考えるのだ。だが実際には、延安を占領したら彼はすべてを失うだろう」（師哲、三三七頁）。

毛の紅軍部隊に対する指示は、勝利が確信できなければ戦闘を避け、チャンスがあれば攻撃対象を速やかに殲滅せよというものであった。「敵の分遣隊のひとつを包囲した場合には、包囲した敵を一気に全滅させようとしてはならない。……自軍を分裂させてしまえば……結果を出すのは困難となる。そうではなく、六倍か五倍、少なくとも三倍の兵を集結させ、砲兵隊のすべてあるいは大半を集中させて敵の陣地の弱点をひとつ選び、猛烈に攻撃して確実に勝利する。……この方法で必ず勝てる」（一九四六年九月一六日の指示『毛沢東選集』外交、第四巻、一三〇―一三一頁）。

事態は毛沢東の思惑通りに進んだ。一九四七年夏には紅軍の後退は止まり、反撃が始まった。同年秋の反撃開始とともに、この軍隊は人民解放軍と名称を改めた。旧満洲では林彪が三方から攻撃を仕掛けて国民党軍を圧倒した。華北においては、「独眼竜将軍」劉伯承——彼は一九一六年の戦闘で右目を失明していた——が黄河を横断して河北省へ攻め込み、陳毅は山東省全域を支配下に置いた。一九四八年三月には、毛沢東はスターリンに、翌年春までに国民政府の軍隊と共産党の軍隊の兵力は同等になるだろうとの見通しを告げた（『俄羅斯档案』第一巻、二四三頁）。だが、翌年春を待つまでもなかった。一九四九年一月末に、当時の党中央の所在地であった河北省西柏坡を訪れたソ連共産党の政治局員ミコヤンに対し、毛は開口一番、中国革命の軍事的段階は実質上すでに終わりを告げたと述べた（同右、三六七頁）。国民党軍の瓦解の速さは、毛沢東にとっても意外であった。

なぜこのような事態となったのであろうか。人民解放軍の戦略・戦術の巧みさのためであろうか。それとも、大元帥の軍隊の弱さのためであろうか。おそらく、その両方であろう。国民党軍の将軍たちは、最後にはアメリカが助けてくれるものと期待したために、どうみても懸命さに欠けていた。兵士の多くは、徴兵のための部隊が農村から強制的に連れてきた男たちで占められていたため、はじめから戦闘精神を持ち合わせていなかった。共産党は一九四六年七月から一九四九年一月までに、約三七〇万人の国民党軍兵士を捕虜にしたと主張しているが、これらの多くは共産党側に寝返った兵士であった（Eastman, p. 164）。そのうえ、兵士たちは十分な給料と食事が与えられていなかったため、頻繁に村々を略奪して回った。これが国民党から人心を離れさせた重要な要因となったのは間違いない。一方、人民解放軍兵士は、相対的に士気が高く、略奪にもめったに手を染めなかった。

こうして力の均衡が急速に人民解放軍に有利に傾くなか、一九四八年秋から、天下分け目の三つの決戦が行われた。まず旧満洲を舞台とした遼瀋戦役において、林彪と羅栄桓は国民政府軍を東北地方内部に封じ込めた後、五二日間で四七万人の敵を殲滅した。これによって、国民党軍の総兵力は二九〇万人にまで減少し、いまや三一〇万人の兵力を誇る人民解放軍は、質と量の両面で優位に立つこととなった。次なる戦闘は、安徽省、河南省、江蘇省、山東省を舞台にして行われ、淮海戦役と称された。劉伯承、陳毅、鄧小平、粟裕、譚震林の率いる中原野戦軍と華東野戦軍は、六六日間に及ぶ戦闘の末、国民党軍兵士五五万人を死傷させるか、投降させた。その直後、三つ目の大規模な戦闘、すなわち平津戦役が河北省を舞台に行われた。林彪、羅栄桓、聶栄臻は天津の守備隊一三万人を殲滅した後、北京を包囲した。一九四九年一月三一日、北京を守っていた国民党軍の傅作義将軍は、この古い都市を自ら人民解放軍に明け渡した。

内戦が始まった当初、共産主義者の成敗にあれほどの自信をもっていたというのに、自分の軍隊が急速に瓦解するのを目の当たりにした蔣介石は、同年一月二一日、失意のなかで総統の座から降りることを表明した。その際、彼は他の国民党指導者たちに恨み言を述べた。「私が下野を決定したのは、もとより国際的環境の影響もあるが、その主たる原因は、われわれの内部的矛盾によるところが大きい」（『中国国民党略史』、二七九頁）。だが、蔣介石の副官たちはいずれも、最高指導者が一手に引き受けた作戦指揮の拙さと彼らに対する扱いの横暴ぶりに不満を述べていたのである（金冲及、二八六―二九一頁）。

この期に及んで、蔣介石は最後の和平交渉の呼びかけを行ったが、頼みの綱であるアメリカ、イギリス、ソ連が傍観者を決め込んだうえ、勢いづいた中国共産党側は交渉を拒否した。その後、共産党は交渉の前提条件となる八項目の提案を行ったが、これは明らかに国民政府側にそれらを拒否させることを目的としたものであり、結局交渉が行われることはなかった。かくして、人民解放軍の破竹の進撃がやむことはなかった。人民解放軍は一九四九年四月、ついに長江を渡って南京を占領し、五月には上海を奪い取った。だが、田舎者の集団である共産党にとって、大都市は農村とはまったく勝手の異なる世界であった。そのため、ソ連に対する依存とブルジョアジーとのつかの間の共存が生まれたのである。

ソ連への傾斜

革命の勝利は、旧体制の打倒と新しい政府の樹立をもって宣言される。国民政府の崩壊が目前に迫るにつれ、自らの新たな中央政府をいかに作り上げるかという困難な課題が中国共産党に突きつけられた。この新政府は中国の諸階級、諸党派、諸民族といかなる関係を築くべきであろうか。破壊と扇動を任務とする革命家は、建設と管理を任務とする行政官にいかにして変身できるであろうか。そして国民を代表する政府として国際社会といかに向き合うべきであろうか。これらの難しい課題に直面した毛沢東は、スターリンに意見を求めた。現在利用可能な資料からは、一九四八年から一九四九年にかけて、毛沢東がスターリンとさかんに意見を交換していたことがうかがえる。注目すべきは、この二人の指導者のやり取りを通じて、革命後の新しい国家の形が決定されたということである。それゆえ、両者のやり取りについては、いくらか詳しく記しておく価値がある。

一九四八年春、いまや戦況の推移を楽観的にみることができるようになった毛沢東は、妻子を伴いモスクワを訪問することを決め、五月初旬に出発すると書記長に伝えた（『俄羅斯档案』第一巻、二五二頁）。計画では、五月初旬に河北省阜平を出発、七月中旬までにハルビンに到着し、その後モスクワに向かうことになっていた。訪問期間は一カ月から三カ月で、「人民戦線」がいかに機能しているかについて研究するため、できれば東欧と南欧もみてみたいと毛は述べた（同右）。もし彼の東欧・南欧訪問が実現していたら、そして奇しくも彼と同じ年に生まれたイタリア共産党の指導者トリアッティと語り合っていたら、その後の中国政治の展開は、現実にたどったのとは大きく異なるものになったかもしれない。だが、スターリンはこの計画を、いったんは了承したものの、その直後に、毛沢東の旅行ルートが危険にさらされていることを理由に、出発を延期するよう提案したのであった。

勝利の見通しがより確実なものになるにつれて、毛沢東は何としてもスターリンと面会したいと考えた。そこで、七月四日、毛はスターリンに打電し、同月中旬に同行者二〇人とともに出発したい、ついては石家庄あるいは大連近くの飛行場に飛行機を二機回してほしいと要請した（『俄羅斯档案』第一巻、二六六―二六七頁）。すると書記長は、食糧の統一購入に関する工作のため、指導者たちがモスクワを留守にするという実に見え透いた言い訳をして、一一月末に訪問を延期するよう要請した。明らかに憤慨した毛沢東はすぐに、一〇月末か一一月初旬に訪問すると返事をした。すでに手荷物のトランクに必要なものは詰め、新しい革靴も買い、厚手のコートも作らせた、と毛はロシア人の連絡係に訴えた（同右、二六九頁）。待ちきれない毛は、その後も何度かモスクワを早く訪問したいと告げたが、スターリンからの返事はなかった。書記長がやっと返答したとき、そこにはやはり一一月末に来るようにと書かれていた。毛沢東は食い下がり、一一月中旬がよいと主張したところ、スターリンもやっと了承し、一一月中旬に二機の飛行機で迎えに行かせると告げた（同右、二八八頁）。ところが、一一月中旬になって、今度は毛のほうから、健康がすぐれないこと、そして徐州で激戦が展開されていることを理由にソ連訪問を遅らせ、一二月末にモスクワに到着すると打電した（同右、三〇〇頁）。

一二月末、毛沢東は平津戦役と淮海戦役が行われていること、そして党中央委員会総会の準備を理由に、それが終了してからモスクワを訪問すると伝えた（『俄羅斯档案』第一巻、三三一頁）。年が明けると彼は、一月一九日前後にソ連に向かいたい、ついては石家庄に二機の飛行機を送ってほしいと頼んだ。

そうした折、窮地に立たされた国民政府が、中国共産党との和平交渉の仲介を英米仏ソに要請してきた。一月一〇日、スターリンは真っ先に調停役を引き受ける用意があると表明し、同時に毛沢東に対し、またしてもモスクワ訪問を遅らせるよう求めた（『俄羅斯档案』第一巻、三四八頁）。二日後、毛は書記長に長い返電を送り、中国共産党はペテンにすぎない和平会談を拒否することをはっきりと告げた。毛沢東は断固とした調子で「今年の夏、人民解放軍は長江を渡り、南京に攻め込むだろう。われわれはもはや迂回的な政治手法を採用する必要はないように思われる」と書いた（同右、三五〇―三五一頁）。その直後、英米仏の代表は南京で会議を開き、西方の大国は中国内戦の傍観者になると表明したのであった。面子を失ったスターリンは、毛に電報を送り、ソ連が中国内戦の調停者になるとの態度を撤回すると同時に、毛のモスクワ訪問を暫時延期するよう求めた。毛沢東はこれに同意し、モスクワ訪問を延期すると告げたが、その代わりに一月末か二月初めにソ連共産党の政治局員が西柏坡に来て中国共産党の指導者と秘密裏に会談を行うことを提案した（同右、三五九―三六〇頁）。

このようにして、一九四九年一月三〇日から二月七日にかけて、政治局員ミコヤンの西柏坡訪問が実現した。このアルメニア人の共産主義者は全部で一二回も中国共産党指導者と会談を行った。これらの会談記録が物語るところ、毛沢東はソ連に対してきわめて従順な態度を示した。「私はスターリンの学生である」、「ソ連共産党中央が中国共産党中央に常設の代表機構を設置してほしい」、「中国革命は世界革命の一部であるから、局部的な利益は全体的な利益に従わなければならない」、「中国はソ連を頭とする反帝国主義陣営の側に立つべきである。われわれに中間の道はない」と毛はスターリンの使者に語った。われわれはここに、五カ月後に表明されることになる社会主義「一辺倒」という立場がすでに現れていることを知るのである。中国革命をおおうソ連の影をかつてあれほど振り払おうとした男が、今度は一転して、その影のなかに自ら進んで飛び込んでいったのは奇妙に思われる。だが、直面する困難の巨大さゆえに、彼の選択肢はそれしかなかった。二月六日、ミコヤンが、ソ連が旅順地区について国民政府と結んだ条約は不平等条約であるから、ソ連政府はこの条約を廃棄することを決定した、対日講和条約締結後にソ連軍は旅順から撤退すると告げたとき、中国共産党の指導者たちは驚き、異口同音に撤退に反対しさえした。それではアメリカに乗じる機会を与えかねない、というのがその理由であった（『俄羅斯档案』第一巻、四四二頁）。

二月三日には、アジア各国共産党の連合行動について意見が交換された。毛沢東は、中国の政局が安定した後、ヨーロッパにおけるコミンフォルム（共産党・労働者党情報局）と同様に、「アジア国家共産党局」を成立させることを提案した。ミコヤンはこれに同意し、中国共産党がコミンフォルムに参加せず、同党を中心に置く「共産党東アジア国家局」――中国、朝鮮、日本の共産党によって構成される――を設立するのがよいと述べた（『俄羅斯档案』第一巻、四一〇―四一一頁）。明らかに、スターリンはこのときすでに、中国共産党をアジアにおける革命運動の指導者とする構想を、すなわちコミンフォルムの東方版に関する構想を、もっていたのである。

翌日は、民族問題が話題となった。ミコヤンが少数民族には独立を与えず、自治を与えるにとどめるべきだというのがソ連共産党中央の意見だと述べると、毛沢東は顔色を変えて喜んだという。おそらく毛はかねてより同様の考えを抱いており、ミコヤンの発言はそれにお墨付きを与えたのであろう。その直後、毛沢東は外モンゴルと内モンゴルの合併についてスターリンの使者に意見を求めた。毛の考えでは、二つのモンゴルは合併した後に中国に加わることになるであろう。だが、この点はミコヤンからはねつけられた。外モンゴルはすでに独立しており、その地位を放棄するはずはない、と（『俄羅斯档案』第一巻、四二一頁）。

ミコヤンがモスクワに帰った後も、中国共産党は西柏坡に滞在しているソ連共産党の連絡員を介してモスクワと頻繁に意見を交換していた。話し合いを通じて、しばらくの間「東方コミンフォルム」は成立させないこと（『俄羅斯档案』第二巻、五九頁）、および南下する人民解放軍部隊は香港と九龍には手をつけないことが決定された（同右、六八頁）。五月一四日にはソ連共産党中央政治局が、中国共産党の重要な指導者がソ連で病気を治療するための費用として二〇〇万ルーブルの借款を供与することを決議した。これによって、病を抱える毛沢東夫人の江青や林彪がソ連で治療を受けることが可能となった（同右、四七―四八頁）。

だが、話し合いの焦点はソ連の専門家の派遣にあった。一九四九年四月九日、毛沢東はロシア人連絡係に対して、人民解放軍が長江を渡って南京と上海を占領するのは簡単だが、それらの大都市を管理するのは難しいと打ち明けた。とりわけ、上海の大工業、発電所、水道、市内交通はほぼすべてアメリカ人資本家に握られているため、状況次第では、アメリカがこの中国最大の都市全体を麻痺させることを目論みかねない、というのである。「そのため、今に至るもわれわれはまだ上海を占領する決心をしていない」。そう語った毛は、人民解放軍の上海占領前に、この大都市を管理するための専門家を派遣してくれるようソ連に求めた（『俄羅斯档案』第二巻、三九頁）。六月九日、毛沢東はスターリンに打電し、新中国は少なくとも六〇〇人のソ連専門家を必要としており、一九四九年と一九五〇年前半に彼らを受け入れる、第一陣二五八人は今年六月から八月に来てほしいと告げた（沈志華、二〇一三年、五七頁）。

ソ連との協力関係をさらに盤石にするために、今度は中国共産党の代表がモスクワに赴く番であった。劉少奇、王稼祥、高崗が六月二六日から八月一四日にかけて、東北貿易代表団の名義でソ連を訪問した。劉少奇はスターリンと四度会見を行い、専門家の派遣や借款について協議した。当時、劉が書いた文書には、彼が今回のモスクワ滞在でスターリンに教えを請いたいと願う四〇項目以上のリストが含まれていた（『建国以来劉少奇文稿』第一冊、二三—二五頁）。書記長は寛大にも彼らの要求を大部分受け入れ、毛沢東が待ち望んだ六〇〇名の専門家が中国に派遣されることとなった（沈志華、二〇一三年、六二頁）。八月一四日に劉少奇を乗せた列車がモスクワを離れ瀋陽に向かったとき、その列車には新中国の経済建設を支える二二〇人のロシア人専門家が同乗していたのである（『俄羅斯档案』第二巻、九九頁）。

専門家の派遣以外にも、劉少奇とスターリンの間で話し合われた事柄には、興味深いものが含まれていた。例えば書記長は、新疆に漢族を移住させ、同地域に占める漢族の割合を現在の五パーセントから三〇パーセントに増大させるべきだと述べた。また、中国の国防を強固にするためには、あらゆる辺境地区に漢族を移住させるべきだと指摘した（『俄羅斯档案』第二巻、七三頁）。さらに彼は、中国共産党が可能な限り早く憲法制定に着手し、なるべく早く中央政府を成立させ、敵が「無政府状態」に乗じる隙を与えないよう助言した（沈志華、二〇一三年、六〇頁）。

とはいえ、スターリンは中国共産党の要求をすべて飲んだわけではなかった。毛沢東は一九五〇年夏に予定した台湾解放作戦——結局、この計画は朝鮮戦争が勃発したために台なしとなった——にソ連海軍と空軍の専門家、およびパイロットが直接参加することを求めたが（『俄羅斯档案』第二巻、二〇一三年、九五頁）、書記長はきっぱりと断った（沈志華、二〇一三年、六九頁）。

社会主義「一辺倒」

以上の経緯に照らしてみれば、毛沢東が一九四九年六月三〇日に発表した有名な論文「人民民主主義独裁論」において社会主義「一辺倒」を宣言し、「第三の道はない」と述べたのは、それ以前に秘密裏に積み重ねられた中ソ両党間の交渉、およびその結果として緊密化した両党の関係の自然な成り行きであったように思えてくる。東西冷戦における中国共産党の立場を明確に述べ、それゆえに中国内外に大きな衝撃を与えたこの宣言は、モスクワにおいて進められていたスターリンと劉少奇の交渉をさらに円滑なものにすることが目的であったと理解するべきであろう。同宣言は、中国の共産主義者もまた「チトー主義のウイルス」に侵されているのではないかと疑う——つまり、社会主義陣営から離脱するのではないかと疑う——スターリンの猜疑心を払拭する効果をもち、それによって新政府樹立を目前に控えた中国共産党に対する気前のよい支援を引き出すための劇的な演出とみられる。そうであるとすれば、一九四九年五月から六月にかけて行われた、後に中華人民共和国の初代国連大使となる黄華と南京駐在アメリカ大使スチュアートとの一連の会談は、アメリカに中国共産党に対するわずかな期待をもたせながら、アメリカを内戦の最終盤に介入させないための巧みな戦術であったと考えることができる。

だが、ソ連を先頭とする社会主義陣営に完全に取り込まれることは、中国共産党にとって手痛い政治的代償を伴った。というのも、中国国内で高まる民族主義的潮流にアピールするために共産党が打ち出した、国民党はアメリカに従属しているとの批判は、ソ連に従属している共産党にもそのまま当てはまるからである。自主独立の立場を喪失しているとの印象は、新政府を樹立しようとする共産党の支配の正統性をかなりの程度損なうものであった。したがって、帝国主義諸国との限定された関係は、政治的自立性の余地を残しておくためには必要であった。実際に、毛沢東の「一辺倒」宣言後も、共産党は帝国主義諸国との残されたわずかなつながりを維持しようとした形跡がある。一九四九年五月の上海解放後、アメリカ人が経営する上海電力と中国共産党の関係を検討したトーツァーは、同年いっぱい共産党が同社に対して便宜を供与し、比較的良好な関係を維持していたことを明らかにした（Tozer, pp. 70–73）。また、イギリス政府による交渉の申し出を拒否する一方で、共産党はアヘン戦争以前から中国との貿易に携わっていたジャーディン・マセソン社とは接触を保ち続けた（"Showdown Time for the U. S." *Newsweek*, August 1, 1949, p. 13）。さらに、上海市長の陳毅は、イギリスの船会社の支配人を招待し、上海から多くの外国人商人が去ることを残念に思うと述べ、彼らに引き続き上海にとどまるよう求めた（*FRUS*, 1949, Vol. VIII, pp. 1289–1290）。

アメリカ国務省の文書は、一九五〇年一月、米国上海総領事館が、ある情報提供者が伝えた中国共産党内部の事情に関する驚くべき情報に注目していたことを記録している。その情報は、一九四九年末からの毛沢東のソ連訪問によって、中国のソ連に対する従属が決定的となったと考えた党内の一部の指導者たちが、アメリカ政府との接触を模索していたことを示唆している。それによると、朱徳、陳毅、劉伯承、聶栄臻――いずれも四川省出身者で、軍内に大きな影響力をもっていた指導者である――らは、陳毅を中心として「新中国運動」なる民族主義的色彩をもつ運動を組織し、中国に対するソ連の影響力の増大に抵抗していた。そして彼らはアメリカ政府の人員が中国を去る前にアメリカ政府との接触を図ろうとしていた、というのである（*FRUS*, 1950, Vol. VI, pp. 289–293; 296–300）。この情報を裏づける証拠は発見できない。だが、ソ連に支援を懇願していた指導者たちとは異なる考えをもつ者たちが指導部のなかに存在したとしても不思議ではない。「一辺倒」を受け入れがたいと感じた人々は、党の内外を問わず数多く存在したはずである。

とはいえ、中国共産党が深刻なジレンマに悩まされているとき、毛沢東にとって実に幸運にも、社会主義「一辺倒」に懐疑的な中国国内の人々を沈黙させる格好の材料がアメリカから舞い込んだ。アメリカ国務省が公表した『中国白書』がそれである。[†3] この文書は、中国が共産主義者に奪われたのは、中国国内の政治力学によるものであり、この結末を変えるためにアメリカがなしうることはほとんどなかった、と主張していた。毛沢東はこれを奇貨として立て続けに六編もの文章を書き、アメリカの「百年来一貫した」中国に対する侵略政策について語り、もはやアメリカに対する幻想は破産したと強調した。アメリカによる中国からの事実上の撤退宣言と理解することができる『中国白書』を、アメリカの帝国主義的野心の新たな発露とみる毛の解釈には明らかに無理があった。だが、自主独立と社会主義陣営への従属とのジレンマの中和剤として『中国白書』を用いようとする彼の決意は揺らぎないものであった。こうして、民族主義者たちは沈黙させられ、中国共産党は社会主義陣営の内部に引きずり込まれていった。しかし、皮肉にも、党内から民族主義的潮流を除去することに躍起となった毛沢東が、やがて一九五〇年代終盤から中国の民族主義のチャンピオンとして現れることをわれわれは後にみるであろう。

新たな政府の形

ソ連への傾斜が深まるなかで新たな政府の形が次第に浮かび上がってきた。内戦に勝ち残るためには、国民党に不満を抱くさまざまな政治勢力を味方につけることが得策であった。経済的にみても、都市で多くの雇用を生み出しているブルジョアジーを追い払うか抹殺してしまうのは賢明ではなかった。かくして、中国共産党は政治協商会議と呼ばれる多党協力のための機関を使ってブルジョアジーを取り込みにかかった。だが、プロレタリアート独裁を経て、中国を社会主義に到達させることが目標である共産党にとって、内戦勝利後に誕生する新しい政治権力は、農民・労働者以外の階級といかなる関係を取り結ぶべきであろうか。

毛沢東はいわゆる民主諸党派に属するブルジョアジーや知識人をまったく信用していなかった。それは、一九四七年一一月三〇日に、毛がモスクワからの使者に対して語った次の言葉から明らかである。この発言は、国民政府に非合法化されたため、中国民主同盟が解散を余儀なくされた直後のものである。「中国民主同盟の解散に伴い、中国における中小のブルジョア民主党派も存在しなくなった。民主同盟の成員の一部はわが党に同情的であるが、大多数の指導者は動揺分子である。彼らは国民党の圧力で解散し、中国ブルジョアジーの軟弱さを証明した。中国革命に最終的な勝利が訪れるとき、ソ連とユーゴスラビアのモデルにならって、中国共産党以外のあらゆる政党は政治の舞台から消滅しなければならず、それによって中国革命をこのうえなく打ち固め、強固なものにするだろう」(『俄羅斯档案』第一巻、二一二頁)。したがって、毛沢東にとって、新たな政治権力のもっとも望ましい形態は一党制にほかならなかった。

だが、このような考え方は、誕生したばかりのコミンフォルム、およびスターリンによってたしなめられた。われわれはそのような考え方に同意しない、と書記長はきっぱりと述べた。「われわれは中国の民衆と中間階層を代表し、蔣介石集団に反対する中国の各反対派政党が、やはり長期にわたって存在するだろうと考える。……指摘しておくべきことは、こうである。中国人民解放軍が勝利した後、中国政府は、自己の政策に基づき、少なくとも勝利の後の一時期(この時期がどれくらいになるかは、現在はまだ確定しがたい)民族民主革命政府であって、共産主義政府ではないということである。このことは、しばらくの間、全体的な土地の国有化、土地の私有制の廃棄、および小規模から大規模に至るまでの商業・工業ブルジョアジーの資産の没収を必ずしも実行しなくともよいことを意味する。また、大地主の資産没収だけでなく、雇用労働に依存して生活する中小地主の資産没収も行わないことを意味する」(『俄羅斯档案』第一巻、二五一―二五二頁)。クレムリンの主のみるところ、中国共産党の権力基盤は盤石とはいいがたく、それが幅広い国民の同意を得ない政権を強引に作り上げれば、アメリカに介入の口実を与えてしまいかねなかった。したがって、内戦勝利後に成立する新しい政府は、さまざまな政治勢力を糾合した「連合政府」でしかありえなかった。中国共産党は、この有無をいわさぬ事実上の指示に従わざるをえなかった。

だが、ブルジョアジーや知識人という信用ならない人々を取り込んで政治協商会議を開催し、それを母体として新政府を作り上げるといっても、それを社会主義社会の建設という共産党本来の目標とどのように折り合わせればよいのであろうか。一定の構想が一九四八年秋から翌年春にかけて練り上げられた。同年九月、西柏坡で行われた政治局会議で、劉少奇は基本的な構想を語った。新しく生まれる国民経済は、新民主主義経済と呼ばれ、それは自然経済、小生産経済、資本主義、半社会主義、国家資本主義、社会主義といった各種の成分を含むものとなるであろう。この経済において、基本矛盾は資本主義と社会主義の矛盾であるが、両者の間の闘争の方式は経済競争で、この競争は長期間続く平和的なものとなるであろう（『劉少奇伝』下、五六一―五六二頁）。

その三カ月後には、資本主義的要素にもっと肯定的な評価が下された。劉少奇によれば、「現在のわが国の革命の性質はやはり民主革命である。だが、それはプロレタリアートが指導する新民主主義革命であり、経済もまた新民主主義的である。この革命は、われわれが主観的にどうみようと、客観的には資本主義のために道を掃き清めるものである。革命が勝利したら、資本主義が発展するであろう。……新民主主義経済は資本主義なのか、それとも社会主義なのか。そのいずれでもない。……この種の過渡期は一〇年から一五年続くかもしれず、そうなればプロレタリアートにとって有利である」（『劉少奇伝』下、五六四頁）。だが、そうなると中国のプロレタリアートは一五年後、いかにして社会主義を手にすることができるのであろうか。その鍵は合作社にあると劉は語った。「新中国の国家経済はプロレタリアートの手中にある基本的な道具であり、合作社は労働人民の集団的経済である。合作社と国家経済を結合させて同盟を打ち立てれば、社会主義に向かって発展できる」（同右、五六五頁）。

一九四九年三月、第七期二中全会が西柏坡で開催された。会場に暖房がなく、参加者全員が厚手のコートを着込んで参加したこの会議で、指導者たちは以上のような劉少奇の考え方に同意した。毛沢東は「民主人士」に対する共産党の指導を強調しつつも、彼らとの当面の共存を主張した。「可能な限り多くの都市小ブルジョアジーと民族ブルジョアジーの代表的な人物と団結し、大多数の民主人士に仕事を与えて、それぞれの持ち場にふさわしい職務と権限をもたせなければならない」（『毛沢東選集』外交、第四巻、四八九頁）。かくして、連合政府を基礎としたブルジョアジーとの一五年程度の平和競争・平和共存が想定されたのである。

とはいえ、毛沢東が資本家や知識人との協力に心から納得していたようにはみえない。一九四八年九月の政治局会議においても、毛は資本家との協力というより、闘争を通じて彼らを服従させる必要性を強調した。劉少奇はもっと率直であった。われわれは資本家に対して常に冷めた目をもっていなければならず、「一時的な協力が始まったその日から、ただちに彼らの謀反に注意しなければならない」（楊奎松、一〇九頁）と劉は述べた。彼らの発言からすれば、将来成立する新しい政府における資本家たちとの「協力」は、条件次第であり、対等の関係ではありえなかった。

同年末にスターリンに送った電報において、毛沢東は、連合政府樹立に向けた条件はすでに整ったと述べると同時に、アメリカが政治協商会議と連合政府のなかに彼らの代理人を潜り込ませようとしているとの警戒を隠さなかった（『俄羅斯档案』第一巻、三三一頁）。もし敵が手先を潜入させるなら、中国共産党も同じ硬貨でお返しをしないはずはない。毛は、民主諸党派のなかに偽装された共産党員を潜り込ませ、彼らを政府の委員とするとの計画をミコヤンに告げた（同右、四四五頁）。のちに劉少奇は、モスクワでスターリンに対して中国共産党の政策について報告を行った際、政治協商会議準備委員一三四人中、共産党員は四三人、同党に従う進歩的な人士が四八人いるが、そのうち一五人は秘密党員であると打ち明けている（同右、七六頁）。かくして、表向きは連合政府の体裁が整えられたが、実質的には一党制が着々と準備されていった。新しく誕生する政府において、共産党以外の政治勢力は同党に従属するしか道はなかった。政治協商会議においては、共産党が民意に背いた場合に、他の政党を政権につける可能性はあらかじめ排除されていたのである。

スターリンの圧力がなければ、新しい政府は実際の誕生日（一九四九年一〇月一日）よりも遅れて誕生したに違いない。スターリンのみるところ、中国共産党は可能な限り早く連合政府を樹立すべきであった。ぐずぐずしていれば、アメリカと国民政府が土壇場で彼らの息のかかった連合政府を組織してしまいかねないからである。一九四九年初頭、書記長は強い口調で毛に指示を与えた。「政治協商会議の開催と民主連合政府の樹立を夏まで延期すべきではない。北京解放後ただちに着手すべきである。そうすれば、連合政府の樹立を画策している国民党とアメリカ人の目算を完全に狂わせることができるだろう。執行状況を電報で報告されたし」(『俄羅斯档案』第一巻、三三九頁)。これを受けて毛沢東がモスクワに示した計画では、人民解放軍が北京を解放した後に政治協商会議を開催し、南京、武漢、上海その他の都市を占領した後で連合政府を樹立することになるであろうが、その時期は同年秋から冬になるはずである(同右、三四二頁)。だが彼はその直後、連合政府成立の時期は少し早めて春にしてもよいと述べた。

ミコヤンは、西柏坡にやって来るとすぐ、いつ、どこに連合政府を打ち立てるかという問題を毛沢東と話し合った。このスターリンの側近は、南京解放後に南京に政府を樹立してはどうかと問うた。すると毛沢東は、やはり北京に政府を置くべきであり、その時期は四月に南京を奪取した後、五月あるいは六月となるだろうと述べた(『俄羅斯档案』第一巻、三七三頁)。スターリンは、南京が新中国の首都としてふさわしいと考えていたが、民主諸党派が北京のほうが適当であると考えていることを知ると認識を改めた。そして連合政府の樹立も急がなくてもよいと毛沢東に伝えるよう、いったんはミコヤンに指示した(同右、三九三頁)。だが、書記長は国民政府の瓦解ぶりが予想を超えて早いことを知ると、政府が存在しないことは国内的にも国際的にも危険であるから、連合政府の成立を遅らせることがないよう、毛に再度忠告したのであった(同右、第二巻、五八頁)。こうして新政府の樹立はいくらか早まり、同年一〇月となった。

†1　ウラジミロフ、下、四七四頁。延安で飛行機に乗り込んでから重慶の飛行場に降り立つまでの毛沢東の姿は映像に記録されており、重慶市にある紅岩革命記念館でみることができる。重慶の飛行場に降り立った毛の表情は、たしかに自信たっぷりとはいいがたく、どこか不安げにみえる。

†2　高橋、七六―七七頁。今日の公式の党史は、もはや劉少奇だけが過度に楽観的な見通しに捕らわれていたとは主張していない。「中共中央と劉少奇が情勢をいくらか過度に楽観的に見積もっていた」と『劉少奇伝』(上)、五〇〇頁には書かれている。『劉少奇年譜　増訂本』第二巻、一七六頁にも、「中

共中央の当面の情勢と任務に関する指示」は、劉の主導により起草されたもので、毛沢東による修訂を経ている、とわざわざ記されている。

†3　この文書の正式な名称は以下のとおり。U. S. Department of State, *United States Relations with China: With Special Reference to the Period 1944-1949*, Washington D. C.: U. S. Government Printing Office, 1949.

第7章　新しい国家の樹立と社会主義建設

新しい国家の樹立とその性格

旧体制を打倒することに成功した革命家たちが、勝利の美酒に酔った後で直面する最大の試練は、新しい国家を打ち立てることである。それは中国の共産主義者たちも同様であった。そもそも国家など、どのように作ればよいのであろうか。なるほど共産党には、一九三〇年代から四〇年代に各地に革命根拠地を築いた際、そこでいわゆる「ソビエト政府」を運営した経験があった。しかも、ソ連とアメリカを相手にした「外交」実践もいくらか経験ずみであった。しかし、今回は支配する空間の大きさと人々の数が桁違いであった。そのうえ、民族を代表する政府となれば、帝国主義諸国を含む多くの国々を相手としなければならなかった。したがって、新しい国家の樹立は、中国共産党がまったく未知の領域に踏み出したことを意味していた。

経験がなかったがゆえに、中国共産党はソ連の指導に頼るしかなかった。ロシア人の指示通りに新国家の建設を進めるよりほか、選択肢などなかったのである。新しい国旗、新しい国歌、新しい首都をどう定めるべきか——これらの問題は重要であったが、それらを決定するに先立ってひとつの哲学が必要であった。すなわち、新しく生まれる国家の性格をいかなるものと考えるべきかに関する哲学である。この問題に対する答えは、スターリンが用意していた。それは、人民民主主義というものであった。これは中国では新民主主義と呼ばれた。人民民主主義とは、第二次世界大戦中のヨーロッパ諸国で、ファシズムとたたかうために作られた、さまざまな政治的グループからなる統一戦線の名残をとどめる政治形態であった。つまり、多様な政治勢力が政府に参加するものの、労働者階級を指導者とし、労働者と農民の同盟を基礎とする体制であった。

一九四九年九月、中国共産党を中心として、知識人および民族ブルジョアジーからなる政治勢力が集まり、まさしく統一戦線の装いをこらした人民政治協商会議なるものが発足した。これが新しい中央政府の母体となった。同会議は、新しい国家の暫定的な憲法に当たる共同綱領と呼ばれる文書を採択した。その一節はこう述べている。「中華人民共和国は新民主主義、すなわち人民民主主義の国家であり、労働者階級を指導者とし、労農同盟を基礎として、各民主階級と国内各民族を団結させる人民民主主義独裁を実行し、帝国主義、封建主義ならびに官僚資本主義に反対し、中国の独立、民主、平和、統一のために奮闘する」(『新中国資料集成』第二巻、五八九頁)。

ここには社会主義という言葉は見当たらない。この時点では、中国共産党は社会主義の樹立を目標に掲げてはいなかった。というのも、マルクス主義の本来の理論からすれば、社会主義というシステムは資本主義がもっとも高度に発展した後、はじめて可能となるはずであったからである。一九四九年当時の中国がいかなる状態にあったかといえば、資本主義が発展しているどころか、依然として農業が経済生活の中心にどっかりと腰をおろしている段階であった。したがって、マルクス主義の理論に忠実であろうとすれば、社会主義は遠い将来の目標でしかありえなかった。毛沢東は一九五〇年六月二三日、つまり朝鮮戦争が勃発する二日前にこう語っている。「将来、国家の経済事業と文化事業が大いに繁栄し、さまざまな条件が備わり、全国の人民が納得し、みなが賛成した暁には、悠々と、適切なやり方で社会主義の新しい時期に入ることができる」(『毛沢東選集』人民、第五巻、二七頁)。だが、後にみるように、毛沢東は三年後にこの考え方を撤回し、さまざまな条件が整わないなかで、強引に中国の社会主義改造を開始するのである。

新しい国家が最初に取り組んだのは、全国を統治するための権力機構の整備とともに、長引いた戦争によって荒廃した経済と社会を立て直すことであった。中国は、一九一一年の辛亥革命によって中華民国が誕生したものの、権力を奪った袁世凱が死去してから、ずっと戦争状態に置かれていたといってよい。この間、それなりに経済は成長しつつあったとはいえ、それでも資本主義の全面的な発展とはほど遠い状態にあった。したがって、いかなる政治体制を採用するのであれ、復興が新しい国家の最初の目標となったのは当然であった。とはいえ、思いもかけぬ大戦争——朝鮮戦争——が勃発したため、中国は戦争を遂行しながら、この難しい課題に取り組まなければならなかった。

朝鮮戦争の始まり

ここで中国国内の出来事からいったん離れ、朝鮮戦争の起源について述べることにしよう。一九四九年春、金日成は隣国における人民解放軍の破竹の進撃によって大いに鼓舞されていた。おそらくこの抗日パルチザンの英雄は、今度は自分の番だと考えたのであろう。彼はスターリンに南朝鮮に対する攻撃許可を何度となく求めた。だが、ソ連の指導者はこの申し出をことごとく拒絶した。毛沢東も、金日成が危険な賭けに出る可能性があることを理解していた。そこで毛は同年一〇月二一日、スターリンに電報を打ち、中国は北朝鮮による南に対する攻撃に反対すると告げた。これに対して、偉大なる書記長は承知したと返事した。ところが、一九五〇年一月三〇日、スターリンは金日成に事実上の攻撃許可を与え、その三日後には、金に対してこのことを中国の指導者に秘密にしておくよう伝えたのである（沈志華、二〇一六年、上、一四五—一五〇頁）。

なぜスターリンは心変わりしたのであろうか。中華人民共和国建国直後の一九四九年一二月半ばから翌年二月半ばにかけて、毛沢東はスターリンと会談を行うため、モスクワを訪問した。専用列車で秘密裡に北京を出発した毛の安全を確保するため、鉄道沿線には「三個軍の兵力」が配置された（『毛沢東外出和巡視記事』、二頁）。国家の最高指導者が、生まれたばかりの国家を離れて二カ月間も外国に滞在したことは異様であった。毛の目的は、ソ連に国民党との外交関係を破棄させ、「兄弟間」にふさわしい新たな条約を締結することであった。だが、スターリンはすぐには応じなかった。毛沢東はモスクワ郊外にある書記長の別荘にとめおかれ、二週間以上も放っておかれた。だが、一九五〇年に入ると周恩来が北京から呼び寄せられ、条約締結に向けた交渉が開始された。なぜスターリンの態度が変化したかは不明である。それは、イギリスが間もなく新中国と国交を樹立すると知らされた書記長が、このままでは中国が西側に傾くかもしれないと不安に駆られたからかもしれない（沈志華、二〇一三年、一〇三頁および一一九―一二〇頁）。あるいは、ソ連の指導者が毛沢東の頑固さに根負けしただけなのかもしれない。新しい条約、すなわち中ソ友好同盟相互援助条約は一九五〇年二月に成立した。

この交渉の過程において、スターリンが毛沢東に強い不信感を抱いたことが、金日成の攻撃計画に許可を与えた原因であるというのが、完全には証明されていないものの、有力な推測である。スターリンは中国が社会主義陣営から離脱するかもしれないという不安を抱いた。そこで、朝鮮半島を戦場にして、そこへアメリカ軍と中国軍を引きずり込むことができれば、米中対立は決定的となるだけでなく、中国のソ連に対する依存もまた確実なものとなるであろう。また、一部の中国人研究者は、スターリンの目的は、このように中国を社会主義陣営の規律に従わせるというよりは、大連港を得ることであったと考えている（沈志華、二〇一三年、一三四頁）。ともあれ、一九五〇年四月にはモスクワでスターリンと金日成が会談し、来るべき極東の戦争にソ連は介入しないこと、したがって北朝鮮は中国に助けを求める手筈となった。その後、五月中旬に金日成は秘密裏に北京を訪問して毛沢東と会い、南朝鮮に対する進攻計画がすでにスターリンの同意を得ている旨伝えた（沈志華、二〇一六年、上、一五六―一五七頁）。その際の会談記録は公表されていないが、間違いなく中国の最高指導者は驚愕したであろう。こうして、国民党とのたたかいがまだ完全に決着していなかった――一九五〇年になっても、中国の沿海部分は蔣介石の空軍による爆撃にさらされていた――にもかかわらず、中国は新たな大戦争に加わるはめになった。

実際には、六月二五日に戦争がはじまり、朝鮮人民軍が三八度線を南に越えて破竹の勢いで進撃を続けるうち、中国は参戦を考える必要はなかった。だが、マッカーサーの仁川上陸作戦が劇的な成功を収め、連合軍が巻き返し、アメリカ軍が三八度線を越えて北上し始めると、中国共産党指導部は参戦すべきか否かについて苦しい選択を迫られることとなった。毛沢東は、一〇月二日に志願軍の名義で軍隊を朝鮮半島に送ることをスターリンに電報で告げたものの、党指導部内には合意が欠けていた（楊奎松、二〇〇三年、三三一―三三二頁）。急遽、周恩来がソ連に派遣され、黒海近くの別荘でスターリンと会見した。当時、通訳を務めていた師哲はこう会見を振り返っている。書記長は、このままでは朝鮮は敵によって消滅させられてしまうであろう、われわれはアメリカとの直接の戦争を避けなければならないから手出しはできない、と主張して中国に参戦を迫った。だが、周恩来は中国の現状に鑑みて出兵はできないと率直に述べた。この祝宴を兼ねた会談に同席した林彪は、スターリンから再三酒をすすめられてもまったく口にしなかった。周恩来がモスクワの宿舎に帰った直後、毛沢東から電報が届いた。そこには「政治局の同志たちと相談した結果、わが軍はやはり朝鮮に出動するのが有利だと一致して判断した」と記されていた（『建国以来周恩来文稿』第三冊、四〇五頁注）。周はそれをみるなり両手で頭を抱え、一言も発しなかった（『師哲口述』、一〇八―一一三頁。だが、『周恩来年譜』上巻を含めた党の公式の文献には、首相が中国は参戦できないと述べたことは記されていない。参戦は既定の方針であり、ソ連空軍の支援をとりつけられるかどうかが会見の焦点であったかのように記されている）。ともあれこのようにして、その後三年近くに及ぶ人民志願軍の戦いが始まった。社会と経済の立て直しは、この戦争の背後で進められたのである。

社会と経済の立て直し

復興のために新政府が打ち出した重要な諸政策に話を戻すことにしよう。復興といっても、たんに過去の社会と経済が復元されたのではなかった。社会の隅々に潜む旧い秩序の名残を破壊し、社会の隅々にまで新しい政府の権力と威光が届くようにしながら、復興が行われたのである。一連の政策のなかでとりわけ重要であったのは、土地改革である。これは地主の土地を没収して、貧しい農民に分け与えることを意味していた。これによって、農民たちは、狭いながらもかねてから夢見ていた自分の土地を手に入れることになった。たんに地主の所有物を物理的に分配しただけはなかった。それまで各地で事実上の支配者であった地主たちの権力と威信を、多くの場合、凄惨な暴力を通じて無力化したのである。これによって、中国農村の社会的、経済的、政治的景観が一変した。とはいえ、貧しい農民たちに土地を所有させることは、社会主義という目標から一歩遠ざかることを意味していた。というのも、社会主義を実践するためには、個人的所有という制度を解体して、社会的所有にしなければならないからである。まもなく、共産党はここでいったん農民に分配した土地を再び取り上げて、強引に集団所有制に移すことになる。

反革命鎮圧運動もまた重要な意味をもっていた。レーニンがロシア革命直後に「ロシアの土地からあらゆる種類の害虫を駆除」する（『レーニン全集』第二六巻、四二三頁）と宣言して革命に反対する人々を大量に摘発したように、毛沢東もまた中国各地に残っていた国民党の残存勢力、および共産党に従わない勢力の大がかりな除去に乗り出した。その対象となった人々には宗教勢力が含まれており、とくに一貫道と呼ばれる民間宗教が厳しく弾圧された。公式の党史によれば、この一連の弾圧の背景には、朝鮮戦争が始まると、ある者はもうすぐアメリカ軍がやって来て人々を共産党の支配から解放してくれると考え、別の者は国民党の支配が復活する日も近いと考え、各地で共産党員に対する襲撃が頻発したことがある。だが、これが事実であるのか、あるいは弾圧を行うための口実であったのかははっきりしない。

ともあれ、この反革命鎮圧運動による弾圧は苛烈なものであった。一九五〇年一〇月に開催された全国公安会議においては、中国の全人口の〇・一パーセントを殺害することが決議された。この決議に基づき、各地方は、それぞれの場所で人口の〇・一パーセントを殺す計画を立てた。中国共産党湖北省委員会が一九五一年二月に毛沢東に送った報告書の一節はこう述べている。「湖北において反革命活動は完全に鎮圧しなければならない。今年のうちにさらに一群を殺さなければならない。二年のうちに、あるいは一九五二年五月以前に、二万人を殺す見込みである」（湖北省公安庁編、二八―二九頁）。

二万人を殺害するとは、いかなる根拠に基づいていたのであろうか。それは、当時の湖北省の人口の〇・一パーセントが二万五〇〇〇人だったことによる。これによって、反革命鎮圧とは、その人物の具体的な行為から出発して反革命分子に至るのではなく、政治的に設定された一定数の人間をともかくも反革命分子として浮かび上がらせ、その後で「事実」を発見し、そして物理的に除去するという手荒な方法を採ることとなった。こうして、後に毛沢東自身が認めたように、一九五〇年、五一年、五二年の三年間で、およそ七〇万人が「反革命分子」とされて殺害されたのである（マックファーカーほか編、上、六八頁）。

反革命鎮圧運動と並んで展開されたのは、主として都市で行われた三反・五反運動であった。三反とは、政府の官僚機構および共産党の幹部を対象にした、汚職、浪費、官僚主義という三つの悪しき傾向に反対することで、五反とは、私営企業を対象として贈賄、脱税、国家財産の横領、手抜き工事、国家の経済情報の窃盗という五項目の犯罪を撲滅することであった。これら二つは、汚職や不正をただしながら、増産と節約をはかることを目的とした。この運動を通じて、民間企業に対する政府、党による監視と統制が一段と強化された。その結果、少なからぬ地域で、希望を失った企業経営者たちが次々に自ら命を絶った。上海では一九五二年一月二五日から四月一日まで、資本家たちの自殺は八七六人（多くの場合は家族とともに）に及んだ（楊奎松、二〇〇九年、一二七頁）。これは困惑すべき事態であった。先に述べたように、共産党は当時まだ新民主主義を実践する段階であった。その段階においては、資本家は保護され、資本主義の発展が図られるべきであった。しかし、現実には共産党が圧倒的な力を握り、資本家たちを力ずくで消滅させつつあった。原則に立ち返るべきであろうか、それとも現状を肯定してさらに先に進むべきであろうか。毛沢東は、ここで原則に立ち戻るのではなく、ためらうことなく社会主義に向かってさらにアクセルを踏んだ。

社会主義への移行の開始

毛沢東は一九五三年六月一五日、政治局会議において一〇年から一五年あるいはもう少し時間をかけて社会主義への移行を完成させるという重大な方針を明らかにした。主席は「われわれは一歩一歩社会主義に移行することを提起する」と宣言した（『毛沢東選集』人民、第五巻、八一頁）。その約二カ月後にはこうも述べた。「中華人民共和国の成立から社会主義的改造の基本的終結まで、これはひとつの過渡期である。党のこの過渡期における総路線と総任務は、相当に長い期間をかけて、基本的に国家の工業化、および農業、手工業、資本主義商工業に対する改造を完成させることにある。この総路線は、われわれの一切の活動を照らす灯台であり、さまざまな工作においてこれから離れれば、右傾あるいは『左』傾の誤りを犯すことになる」（同右、八九頁）。この発言には、いくらか注釈が必要である。これは社会主義への移行が、すでに新国家の成立時点から始まっていると言明したことにほかならなかった。毛は、それは一九四九年春の第七期二中全会ですでに決まっていたことだと強弁したが、多くの指導者にとっては寝耳に水であった。[†1] というのも、共同綱領に示されたように、中国は新民主主義の国家で、それは長く続くはずであったからである。毛沢東の発言は、彼らの尻を突然蹴飛ばしたのも同然であった。

共産党に属していない人々からすれば、これは共産党の重大な公約違反にほかならなかった。なぜ毛沢東はあっさりと新民主主義を放棄してしまったのであろうか。考えられる理由はいくつかある。第一は、朝鮮戦争のなかで米軍の近代的装備を目の当たりにした共産党指導部が、ソ連のように社会主義的計画経済のもとで、限られた資金と人材を重工業部門に重点的かつ計画的に投入しなければ、近代的な軍事力を獲得できず、ひいては国家の独立も危ういと考えるようになっていた――つまりは安全保障上の動機が作用した――ということである。

第二に、すでに三反・五反運動を通じて資本家階級のかなりの部分が淘汰されるか海外へ逃亡していた。資本家階級に復活を願うべきだろうか。そのようなことはまったく考えられなかった。彼らがいなくなったという既成事実から出発しよう、これはチャンスとみるべきだ、と考えられたのである。

第三に、農村における土地改革によって、一方では大量の小規模経営の農家が生まれた結果、生産が停滞していた。農業の常識は、ある程度の経営規模がなければ、生産の効率が低下することを教えている。他方、東北など一部の地方では、土地改革後に新たに富農が出現し、小作人を雇い始めていた。これは毛沢東をはじめ一部の指導者の目に危険な兆候と映った。どうすべきであろうか。このとき、またしてもソ連がモデルとなった。農業集団化を行えば、経営規模を拡大して増産が実現されるであろうし、また資本主義の新たな芽をつむこともできるであろうと考えられたのである。

そして最後は、毛沢東がはじめから人民民主主義という政治形態に疑問をもっていたことである。国民党との内戦が始まってから、将来生まれるはずの新しい国家の性格についてロシア人と議論を行った際、毛が内心ではほかの政治勢力との共存にまったく意義を見出していなかったのは、既述の通りである（前章の「新たな政府の形」）。彼が考えていたことは、おそらくこうである。われわれは多大の犠牲を払って内戦に勝利した。その間、他の政治勢力は一体何をしたというのだ。何もしていない。それどころか、彼らは国民党とわれわれの間で動揺している。なぜそのような連中をわざわざ政府に招き入れて、厚遇してやらねばならないというのか。だが、このような見解は、スターリンからぴしゃりとはねつけられた。それはスターリンが、中国共産党はまだ単独で政権を担うことができるほど、権力基盤が強固ではないと考えていたからにほかならない。そのため、中華人民共和国の建国前後、共産党はいわゆる「民主諸党派」に一定程度権威を与えることによって、自らの政治権力に民主主義的な装いを施そうとした。だが実際には、毛は彼らをほとんど信用していなかった。

以上のような要因の組み合わせが毛沢東に、新民主主義の旗の下で社会主義に向けた突進を開始するよう促したと思われる。現在利用できる資料の示すところ、彼は一九五二年秋から、党内におけるいくつかの会議の場で、社会主義への漸進的な移行について語り始めていた（薄一波、（上）、一五一―一五二頁）。それはおそらく、ソ連の態度が毛の背中を押していたためであろう。同年九月末、ソ連共産党第一九回党大会に出席するためモスクワに赴いた劉少奇は、スターリンに対して中国の社会主義への漸進的な移行について意見を求めた。すると書記長は、彼のそれまでの態度からすれば意外にも、それでよいと述べた（『建国以来劉少奇文稿』第四冊、五三三―五三四頁）。しかも、劉少奇に先立ってソ連を訪問していた周恩来とスターリンの会談を通じて、中国の経済五カ年計画および軍事建設計画に対してソ連からさまざまな援助が得られる目途はすでについていた（同右、第七冊、一一三―一一八頁）。かくして、お墨付きを得た毛は、スターリンの死去（一九五三年三月）後――もしかすると実際には、劉少奇がスターリンの承認を得てはいなかったから、このタイミングであったのかもしれない――社会主義への移行を宣言したのである。

社会主義への移行とは具体的には、第一に共産党による権力の独占を、第二に商工業の国有化を、そして第三に農業の集団化を意味していた。一九五四年九月に制定された憲法は、中華人民共和国の成立の当初から社会主義への移行が始まっているとの毛沢東の主張を前文に書き込み、公式に新民主主義に終止符を打った。この憲法は一九三六年にスターリンによって制定されたソ連の憲法に基づいていた。これによって、行政機関は党の執行機関となった。党と行政機関の関係の調整は、職務の兼任によって行われた。こうして、党と行政機関が抱合関係を形作ることとなった。また、ソ連型の人民代表大会が、中央とその下部レベルに設けられた。各代表大会は、上から下へ連続的に、つまりひとつ上級の代表大会から提出された候補者名簿から選出されて成立した。各代表大会は、下級よりも上級の代表大会に対して、よりいっそうの責任を負うこととなった。この階層的組織の頂点には全国人民代表大会（全人代）がそびえたっていた。同大会は毎年、政府の報告を聴取し、政策を承認するために開催されることとなった。この大会において、非党員は依然として重要ポストについてはいたものの、彼らは議論に参加することができるだけで、決定することはできなかった。決定はすでに共産党が下しており、それらを政府に承認させるために、政府のあらゆる部門において党委員会が機能することとなった。

ソ連と違っていたことのひとつは、国家主席というポスト――ここに過去の皇帝という地位の名残をみることができると考える研究者もいる（例えば、MacFarquhar, p. 52）――が設けられたことである。もちろん、このポストは毛沢東によって担われた。また、軍隊と公安はスターリンの統治下においてそうであったような「独立王国」となることを許されなかった。人民解放軍は、毛沢東が率いる中央軍事委員会を通じて、党の統制下に置かれたのである。

さらに、きわめて重要なことであるが、いわゆる少数民族が暮らす地域には、ソ連と異なり分離独立の権利が与えられなかった。その代わりに与えられたのは「区域自治」であった。その結果、主として中国の辺境部分に位置するこれらの地域は、中華人民共和国の「不可分の領土」とされた。

商工業の国有化については、従来、国民政府が運営していた国有企業が共産党政権によって引き継がれるとともに、新たな国有企業が多数設立された。一九五三年から、ソ連の全面的な技術協力を受けて開始された第一次五カ年計画のもとで、多くの重工業プロジェクトが開始されたが、それらのほとんどが新たに設立された国有企業によって担われた。さらに、一九五四年から五六年にかけて、民間企業の運営に政府が参加する「公私合営」という企業形態が採用された。公私合営といっても、資本家の発言権はほとんどなくなっていたために、事実上、これは政府による私営企業の乗っ取りと変わりがなかった。戸惑いのあまり、全人代常務委員会第一副委員長の宋慶齢は一九五五年、毛沢東に手紙をしたためた。「商工業の改造はまったく理解できません。共産党はかつて商工業界に長期共存を、商工業者の利益を保証したはずです。これでは約束が違うのではありませんか。資本家たちは共産党の政策に対して懐疑と恐れをすでに抱いておりますし、多くの人々が後悔と恨みをもっています」（銭理群、上、八一ページより再引用。この手紙は、『宋慶齢年譜』にも『宋慶齢年譜長編』にも記載がない）。だが、孫文未亡人の訴えも無駄であった。毛沢東のそっけない返信には、「宋副委員長のご意見は、資本家のいっていることを代表しております」と記されていた（同右、八二頁）。

農業の集団化は、共産党にとって、商工業の国有化よりもよほど厄介な問題と認識されていたに違いない。というのも、よく知られているように、一九二〇年代末からスターリンが始めたソ連における農業集団化は、農民たちの強い抵抗に直面し、多数の餓死者が出ていたからである。その原因は、農民たちが、国家に取り上げられるくらいなら自分たちで費消するほうがましだと考え、飼っていた家畜や蓄えていた食糧を食べ尽くしたことにあった。本来、農民は土地に執着する人々である。その彼らから土地だけでなく、農機具や家畜までも取り上げるとなれば、彼らが抵抗しないはずはなかった。一九五一年秋、毛沢東は農業集団化に向けた準備をしている頃、農民のことをよく知る作家、趙樹理に秘書を通じて意見を求めた。その際、この作家はきわめて率直に「現在、農民には互助合作の積極性はなく、ただ個別的生産の積極性をもっているだけだ」と答えた（『毛沢東伝』中共、上、三四九頁）。現在利用できる文書からは確認できないが、ロシア人は中国共産党に対して、農業集団化の際には細心の注意を払うよう諭していたに違いない。

ところが、現在利用できる資料のなかには、中国の農民が集団化に対して大規模な抵抗を試みた事実を物語る記録は見当たらない。むしろ、彼らは全体として、すんなりと集団化を受け入れてしまったようにみえる。これはなぜであろうか。従来の研究は、中国の農民が土地改革で得た土地は、それだけでは食べていけない小規模経営の自作農を多数生み出したからだと指摘している。そうした彼らにとって、集団化しか希望はなかったからだというのである。たしかにそうかもしれない。しかし、それだけではなく、過酷な反革命鎮圧運動を通じて、共産党に抵抗する用意のある人々があらかじめ除去されていたことも無視できない要因であろう。加えて、ソ連と異なり、農村部に党組織がしっかりと確立されていたことも重要である。一九五五年初めまでに、すべての郷の七〇パーセントに党支部が設置されていたのであった（MacFarquhar, p. 63）。

農業集団化は、次のような三段階を経た。第一段階は生産互助組と呼ばれるもので、これは農民が農繁期に共同作業を行う程度のものであった。第二段階は初級合作社で、農民が土地や家畜や農機具を出し合って共同経営を行うものであった。共同経営とはいえ、この段階においては、土地その他の生産手段は、まだそれを提供した農民の所有物であった。しかし、第三段階、すなわち高級合作社になると、生産手段は農民の手を離れて集団所有となる。以上の過程は一九五四年から始まり、一九五五年夏以降、怒濤の勢いで加速された。そして一九五六年末には中国の全農家戸数の約九〇パーセントが、高級合作社に編入されていたのである。

高崗事件

以上のようにいえば、建国の綱領を無視した毛沢東による社会主義改造の強行は、彼の思惑通りスムーズに運んだように思われるかもしれない。しかし、そうではなかった。新民主主義段階を素通りして先を急いだことで、中国共産党は大きな代償を支払わなければならなかった。そのひとつは、指導部内に重大な亀裂が走ったことであった。この亀裂と関わっていたのが高崗事件である。これは一九五四年春、中国東北地方の実力者として知られる高崗が、中央組織部長の饒漱石とともに粛清された事件を指す。彼は当時、政治局員、人民政府副主席、国家計画委員会主席などを務めており、紛れもなく当時の中国の最高指導者のひとりであった。陝西省の貧農の家庭に生まれた高崗は、一九三〇年代前半に西北根拠地を築き、長征に疲れ果てた紅軍を迎え入れた。戦後の国共内戦時期においては、彼は東北に活動の舞台を移し、東北地方の党、政府、軍を一手に掌握した。

毛沢東はこのような高崗の政治的手腕を高く評価し、一九五二年晩秋に彼を北京に異動させ、国家計画委員会主席に任命した。加えて、中央政府のいくつもの省庁の最高責任者を任せた。ところがその後、中国共産党の正統的文献によれば、高崗は饒漱石とひそかに結託して党と国家の権力を簒奪する目的で一連の「反党分裂活動」を行ったのであった。この陰謀は一九五四年二月の中央委員会総会で暴露され、翌年三月、北京で開催された党全国代表者会議において「高崗・饒漱石反党連盟に関する決議」が採択された。同決議によれば、高崗は「一九五二年に中央の工作に異動させられて以降、彼の反党活動はさらに猖獗をきわめた。……饒漱石は高崗の反党同盟の主要な同盟者であり、……毛沢東をはじめとする長く経験を積んだ党中央の指導の核心を転覆し、もって党と国家の指導権力を奪い取ろうと目論んだ」のであった。

とはいえ、高崗がいかなる「反党活動」を行ったのかは、必ずしも明らかではない。そもそも毛沢東によって高く評価されていた人物が、なぜ短期間のうちに忌まわしい「反党連盟」の首魁へと変貌を遂げたのであろうか。この東北の実力者は、実際のところ何をしたというのであろうか。近年利用可能となった資料を総合すれば、当初彼に与えられた罪状である「反党連盟」の結成や「党と国家の権力の簒奪」の企てが、もはや事実に基づいていないことは明らかである。

明らかであるのは、高崗が仲間を募って劉少奇を執拗に攻撃し、党内に重大な亀裂をもたらす寸前まで至ったことである。そのうえ、この東北の実力者は、党内に「白区の党」（過去に国民党支配地域で工作を行っていた人々）と「ソビエト区の党」（過去に革命根拠地で工作を行っていた人々）があり、本来は後者が主導権を握るべきであるのに、現在は前者が幅を利かせていると主張した。「白区の党」の代表者は劉少奇にほかならなかった。そこで、高崗はちょうど毛沢東が「指導部を一線と二線に分ける、自分は二線に退く」といい始めたことを好機到来と理解し、指導部から劉少奇を引きずり降ろし、「ソビエト区の党」に主導権を与えようと画策したとみられる。したがって、社会主義に向かってアクセルを踏むべきか、新民主主義の段階にとどまるべきかという問題に対する態度の分岐が、毛沢東の後継者をめぐる問題——スターリンが一九五三年三月に死去すると、この問題が急浮上した——についての議論と重ねあわされて、党内に危険な亀裂を生み出しつつあったのである。

筆者の思い描く高崗事件のストーリーの概要、および彼の粛清の理由に関する仮説はこうである（以下は、主として高橋、二〇一八年に基づく）。毛沢東は、一九五三年秋まで高崗を高く評価していた。なるほど、主席には彼に関するいくつかの懸念材料があった。だが、東北の実力者に対する信頼は、懸念を埋め合わせてあまりあるものであった。それは、新民主主義にこだわらず先を急ごうとする毛沢東の観点に高崗が寄り添っていたから、あるいは毛の観点を高が先取りしていたからにほかならない。

ところで、同年夏、毛沢東にとってひとつの大きな問題が浮上する。それは党内の団結に関わっていた。団結の危機は、毛が「過渡期の総路線」を提起し、建国の綱領についての根本的な修正を強引に行ったことによって表面化した。主席が新民主主義を継続しようとする人々に打撃を与えようと試みたことによって、同年夏と秋に開催された重要な会議（全国財経会議と第二回中央組織会議）は非難の応酬の場となり、手がつけられなくなった。これはたんに人民共和国が進むべき道をめぐる闘争ではなかった。「白区の党」と「ソビエト区の党」という、党を二つに引き裂いてしまいかねない危険な範疇が勢いづこうとしていた。もし後者が、路線の問題にかこつけて一方的に前者を駆逐してしまったら、党にとって大きな災難となったに違いない。本格的な経済建設を控えたこの時期に、大きな政治闘争は避けなければならなかった。

そうしたなか同年一二月中旬、陳雲と鄧小平から驚くべき知らせが——おそらくは誇張された情報が——主席のもとに届けられた。高崗がクーデターを企んでいる可能性があるという知らせである。あるいは、毛沢東自身も同様の可能性に気づいていたときに、陳雲らの情報は主席に最後の確信を与えたのかもしれなかった。あるいは、主席とこの党内指折りの経済専門家が共謀して、そのような結論とすることで合意したのかもしれない。いずれにせよ、このとき毛沢東（と陳雲および鄧小平）は、ひとつの計略を思い浮かべた。それは高崗と饒漱石に党分裂の危機の責任を負わせ、彼らに加担しそうになった人々を、彼らが高・饒と絶縁することと引き換えに放免することによって、党内団結の局面を作り出す——これこそが根本的動機である——という計略である。しかも、この企ては、主席と劉少奇が手を取り合って進めるのである。これによって、「白区の党」と「ソビエト区の党」の間の危険な溝は埋められるであろう。このような考えに基づき、「党内団結の強化に関する決議」とそれを指導者たちに承認させるための中央委員会総会が急いで準備された。

毛沢東がどこまで本気で高崗によるクーデターの可能性を信じていたのかは、はっきりしない。本気で信じていたとすれば、主席の反応は基本的に受動的なものであったといいうる。本気で信じていなかったとすれば、彼の反応は、とくに排除する必要もなかった人物をあえて粛清したという意味で、より陰謀の色を濃くする。筆者の推測は、毛沢東が高崗によるクーデターの可能性について半ば信じていたが、半ば信じていなかったというものである。たとえそうであっても、毛は彼に重大な責任を負わせることで、党内に凝集力を取り戻そうと試みたのであった。

こうして、筆者の仮説は、野心的で無謀だが哀れで不運な高崗と、思慮深く幸運な毛沢東を組み合わせるものとなる。高崗が「哀れ」であるというのは、彼が少なくとも主観的には毛沢東の意図に忠実であったのに、毛によって突然政治生命を絶たれたからである。また、「不運」であるというのは、高崗の没落には悲劇の要素が含まれているからである。高の転落は、彼に対するこのうえない称賛の嵐のなかで準備された。彼は自分がもっとも信頼していた人々——毛沢東や陳雲——によって突然、破滅に追い込まれた。高崗は、中国にわずかに残る資本主義の息の根をとめようと躍起になったにもかかわらず、「資本主義の党内における代理人」の烙印を押された。さらには、彼が蹴落さなければならないと考えていた劉少奇は、まさに高崗の活動のゆえに毛沢東との関係を修復してしまった。一方、「幸運」な毛沢東とは、いわば危機を逆利用して党内分裂の危機を切り抜けることに成功したことを指す。

こうして党分裂の危機は回避された。だが、ひとつの重大な問題が未解決のまま、党内に深く埋め込まれた。この問題は、その後、繰り返し現れては党のみならず中国の民衆にも大きな災いの種となる。それは、次のような比喩を使って理解することが可能である。マルクスはかつて資本主義社会の子宮のなかで成長する社会主義の胎児について語った。中国のように、母体としての資本主義がはなはだ弱々しく、したがって胎児もまた十分に成長していない段階においても、権力が介入し、赤ん坊を取り上げるべきであろうか。この場合、経済的・社会的実体という社会主義の内容が得られるより先に、ともかくも社会主義の形を作り出すことになるであろう。それとも、まずは母体をしっかりと成長させ、それによって胎児の十分な成熟を待って「自然な」分娩を実現させるべきであろうか。[†2] 一九五三年において劉少奇は後者の立場に立ち、毛沢東は前者の立場に立っていた。結局のところ、新民主主義段階にとどまるべきかをめぐる議論において、劉は全面的な自己批判を行い、毛に従った。だが、先を急ごうとする人々と、先に進むためには客観的諸条件の成熟が前提であると考える人々の潜在的対立は残されたままであった。高崗事件の意義は、この対立を一時的に凍結したことにある。毛沢東はつねに待つことに耐えられなかった。彼の考え方は、一九五六年八月に行われた次の演説の一節によくあらわれている。

「われわれのこの国家が建設しようとしているのは、ひとつの偉大な社会主義国家である。過去百年の立ち遅れた状況、人様に馬鹿にされた状況、恥ずかしい状況を完全に改め、また世界で最強の資本主義国家、すなわちアメリカに追いつこうとしているのである。アメリカにはたった一億七〇〇〇万人の人口しかなく、わが国の人口はその何倍もある。資源も豊富であり、気候条件もアメリカと大差ない。……われわれにさらに五〇年、六〇年あれば、完全に追いつき追い越すことができるはずである。これは一種の責任である。こんなにもたくさんの人間がいて、こんなにも広い土地があり、こんなにも資源が豊富なうえに、社会主義をやっているというのだから、〔制度上の〕優越性があるというのだから、五〇年六〇年やってまだアメリカを追い越せないというなら、まったくさまにならないではないか。それでは地球上から球籍を除籍されてしまう！　だから、アメリカを追い越すことは可能なだけでなく、完全に必要であり、完全にそうすべきなのである」（『毛沢東文集』第七巻、八九頁）。後にわれわれは、このような焦りにも似た感情が大躍進、およびそれが失敗した後の指導部内の分裂に導いてゆく様子をみるであろう。

いかなる社会主義が生まれたのか

毛沢東が先を急いだために生じた社会主義への突進の結果、早くも一九五六年秋に開かれた第八回党大会で、中国における社会主義の成立が宣言された。この党大会で劉少奇が読み上げた政治報告の一節はこうである。「生産手段の私的所有制を社会主義的共有制に変えるという、きわめて複雑で困難な歴史的任務は、わが国ではいますでに基本的に成し遂げられた。わが国における社会主義と資本主義の間の、誰が誰に打ち勝つという問題は、すでに解決された」(『新中国資料集成』第五巻、二一九頁)。とはいえ、この「社会主義」は、政治的外科手術によって無理やり母体から取り出されたまったくの未熟児にすぎなかった。そのため、この赤ん坊は次のような特徴をもっていた。

第一に、それはひどく貧しかった。社会主義は本来、資本主義が達成した最高の成果を受け継ぎ、歴史法則の助けを借りて「自然に」生まれるはずの体制であった。したがって、貧しい社会主義とは世にも哀れな形容矛盾にほかならなかった。だが現実には、中国は、赤貧洗うがごとき農民たちの生産が大きな比重を占める経済のうえに、ともかくも社会主義の形式を作り上げたのである。当初の計画では、新民主主義のなかで資本主義を十分に発展させてから、社会主義に移行するはずであった。しかし、待つことに耐えられない毛沢東が、その段階を不要かつ有害なものとみなしたために、貧しい社会主義が生まれたのである。

大いなる形容矛盾はそればかりではなかった。中国の社会主義が強烈なナショナリズムと結びついたことが第二の特徴を形作る。本来、プロレタリアートには祖国がないと教えていた社会主義が、ナショナリズムと結びつくはずはなかった。というのも、社会主義成立の瞬間から「国家の死滅」が始まるはずであり、またそれに先立って資本主義の高度な発展は、国境なるものを無意味にしているはずだと考えられたからである。だが、スターリンの「一国社会主義論」は難なく中国の指導者たちに受け入れられた。というより、冷戦の現実のなかではグローバルな規模での体制移行など、彼らにはおとぎ話にしか聞こえなかったであろう。かくしてロシアに続いて中国でも、ひとつの国家という狭い枠のなかで社会主義が建設されたため、社会主義がナショナリズムと強く結びついてしまった。先に引用した一九五六年春の毛沢東の発言にみるように、社会主義は中国が「過去百年の立ち遅れた状況、人様に馬鹿にされた状況、恥ずかしい状況を完全に改め」るための手段と考えられたのであった。

そして第三に、それは恐怖（テロル）に依存していた。高崗事件に決着をつけた一九五五年三月の党全国代表大会における毛沢東の講話には、「党内に潜む反革命」への警戒が盛り込まれた。主席は高崗事件の教訓として、社会主義が完成に近づくにつれて階級闘争もまた熾烈なものとなるであろうと述べた。そしてその直後から、胡風事件をはじめとする一連の不可解な「反革命事件」が起きた。やがてその延長線上に、大衆を大規模に動員した反革命粛清運動が始まる。おそらくこの運動は、社会主義改造を本格化させる際に、大衆からの反抗を未然に防いでおくと同時に、動員に対して人々を積極的に応じさせることを目的としたものであった。このようにして、中国の社会主義は恐怖を媒介として「上から」の動員と「下から」の大衆的熱狂を結びつけたのである。

本来、社会主義が恐怖と結びつくなどまったく考えられていなかったことに注意していただきたい。社会主義が目指したのは「国家の死滅」であって、このうえなく強化された国家機関が人々を震え上がらせることではなかった。この恐怖は、自らの権力が転覆されるのではないかという指導者の不安を、そして人々は教育と説得によっては従わせることはできないという断念を、同時に反映したものであった。共産党が解き放ったテロルのもとで、人々は恐怖と結びついた諦念（あきらめ）、および恐怖と不可分の無関心のなかで、あるいは恐怖そのものから、権力に積極的に迎合することによって社会主義体制に取り込まれていくことになる。

だが、中国革命の物語はまっすぐには進まなかった。一九五六年春にソ連で起こる劇的な出来事が、毛沢東に社会主義という「赤ん坊」をソ連の育児法によって育てるのではなく、中国的に育てるよう決意させたからである。

†1 『毛沢東伝』中共、上、二五九頁。とはいえ、現在利用できるわずかな第七期二中全会の文献を読む限りでは、これは無理な主張であった。この会議における毛沢東の発言は、新民主主義における資本主義的要素あるいは資本家の取り扱いについて、「左」の誤りも避けなければならないが、「右」の誤りも避けなければならないと述べているだけで、いつ、ど

のように新民主主義から社会主義へ移行するかについては、何も語っていない（『建党以来重要文献選編』第二六冊、一五八－一七一頁。ただし、このテクストは『毛沢東選集』外交、第四巻にすでに収録されているものであり、もともとのテクストではないと思われる）。この会議で、任弼時は、ソ連の援助を前提として、「全国革命の勝利後、われわれは二つから三つの五カ年計画を必要としており、その後社会主義に移行できる」と述べている（『建党以来重要文献選編』第二六冊、一八〇頁）。毛や任の発言から受ける印象は、社会主義への移行の問題について、この段階では、中国の共産主義者たちはまだ真剣に考えてはいなかった——あるいは考える必要がなかった——ということである。少なくとも、新民主主義の実践過程において、徐々に社会主義的要素を増大させる形で社会主義に到達すべきか、それとも新民主主義と社会主義を、連続するが異なる段階と理解し、前者の完了を待って後者へと進むべきか、という問題設定とそれに関する議論は、現在読むことができる文書のなかには見当たらない。

†2　マルクスは『資本論』の序言において、産みの苦しみを短くし、やわらげることはできるとしながらも、「その社会は自然的な発展諸段階を飛び越えることも、それらを法令で取り除くこともできない」と述べている（マルクス、一二頁）。

第8章　中国的な社会主義を求めて

中華人民共和国の歴史において、一九五六―五七年は一種の分水嶺を形作っている。それは次の相互に関連する三つの意味においてである。第一に、社会主義に賛成しない、あるいは消極的態度をみせる人々をいかに体制に取り込んでゆくかという問題について、それまでは可能な限り説得と教育を通じて彼らを取り込もうとする、いわば温和な方法が模索されていた。だが、一九五七年以降は社会主義に従わない人々に「右派」というレッテルを貼り、彼らを物理的に排除する手荒な方法が用いられるようになった。

第二に、この分水嶺を越えたところに、党による完全に一元化された支配が待ち受けていた。この体制のもとでは、後で述べるような、毛沢東が提起した民族ブルジョアジーや知識人のグループとの長期共存・相互監督など問題にならなかった。共産党はライバルもいなければ、対等の立場に立ったパートナーもいない圧倒的な権力を握ったのである。そして、超越的な存在となった党権力は、社会の全面的統制に乗り出し、社会から自発的組織がほぼ消滅してしまった。

第三に、社会的・心理的な次元に関わることであるが、一九五七年以降、この体制は内部と外部につねに強力な敵を想定し続け、人々を絶えざる緊張状態のもとに置いた。この緊張状態のもとに、人々を政治活動と生産活動とに駆り立てると同時に、権力に対する反抗が未然に防がれた。こうした転換の結果、人々は好むと好まざるとにかかわらず、一党独裁体制のなかに押し込められていった。政治学的な用語を用いれば、分水嶺の先に現れたのは「急進的全体主義」（タウンゼント、二二一－二二五頁）であった。

だが、このような政治的展開は、それ以前の中国政治の展開の必然的な結果であったとはいいがたい。実際、毛沢東自身は、そのような重苦しい体制を構築するつもりはなかった。むしろ、彼は中国の政治生活のなかに、いくつもの異なる声が響き渡る、生気はつらつとした局面を生み出したいと真剣に望み、一九五六年春以降、実際にそれに向けた努力を行ったのである。

従来の文献は、そのような毛沢東の努力が完全な失敗に終わった結果として、あるいはその反動として、多くの知識人を破滅に追いやった反右派闘争が開始されたとみなしてきた。だが、近年利用可能となった資料に照らしてみると、話はもう少し複雑である。一九五六年春に主席のユニークな自由化の試みである百花斉放・百家争鳴（一般に「双百」と称された）、および民主諸党派との長期共存・相互監督の方針が打ち出されたとき、彼はすでに反革命粛清運動を開始しており、知識人たちを大規模に弾圧していたのである。つまり双百は、はじめから深刻な矛盾を抱えた運動であった。その矛盾ゆえに、知識人たちは、毛によって自由な発言を呼びかけられると爆発的に反応して主席を反撃に立ち上がらせ、また彼に、それまでいわば通奏低音のように奏でられていた反革命粛清運動を主旋律にまで高めさせた。言い換えれば、一九五六年から五七年にかけての政治的展開は、転換であると同時に継続でもあった。いずれにせよ、スターリン型の社会主義とは異なる新しい社会主義のモデルを構築しようとした毛沢東の企ては、挫折したのである。

通奏低音――反革命粛清運動

双百から反右派闘争への転換に先立って行われていた反革命粛清運動について、公式の党史はほとんど素通りしている。すでに前章で触れたように、一九五四年から五五年にかけて、いくつかの騒々しい「反革命」あるいは「反党集団」事件が生じた。すなわち、高崗・饒漱石事件、楊帆事件、潘漢年事件、胡風事件などである。[†1] 公式の党史によれば、これら一連の「反革命」事件は、党指導部に、社会主義の発展に伴い階級闘争は必然的に先鋭化し、また複雑化するとの確信を与えたという。そのような確信のもとに、毛沢東が数カ月に及ぶ準備を経て開始したのが「隠れた反革命分子（中国語では「暗蔵的反革命分子」）粛清運動」（略して粛反と呼ばれた）であった。この運動は一九五五年七月に開始され、一九五九年秋まで続けられた。全国で五一〇三万人を動員したこの大がかりな運動の成果は、約六三万人の反革命分子およびその他の悪質分子を洗い出し、そのうち約五三万人を何らかの形で処分したこと、また六二五万人あまりの政治的経歴に問題ある人々を浮かび上がらせたことであった（『粛反文件』、三二―四〇頁）。加えて粛反は、一九五五年夏に開始されてから翌年一一月に至るまで、その衝撃により、四二七一人もの自殺者を生み出した（同右、一九六頁）。

一九三〇年代のスターリンの大粛清と比較しうるこの大規模な粛清は、新民主主義から社会主義改造への急展開に、もはやついていけないと考えた人々が現れたことに対する党の自然な防衛反応ではなかった。事の本質は、おそらく毛沢東がさらなる社会主義改造に備えて、社会からの反抗を未然に防ごうとしたことにあったように思われる。中央公安部長であった羅瑞卿の言明によれば、一九五〇年代初めに行われた反革命鎮圧運動を通じて、社会に潜む反革命の芽はすでにほとんど根こそぎにされていた。[†2] したがって、あえて大規模な反革命分子狩りをもう一度行う客観的な必要はなかった。筆者のみるところ、急速な農業集団化――中国共産党はソ連の同志たちから、革命後の社会をもっとも混乱に陥れるのは農業集団化であると告げられていたに違いない――を目前に控えて、毛沢東は一連の反革命事件を演出し、党内の危機感をあおったうえで、広範な「反革命分子」の摘発に乗り出したのである。実際、粛反とともに農業集団化は目を見張る勢いで進められた。一九五五年七月には、一七〇〇万世帯が高級合作社に加入していたが、六カ月後には七五〇〇万世帯に達し、すでに農村人口の六三パーセントを含んでいた。同年から翌年にかけて、中国農村の社会的景観は一変したのである。

以上の推測が当たっているかはひとまず措くとして、粛反が異常な性格を備えた運動であったことは注目に値する。この運動は、当初から公安当局による国民の一部の計画的な逮捕と殺害を伴っていた。一九五五年の粛反計画とともに策定された逮捕計画によれば、一九五六年中に約四〇万人を逮捕する予定であった。また、一九五五年秋に採択された殺人計画は、一九五六年中に二万七八九二人から二万八九三三人を殺すことを定めていた。全国で殺すべき人々の数が定められたのち、各地域における殺人目標数も確定した。もっとも多い数字が割り当てられたのは四川省で、同省においては一九五五年に三八七三人を、五六年には四〇〇〇人を殺すことが目標とされた。河南省がそれに次ぎ、五五年に一七五〇人を、五六年には一五〇〇人を殺すことが目標とされた（中央公安部党組による毛沢東宛の報告（一九五五年一〇月二六日）、『全国公安会議文件』、三二一頁）。

このような恐るべき計画の起源は判然としない。その計画は、ソ連から持ち込まれたのかもしれない。だが、資料の物語るところ、一九二〇年代後半の中国共産党の革命根拠地においては、同種の企てがすでに実践されていた。党委員会が各郷における反革命分子の殺害目標を設定し、農民にその実行を命じていたのである（『広東革命歴史文件彙集』甲二六、三三頁）。そのような実践が、革命根拠地において間欠的に行われた後、一九五〇年代に入って復活したのかもしれない。前章で述べたように、一九五一年二月には再び殺人計画が定められた。中央公安部長によれば、一九五三年と五四年については、殺人計画は策定されなかった（羅瑞卿の発言（一九五六年四月五日）、『全国公安会議文件』、三三九頁）。だが、一九五五年になるとそれが復活したのである。一九五〇年代初めの反革命鎮圧運動に伴うテロルは、それ以前の革命戦争の完遂を目的としたものであったといいうる。とはいえ、一九五五年以降のテロルは、もはや戦争と結びついたものではなかった。それは、党の支配に対する有力な抵抗がすでに除去された後、支配者に対してほとんど何の抵抗もできなくなった人々に対して加えられた力であった。†3

テロルの主たる標的となったのは知識人であった。運動開始後まもなく、この運動の推進機関となった中央十人小組の陸定一――中央宣伝部長を務めていた人物である――が語るところ、「第一弾の粛反では打撃が正確ではない現象が現れた。一般の人員の間では打撃は比較的正確だったが、誤って打撃を加えた者がおよそ一五パーセントから二〇パーセントを占める。高級知識分子の間では、一般に正しく打撃を与えたのは三分の一にすぎなかった」（陸定一の発言（一九五六年一月）、『粛反文件』、七一頁）。そのため、知識人と党との間に深い溝が生まれつつあった。行き過ぎたと感じた党は、知識人にある種の譲歩を示さざるをえなくなった。というのも、社会主義建設にあたって、彼らの頭脳は必要不可欠であったからである。そこで、党は一九五六年一月に知識分子問題に関する会議を開催し、周恩来は知識分子の絶対多数がすでに労働者階級の一部になったと宣言した（『新中国資料集成』第五巻、三四頁）。だが、その後も粛反が継続され、知識人に打撃を与え続けたことからみて、これはどうみても矛盾した態度であった。そのために生じた知識人の不満が、後述する双百（百花斉放・百家争鳴）の際に批判の奔流となって党に押し寄せるのである。

スターリン批判の衝撃

中国共産党が農業集団化を進めていたとき、予想もしなかった衝撃波がソ連から伝わってきた。一九五六年二月のソ連共産党第二〇回党大会におけるフルシチョフによるスターリン批判がそれである。ロシアの独裁者に対する批判は、一九五三年三月に彼が死去してから、ごく控えめな形で間接的に行われていた。したがって、スターリンに対する大胆な批判はまったく予測できなかったというわけではない。だが、世界の共産主義者は、この大会で後継者フルシチョフが彼の前任者の亡骸に鞭打とうとは夢にも思っていなかった。大会最終日、フルシチョフは秘密のセッションで「個人崇拝とその結果」と題する長文の報告書を読み上げた。あたかももっとも悪質な反共主義の宣伝家によって書かれたかのようなこの報告書には、スターリンが国家と人民に対して犯したさまざまな罪が列挙されていた（以下の記述は『フルシチョフ秘密報告』に基づく）。フルシチョフによれば、スターリンは卑劣な犯罪者にして大量虐殺の指揮者であった。スターリンは自分の考えを暴力的に押しつけ、嫌悪すべき方法で自分自身を賛美させ、何千という誠実でしかも無実の党員を非業の死に追いやり、信頼できる人間を秘密警察の拷問室に送り込んだ独裁者であった。さらに、フルショチョフによれば、スターリンは、「自己賛美」、「誇大妄想」、「気まぐれ」、「傲慢」、「野蛮」、「わがまま勝手」、「残忍」、「偏狭」、「事実の無視」といった特徴を備えていた。さらにこの人物は「病的なほど疑い深く」、「いたるところに敵、偽善者、スパイを見出し」、「被害妄想」にとらわれていた。出席していた党員たち、および各国の党の代表者たちは、今まで自分が神のように崇拝していた存在が実は悪魔のような人物だったと告げられたのだから、その衝撃は計り知れなかった。フルシチョフはこの報告を党の仲間以外に漏らさず、秘密にしておくよう釘を刺した。「自分の汚れた下着を敵の目の前で洗ってはならない」と彼は述べた。

ところが、この報告の内容は徐々にソ連と東ヨーロッパの国民の間に漏れ伝わっていった。そして、六月になるとアメリカ国務省が、それをどうやって入手したかはともかく、フルシチョフ報告の全文を発表した。これによってこの報告は全世界の人々に知れ渡った。そして、ただちに共産圏全体が大きな地殻変動に見舞われた。いわば社会主義陣営に属する人々の信仰心をつなぎとめていた大神殿が突然崩壊したのだから、それは無理もないことであった。とくに、ポーランドとハンガリーでは、共産党の独裁に反対する大規模な暴動が生じた。北朝鮮では、スターリン批判によって勇気づけられた勢力が、党大会で金日成の独裁に公然と反旗を翻した（沈志華、上、二四九―二五二頁）。それればかりではなく、フランス、イタリア、イギリス、日本のような資本主義諸国においても、共産党から多くの人々が離れていった。

中国共産党はスターリン批判をどのように受け止めたのであろうか。中国の指導者たちも、ソ連から事前の相談を何も受けていなかった。したがって、フルシチョフ報告の内容を知ったとき、すべての指導者が愕然としたであろうことは想像に難くない。とりわけ、毛沢東にとっては大きな衝撃であったろう。なぜなら、フルシチョフによって弾劾された個人崇拝や大量粛清は、必要な修正を加えれば、毛にも十分当てはまるものであったからである。

この事態にどう対処すべきか、党指導部は一カ月にもわたって、これを国民に伏せておきながら策を練っていた。党の態度は、四月五日付の『人民日報』に掲載された「プロレタリアート独裁の歴史的経験について」と題する論文において明らかにされた。この論文の要点はこうである。たしかにスターリンは、彼の後半生において多くの重大な誤りを犯した。彼は自惚れ、謙虚さを失い、重要な問題についてしばしば誤った決定を下した。しかし、共産主義者たるもの、分析的な態度をとらねばならず、彼の誤りが全面的なものであると考えることは間違いである。やはり、スターリンは偉大なマルクス・レーニン主義者としての名に背かない（『新中国資料集成』第五巻、一一一―一一二頁）。こうして中国共産党は、フルシチョフによって打ち砕かれたスターリンの偶像になおもすがり続けた。

なぜ中国共産党はスターリンを弁護し続けたのであろうか。もっとも重要な理由は、政治学の用語を使えば、支配の正統性に関係している。それまで、中国共産党は他国の共産党とまったく同様、スターリンを天才的指導者であるとほめたたえてきた。彼の政策こそが唯一の正しい政策であると主張してきた。したがって、もしスターリンがフルシチョフのいうように、とんでもない犯罪者であったというなら、そのスターリンを一途に礼賛してきた中国共産党は犯罪者の手先か、たんなる愚か者のいずれかでしかない。そうなれば、人々は共産党に背を向けるに違いなかった。とくに政権獲得後まだ日も浅く、権力基盤も盤石とはいえなかった中国共産党にとって、これは致命的なダメージとなりかねなかった。だから中国共産党は、スターリンの偶像を簡単に破壊してしまうわけにはいかなかったのである。

とはいえ、スターリンを弁護してはみたものの、毛沢東はソ連の独裁者の政治手法を改めようという気になっていた。というのも、もしこのままスターリン式の政治指導を続けていれば、いつか自分も死後、後継者によってこっぴどく打ちのめされるかもしれないからである。折しも、当時すでに六三歳になっていた毛は、自分の後継者について考え始めていた。同時に彼は、ここで社会主義における新たな政治指導の型を作り上げることができるなら、スターリン亡き後の社会主義陣営全体における自分の名声が大いに高まると考えたかもしれない。毛にとって、恐怖と好機が同時に到来したのである。そのいずれが主要な動機となったにせよ、ソ連型とは異なる中国型の社会主義を目指す真剣な努力がここから開始された。そして、この探求こそが中国を連続する悲劇へと導いたのである。

百花斉放・百家争鳴

新たな社会主義モデル探求の試みとして、毛沢東は一九五六年四月、百花斉放・百家争鳴（以下、双百と略記）という新しい方針を打ち出した（『毛沢東思想万歳』上、六五頁）。百花斉放とは文化芸術の面でたくさんの花を咲かせようという意味で、百家争鳴とは学術の面で多くの学派を競い合わせようという意味である。これらの目的は、自由な発言を促すことによって、党・政府の各機関および各党員の創造性を高めることであった。毛主席のみるところ、党・政府内の官僚主義のために、さまざまな機関内で生気が失われてしまった。したがって、党員にはもっと自由にものを言わせる必要があった。この方針は、すぐ後で中央宣伝部長の陸定一によって、知識人にも適用されることが明らかにされた。

双百と関連していたのが、同じ頃打ち出された民主諸党派との長期共存・相互監督という方針であった。この方針は、それまでの社会主義の歴史において前代未聞といいうる、ある種の政治的複数主義への期待に基づいていた。毛沢東はこう述べている。「結局、ひとつの党があるのがよいか、いくつかの党があるのがよいか。今からみれば、やはりいくつかの党があったほうがよい。たんに以前そうであっただけでなく、これからもそうであったほうがよい。ずっと将来、すべての党派が自然消滅するときまでもそうであったほうがよい。共産党と民主諸党派は長期共存、相互監督するのが有益である」（「十大関係論」、『毛沢東思想万歳』上、七九頁）。

毛沢東が、以上の二つの方針に対する党幹部の無理解に繰り返し不満を述べたことからみて、党内では毛の方針に対する懐疑的な態度が支配的であった。だが、主席は、彼自身が我慢ならなくなっていた党内の官僚主義という悪しき傾向を克服するためには、党外からの批判が有効であると信じた。あるいは、スターリン批判によって、独自の社会主義を作ろうという意欲が刺激されたせいで、急に党内の官僚主義が容認しがたいものにみえ始めたのであった。主席のいら立ちは本物であった。彼は、党の官僚機構の三分の二を削減すべきだとさえ述べた（同右、七一頁）。

自由な発言を促された知識人たちは、一斉に反革命粛清運動に批判の矛先を向けた。いくつかの資料から判断すれば、中央公安部長はこうした批判を苦々しい思いで受け止めていた。だが、知識人への反撃は、毛沢東によって、今はその時ではないとたしなめられた。折しも一九五六年六月末に、ポーランドのポズナンで発生した大規模な暴動が、党内の悪しき傾向がもつ危険性に対する毛の感受性をさらに刺激した。そのため、中国国内にも東欧の暴動に言及しながら騒ぎを起こす学生、労働者、退役軍人が現れ、公安関係者がそれをはらはらしながら見守っていた時期に、主席は官僚主義の克服のため、あたかも治安の問題など二の次であるといわんばかりに、人々に自由な発言を促したのであった。

だが、毛沢東は決して無条件のリベラリズムを推奨する見地から知識人の恨み言を奨励していたわけではなかった。知識人による批判は「われわれが誤りを正し、欠点を克服し、官僚主義を防止するのに有利である」との実用主義的な理由によってのみ容認されたのである。彼の本心は、次の羅瑞卿の発言からうかがい知ることができる。「現在、われわれのこれら民主人士の意見に対しては、二つの態度、二つの処理の仕方がある。ひとつは、彼らの誤りを見逃さず、反論を加え、つっぱね、抑えつけることである。もうひとつは、彼らの動機がどんなものであれ、立場がどうであるかにかかわらず、彼らに積極的作用を果たさせることである。……彼らが恨み言を言うのを許し、彼らがわれわれと対台劇〔双方が同じ仕事をやって張り合うという意味である〕を演じることを許すのである。これは階級闘争だ。しかし、このようにすれば利点があり、不利益はない。主席は何度かいったことがある。われわれはいくらかの人間を養わなければならない。しかも、いくらかの飯を食って、もっぱら人をののしる人間を養わなければならない。これにはよいことがあるだけで、悪いところはない。生前に人をののしらせ、死んだ後でもののしらせるのだ。……このようにしてわれわれは彼らの力を利用することができ、われわれの欠点と誤りを克服することができ、われわれの官僚主義を撃滅し、われわれの事業を有利に運ぶことができるのである。……中央はすでに後者の態度と処置をとることを決定した。主席はいった。対台劇は必ず演じさせなければならない。今年、全人代第三回会議での対台劇はうまく歌えていた。しかし、まだ歌い方が不十分である。例えば、われわれの党の部門に対する、そして党の中央各部門に対する批評が十分ではなかったので、今後も批判を許すべきである。今後、毎年二度の対台劇を歌わせるべきである。一度は全人代で、もう一度は政治協商会議である。これを恐れてはならない。……スターリンが生きていた頃、人がののしるのを許さず、対台劇を歌うのを許さなかった。その結果、彼が死んだら〔彼を〕ののしる人間が現れたのである」（羅瑞卿の発言（一九五六年七月一三日）、『全国公安会議文件』、四三一頁）。

　以上の引用文のなかに、明らかに侮蔑を含んだ、党によって養われ「いくらかの飯を食って、もっぱら人をののしる人間」という表現が用いられていることに注意しよう。しかも、そうした人々との対台劇の掛け合いが「階級闘争」と呼ばれていることにも注意しよう。知識人に対する毛沢東の根本的な不信感をうかがわせる表現である。そのため、知識人たちの運命は、毛が彼らの有用性に対して下す判断次第となっていた。知識人たちを階級敵として手荒な方法で処断する準備は、まさに中国政治がもっともリベラルな様相を呈した一九五六年夏になされていたのである。とはいえ、前記の毛沢東の言葉からみて、この時点で彼は反右派闘争を予期していたとはいえ、翌年に予定していたわけではなかった。

　一九五六年秋から翌年春にかけて、中国社会は騒々しいものになった。学生たちは卒業後に就職の見込みがないと騒ぎ、労働者は工場での待遇の悪さに不満の声をあげ、退役軍人も生活の苦しさからデモに参加した。農民はといえば、各地で高級合作社からの退社騒ぎを起こしていた。治安がもっとも悪化していた地域のひとつは山東省であった。同省では民衆の間に「閏八月」に天変地異が起きるとのデマが広まっていた。それは、国民党軍と米軍がすでに眼前に迫っており、白蓮教徒が反乱を起こし、毛沢東は殺されるだろう、赤い布を腰に巻けば災難を逃れることができる、などというものであった（『公安建設』一九五七年第六期、一五―一七頁）。これは、急速な社会主義改造が学校に、工場に、集団農場にさまざまな矛盾を生み出していたことの表現にほかならなかった。騒然たる雰囲気のなか、学生や労働者たちの一部はハンガリー動乱に言及し、同じことを中国で自分たちもやるかもしれないと息巻いた。政治権力にとっては、どうみても危険な兆候が現れていた。

ここで毛沢東がとった危機克服の方法は、スターリン批判以降推奨されていた党外からの批判、および党内における工作態度の反省、すなわち自己批判を組み合わせたものであった。人々の不満の根源は、党内に根をはる官僚主義にあると彼が確信していたからであった。主席の考え方は、一九五七年二月に行われた有名な講演「人民内部の矛盾を正しく処理する問題について」によく示されている。現在でも中国国内の人々が原文で読むことが難しいその講演テクストにおいて、毛沢東は人々が騒ぎを起こす原因を二つ指摘している。ひとつは、彼らの思想が未熟であること、そしてもうひとつは、党員や幹部の間に権力をかさに着た官僚主義が蔓延していることである。主席によれば、後者のほうが前者より深刻であった。彼が続けていうには、党員に悪い点があるのだから、騒ぎが起こるのはある程度やむをえない。われわれは騒ぎを起こす人々に対して手荒な手段を使ってはならない。これはスターリンのやり方である。われわれはあくまでも説得によって彼らを社会主義へと導かなければならない、と。そこで毛沢東はあらためて双百の有効性を強調した。彼の理屈では、人々にいいたい放題いわせれば、極端な意見の持ち主がわかる。そうなれば、党はそうした人々を説得するチャンスが得られるはずだというのである。

だが、主席の理屈は、党内ではほとんど理解されなかった。党内の無理解に業を煮やした毛沢東はこの後、各地を遊説して双百の重要性を訴えた。遊説の際、彼が力を込めて繰り返したのは、軍事的な物事の処理、命令主義、そして反対者の有無を言わさぬ鎮圧といった、かつて革命の推進力となった党の行動様式――これはまさにスターリンの手法なのだとされた――がいまや新たな発展段階における桎梏と化したという観点であった。したがって、革命の時代には有効であった「過去の方法」(『建国以来毛沢東文稿』第六冊、四〇三頁)によって矛盾を処理したのでは、新たな時代に適応できないというのである。主席の用語法に従えば、「過去の方法」とは「粗暴な方法」(同右、三九六頁)と同義であり、さらには官僚主義と同義であった。双百を通じた党外からの批判は、まさに党を過去の行動様式の惰性から解き放つために有効だと毛は信じた。

とはいえ、実に奇妙なことに、あれほどその重大性について語った党内の官僚主義に対する毛沢東の危機意識は、一九五七年三月以降急速にしぼんでいった。すでに「人民内部の矛盾を正しく処理する問題について」において、その兆候は表れていた。彼は「広範な幹部に冷水を浴びせるのはよくない」と述べ、官僚主義的態度をもつ幹部を保護する姿勢を示していた。これ以降、彼は官僚主義的分子に対しても温和な姿勢をとるべきだとはっきり主張しはじめた。「君に官僚主義、主観主義、セクト主義があれば自分で検出し、それを改める。もう後では追求しない」(マックファーカーほか編、上、一八〇頁)。

官僚主義に染まった党員が、温和に扱われるべきだという主張だけではなかった。官僚主義それ自体に関する毛沢東の危機意識が急速にしぼんでいった。一九五七年三月後半の地方遊説先では、「官僚主義にたぶん台風はいらない。こういうふうにちょっと手をあげれば、それで倒れてしまう」(『学習文選』第一巻、二六八頁)、「霧雨と微風」で官僚主義を吹き飛ばそう(同右、二七七頁)、といった発言にみられるように、驚くべき楽観的見解が示された。

反右派闘争

一九五七年春、中国の最高指導者の思考にはいかなる変化が生じていたのだろうか。天衣無縫の人である毛沢東の気まぐれが、突如、官僚主義という問題から興味を失わせたのであろうか。そのように考えることは可能である。だが、事情はもう少し複雑であったかもしれない。すなわち、官僚主義を外部的統制のもとに置くという構想それ自体が、彼自身にとっても、次第に実現不可能なものに思えてきた可能性がある。第一に、いまや社会主義陣営のなかでソ連に次ぐ権威の中心になり始めた中国において、党の指導的地位を外部から抑え込むような制度の構築は、中国以外の他の社会主義国にも波及する可能性があった。帝国主義陣営と対峙している社会主義陣営全体の利益という見地からすれば、このような構想は危険性をはらむものであった。

第二に、毛沢東は双百にも長期共存・相互監督の方針にも批判的な多くの指導者たちに包囲されていた。彼によれば、高級幹部の九〇パーセントは双百に反対であった（マックファーカーほか編、上、一六二頁）。幹部たちからすれば、労働者や学生がハンガリー動乱の再演をほのめかしながら騒ぎを起こしているというのに、自由な発言を促して、さらに彼らを増長させるような試みは危険きわまりなかった。反対があると逆に自分の意見を押し通そうとする衝動が働く主席といえども、そうした声はやはり無視できないと考えたのかもしれない。

そして第三に、毛沢東の深層心理に刻印された知識人に対する不信感が膨らみ始めていた。ハンガリー動乱以降、双百を実行していたにもかかわらず、あるいはその結果として、この不信感は増大しつつあった。毛は一九五六年一二月二〇日には、大学生の七〇パーセントが資本家と地主の出身であると語った（『毛沢東思想万歳』（上）、九五―九六頁）。ところが、その一カ月後、彼らの七〇パーセントから八〇パーセントがブルジョア階級と小ブルジョア階級の出身だとされ（『学習文選』第一巻、一六七―一六八頁）、さらにその一カ月後にはその割合は八〇パーセントにまで増やされた（同右、二二一頁）。しかも、その一カ月後には、知識分子はブルジョア階級に属するとの判断を示し（同右、二七一頁）、前年一月の知識分子問題会議で周恩来が示した、知識分子は労働者階級の一部であるとの認識を覆してしまった。これは時間の経過とともに次第に、知識人がより警戒すべき社会的範疇のなかに押し込められていったことを物語っている。知識人がブルジョア階級に属するとすれば、階級敵である彼らの発言に耳を傾けることに何の意味があろうか。

かくして、重大な決断が毛沢東によって一九五七年五月中旬――より正確には、五月一二日か一三日であると推定される――に下された。双百と長期共存・相互監督の方針は反故にされ、知識人に対する過酷な弾圧が開始された。この決定は、毛以外の指導者には意外というよりは安堵を与えたに違いない。あるいは、逸脱した状態からようやく正常な状態へ復帰したという感覚をもって迎えられたであろう。反右派闘争は、すでに一九五五年夏より始まっていた反革命粛清運動の歯車をより早く回転させただけのことであった。反右派闘争の陣頭指揮をとった鄧小平は「整風反右派と粛反を結合させて一緒にやる」と述べた（『粛反文件』、一二八頁）。

もしスターリンがあと一〇年長く生き延び、彼に対する全面的な批判も一〇年遅れて起こっていたとしたら、中国で何が生じていただろうか。おそらく、一九五五年から始まる反革命粛清運動を通じて、ソ連とうり二つの全体主義的な体制がゆっくりとできあがっていたであろう。それは、毛沢東に対する個人崇拝、個人の思想状況から移動に至るまでを絶えず監視するシステム、逸脱者を取り締まる警察の巨大な権力とテロル、頻繁に開かれる政治的な学習および政治的・経済的なキャンペーンへの動員を組み合わせた、息の詰まるような体制であったろう。たとえそうなった場合でも、やがて毛沢東は党の官僚主義的傾向に我慢ならなくなり、文化大革命のような、革命をある意味で原点に戻そうとする大胆な企てに着手したかもしれない。しかし、中国がソ連とまったく同様の体制となり、したがって社会主義陣営全体がソ連と同様の体制になっていたとしたら、冷戦が続くなかで、そこから中国一国だけが独自の民族的性格を備えた社会主義の構築に向かうのは、より困難になっていたであろう。

ソ連を完璧に模倣したシステムを作ろうとした矢先にスターリン批判が生じたため、毛沢東がふと立ち止まり、独自の社会主義を作ろうと思い立ったことが、中国を複雑な歴史の展開のなかに投げ込むこととなった。毛はこの大それた企てに、それまでの一切を投げうって取り組んだわけではなかった。彼は前年から始めた反革命粛清運動を継続していたから、いつでも「正常な」軌道に戻れる余地を残していた。そのうえで、主席は双百および民主諸党派との長期共存・相互監督の実践に取り組んだのである。だが、一方において知識人をこっぴどく打ちのめしながら、他方において彼らに自由に発言させれば、どうなるかは目に見えていた。遅かれ早かれ、毛沢東自身が戒めていたスターリン式の粗暴な方法を用いて、ますます大きな声で恨み言を述べる知識人を弾圧しなければならなかったであろう。果たせるかな、一九五七年春、彼が「過去の方法」では新しい時代に適応できないと何度となく戒めたその数カ月後に、主席は自ら「過去の方法」に頼る決断を下したのである。

しかし、この大きな挫折によっても、毛沢東は中国独自の社会主義の夢を捨てなかった。挫折にもかかわらず、というより挫折したがゆえに、より強くこの夢に取りつかれるようになった。それを実現しなければ、スターリンのように、死後かつての部下たちによってひどく鞭打たれることになるかもしれなかった。こうした夢と恐怖の組み合わせは、やがて中国にとってより大きな災難となる「大躍進」の試みへと彼を導いたのである。

†1　高崗事件については、前章を参照されたい。楊帆は上海市公安局長を務めていた際、多数の特務および反革命分子をかくまっていたとの嫌疑で一九五五年四月に逮捕され、後に処刑された。

潘漢年も逮捕当時、上海市党委員会第三書記および上海市副市長を務めていた。抗日戦争中に被占領地区で活動していた際、南京に連行され汪精衛と面会した事実を党に隠していたことが本人の自白により明らかとなり、一九五五年四月に逮捕され、間もなく処刑された。楊帆は一九八三年に、そして潘漢年は一九八二年に、まったくの冤罪であったとされ名誉回復がなされた（『中国共産党歴史』第二巻上冊、二九八頁）。

胡風は慶應義塾大学に留学した経験をもつ有名な文芸評論家であった。一九五四年秋、台湾に亡命していた作家、胡適を批判する運動が起こると、胡はこの運動を批判した。毛沢東がこの行為を問題視したため、彼は一九五五年五月に反革命分子として逮捕された。だが、すぐ後で罪状は「反党集団」の結成、さらには「反革命集団」の結成へと格上げされた

（『毛沢東伝』上、三〇五頁）。きわめて異常なことに、毛沢東は自ら『胡風反革命集団的材料』の編集を命じ、単行本として七六二万九〇〇〇部を印刷させた（『全国公安会議文件』、三三九頁）。一九八〇年代に行われた再審査の結果、胡風の名誉は全面的に回復された。

†2　例えば、羅瑞卿は一九五二年秋、次のように述べた。「大量の反革命分子はすでに鎮圧された。全国では殺人によってすでに少なからぬ広大な土地で土地改革が完成し、内地に残留している土匪もすでに基本的に粛清された。反革命鎮圧はすでに徹底したか、もしくは徹底に近づいている」（『打倒羅瑞卿』、一七頁）。

†3　アーレントは次のように述べている。「……全体的統治におけるテロルは、反対派弾圧のために利用されはするものの、こうした弾圧のたんなる手段ではなくなってしまった。テロルはすべての反対派と無関係に存在するようになると全体的になる。それを阻むものが一人もいなくなってしまうとテロルは完全な支配権を握る」（アーレント、三〇六頁）。

第9章　大躍進の挫折

反右派闘争によって、うるさい知識人たちをまとめて奈落の底に突き落とし、毛沢東の鬱憤は晴れたかもしれない。だが、指導者の個人的な鬱憤晴らしは、中国の社会主義建設には何ら役立たなかった。役立つどころか、建設に不可欠な頭脳を無力化してしまったのだから、むしろ台なしにしたのである。そのため、誰の目にもはっきりとみえる形で社会主義の優越性を示さなければならないという大きな問題が残った。そこで彼が開始したのが大躍進運動であった。

大躍進とは、短期間のうちに生産力を飛躍的に上昇させて、貧しい中国を一気に豊かな共産主義へ押し上げようとした企てを指す。それは一九五七年秋から水利建設運動として始まり、一九五八年夏から秋にかけて全国的な製鉄運動と人民公社の組織化で最高潮に達した。この運動は、一九五八年末から一九五九年夏にかけていったんは減速されたものの、同年夏の廬山会議以降、再び勢いを得た。そして、千万人単位での非正常な死者（これまでの文献は、その数を三〇〇〇万人から五五〇〇万人と推定している（Manning *et al.*, p. 260）。そのなかには餓死者、栄養不足からくる病気で亡くなった人々、虐待による死者が含まれる）を出すという破滅的結果を伴い一九六一年に収束した。

大躍進の起源

この企ての起源を考えるとき、われわれは、これほど極端ではなかったとはいえ、かつてソ連においても同様の事態が生じていたことを見出す。すなわち、一九二九年四月にソ連が採択した五カ年計画が六カ月もしないうちに尊重されなくなり、生産においてひたすら高指標が追求された事態にその前例をみることができる（ボッファほか、七七―七八頁）。おそらく、これらはコーンがいうような、二〇世紀の発展途上国の指導者に共通する「待つことに耐えられない」という心性に根差していたのであろう（ダントレーヴほか、一七四頁）。共産党が全面的権力を手にし、政治の力をもって社会、経済そして人々の思想さえも思うがまま動かすことができるようになったのだから、先進諸国との距離を一挙に縮める企てに着手しないことがあろうか。かくして、「存在が意識を規定する」という信念に基づくはずのマルクス主義者を自認する指導者が、史的唯物論を打ち捨てて、ひたすら意識によって存在を形作ろうと試みたこと――しかも「計画経済」の名において――は皮肉であった。

中国における大躍進もまた、最高指導者の主意主義的な情熱から生まれたものであった。とはいえ、大躍進の起源を考える際には、当時の中国が置かれていた独特な国内的および国際的――ここで意味をもっているのは社会主義陣営内部の諸関係である――文脈をあわせて理解する必要がある。国内的な文脈については、毛沢東が一九五六年一月に打ち出した農業における野心的な発展計画である「一九五六年から一九六七年に至る全国農業発展要綱（草案）」（これは四〇条からなる要綱であったため、以下「四〇条」と略す）に対して、他の指導者たちが抵抗したことに、ひどく憤慨していたことが重要である。「四〇条」は、穀物の一畝（六・六六七アール）あたりの生産量を、一二年以内に黄河以北は四〇〇斤、淮河以北は五〇〇斤、淮河以南は八〇〇斤に増やすことを目標に掲げていた（毛沢東は、この目標を「四、五、八」と呼んでいた）。同時に、「四〇条」は水利建設を大いに発展させること、四害――ネズミ、スズメ、蠅、蚊の害――を消滅させること、さらには五年または七年以内に非識字者をほぼ一掃することなど、農業分野にとどまらない広範囲に及ぶ社会的・経済的な目標を含んでいた（『新中国資料集成』第五巻、六〇―六九頁)。毛はこの文書を一九五七年一〇月に再び取り上げ、他の指導者たちに実施を迫った。最高指導者の心理に何が起きていたのだろうか。毛沢東は一九五八年に入って、二年前に周恩来や陳雲が主導した「反冒進」が「六億人民の気を腐らせた」と繰り返した。「冒進」とは向こう見ずに突き進むことを指し、「反冒進」とはやみくもな突進を制止することを指す。毛は「反冒進」が自分の提起した「四〇条」に向けられたものと考え、それを長く根にもっていたようである。しかし、いまや反右派闘争によって、前進に消極的な右派が除去されつつあり、彼の突進の前に立ちはだかる障害物はなくなろうとしていた。意気軒高となった主席は、再び野心的な計画を掲げ、二年前に彼の「冒進」をとがめた他の指導者たちに仕返しをしようとしたようにみえる。

国際的文脈についていえば、この頃、ソ連が人類最初の人工衛星であるスプートニク一号を打ち上げたことが重要である。毛沢東は、ソ連において達成された科学技術上の成果に大いに勇気づけられ、社会主義陣営は安泰だと信じた。彼のみるところ、社会主義が達成した科学技術上の成果は、帝国主義陣営が新たな世界戦争を開始するのを一〇年から一五年遅らせるのに十分であった(『毛沢東年譜』第三巻、二三七頁)。この貴重な時間を、先進諸国に追いつくために使わずにいられようか。

かくして、中国における大躍進という言葉は、毛沢東による「反冒進」攻撃の文脈において、また社会主義陣営が資本主義陣営に対し優位に立ったようにみえる時点において登場した。一九五七年一一月、第八期三中全会の直後に開催された最高国務会議で、主席は中国の一九五七年の鉄鋼生産量である年間五二〇万トンが、五年後には一〇〇〇万トンから一一五〇万トンに、さらに一〇年後には二〇〇〇万トンに達するだろうと述べた(『毛沢東思想万歳』上、一九四頁)。最高指導者の意を汲んだ一一月一三日付の『人民日報』社説は、「右傾保守思想を克服し、生産戦線で大躍進を遂げよう」と題されていた。新しい方針を定めた毛沢東は意気揚々とモスクワへ乗り込み、ロシア革命四〇周年記念大会に出席した。

毛沢東はこの会議において、ソ連が達成した最新の科学技術の成果を念頭に置き、「われわれは西方世界を置き去りにした」と述べた。そして、フルシチョフが「一五年でソ連はアメリカに追いつく」と宣言したのに続いて、毛は鉄鋼の生産量において「一五年でイギリスに追いつき追いこす」と宣言した（『毛沢東文集』第七巻、三二五―三二六頁）。この大会において、社会主義陣営に属する国家の指導者たちは、あたかも競い合うように、いずれも人を驚かせる高い目標を掲げた。これには一九五六年のスターリン批判以降、社会主義陣営各国で生じた支配の正統性原理の変化が反映されていたといってよい。スターリン批判によって、共産党の指導が、あるいは無謬と思われた領袖の指導が、無条件で正しいという神話は打ち砕かれてしまった。いまや社会主義を実践する各党は国民の支持をつなぎとめるために、彼らに対して目に見える具体的な成果を示す必要に迫られていたのである。かくして「待つことに耐えられない」心理と「具体的な成果を早く国民に示さなければならない」という政治的要請が結びつき、社会主義陣営に属する各国を急速な発展に向けて疾駆させた。毛沢東はそのような国内的、国際的圧力のもとに置かれていたのである。ただし中国の疾走は、他の社会主義国と比べても極端であった。

大躍進のための政治的地ならし――一九五八年前半

一九五七年一一月下旬に北京に戻ってきた毛沢東は、大躍進のための政治的地ならしを開始した。一九五八年一月から五月にかけて行われた一連の会議において、主席は「冒進」に対する抵抗を除去することに、あるいはかつて彼の「冒進」をとがめた人々を無力化することに力を注いだ。同年一月、彼は『人民日報』の社説の書き方に注文をつけるなかで、「今後は『反冒進』を言い出してはならない。決して言い出してはならない」と述べた[†1]（マックファーカーほか編、下、九八頁）。そのため、二年前に「冒進」への抵抗を試みた周恩来は、屈辱的な自己批判に追い込まれるはめになった。その結果、「冒進」という否定的なニュアンスをもつ言葉は、意味論的に逆転させられて「大躍進」と言い換えられ、「多く、早く、立派に、無駄なく」（原文では「多、快、好、省」）というスローガンが吹聴されるようになった。ここに至って、ようやく毛沢東の鬱憤は晴れた。

最高指導者の憂さ晴らしは、たんに中央の指導者たちだけでなく、地方の指導者たちをも広く巻き込んだ。再び粛清の波が起こり、頂点から末端に至るまでの指導者たちの間で「右傾保守主義」が一掃され、それに代わって、向こうみずな態度、性急さ、でっちあげを正常なものとみる態度が植えつけられていった。その様子は、あたかも大躍進のための政治的・思想的地ならしを行う巨大なローラーが、一九五八年前半に北京から各地方へと駆け抜けていったかのようであった。

それとともに、毛沢東に対する個人崇拝が湧き起こった。主席は、一九五八年三月一〇日の成都会議で次のように述べて、実質的に、自らに対する個人崇拝を解禁した。「個人崇拝には二種類あり、そのひとつは正しいものである。例えば、マルクス、エンゲルス、レーニン、スターリンの正しいものについては、われわれは崇拝しなければならず、永遠に崇拝しなければならず、崇拝しないではいられない」（『毛沢東思想万歳』上、二二一―二二二頁）。スターリン批判の後に発表された論文「プロレタリアート独裁の歴史的経験について」が、個人崇拝を「これまでの人類の長い歴史が残した腐れはてた遺物である」と呼んでいたことを想起されたい。中国の最高指導者は、個人崇拝が本来のマルクス・レーニンの思想とは無縁の事柄であることをまったく気にかけなくなっていた。一九五六年にあれほどスターリン的な政治手法を戒めたことを、毛沢東はすっかり忘れてしまったようであった。

とはいえ、再び「冒進」を始める諸力を自ら解き放ったとはいえ、一九五八年春の段階においては、彼の態度はまだ抑制が効いていた。三月二〇日、成都での講話において、毛は急進主義者らしからぬ言葉も吐いた。「四〇条とか、一五年でイギリスに追いつくというのは理論上のことであり、四、五、八の大部分はいまだ実現しておらず、全国の工業化もまだ全部は完成していない。第二次五カ年計画では〔粗鋼生産を〕二〇〇〇万トンにすることになっているが、私の頭のなかには問題が存在する。うまくいくか、それとも天下が大いに乱れるか、私には今のところ確信がない」（『毛沢東思想万歳』上、二三二頁）。同じ講話において、彼は「虚報やうわついた気持ちを捨てなければならない。名をあげようと争ってはならず、つとめて着実にやらねばならない」と指導者たちに釘を刺した（同右、二二七頁）。

だが、この警告にもかかわらず、毛沢東によって煽られた他の指導者たちは、あたかも熱に浮かされたように、こぞって高い目標を打ち出し、それらが十分実現可能だと主張し始めた。それはまさに孟子が、「上有所好、下必甚焉者矣」（上に好むところあれば、下必ずこれより甚だし）（『孟子』滕文公上）と述べたところの、中国に古くからみられる政治的現象であった。これはおそらく指導者に対する忠誠をめぐる競争から発したものであったが、同時に前進に消極的な右派というレッテルを貼られないようにするための自己保身の計算に基づくものでもあった。河南省党委員会書記は、「四、五、八」をわずか一年で実現できると述べた（『毛沢東思想万歳』上、二二六頁）。

農業生産ばかりではない。一九五八年五月の第八回党大会第二回会議において、冶金工業部長の王鶴寿は、鉄鋼生産において一五年で追いつく対象はイギリスではなく、アメリカであると語った。彼のみるところ、一九五七年の鉄鋼生産量である五三二万トンを基礎にして、年間四一・五パーセントのペースで生産量を増大すれば、五年後の一九六二年には三〇〇〇万トンを生産できる。そして、次の五年間は年間一八・五パーセントのペースで増産し、一九六七年には七〇〇〇万トンを生産できるであろう。さらに次の五年間は年間一一・三パーセントの速度で生産を増やせば、一九七二年には一億二〇〇〇万トンに達し、かくして帝国主義陣営の親玉を置き去りにできるであろう（『第八届全国代表大会第二次全体会議』、九三頁）。化学工業部長の彭濤は、現在非常に生産が立ち遅れている化学肥料、プラスチック、合成繊維などにおいても一五年でアメリカを追い越すことが可能だと明言した（同右、九七—一〇五頁）。石炭工業部長の張霖之に至っては、石炭生産において二年以内にイギリスを追い越し、一〇年以内にアメリカを追い越すことができると語った（同右、九一頁）。彼らのいずれもが、これらは現実離れした夢想ではないと言い張った。

毛沢東の側近たちの提案によって、一九五八年における鉄鋼生産量の目標は、当初の六二〇万トンから五月には八五〇万トンへ（『周恩来年譜』中巻、一四五頁）、六月には一〇七〇万トンへ、八月には一一〇〇万トンへ（『毛沢東年譜』第三巻、四一一頁）、そして九月に一二〇〇万トンへと加速度的に引き上げられた。このようにして、中国の「計画経済」において、計画は願望か、さもなければたんなるでっち上げに置き換えられた。

　こうした他の指導者たちの言葉に、最高指導者も最初は半信半疑であった。だが、次第に毛沢東もまた急進的言説の虜になり、抑制を失っていった。つまり、毛沢東が彼らに煽られたのである。五月八日、第八回党大会第二回会議での講話において、毛は高揚してこう述べた。「高い山よ、われわれはお前に頭を下げさせたいのだ。お前はなおも頭を下げようとしないのか！　河の水よ、われわれはお前に道を譲らせたいのだ。お前はなおも道を譲ろうとしないのか！　こんな思いを巡らすのは狂気じみているだろうか。そうではない、われわれは狂ってなどいないぞ」（『毛沢東思想万歳』上、二六三頁）。その約三カ月前の講話において、彼は「地球を革命しなければならない」とも語った（同右、二二四頁）。このとき、ロマン主義的情熱に駆られた中国の偉大な指導者は、たんに中国の面目を一新するだけでは物足りず、地球全体の変革をも夢想していたのである。

大躍進政策で、土法高炉製造法による鉄づくりに励む農民（中国通信 / 時事通信フォト）

熱狂の坩堝——一九五八年後半

鉄鋼生産の目標達成の成否は「土法高炉」（「土法」とは在来技術という意味）に託された。それは耐火煉瓦を積み上げて作られた、多くは高さ二、三メートルほどの粗末な溶鉱炉であった。この原始的で小さな高炉に大きな希望が託されたのは、一九五八年には一〇七〇万トン以上の鉄鋼を生産することが目標として掲げられたにもかかわらず、同年八月末に至っても、全国で四五〇万トンの鉄鋼が生産されただけであったからである。毛沢東が、同年夏に北京を訪問したフルシチョフに向かって、一〇七〇万トンの目標を達成すると言い張ったからには、この目標はなんとしても達成されなくてはならなかった（林蘊暉、一七三頁）。かくして、既存の設備だけに頼ることはできなくなり、土法高炉による全人民的な製鉄運動が始まった。人民公社だけでなく、ほとんどあらゆる職場において鉄が生産された。同年末には、中国の全人口の六分の一を超える九〇〇〇万人が鉄鋼生産に動員され、鍋、釜、農機具、さらには古銭に至るまでを高炉に放り込んで鉄作りに熱をあげた。これによって、中国全体は文字通り炎に包まれた。製鉄には木炭も必要であったから、いたるところで森林が伐採された。

一九五八年夏の中国を特徴づけるのは、製鉄熱だけではなかった。人民公社化熱もまたその暑い夏を特徴づけている。毛沢東は、大躍進を打ち出したものの、彼のユートピアを実現するための具体的手段を見出していたわけではなかった。だが、同年夏、毛はついに共産主義の扉を開ける魔法の鍵を見出した。八月六日、彼は河南省新郷県七里営の合作社が人民公社という看板を掲げているのを目撃して、「人民公社という名はよい！」と叫んだ。人民公社の起源についての毛自身の説明はこうである。「一九五八年四月から、河南省のいくつかの場所で人民公社の名を掲げ始めた。八月、自分は河南、河北、山東を回り、この問題は合作社と呼ぶか、人民公社と呼ぶかという問題だといった。私は大衆に人民公社と呼ぶようにいった。その後、北戴河の中央会議で、河南人民の方法の受け入れが決まり、人民公社に関する決議を出したのである」（『毛沢東年譜』第三巻、四五五頁）。この決議の後、人民公社化熱がまたたく間に中国全体をとらえた。九月四日には、すでに全国の農村に九〇三四の人民公社が誕生しており（同右、四四〇頁）、同年末にその数は二万六五八七に達した（「国民経済統計報告」第六一号、一九五九年六月二七日）。

人民公社とは、いくつかの高級合作社を合併することによって誕生した大規模な集団的生産の仕組みであった。

毛沢東はその特徴を、「第一に規模が大きいこと、第二に公有制であること」（「一大二公」）と表現することを好んだ。一九五九年半ばの統計によれば、ひとつの人民公社には全国平均で四万六〇〇〇戸が加入していた。ひとつの人民公社はその下部組織として、平均すれば一三の生産大隊、さらにその下に八三の生産隊を抱えていた（「国民経済統計報告」第六一号、一九五九年六月二七日）。人民公社においては、土地、家畜、農機具、種子などの生産手段はすべて農民の手を離れた。公共食堂が設けられ、人々はそこで無料の食事をとった。賃金は実質的に廃止され、生産隊のリーダーの下で働く社員には、労働点数が与えられた。労働点数は、生産隊全体の業績の平均値や遂行した仕事、年齢、性別などの要素を組み合わせた複雑な方法で算出された。年末になると、各生産隊の実収入を各人の「必要に応じて」メンバーに配分し、余った分は各人が貯めた労働点数に応じて分配された（ディケーター、九八―九九頁）。

中国を共産主義に到達させる確実な手段を手に入れたと信じた毛沢東は、一九五八年夏から秋にかけて得意の絶頂にあった。彼は八月四日、河北省徐水県の農場を同県党委員会第一書記に導かれて視察した後、「こんなにも多くの食糧を収穫するのか！」と感嘆した（『毛沢東年譜』第三巻、四〇一―四〇二頁）。いまや、処分しきれないほど多くの食糧をどうするかが問題だと彼は述べたのである。この指導者の問題提起を受けて、中国科学院はただちに研究者を集めて大量の余った食糧をどうするかについて連日で討論会を開いた（楊継縄、下篇、八四九頁）。

「深耕、密植」もまた増産の秘訣であった。毛沢東は一九五八年春、第八回党大会第二回会議において、河南省長葛県の合作社が、一年で一一二万畝もの広大な土地をすべて一尺五寸も深く掘り返し、穀物を育てたことで画期的な増産を果たしたという話を紹介し、「これは一大発明だ」とほめたたえた。主席のいささか突飛な理解に従えば、これを密植と組み合わせれば穀物生産を倍増させる方法となるはずであった（『毛沢東思想万歳』上、二七四―二七五頁）。農村で育った毛が、このような方法を合理的だと考えたのは、信じがたいことである。だが、その後、このどうみても農業の常識を無視した方法は、全国に広められた。

大躍進時期の中国社会の雰囲気を伝えるには、熱狂的な増産運動への人々の動員と参加を描写しただけでは十分ではない。そのほかにも、彼らはいくつもの「運動」に参加させられた。すでに述べた「四害」駆除運動はそのひとつである。一九五八年四月二〇日付『人民日報』のある記事の見出しは、人々の熱狂ぶりをうかがわせる。「人民の首都に雀の生存を許さない——三〇〇万人の総動員、初日に八万三〇〇〇羽を殲滅する」(翌日のある記事の見出しはこうである。「首都人民二日間の戦闘——雀を二四万八〇〇〇羽殺す」)。また、全国人民詩歌運動も起こった。きっかけは、毛沢東が一九五八年一月の成都会議の席上、唐、宋、明の詩人による四川省の風物を描写した詩を集めて参加者に配布したことであった。会議の席上、彼はさらに民間歌謡を収集するよう提案し、全国の人民に詩作を呼びかけた(『建国以来毛沢東文稿』第七冊、一六五—一六七頁)。その後、いたるところで作詩コンクールが開催され、詩が街頭に書かれ、石碑に刻印され、作業現場や溶鉱炉にまで張り出された。かくして中国は詩であふれた(銭理群、(上)、二四七—二四八頁)。知性よりも情緒を、理性よりも想像力を、制度よりも型破りを、そして科学よりも神秘的なものを重んじる点において、土法高炉、深耕・密植、詩作運動など一九五八年から一九六〇年にかけての中国のさまざまな運動は、ある通底した精神に支えられていたといいうる。それは、ロマン主義という言葉で要約するのが適切であろう。もちろん、この精神は最高指導者の精神状態を反映していたのである。一九五八年四月の会議で毛沢東が述べた「孫悟空は無法無天だ(自らを制約する法も天もない)」との言葉は(李鋭、二六七頁)、おそらく当時の彼自身の精神を表現する言葉としてふさわしい。

軌道修正——一九五九年

だが、実際には深刻な飢餓の兆候が各地に現れ始めていた。ディケーターによれば、人民公社が誕生する直前の一九五八年春には、すでに食糧不足が蔓延し始めていた(ディケーター、一一九頁)。それは水利建設と鉄鋼生産に農村労働力の多くが奪われていたためであった。同年だけで農村から工業部門に二〇〇〇万人以上が動員され、農村労働力は六分の一も減少していた（丁抒、一一四頁）。そのため、同年秋、食糧は豊作であったが（Li, p. 358）、それを収穫すべき人間が少なすぎた。収穫されない食糧の多くは田畑で腐るがままに放置された。あるいは、輸送されずに道端に無残に打ち捨てられた。毛沢東は、この憂慮すべき事態について、一九五八年秋の収穫期に気づいたとみられる（『中国共産党的九十年　社会主義』、五〇二頁）。

毛沢東はここから翌年七月の廬山会議の途中まで、大躍進の行き過ぎの是正にとりかかった。あたかも急に不安に駆られたかのように、彼は一九五八年一一月下旬に開催された武昌での会議で、同僚たちが示した高い生産目標に対して、何度となく「見込みはあるのか」と問いただした（マックファーカーほか編、下、一九二頁）。あるいは、もっとも急進的であったはずの自分を仲間たちが次々に追い越して、彼らのすべてがこのうえない主意主義者に転じたとき、主席はある種の退屈さを感じたのかもしれない。一九五九年二月二七日から三月五日まで、毛の専用列車内で行われた政治局拡大会議（第二次鄭州会議）の最終日、彼はおそらくは周囲を唖然とさせたであろう驚くべき言葉を吐いた。「私はいま五億の農民と一〇〇〇万の基層幹部を代表していう。『右傾機会主義』をやる。『右傾機会主義』を堅持する。これを貫徹しなければだめだ。もし君たちが私と一緒に『右傾』しないのなら、私一人で党を除名されるまで徹底的にやる」（『毛沢東伝』中共、下、九二二頁）。さらに、四月二九日にはまったく異例にも、全国の上層、中層、下層のあらゆる指導者たちに自ら書簡を送り、「一〇年間、大風呂敷やほら話は一切してはならない。そのような話はとても危険である。わが国は六億五〇〇〇万人の大国で、食べることが一大事であることを理解すべきである」としたうえで、実際の収穫量をあるがままに伝えるよう訴えた（『毛沢東文集』第八巻、四九―五〇頁）。このとき彼の心理がいかなる状態に置かれていたのであれ、最高指導者は同僚たちの頭をいくらか冷やし、行き過ぎを抑制しようと試みた。これが、今日の公式の党史が比較的多くの紙幅を割いて説明している毛沢東による「糾『左』」（左傾の是正）の企てである。その結果、一九五九年の鉄鋼生産目標は、二七〇〇万トンあるいは三〇〇〇万トンから一八〇〇万トンに大幅に引き下げられ、最終的には一三〇〇万トンとなった。加えて、農民が自留地を回復し、個人で家畜・家禽を飼うことも許された。さらに、陳伯達など一部の指導者が語り始めていた「家族の廃止」や「商品の廃止」もきっぱりと否定してみせた（『毛沢東伝』中共、下、八九三頁）。

だが公式の党史といえども、毛沢東を弁護できるのはここまでである。公式の党史が明確に述べるように、以上の努力は、大躍進と人民公社それ自体に誤りはないという前提のもとでなされた「初歩的な修正」にすぎなかった（『中国共産党的九十年　社会主義』、五〇七頁）。現在読むことができる毛沢東の発言をみるかぎり、彼には食糧が絶対的に不足し始めているという認識はなかったように思われる。むしろ、一九五九年秋の収穫は前年を上回る可能性があると考えていた（『毛沢東文集』第八巻、八三―八四頁）。このような認識は、おのずと毛の軌道修正の努力を中途半端なものにさせた。だが、それだけではすまなかった。一九五九年夏の廬山会議での出来事が、主席に「糾『左』」の努力そのものを放り出させてしまったのである。

廬山会議

廬山会議とは、大躍進の最中の一九五九年七月二日から八月一日まで、江西省の避暑地、廬山で開催された政治局拡大会議、および八月二日から一六日にかけて開かれた第八期八中全会の総称である。それに先立つ六月二八日、毛沢東は長沙から武漢にいる首相の周恩来に電話をかけ、廬山会議の議題について話した。主席は人々の頭を冷やし、冷静になって政治経済学を語ることが必要である、今回の会議はあまり緊張する必要はない、よく休息するようにと首相に告げた。公式の党史によれば、この会議は大躍進の行き過ぎを是正する精神を他の指導者たちに行き渡らせる機会となるはずであった（『毛沢東伝』中共、下、九五一頁）。だが、静かに始まった会議は、途中からきわめて緊張した雰囲気のもとに置かれ、出席者の頭を冷やすどころか、さらに発熱させた。そして、この会議の結果は、暗く長い影をその後の中国政治に落としたのであった。

発端は参加者の一人、政治局員にして国防部長の彭徳懐が七月一四日、毛沢東に直接面会する代わりに長い私信を届けたことであった。この手紙のなかで、この朝鮮戦争の英雄は、「小ブルジョア階級の熱狂性が、しばしばわれわれに『極左』の誤りを犯させました」と指摘した。自らを「張飛のような単純な男」と表現した老将軍の手紙は、慎重に言葉を選んで書かれており、実際には大躍進に正面から異議を唱えるものではなかった。むしろ、それは大躍進を全体として讃えてさえいたのである（彭徳懐、三七四－三八一頁）。だが、これを読んだ毛沢東は、この手紙を自分と現在の政治路線に対する重大な挑戦と受け止めた。そして、この書簡を「彭徳懐同志の意見書」として勝手に印刷し、会議参加者に配布したうえ、討論に付すことを要求した。彭は配布されたこの書簡を回収するよう要求したが、その要求は無視された。討論の段になって、この「意見書」は黄克誠（国防部副部長）、周小舟（湖南省党委書記）、張聞天（外交部副部長）らから一定の賛同を引き出した。これが主席の怒りに油を注いだ。毛沢東は七月二四日の会議において、彭徳懐の手紙を「ブルジョアジーの動揺性を示すもの」であり、「右傾機会主義の反党綱領」であると決めつけた。第八期八中全会においては、「彭徳懐同志を中心とする反党集団の誤りに関する決議」が採択され、彭に加担したとみなされた指導者たちはいずれも解任された。諫言に失敗した老将軍に代わって国防部長に就任したのは林彪であった。

なぜ毛沢東は彭徳懐の書簡に激越な反応を示したのだろうか。考えうる理由は二つある。第一は、すでに述べたように、主席が大躍進の行き過ぎの是正に一定程度踏み出していたことである。それによって、彼の目論見では、万事うまくいくはずであった。それにもかかわらず、彭徳懐は一九五六年の周恩来と同様、毛の「冒進」をとがめるような発言を行い、頭を押さえられると猛烈に反発する主席の習性を再度引き出してしまった。第二は、大躍進と人民公社に対する党内部からの攻撃が、外部からの攻撃と結びついているようにみえたことである。毛は七月二三日、「現在われわれは党の内外から挟撃されている」と語った。問題は、内外の攻撃者が結託しているように思われたことである。彭徳懐は廬山会議に先立つ一九五九年五月、ソ連および東欧を訪問し、フルシチョフとも会談していた。そして、フルシチョフが人民公社を時代遅れであると批判していたことを毛沢東は知っていた。猜疑心の強い主席が、この両者を関連づけないことなどありえようか。

いずれの理由が決定的であったにせよ、毛沢東の怒りは、それまでの大躍進の行き過ぎを是正する一切の努力を吹き飛ばしてしまった。またもや一九六〇年の鉄鋼生産目標は一八四〇万トンに引き上げられた。そして「右傾日和見主義者」に対する粛清が再度猛威を振るった。廬山会議以降、党内における見解の分岐は、生死のかかった階級闘争の反映とみなされた。公式の党史は、会議後の半年間で三〇〇万人あまりの党員が「右傾機会主義分子」とされたことを認めている（『中国共産党的九十年　社会主義』、五一〇頁）。この粛清によって、わずかに残っていた大躍進に対する懐疑論者たちも完全な沈黙を強いられた。だが、「糾『左』」の努力が打ち切られたことで最大の被害を被ったのは農民であった。

飢餓の拡大

大躍進のなかで中国の農民がたどった運命は、特別な研究を必要としている。というのも、近年のいくつかの研究が指摘するように、もし大躍進が原因となって三〇〇〇万、あるいは四〇〇〇万もの人々が、その誤った政策がなければ免れたであろう死を迎えたとすれば、その数は第二次世界大戦によって亡くなった世界全体の人々の数に匹敵するか、それを凌駕しているといいうるからである。奪われた無数の人々の命、砕け散った人々の夢、耐えがたい痛みと怒り——そのために第二次世界大戦が今後何世代にもわたって研究の対象となり、また映画や文学の主題となり続けるとすれば、大躍進もまたそうならなければならない。もし大躍進について、われわれが少ししか知らないとすれば、われわれはまだ二〇世紀の歴史について多くを知らないのである。

人類史上おそらく類例のない大量死が、中国の最高指導者の失策によるものであることは明らかである。しかし、毛沢東を誤った政策に導いた理由を考える際、彼にのしかかっていた構造的な圧力も考えざるをえない。それは、小島麗逸が指摘するように、当時の中国のように資本も技術もなく、大量の貧しい農民を抱えた発展途上国が急速に工業化しようとすれば、農民を冷酷無比に働かせて彼らから資金と食料を搾り上げ、工業化のための諸条件を準備するよりほか方法がなかったということである（辻編、二二九―二三五頁）。人民公社は、まさにこのように農民を搾り上げるための圧搾機にほかならなかった。反革命粛清運動と反右派闘争によって社会主義建設に消極的な分子が根絶やしにされ、誰もがこの歴史的偉業のために力を尽くそうと身構えているいま――少なくとも毛沢東の目にはそう映っていた――また社会主義各国がそれぞれ高い目標を掲げて走り出したいま、中国だけがゆっくり歩いているわけにはいかなかった。かくして、貧しい発展途上国が急速な工業化を目指す際にいやおうなく従わざるをえなかった客観的論理、当時の社会主義陣営全体をとらえていた雰囲気、そして毛沢東の野望と誤った社会認識が交差した地点に、大躍進は始まったのである。

だが、そうだとしても、千万人単位での非正常死は、より詳細な説明を必要としている。今後、歴史家たちは、膨大な数の人々を死に追いやった諸要因について、地域別に何十冊にも及ぶ本を書くに違いない。地域ごとの特殊な事情はそうした未来の著作に委ねるとして、おそらくすべての地域に共通する一般的な背景をいえば、一九五七年秋から大量の農民が堤防、ダム、灌漑設備などの水利建設に動員されたのが悲劇の発端であった。これに加えて、一九五八年夏以降、製鉄のためにさらに労働力が割かれたことが事態をいっそう悪化させた。農村において大部分の男たちが、農作業から引きはがされてしまったからである。山西省では、農村で農作業に従事している者は労働力の半分ほどで、しかもそのうち男性は二〇パーセントから三〇パーセントにすぎなかった。男手を失った人民公社は「人民母社」と皮肉られた（丁抒、一一四頁）。他の地域でも事情は似たりよったりであっただろう。女手が多くなった農作業は播種から収穫に至るまで、普段通りにはいかなかった。そのうえ、深耕・密植という明らかに合理性を欠く方法が奨励されていたから、収穫物はさらに少なくなった。

例年通りの収穫ができなくなっているとすれば、政府は食糧の強制的な買いつけを控えるべきであった。だが、官僚機構は下に行けば行くほど高い生産目標を掲げ、実際に下からは空前の豊作を告げる報告が届いていたのだから、政府は大量の食糧を買いつけないわけにはいかなかった。目標は絶えず上方修正された。そのメカニズムはこうである。中央と地方は、それぞれ二つの異なる目標数値を掲げていた。ひとつは達成を義務づけた、公表される数値目標であり、もうひとつはできれば達成したい、公表されない期待値であった。中央は後者を各省の指導者に伝達し、これが省のノルマとなった。それとは別に各省の指導者は省独自の期待値を定めた。もちろん、各県の指導者に伝えられたのは後者であった（薄一波、(下)、四八〇頁。毛沢東によれば、二冊の帳簿を作り、超過達成のためにたたかうやり方は、ソ連が発明したものであった。『毛沢東思想万歳』上、二〇九頁）。かくして、生産目標は、官僚機構の上から下へ降りてゆくにつれ、ますます高く、そしてますます願望と空想に基づくものとなった。上から降りてくる数値は、下の幹部たちによってこれまた願望に基づいた、あるいは達成できなければ「右傾機会主義者」のレッテルを貼られるかもしれないとの恐怖に基づき偽造された高い生産額によって迎えられた。当然のように、下方から上がる高い生産額の報告は、上方におけるさらに高い目標設定を促した。このような循環が、徴発される食糧の増大を促した。

諸外国との約束を果たすためにも、中国政府は農村から食糧を搾り取らなければならなかった。中国が豊かな工業国へと短期間に変貌を遂げるためには、大量の工業設備や先進的な技術が必要であった。当時、中国は西側諸国の輸出規制に直面していたため、それらはソ連および東側諸国から導入するよりほかなかった。ソ連からの輸入額は、一九五七年から五九年にかけて六〇パーセント増大し、一九五七年に五億五六〇〇万ルーブルだった輸入額は、一九五九年には八億八一〇〇万ルーブルに達していた。そのため、中国は深刻な貿易赤字に陥った。帳尻は農村から徴発した食糧を輸出することで合わせるほかはなかった。責任は各省の指導者たちに割り当てられ、彼らは各地方においてわずかに残る穀物を容赦なく農民の手から取り上げた。かくして、一九五八年秋から五九年春にかけて各地は深刻な食糧不足に見舞われることとなった（ディケーター、一二四―一三五頁）。

飢餓が農村に影を落としたとき、伝統中国の農民たちならば、昔ながらの生存戦略に訴えることができたであろう。すなわち、家族単位、あるいは村落ぐるみで食糧のある地域に移動し、農業労働者や物乞いをしながら食いつなぐことである。だが、人民公社は人々の自由な移動を許さなかった。逃亡を図った人々は捕らえられ、監禁され、殴打された。毛沢東も一九五八年秋には、人民公社内で人々がさかんに暴力を振るわれていることに気づいていた（『毛沢東伝』中共、下、八八七頁）。しかし、当然のことながら、彼が重視したのは個々の農民の運命ではなかった。同年一一月二三日、武昌会議において、主席は鉄鋼生産目標の引き下げには同意したものの、食糧増産の手を緩めるつもりはないことを明らかにした。「農業の発展はたいへん速い。来年もう一年頑張ろう。食糧についていえば、一兆五千億斤に達すれば、農民は休むことができる」（マックファーカーほか編、下、二〇二頁）。

最高指導者がこのような認識をもっていたために、大躍進にもっとも積極的な姿勢を示した地方が、もっとも深刻な飢餓に直面することとなった（信陽事件）。河南省信陽地区（一八の県および市から構成される）は、まさにそのような地方のひとつであった。一九五九年秋、同地区の食糧の予想収穫高は六四億斤であったが、実際の生産量はその半分の三二億斤にすぎなかった。政府による買付量の割り当てはもともと九・六億斤であったが、共産党信陽地区委員会が買付量を増やしたため一〇・四億斤となり、農民一人あたりの食糧は一六四・五斤（もみ付き）、すなわち一人当たり四カ月分しか残らなかった。これは、彼らが冬を無事に越すことができないことを意味していた。ところが、党地区委員会は、食糧が少ししか残っていないのは「反動的な富裕中農の攪乱および敵による破壊」の結果であると理解し、中央政府に緊急援助を要請するどころか、農民によって隠匿されていると思われた食糧をさらに徴発しようとした（『当代中国的河南』、一三七―一三八頁）。一九五九年一一月から一九六〇年七月までの間に、信陽地区全体で穀物が力ずくで徴発される過程で、一七七四人が公安機関に逮捕され、そのうち三六人が獄死した。また、拘留された一万七二〇人のうち六六七人が留置所で死亡した。[†2] かくして、信陽地区の農民の多くは春を迎えることができなかった。同時期、丁抒によれば、信陽地区の総人口の四分の一に当た

る約一〇〇〇万人が餓死した。[†3]

公式の党史は、一九六〇年一〇月末になって、信陽地区で大量の餓死者が出ていることがようやく北京にも伝わり、中央の指導者たちを震撼させたとしている（『中国共産党的九十年　社会主義』、五一一―五一二頁）。とはいえ、すでに一九五九年秋から、毛沢東のもとに餓死者の発生に関する手紙や報告が続々と届いていたものとみられる（例えば、貴州省遵義での飢餓についての報告は以下を参照。Zhou, p. 174. 同書には、ほかにも主席が読んだと思われるいくつかの手紙が収録されている）。だが、不幸にも、この最高指導者は、中国で食糧が絶対的に不足し始めたとは、にわかには信じられなかった。食糧不足が生じているのは、富農による穀物隠匿のためであった。彼のみるところ、反革命粛清運動によっても除去しきれなかった農村部に潜む反動的な階級が、まだ抵抗を続けていたのである。主席は一九五八年五月の第八回党大会第二回会議での講話において、こう述べていた。「農民が苦しいといっているのは、富裕中農が苦しいといっていることなのだ。富裕中農は穀物を蓄えようと考えており、穀物を供出しようとは考えず、資本主義をやろうとしているから、農民は苦しいと大いに叫ぶわけである」（『毛沢東思想万歳』上、二七二頁）。この考え方に従えば、農村で必要とされているのは緊急の食糧支援ではなく、階級闘争の強化にほかならなかった。かくして、指導部の飢餓への対応は大幅に遅れた。

だが、信陽事件の衝撃は、さすがに主席の重い腰をも動かした。あるいは、これは彼を動かした決定的な要因ではなかった可能性がある。決定的な要因は、同じ頃、食糧の面でもっとも優遇されているはずの人民解放軍の兵士たちの間に、栄養不足からくる飢餓浮腫（むくみ）が広がり始めていたことであったかもしれない。中央公安部長から人民解放軍総参謀長に転身した羅瑞卿の報告によれば、軍内部で浮腫は一九六〇年九月、あるいは一〇月から広がり始め、一二月に高まりをみせ、発病率は五パーセントに達したのであった（『工作通訊』第一一期（表紙に「機密」とあり、一九六一年三月二日）、一九頁）。

大躍進の終了

大躍進が原因で矛盾をため込んだ巨大なダムが決壊し始めたのだから、いよいよ本当に行き過ぎを正さなければならなかった。事態は窮迫していた。一九六〇年一一月三日、周恩来が起草した「農村人民公社の当面の政策問題に関する緊急指示書簡」が発出され、食糧不足を解決するための努力がようやく始まった。この書簡は、農民にとってきわめて評判の悪い公共食堂および部分的な供給制の存続を依然として求めていたが、人民公社社員が少量の自留地をもつこと、小規模な家庭副業、さらに農村自由市場の復活を認めた(『周恩来年譜』中巻、三六六頁)。翌年一月中旬に開催された第八期九中全会は、党の方針が大きく変化したことを印象づけるものとなった。この会議は、「調整、強化(原文は「鞏固」)、充実、向上(原文は「提高」)」という一見わかりにくい方針を採択したが――それはおそらく毛沢東の体面を保つために工夫されたものであった――力点は明らかに調整にあった。

調整の重点が人民公社に置かれたのは当然であった。一九六一年三月、広州で開催された党中央工作会議において、毛沢東の指導のもとに「農村人民公社工作条例」(通称「農業六〇条」)の草案が作成された。この文書は人民公社の規模を大幅に縮小すること、公社の権限を下部に移譲すること、経営管理の健全化などをうたっていた。「農業六〇条」草案は同年五月には改訂され、公共食堂の廃止、自留地、および家庭内副業の拡大が新たに盛り込まれた。

次いで、農業労働力を確保するために、都市住民が農村に強制的に移住させられた。一九六一年五月から六月にかけて行われた党中央工作会議において、都市人口を三年以内に二〇〇〇万人以上農村に送り返す計画が定められた。同年には、約一〇〇〇万人の都市住民が農村に移動した。しかし、それだけでは不十分だと判断され、一九六二年五月の党中央工作会議においては、さらに都市人口を二〇〇〇万人削減することが決定された。この会議における参加者の適切な表現を借りれば、三〇〇〇万人の都市住民の移動は、中規模国家の引っ越しにも相当する大事業であった(『周恩来伝』中共、四、一六四三頁)。調整の対象は対外貿易にも及んだ。一九六一年、ついに食糧輸入がなされた。

一方、毛沢東は一九六一年一月の第八期九中全会において、一九六一年を調査研究の年にすべきだと述べた。指導者たちはただちに農村に赴いた。毛自身も三つのチームを率いて、浙江省、湖南省、広東省で一連の調査を指揮した。しかし、農村が被った大きな傷を癒やす過程で、指導者たちの認識が食い違い始めた。「大躍進」が現実には「大後退」となったのだから、その原因、そして現状をどうみるか、さらに今後の方針をめぐって論争が起きても不思議はなかった。議論が分かれるなかで、やがて毛沢東は同僚たちの考えに我慢ができなくなり始めた。そして、これが中国をさらなる悲劇である文化大革命へと導くのである。

†1　この社説とは、周恩来と陳雲の提案に基づき、一九五六年六月二〇日付の『人民日報』に掲載された「保守主義に反対しなければならないが、焦りの気持ちにも反対しなければならない」と題する文章を指す。この社説の主眼が「焦りの気持ち」の抑制に置かれていると考えた毛沢東は、この社説の原稿に「不看」（「読まない」）とコメントを書いた。一九五八年一月一二日の南寧会議において、毛はまだ腹の虫が収まらない様子で、あの社説の「実際の重点は、反『冒進』に置かれていた。……この社説について、私は『読まない』と評語を書いた。私の悪口を言っている社説を、なぜ私が読まなくてはならないのか」（『毛沢東思想万歳』上、二〇七頁）と述べて周囲を大いに慌てさせた。

†2　蘇暁康ほか、四五二―四五三頁。だが、楊継縄の調査によれば、実態はよりひどかったようである。彼によれば、一九五九年一〇月から一九六〇年六月まで、光山県だけで、四〇四人の人々が殴り殺された（うち一人は生き埋めにされた）とのことである（楊継縄、上篇、五五頁）。

†3　丁抒、二三八―二四〇頁。楊継縄も、この一〇〇万人という数字には同意しているが、「少なくとも」という保留をつけている（楊継縄、上篇、五五頁）。ある内部資料の示すところ、一九五九年の信陽専区（一七の県および市から構成される――本文の信陽地区とは少し範囲が異なる）の人口は八二一万四一六人で、一九六一年には七四三万七一三四人にまで減少した（『建国四十年河南省人口統計資料彙編』上冊、一五〇頁および一六六頁）。

第10章　文化大革命への道

調整政策と指導者たちの見解の分岐

一九六〇年秋、事態は窮迫していた。全国各地に大量の餓死者が現れ、食べるものが何もなくなった人々は、とうとう互いを食べ始めた。「死者の肉は、外からやって来た飢えた人々だけでなく、〔死者の〕家族でさえも飢えをしのぐためにそれを食した。当時、『人が相食む』ことは個別の現象ではなかった。……古い書物には、『子供を交換して食べた』という記載がみられるが、この大飢饉の時期、自分の子供を食べる事件は相次いで起こった。……自ら廬山会議と大躍進を経験している李鋭〔毛沢東の秘書を務めた人物〕によれば、当時、食人の記録は全国で少なくとも千にのぼったという」（楊継縄、二〇〇八年、一四頁）。

共産主義の理想郷に近づくどころか、深刻な道徳的退廃が起きていた。事態を打開するため、ただちに対策が講じられなければならなかった。そこで同年一一月、すでに前章で述べたように、周恩来が起草した「農村人民公社の当面の政策問題に関する緊急指示書簡」が発出され、食糧不足を解決するための真剣な努力がようやく始まったのである。この書簡は、農民がわずかな自留地をもつこと、小規模な家庭副業を営むこと、さらに農村自由市場の復活を認めた。

毛沢東は一九六一年初めの中央工作会議において、前述のように、この年を調査研究の年にすべきだと述べた。

彼は大躍進が失敗だったと決して認めようとはしなかった。その代わりに、「実事求是」の精神で各地方にどんな問題があるかしっかりみてみようと主張したのである（『毛沢東年譜』第四巻、五二三―五二四頁）。ただちに、指導者たちは手分けして農村に赴いた。しかし調査の後、指導者たちの認識に大きな食い違いがあることが明らかとなった。

一九六二年一月から二月にかけて、北京で七千人大会と呼ばれる中国共産党の空前の規模の会議（中共中央拡大工作会議）が開催され、大躍進の総括が行われた（出席者は七一一八人とされる。『中国共産党的九十年　社会主義』、五一九頁）。劉少奇は基調報告において大躍進の誤りを列挙し、一九五九―六〇年における農業の大幅な減産、および一九六一年における工業の減産は、天災というより工作上の誤りに起因すると述べた。そして会議後、発言原稿を整理する際、「これほど大きな誤りを犯し、人民にかくも多くの損失を与えてしまった。われわれのこの第一回の総括は、一回だけでは足りない、以後毎年総括しなければならない」と語った（『劉少奇伝』下、八二二頁）。この大きな誤りと途方もない損失は、最高指導者に起因することは誰の目にも明らかであったから、一部の指導者は正当にも、毛沢東にはっきりと自己批判してもらいたいと考えた。大会期間中、北京市長の彭真は「われわれの誤りは、まず中央書記処が責任を負うのであるが、毛主席、〔劉〕少奇と中央〔政治局〕常務委員会のその他の同志を含めるか含めないか。含めるべきものは含め、誤りがあるだけ誤りがあるのだ。三つの五カ年計画による〔共産主義への〕移行と〔公共〕食堂はいずれも毛主席が決めたことだ。……もし毛主席が一パーセント、〇・一パーセントの誤りについてすら自己批判しないなら、よからぬ影響がわれわれの党に残ってしまう」と発言した（『彭真伝』第三巻、一〇六三頁）。だが、主席の態度は煮え切らなかった。彼は大会における長い講話のなかで、おざなりの自己批判を行ったのみであった。「およそ中央が犯した誤りは、直接的に私に責任があり、間接的にも私に責任の一部がある。というのも、私が中央の主席だからである。私は他人に責任を押しつけるものではない。その他のいくらかの同志にも責任がある。しかし、第一に責任を負うのは私であるべきだ」（『毛沢東年譜』第五巻、七八頁)。そればかりでなく、国防部長の林彪が、過ちは主席の指示に忠実に従わなかったから生じたのだと発言したとき、毛沢東はこの発言を称賛し、発言原稿を整理して印刷するよう提案しさえした(『林彪元帥年譜』下冊、二六三―二六四頁)。

一部の論者は、この会議に文化大革命の始まりをみている。この会議で受けた屈辱を晴らすために、毛沢東はやがて劉少奇らを除去しようと決意したというのである。ユン・チアンによれば、「毛沢東は劉少奇および会議に出席した幹部たち――そして彼らが代表する党――に対する激しい怒りを沸々とたぎらせ、復讐を決意していた。……こうして、数年後に毛沢東は文化大革命という名の大粛清を開始し、劉少奇をはじめとして七千人大会出席者の大多数を含む人々を地獄に突き落とした」(チアン、下、二五八頁。高文謙も同様の観点に立っている)。われわれは後に、主席の「決断」の時点とみられる候補がほかにもあることをみるであろう。

ともあれ、この会議が終わると、毛沢東は北京を離れて武漢へ行ってしまった。以後、この最高指導者は四カ月以上も首都を留守にした。その間、北京では劉少奇が大躍進の後始末のため大忙しであった。一九六二年二月下旬、彼が主宰する政治局常務委員会拡大会議(それが開催された場所から、西楼会議と称される)が開催された。席上、劉少奇は、連年の財政赤字の実態と農業生産の回復の遅れを詳細に明らかにするとともにこう述べた。「現在は回復の時期である。非常時の性質を帯びている。非常な方法を用いて経済を調整する措置を貫徹しなければならない」(『鄧小平伝』下、一二三二頁)。また、次のようにも述べた。「本来の面目に戻そう。何を恐れることがあるか。一面真っ黒な状態だといい出せば、人を悲観させもさせるが、人々の困難に向かって闘争する勇気を奮い立たせることもできる」(王光美ほか、二二三頁)。この会議において、大躍進以降、しばらく活動を停止していた中央財経小組を復活させ、陳雲を組長として全国の経済を統括させることが決定された(『中国共産党的九十年 社会主義』、五二三頁)。この措置は、言葉の真の意味での計画経済を復活させようとする、毛沢東を除く政治局員たちの決意の表れであった。

次いで五月には、北京で中央工作会議（通称「五月会議」）が開催され、中央財経小組が作成した一九六二年調整計画草案が議論された。この会議の焦点もまた、「非常時」に見合った思い切った対策をうつことであった。劉少奇は、たとえ困難に対する見積もりが過分であっても、危険性は大きくないと発言した。農村工作部長の鄧子恢は、自留地や自由市場を拡大することを提案した。また、農民に各戸生産請負制（中国語では「包産到戸」）をやらせてみるのがよく、さらに山がちで分散した土地では単独経営（中国語では「単幹」）をさせるのもよいと述べた。党の公式の文献によれば、これらの提案に対して、五月会議は実質的な討論を行わなかった（『建国以来劉少奇文稿』第一一冊、二一一頁脚注）。劉少奇は内心では各戸生産請負制に賛成していたものの、毛沢東の同意を得られるかどうかを慮って、はっきりとした態度を表明しなかった（『劉少奇伝』（下）、八三二頁）。

各戸生産請負制とは、家庭ごとに一定の生産ノルマを請け負わせ、それを超過達成した分については、自らの裁量で処分できるという仕組であった。公式の党史によれば、一九六〇年代初めから、この仕組みは一部地域で自然に発生し、地方政府に黙認されていた。一九六二年七月には、全国の二〇パーセントの農村でこの制度は実行されていた。五月には、鄧子恢が党中央と毛沢東に書簡を送り、各戸生産請負制を提言していた（『中国共産党的九十年　社会主義』、五二四頁）。同じ頃、毛沢東の秘書、田家英もこの制度の利点について述べた報告書を毛のもとに届けた。思い切った「退却案」は、農業生産に関わる事柄だけではなかった。鄧小平は、ここ数年処分を受けた党員に対しても審査を行い、名誉を回復するべきであると述べた（『鄧小平文選』中共、第一巻、三一九頁）。

しかし、毛沢東は他の指導者たちの提案に強く反対した。「われわれは大衆路線を歩むべきだ。だからといって、大衆のいうことを一から十まで聞き入れてやれない時もある。各戸生産請負制にしてくれといったことだ」（逢先知、一八二頁）。主席は、各戸生産請負制が自然発生的に全国に広がりつつあること、および多くの指導者がこの制度を推奨していることを憂慮していたとみられる。だが、他の指導者たちは、北京にいない最高指導者にはおかまいなく、各戸生産請負制のみならず「分田単幹」――田地を分けて単独経営させることを指す――までも議論し始めた。七月二日には、鄧小平は中央書記処の会議で、今日よく知られている言葉を吐いた。「農業の回復だが、大衆のなかの相当多くの者が分田を提起している。現在は、あらゆる所有形式のなかで、農業は単独経営がうまくやっている。黄猫だろうと黒猫だろうと、過渡期においては、回復に有利である方法を用いるのである」（『鄧小平伝』下、一二四〇―一二四一頁）。だが、もはやこれは主席にとって、一線を越えた議論であった。七月六日、陳雲が毛沢東と農業生産の回復について語った際、毛沢東は聞くだけで意見をいわなかったが、翌日、怒りを爆発させた。「分田単幹は農村の集団経済を崩壊させ、人民公社を解体させるもので、中国式の修正主義だ。どちらの道を行くかという問題だ」（『陳雲伝』（三）、一三三三頁）。数日後、主席は小さな集会で、陳雲には大反対だと述べた（『陳雲年譜（修訂本）』下巻、一三五頁）。

同じ頃、劉少奇の息子である劉源によって再現された、北京のプールサイドでの劉少奇と毛沢東の間で交わされたとされる会話はこうである。劉「餓死者がこんなにも多く出ています。歴史はあなたのことも私のことも書きつけるでしょう。人が相食む、と。歴史に書かれるのですぞ」。毛「三面紅旗も否定する。土地も分ける。それでも君は押止もしないのか。私が死んだらどうなってしまうのか」（王光美ほか、二二一―二二二頁）。この会話は、時期からしても、また内容からしても、実際にあったとしても不思議ではない。だが、あったとしても、本当にこの通りであったかは確かめることができない（『毛沢東年譜』第五巻、一一二頁には、七月一〇日「劉少奇と会話」とだけ記載があり、『劉少奇年譜』にも関連する記述を見出すことはできない）。一部の論者は劉源の記述を真に受けて、ここに文化大革命の始まりをみている（ディケーター、四七〇―四七一頁）。ともあれ、一九六二年夏以降、主席の反撃が開始された。

七月二〇日、毛沢東は避暑地の北戴河で各中央局第一書記と会談した際、挑発的にこう述べた。「君たちは社会主義に賛成するのか、それとも資本主義に賛成するのか？……いま、ある者が全国範囲で包産到戸をやる、はなはだしきは分田到戸をやると主張している。共産党が分田をやるのか？……ある者は農業を回復させるのに八年かかるという。包産到戸をやれば四年でよいという。君たちはどう思う？……回復がそんなに難しいというのか？こうした話はすべて北京の人間がしているのだ。下のほうの同志はやはり希望があるという。現在の経済状況は真っ暗なのか、それとも光明があるのか？」（『毛沢東伝』中共、下、一二三四頁）。

この発言からは、主席が北京にいる他の指導者たちに対して、強い不満を抱いている様子がうかがえる。農業の回復は容易である、それなのに北京の指導者たちは誤った手段を用いてその回復を目論んでいる、包産到戸や分田を行えば、中国は社会主義をとるか資本主義をとるかの岐路に立たされる――このように毛は主張しているようにみえる。実に奇妙な発言ではないか。社会主義改造を通じて生産関係が根底から改変させられた結果、すでにブルジョアジーが階級として消滅したのは明白な客観的事実であった。そして、指導者たちの誰一人として、資本主義に引き返すことなど夢にも考えていなかった。それにもかかわらず、なぜ毛沢東は「どちらの道を行くか」という基本的な選択が問われていると言い出したのであろうか。彼は政治的な意図があってこのように述べたのであろうか。すなわち、大躍進失敗の責任を問われることがないよう、意図的に非常事態などではないと主張し、同時に人々の視線を逸らせるために、もっと重要な問題があると言い張ったのであろうか。それとも、本心からそう述べたのであろうか。

筆者には、そのいずれもが真実であったように思われる。一方で、双百の失敗に続く大躍進の目を覆うばかりの失敗は、主席の面子を失わせるに十分であった。もし彼の権威の喪失を最小限に食い止める言い訳を探すとすれば、それは「回復は容易である」そして「われわれは回復よりも重要な問題に目を向けるべきである」に勝るものはなかった。したがって、前記の発言は政治的な計算に基づいて行われたと考えることができる。

他方、この人物は青年期以来、一貫して「非常事態」のなかで過ごしてきたのだから、今回だけを特別な事態として認識できなかったとしても不思議はない。井崗山に根拠地を構えていた時期、長征の時期、抗日戦争の時期において、彼と党幹部や兵士たちは、何を食べて生き延びてきたというのだろうか。食糧が不足しないことなどあったであろうか。ところで、社会主義の母国ソ連における権力が、すでに修正主義者に簒奪されてしまったとすれば（これについてはすぐ後で述べる）、中国で同じことが起こらない理由はなかった。しかも、大躍進で受けた傷を癒やすというもっともらしい名目のもとに、修正主義化が進めば、多くの人々は反対しないだろう。したがって、危機の危機たるゆえんは、食糧不足などではなく、中国の社会主義が「調整」の美名のもとで換骨奪胎されてしまうことである――このように主席が考えたとしても不思議ではない。もしそうであれば、前記の発言は、彼の本心から出たものであったと考えることも可能である。その場合、中国における社会主義の守り手は毛沢東なのだから、彼が権力を失えば中国の社会主義もまた失われるであろう。それゆえ、彼の権力は何としても維持されなければならなかった。

攻勢に転じる毛沢東

一九六二年夏、イデオロギーにほとんど頓着せず、ともかくも経済回復に有効な方策を採用しようとする仲間たちの議論を、毛沢東は力ずくで封じ込めにかかった。その際、彼が掲げた錦の御旗には階級闘争という言葉が記されていた。諸君は階級闘争を忘れている、社会主義を捨てて資本主義の道を歩みたいのか、というのが毛の主張であった。[†1] 八月六日、主席はこう述べた。「社会主義と資本主義の二つの道の矛盾は長期にわたって存在するだろう。一部の農民の『単独経営騒ぎ』はまさに社会主義の道か資本主義の道かという問題である」。その三日後には、こうもいった。「世界観と思想、意識において誰が勝ち、誰が負けるかという問題は、まだ解決していない。階級闘争は長期にわたるもので、数十年ではなく、数百年、一千年にわたる」（『鄧小平伝』下、一二四三頁）。

主席のこのような独特な観点は、一九六二年九月に開催された第八期一〇中全会において、党の公式のイデオロギーへと昇格した。この大会のコミュニケによれば、「プロレタリア革命とプロレタリアート独裁の全歴史的時期において、資本主義から共産主義への移行の全歴史的時期において（この時期は数十年、さらに多くの時間さえ必要とするであろう）プロレタリアートとブルジョアジーの階級闘争が存在し、社会主義と資本主義の二つの道の闘争が存在する。覆された反動統治階級は滅亡に甘んじることなく、つねに復活を目論んでいる。……この種の階級闘争は必然的に党内に反映される」（『建国以来重要文献選編』第十五冊、六五三―六五四頁）。これが、後に継続革命論と呼ばれ、文化大革命を正当化する理論的根拠となった。[†2] だが、これはどうみてもマルクス主義者らしからぬ理論であった。階級なるものは、マルクスの考え方に従えば、一定の客観的な生産関係に対応するものである。したがって、革命を通じて、資本主義的な生産関係を破壊してしまったところに、ブルジョアジーが復活するはずはなかった。毛の理屈では、人々の思想のなかに、まだブルジョア思想の燃えかすがあって、それに再び火がつくことがありうるというのである。しかしこれもまた、客観的な生産関係の対応物として一定の階級と その階級意識を想定するマルクス主義からは逸脱しているといわざるをえない議論であった。そもそも、プロレタリアートが階級闘争に勝利したからこそ、中国は一九五六年に社会主義への移行を宣言できたはずである。

ところが、世にも奇怪な理論を強硬に主張する毛沢東を前に、政治局員たちは誰も異論を唱えなかった。それどころか、劉少奇は主席の観点に賛意を表明し、各戸生産請負制と単独経営の有効性を主張する鄧子恢に対する毛の攻撃に加わってしまった。劉は第八期一〇中全会の講話でこう述べた、「もし党が単独経営を指導するなら、そしてもし中央委員会が単独経営を指導するなら、私が思うに、われわれの党は変質してしまい、共産党ではなくなってしまう」（『建国以来劉少奇文稿』第一一冊、二九七頁）。ここに劉少奇という人間の弱さをみることができる。彼は肝心な時に、腹を決めて毛沢東とたたかうことができなかった。もちろん、ここで毛沢東と対決すれば、一九五九年夏の彭徳懐の二の舞となっていた可能性はある。だが、劉はすでに調整政策を指導する過程で、これまでにない大きな権威を獲得していた。その彼が、マルクス主義者らしからぬ奇妙な理論は受け入れがたいと主張して毛に楯突いていたら、彼に賛同する仲間はおそらく少なくなかったであろう。だが不幸にも、劉少奇には党内闘争を勝ち抜く意志と戦略が欠けていた。それは劉だけでなく、他の指導者たちも同様であった。周恩来であれ、鄧小平であれ、陳雲であれ、党のうえに君臨するカエサルを権力の座から引きずり降ろし、政治的に無力化しようとはまったく考えなかった。

おそらく、一九六二年秋の時点において、中国共産党の最高指導部内には、政治的志向という点からみて、三種類の人々が存在したと考えることができるであろう。第一は毛沢東、および彼の権力を利用して自らものし上がろうと考えていた林彪のような人々である。第二は、劉少奇、鄧小平、陳雲、彭真らからなるイデオロギー的には相対的に柔軟な調整政策の推進者である。そして第三は、この両者の中間に立つ周恩来であり、自らは派閥を作ることなく両者の間を取り持とうと努力していた。毛沢東と劉少奇らは、これまで一部の文献で指摘されてきたように、権力闘争を展開していたのだろうか。筆者には、そのようには思えない。というのも、劉少奇らには、毛沢東とたたかう意志がまったく見当たらないからである。たたかう意志と戦略をもっていたのは毛沢東だけであった。そのため、毛が劉らを攻撃すると、彼らはただ一方的に攻撃されるばかりであった。このような非対称的な関係を、権力闘争と呼ぶのは適切ではないように思われる。むしろこの関係は、中国の伝統的な儒教的倫理に基づく君と臣の関係に近いようにみえる。完全なる人格たる君に仕える立場にある臣になしうることは、せいぜい諫めることであった。だが、劉少奇はそれすら行わなかった。

第八期一〇中全会後、数人の野心的な指導者たち——毛沢東夫人の江青、康生、上海市党委員会書記の何慶施、長春橋、戚本禹ら——は、毛の表現法を借りて、文芸界、演劇界、その他文化諸領域は革命的題材を取り上げることが少なく、これらの領域を担う人々は修正主義の瀬戸際まで来ていると騒ぎ始めた。薄一波によれば、毛沢東もまた彼らの主張に影響され始めた（薄一波、(下)、八六三―八六五頁）。つまり、毛の背に乗って権力を拡大しようとする人々と、彼らの背に乗って階級闘争を展開しようとする毛がいたのである。大躍進の時とまったく同じように、誰も毛沢東という暴走列車を止める者はいなかった。むしろ、進んでそれに飛び乗ろうとする人々のほうが多かったといいうる。

社会主義教育運動における毛沢東と劉少奇

毛沢東は第八期一〇中全会後に、社会主義教育運動という新たな政治運動を始めると宣言した。その目的は、各戸生産請負制のような「資本主義的」生産様式への人々の未練を断ち切ること、そして彼らに社会主義の優越性をあらためて知らしめることであった。とはいえ、この運動を具体的にどう進めるかは、なかなか決まらなかった。それは翌年一九六三年五月二〇日に「中共中央の当面する農村工作中の若干の問題に関する決定（草案）」（通称「前十条」）なる文書が採択されてようやく始まった。この文書は「多くの汚職・窃盗分子、投機・闇取引分子、変質分子が現れ、地主・富農分子と結託して悪事を行っている。これらの分子は新しいブルジョア分子の一部をなしているか、あるいは彼らの同盟軍である」（『建国以来重要文献選編』第十六冊、三二五頁）との農村についての現状認識に基づき、階級闘争を通じてこれらの分子を除去するよう呼びかけた。これ以降、社会主義教育運動は、農村においては「四清」（生産隊の収支、穀物、住居、作業割り当てを点検することを意味する。後に、政治、経済、組織、思想を清めると言い換えられた）、そして都市においては「五反」（横領、汚職、憶測、浪費、官僚主義に反対する）運動という別名を与えられて展開された。問題は「四清」と「五反」が実施の過程で左右に大きく振れ、またしても人々を混乱させただけでなく、毛沢東が劉少奇に対する不信感を募らせる原因になったことであった。

「前十条」の下達は、広い範囲に及ぶ、行き過ぎた打撃を人々に与えた。またしても「左」の偏向が現れたのである（逄先知、一九三頁）。すると、この偏向を是正すべく、半年後の一一月一四日に、鄧小平と譚震林が主として作成に当たった「農村の社会主義教育運動におけるいくつかの具体的政策に関する規定（草案）」（通称「後十条」）なる文書が採択された。この文書は九五パーセント以上の農民と団結し、正当な市場取引を擁護せよと呼びかけるものであったから、階級闘争における打撃を穏やかなものにする——つまり運動全体を「右」に誘導する——狙いがあったことは明らかである（同右）。ところが、翌年夏、今度は劉少奇が毛沢東秘書の田家英に「後十条」を修正するよう求めた。その結果、「修正草案」が九月一八日に党中央より発出された。この文書においては、情勢に対する評価はより厳しくなり、大胆に大衆を動員せよと呼びかけ、運動全体は上から派遣する工作隊が指導するものと規定した（『建国以来重要文献選編』第十九冊、二三四―二三五頁）。これによって、またしても運動は「左」に傾いた。

奇妙なことに、今回、運動を「左」へ――つまり、「敵」の数を過剰に見積もり、またそれらに対する打撃の強度を引き上げるよう求める態度である――引きずっていったのは、本来の思想からすれば、そこから遠いはずの劉少奇であった。おそらく、彼の態度は、「わが国の全権力の三分の一はわれわれの手に収まっていない」（一九六四年六月八日の毛沢東の発言、『毛沢東伝』中共、下、一三四五頁）と語った毛沢東の危機意識に過敏に反応したものであったと思われる（劉少奇もまた、「基層レベルの機関のうち、三分の一の指導権がわれわれの手中にない」といい、さらには「三分の一については打撃を与えることができない」とまで語っていた。『四清運動実録』、一三二頁）。一九四六年初めの「平和と民主主義の新段階」をめぐる言説がそうであったように、極端に走りやすい劉少奇の性向がまたもあらわになった。彼は農村社会の現状に対する客観的で冷静な評価をすべて投げうって、社会主義教育運動にこのうえなく激越な性格を与えてしまったのである。一九六四年秋から劉少奇が農村に派遣した工作隊――ときには数万人規模になった――は各地で農村部における幹部の大量粛清にとりかかった。それはときに凄惨な暴力を伴う血なまぐさいものであった。「最初の穏健な段階においても、湖北省では試験対象となったいくつかの県では二千人が死亡したし、広東省では五〇〇人が自殺を図った」（ショート、下、二〇九頁）。もはやこれは「教育運動」の域を超えていた。

こうして階級闘争に血道をあげる劉少奇に、毛沢東は満足していたのだろうか。明らかにそうではなかった。主席は、一九六四年末の中央工作会議で、突然、劉少奇に対する不満をぶちまけた。「やはり〔劉〕少奇が旗を振ればよい。四清、五反、経済工作、全部君がやればよい。私は主席、君は第一副主席。天には予測のつかない風雲がある。私が死んだとしても君が後を継ぐとは限らん。それならばいま交代しようじゃないか。君が主席になって秦の始皇帝になればよい。私には私の弱点がある。バカヤロウと怒鳴ったところで役に立たない。効き目がない。君はやり手だ。バカヤロウと怒鳴らぬ旗振り役をすればよい。〔鄧〕小平をつかまえて総理にすればよい」（高文謙、上、一四五頁。もっとも、この発言については、他の文献では確認できない）。同じ会議の席上、毛沢東が四清運動の本質は社会主義と資本主義の間の矛盾であり、重点は資本主義の道を歩む実権派全体を打倒することだと主張した際、劉少奇が割って入った。「四清運動のなかでは、いろいろな矛盾が交錯しており、非常に複雑なので、やはり実際から出発して、何か問題が出てきたらその都度解決するようにしよう。なんでも敵対矛盾にまでエスカレートさせることはできない」。これによって、会場の雰囲気は緊張した（同右、一四六頁。『毛沢東年譜』第五巻、四四八頁にも「毛沢東と劉少奇の間に四清問題をめぐって重大な分岐が生まれた」とある）。その直後、劉少奇は「主席への敬意が欠けていた」と自己批判したが、毛は許さなかったという（王光美ほか、二五九―二六〇頁）。

この党主席と国家主席の不和は、何に起因していたのだろうか。ひとつの可能性は、劉少奇の権威が、社会主義教育運動を通じてさらに上昇したように思われたことが、毛沢東に警戒心を抱かせたことであった。毛はこの運動を進めるために、指導者たちに対して農村に居を構えよといったにもかかわらず誰も応じなかったが、劉がいうと皆が農村に下っていたことを感嘆してこう述べたという。「私が何度も下りていって居を定めよといったのに、君たちは聞かなかった。〔劉〕少奇が一言いったら君たちは皆下りてゆく。やはり〔劉〕少奇はすごい」（王光美ほか、二五〇―二五一頁）。毛沢東の目には、劉少奇が「『四清』に乗じて、『天下に号令をかける』権威を本当の意味で樹立しようとしていた」（銭理群、（上）、五三四頁）ように映っていたのかもしれない。

もうひとつの可能性は――第一の可能性と不可分であるが――四清運動の本質を社会主義と資本主義の矛盾とする毛沢東の理解に、劉少奇が全面的に従わないように思われたことである。いずれにせよ、この二人の分岐――より正確には、毛沢東の劉少奇に対する一方的な悪感情――は、四清運動の過程で徐々に拡大していき、一九六四年末の中央工作会議のなかでひとつのピークに達したとみられる。後に一九七〇年末になって、エドガー・スノーが毛沢東に対し、劉少奇を除去する決断を行ったのはいつかと問うたとき、主席はこの中央工作会議の時だったと答えている（スノー、二七頁）。筆者には、すでに述べた他の候補となる日時——一九六二年一月の七千人大会、同年七月のプールサイドであったとされる会話——よりも、決断の時期としては、四清運動を経たこの時期のほうがもっともらしいように思われる。

毛沢東の危機意識

いずれにせよ、劉少奇の側に毛沢東に挑戦しているという自覚はなく、毛のほうは挑戦されていると一方的に思い込んでいた。一九六四年から六五年における主席の言動から判断すれば、彼の精神状態はどうみても尋常ではなかった。気まぐれ、癇癪、虚言が繰り返された。主席は党内でもっとも信頼するに足る人々を信用せず、信頼すべきではない人々を信じた。そして中国の政治・社会と世界情勢について、常識的な見通しに従わず、もっともありそうにない見通しに固執した。薄一波が記している一九六四年一一月二六日の主席の発言はこうである。「文化系統は一体どれくらいわれわれの手中にあるのか。二〇パーセントか。三〇パーセントか。あるいは半分か。……私は、少なくとも半分はわれわれの手のうちにないと思う」（薄一波、（下）、八六三頁）。同年一二月五日には、彼の懸念は工業部門に及んだ。「われわれの工業において、経営や管理の面ですでに資本主義化してしまったものは結局どれくらいあるだろうか。三分の一、あるいは二分の一、あるいはそれより少し多いだろうか」（『建国以来毛沢東文稿』第十一冊、二五六頁）。そして再び薄一波の回想によれば、同年一二月二六日、七二歳の誕生日を迎えた最高指導者の様子はこうである。「一二月二六日のこの日、毛主席は一部の中央指導者、各大区の主要な責任者同志と少数の部長、労働模範、科学者を招いて人民大会堂で誕生日を祝った。毛主席は数名の科学者、労働模範とともにひとつのテーブルにつき、他の中央常務委員と政治局同志は別のテーブルに着いた。開口一番、彼はこう言った。今日は、子供たちは呼ばなかった。彼らは革命で何の仕事もしていないからだ。そう言った後、彼は社会主義教育運動のなかでの誤った認識や問題提起について次々に批判した。何が四清で四不清か、党内外の矛盾がどう交錯しているか、これは非常に非マルクス主義的だとか。彼は中央のある機関が『独立王国』をやっており、さらに党内に修正主義が生まれる危険があるといった。誰もものをいうものはなかった」(薄一波、(下)七九四頁)。

この老人はただ一人で危機意識を募らせていたわけではなかった。夫人の江青は、一九六四年六月、現代京劇競演大会において、中国の演劇の舞台には「妖怪変化」がおり、社会主義の経済的基礎を破壊していると述べた。そして、その総括大会では康生とともに、多くの中国映画を「大毒草」と批判した(『建国以来毛沢東文稿』第十一冊、一一三頁)。林彪はもっと直截であった。彼は一方において、一九六四年に人民解放軍総政治部に命じて『毛主席語録』を編集させ、毛沢東の権威をこのうえなくもち上げてみせながら、他方において、その権威は脅かされているとほのめかした。この国防部長は、一九六六年五月一八日の政治局拡大会議において、「クーデターは、現在の世界で一種の流行となっている。世界中で流行となっている」、「わが国の歴史をみても、歴代の開国以降、一〇年、二〇年、三〇年、五〇年という短期間にクーデターが起こり、政権を失っている例が多い」と思わせぶりに述べた(『毛沢東年譜』第五巻、五八七頁)。

最高指導者が抱いていた危機感を理解するためには、当時の中国を取り巻く国際環境――いうまでもなく、客観的なそれというより、毛沢東によって知覚された環境である――を理解することが有益である。主席が直面していたもっとも重要な対外的問題は、社会主義陣営の盟主であるソ連とのあからさまな対立が始まったことであった。この対立がいつ始まったか、その日付を定めることはほとんど不可能である。毛沢東のスターリンに対する悪感情なら、われわれは十分な根拠をもって、すでに中華人民共和国の建国前に存在していたといいうる。この悪感情は、それをはるかに上回る畏敬の念によって抑えつけられ、表面化することはなかった。だが、フルシチョフによるスターリン批判以降、毛からはソ連の指導者に対する畏敬は消え失せてしまった。[†3] やがて一九六〇年代を迎えると、中ソ間に亀裂が走っていることが、外部の観察者の目にも明らかになった。当初、両国は、何とも奇妙なやり方で論争を繰り広げた。すなわち、中国とソ連は互いを直接非難することなく、中国はユーゴスラビアを攻撃し、ソ連はアルバニアを攻撃した。そしてソ連はユーゴスラビアの肩をもち、中国はアルバニアを弁護するという間接的な論戦が展開されたのである。ところが、一九六三年以降、中ソは直接互いを非難し合うようになった。このとき、中国はソ連を「修正主義」と呼んで非難し、ソ連は中国を「教条主義」あるいは「冒険主義」と呼んで非難した。

なぜソ連が「修正主義」だというのであろうか。それは、毛沢東の目からみて、フルシチョフがマルクス・レーニン主義の立場を放棄してしまったようにみえたからである。第一に、スターリンの後継者の唱えた、ソ連とアメリカとの平和共存は、社会主義と帝国主義の根本的対立に目をつぶるもののようにみえた。第二に、核戦争を避けることが現代世界の至上命題だとするフルシチョフの主張は、核兵器を恐れるに足りない「張り子の虎」だと考える毛にとって、受け入れがたいものであった。第三に、ソ連共産党の書記長は、平和共存を抑圧階級と被抑圧階級、あるいは抑圧民族と被抑圧民族の関係に拡張し、後者の前者に対する忍従を説いている、と主席には映った。そして第四に、このソ連の指導者は、世界の抑圧された人々の革命闘争を支援するというプロレタリア国際主義の重要な任務を忘れてしまったように毛沢東には思われた（高橋、第六章）。

とはいえ、これらが本当に毛沢東をフルシチョフとの対立に駆り立てた原因であったかは、はっきりしない。事の本質は、毛が党内闘争を有利に展開するために——つまりソ連に現れた危険な修正主義者が中国国内にも、そして党指導部内にも潜んでいるのだという論理を作り上げて、自分に従わない人々を排除するために——意図的にソ連との対立を演出した、ということかもしれない（Li, p. 117）。いずれにせよ、毛沢東がフルシチョフに対する批判を公然と展開し始めたために、中国とソ連との対立は抜き差しならないものとなった。

脅威は北方から来ただけではなく、南方からも西方からも訪れた。一九六二年初め、大躍進の余波として、三万九〇〇〇人もの難民が広州から香港へ押し寄せた。大陸反攻を夢見る蔣介石が、これを好機とみて部隊を上陸させる構えを示したため、人民解放軍は臨戦態勢に入った（銭理群、(上)、四九二頁、および『毛沢東年譜』第五巻、一〇四―一〇六頁）。同年四月には、新疆イリ地区において、カザフ族約六万人がソ連領に逃亡し、国境紛争が生じた。そして一〇月には、カシミール地方とその周辺で人民解放軍とインド軍が大規模に衝突した。ベトナム南部でも、政府軍およびそれを支援する米軍事顧問団と南ベトナム民族解放戦線の戦闘が激しさを増していた。一九六四年八月のトンキン湾事件を契機に始まった米軍の北ベトナム攻撃に対し、中国の指導者たちは気が気ではなかった。同事件の直後、毛沢東は中央書記処会議において、戦争に備えるため大都市と沿海部の工業を内陸に移し、後方基地を建設する計画を急いで実施するよう指示した（『周恩来伝』中共、四、一七七二頁。一般に「三線建設」と呼ばれる計画がそれである）。さらには、北京などの大都市で市民が自分の家に防空壕を掘るよう指示した（『建国以来毛沢東軍事文稿』下巻、二九二頁）。そのおよそ二カ月後に中国が最初の原爆実験に成功を収めたことは、指導者たちにとって福音であった。だが、核兵器は決して中国を国際社会における孤立から救いはしなかった。

中国の最高指導者の目には、数々の外患のすべてではなくとも、いくつかは相互に調整されたものであり、しかもそれらは内憂と緊密に結びついているように映っていた。後からの知恵は、そのような見通しが、まったくの思い違いであったことを教えている。蔣介石の軍隊、インド軍、アメリカ軍などの外患はそれぞれが孤立した災いであり、結託などしてはいなかった。また、内憂も外患とは無縁であった。だが、もしそれらの一切が互いに結びついていると認識されたなら、この全面的危機への対応は、全面的な闘争になるよりほかなかった。危機のなかで生まれ、危機とともに育ち、危機を克服することに生きがいを見出してきた男が、最後には自ら全面的危機を創り出して、それとたたかおうとしたというべきであろうか。いずれにせよ、彼の闘争は局部的なものではすまなかった。

文化大革命の始まり

一九六五年一一月一二日、毛沢東は専用列車で北京を離れ、それから半年以上も南方を転々とした。彼は北京でクーデターが起きることを本気で恐れていた可能性がある。というのも、毛が北京を離れる少し前の九月三〇日には、当時中国ともっとも関係が良好であったインドネシアでクーデターが起こり、スカルノ大統領が失脚していたからである。もちろん、主席が首都を離れたのは、来るべき政治闘争に備えるためであったと理解することも可能である。ともかく、毛沢東は北京を離れ、そして南方から北京にいる指導者たちに矢を放った。

老練な戦略家の作戦は、もってまわったものであった。あるいは、われわれは毛沢東の陰謀画策能力を過大に評価しないほうがよいのかもしれない。北京の指導者たちに直接影響力を行使できなくなっていた主席が、ほとんど唯一思うがままに動かせた文化・芸術部門の手駒を動かしているうちに、たまたまそれが突破口になると気づいたのかもしれない。いずれにせよ、はじめのうちは、毛沢東は劉少奇を直接攻撃せず、劉の腹心たちを標的とした。そのために、毛は文芸評論家の姚文元が書いた「新編歴史劇『海瑞の免官』を評す」と題された論文を、全国の新聞雑誌に転載するよう指示した。この論文は、『海瑞の免官』という歴史劇が、毛沢東の大躍進政策を批判して失脚した彭徳懐を称賛した作品であるとして、有名な歴史学者でもある作者の北京市副市長の呉晗をやり玉に挙げるものであった。当時、北京市の市長はといえば、劉少奇の腹心である彭真であったから、これは彭に矢を放ったのも同然であった。

彭真は当然のように、論文の転載を拒否した。次いで、一九六四年七月に学問・芸術分野での修正主義とたたかうために党中央委員会のなかに設置され、彭が率いていた文化革命五人小組もまた、学問的な争いは学問的な手段で解決されるべきであると結論づけた（後に「二月提綱」と呼ばれる文書である）。北京市長はこの結論をもってわざわざ武漢にいる毛沢東を訪ねたが、主席は賛成も反対も表明しなかった（『毛沢東年譜』第五巻、五五七頁）。ところがその直後、毛沢東は林彪や江青らに命じて、中国の文学界、芸術界、そして文化の領域全般が革命に反対する人々に乗っ取られてしまったと主張するキャンペーンを展開させたのである。一九六六年四月、毛が何度も手を入れた「中共中央『文化革命五人小組の当面の学術討論に関する報告要綱』（すなわち「二月提綱」）の撤回に関する通知稿」という文書が作成された。この文書が五月一六日、政治局会議を通過し、翌日『人民日報』に「中国共産党中央委員会通知」（通称「五・一六通知」）として発表された。これが文化大革命の、あまり目立たない烽火となった。

この通知には、中央と中央の各機関、各省、市、自治区にはいずれもブルジョア階級の代表的人物がいると記されていた。加えて、「党内、政府内、軍隊内、および各種の文化界に紛れ込んだブルジョア階級の代表的人物は、反革命修正主義分子である。いったん時機が熟せば、彼らは政権を奪い、プロレタリアート独裁をブルジョア独裁に代えてしまうであろう」という不気味な予言が記されていた（『中国プロレタリア文化大革命資料集成』第一巻、九四―九九頁）。さらにこの通知は、従来の文化革命五人小組を取り消し、新たに「文化革命」を指導する機関として、陳伯達を組長とし、江青を第一副組長、康生を顧問とする中央文化革命小組（通称「中央文革小組」）を設立することを宣言した。ここに至って、ようやく毛沢東が何をしようとしていたかが明らかとなった――不思議なことに、劉少奇はまだ自分が標的とされていることに気づいていなかった。こうして「文化革命」の体裁のもとに、空前の規模での、空前の暴力を伴う、だが権力の頂点はそのままにしておくという意味でまったく奇妙な、権力の再編成が始まったのである。

†1　このような毛沢東の見解は、大躍進の失敗後に突如姿を現したわけではなかった。すでに一九五七年一一月、モスクワにおけるポーランドの指導者ゴムウカとの会談の際、主席はこう述べている。「今年の夏、わが国の右派分子は政府を転覆しようと考えた。ハンガリーの反革命はすでに鎮圧された。だが、事はまだ終わっていない。ブルジョア分子はまだあきらめていない」（『機密档案中新発現的毛沢東講話』、四三頁）。また、一九五六年秋の第八会党大会の終了直後、劉少奇は天

安門上で毛沢東から、党大会での劉の政治報告における「基本矛盾」の提起の仕方が間違っていると告げられたという。その際、毛がどのように述べたのか、正確には伝えられていない。劉少奇夫人である王光美の説明では、党の工作の中心は依然として階級闘争であって、経済建設ではないと毛は主張したのだという（王光美ほか、一三八頁。『毛沢東年譜』第二巻、六三九頁の脚注にも、毛が矛盾の提起の仕方に異議を唱えたと記されている）。ただし、主席がこの時期、生産力の迅速な向上を目指す「冒進」論者でもあった点を考慮すれば、この指導者の精神のなかには、つねに二つの指向――生産力の飛躍的向上と階級闘争――が併存しており、それは彼の思考においては必ずしも矛盾していなかったと考えられる。

†2　この理論は毛沢東が唱えたとはいえ、彼自身には確信はなかったかもしれない。というのも、資本主義から社会主義への（あるいは共産主義への）「過渡期」が何を意味するかについて、彼の理解は定まっていなかった可能性があるからである。毛が一九五九年一二月から六〇年二月にかけて、ソ連の教科書『政治経済学』を読んだときの談話はこうである。「社会主義を打ち立てるとは何のことか。この問題については、書くべきことがたくさんある。過渡期はいくらかの段階を含むが、いまはさまざまないい方がある。ひとつのいい方は、過渡期は資本主義から社会主義へ、また社会主義から共産主義への段階も含むというものである。もうひとつのいい方は、過渡期は資本主義から社会主義へ至る時期を含むというものである。いったいどのようないい方が正しいか、よく研究しなければならない」（『毛沢東読書筆記精講』、四一三頁）。

†3　近年になって読むことができるようになった一九五八年夏の北京における毛沢東とフルシチョフの三回に及ぶ会談記録から、前者の後者に対する敬意を感じ取ることは難しい。とりわけ、七月三一日に行われた第一回の会談は、ソ連が少し前に持ち出した中ソ「共同艦隊」の構想に対して、毛が何の抑制もなく怒りを爆発させている様子がうかがえる。以下は、この構想に関する両者の会話の一部である。

毛「われわれはやらないといったんだ。われわれは一万年海軍を建設しなくたってかまわない。われわれは分業できる。あなたたちは原爆をやれ、われわれは遊撃戦をやる」。

フルシチョフ「だめだ、毛沢東同志。現代の条件下では遊撃戦はだめなのだ」。

毛「だめならどうしようもないではないか！　われわれには原爆がなく、軍艦がない。……あなたたちが一万年頑張るというなら、われわれは一万年やらない。一万年原爆と潜水艦がなくてもかまわない」（『機密档案中新発現的毛沢東講話』、五六－五七頁。この中国側が作成した会談記録は、『俄羅斯解密档案選編』第八巻に収録されているソ連側が作成した会談記録と、かなり異なっている。この違いは、会談記録なるものの利用にあたって、歴史家が慎重を期さなければならないことを教えてくれる)。だが、フルシチョフに対する毛の個人的な不満と、中ソ間の党と党、国家と国家の対立との間には距離があり、ここからただちに一九六〇年代における決裂が訪れたとみるべきではないであろう。

第11章　自己目的化した「革命」――文化大革命

嵐のわかりにくい始まり

ブルジョアジーの立場に立つ「学術権威者」を批判せよ、との毛沢東が発したメッセージに最初に反応したのは学生たちであった。もともと中国の若者たちの間には、詰め込み教育の弊害に対して、また出身階級のよくない人々の子弟が大学で学ぶことができない現状に対して、不満が鬱積していた。一九六六年五月末に清華大学付属中学（中国における「中学」は、日本の中学校から高校の課程に当たる）で紅衛兵という言葉を生み出した張承志は、すでに前年一〇月、同級生の一人が「造反精神万歳」と題するエッセイを書いていたことを覚えている（張承志、三六―三七頁）。紅衛兵の誕生が人々を驚かせたのは当然であった。党の指導を直接受けていない組織が自らの存在を公にしたばかりか、こともあろうに党支部を容赦なく批判したからである。いくらかでも政治的常識をもつ中国人であれば、これがいかに向こうみずな企てか理解できたであろう。彼らは、かつて双百の後に処罰された人々と同じ運命をたどるに違いない――多くの人々はそう考えた。だが、学生たちは咎められなかった。それどころか、毛沢東によって称賛されたのである。

一九六六年五月二五日、北京大学哲学系党総支部書記の聶元梓が北京大学党委員会および北京市党委員会を激しく批判する大字報（壁新聞）を貼り出した。この報告を杭州で聞いた毛沢東はこの壁新聞を称賛し、ラジオ放送を通じてその内容を全国に伝えるよう指示した。そして約一週間後、主席はこの大字報についてこう述べた。「この大字報は二〇世紀六〇年代のパリ・コミューンの宣言書であり、パリ・コミューンよりもさらに意義が大きい」（『毛沢東思想万歳』下、三四六頁）。最高指導者が焚きつけたことによって、火の手はあっという間に広がった。全国の高等教育機関で学生たちが学校当局に対する反逆を開始した。彼らは学校の指導者たちを批判集会に引きずり出し、顔に墨を塗り、紙で作った背の高い帽子をかぶせ、非難の雨を浴びせた。師を敬う儒教の伝統が生きている国で、弟子が教師を公然と侮辱することなど、ありえないことであった。したがって、異常なことが起きていたのである。

毛沢東のいない北京で党中央をあずかる劉少奇は、前例のない事態に直面して、何が起きているのか理解しかねていた。六月三日、彼は政治局常務委員会を招集し、周恩来や鄧小平らと対応策を練った。その結果、北京市内の大学と中学に工作組を派遣し、それによって高等教育機関に秩序を回復させることを決定した。工作組とは一種の非常事態における権力機関で、このチームが派遣されるところでは、既存の行政機関は通常業務を停止し、すべて工作組の指導に従うことになる。そのようなものとしての工作組がただちに派遣され、校内における秩序回復に取りかかった。その後、劉少奇、周恩来、鄧小平らはわざわざ杭州に毛沢東を訪ね、彼らの措置の妥当性について判断を仰いだ。このとき主席は、「工作組をあまりに早く派遣するのはよくない」と述べただけで、派遣それ自体には反対しなかった（『劉少奇伝』下、九三五―九三七頁）。

各学校に派遣された工作組は、一方で既存の学校当局者を糾弾したが、他方で怒れる学生たちにも秩序を守るよう呼びかけたから、学生たちは反発した。すぐに彼らは「反工作組」をスローガンに掲げ始めた。紅衛兵と工作組の対立のなかで、誰も学校を管理できなくなり、キャンパスの混乱は広がるばかりとなった。

首都で騒ぎが拡大するなか、毛沢東は武漢で長江を遊泳してみせ、人々に健在ぶりをみせつけてから、七月一八日、突然北京に舞い戻った。なぜそうしたかについては主席自身は説明していないが、おそらく彼が期待したほど、首都で学生たちの騒ぎが広がらないことに業を煮やしたためであったろう。実際、その後の一週間、毛は騒ぎが足りないことに対する不満を爆発させた。「騒ぎを起こさせないでどうするのだ。彼ら〔革命的な教師と学生を指す〕に依拠してやるしかないのだ。いまのやり方でやっていくと、二カ月たっても、ひっそりかんとしているだろう。これをいつまで続けるのだ。……騒ぎを起こさねばならず、騒ぎを起こすことが革命をやることだ」(『毛沢東思想万歳』下、三三九―四四一頁)。

学生たちの騒ぎを抑えつけているのは工作組にほかならなかったから、主席の批判の矛先が工作組に向けられたのは当然であった。「私は一週間考えてみたが、北京の運動はひっそりと静まり返っていると感じている。私は工作組を派遣したのは間違いであったと思う。いま工作組はどんな作用を果たしているのか。阻害する作用を果たしている」(『毛沢東年譜』第五巻、六〇一頁)。七月二六日には政治局会議が開催され、ついに工作組の撤収が決定された。

工作組を派遣した劉少奇は事態の展開についていけず、ただ困惑するばかりであった。七月二九日、人民大会堂で開催された「文化革命積極分子」を集めた会議で劉はこうもらした。「どうやってプロレタリア文化大革命を進めるのかについて、諸君は曖昧で、よくわかっていない。〔だから〕諸君は私たちに尋ねている。私は正直に諸君に答える。私にもわからないのだ」(『劉少奇伝』下、九四三頁)。

劉少奇は、かつて行われた反右派闘争からの類推によって、文化大革命を理解しようとしていた。実際、彼は北京大学に派遣された工作組のメンバーに対して、反右派闘争でよく用いられた「蛇を穴から引きずり出す」という表現を使って現状を理解するよう求めた。「現在、人々が君たちに向かって進攻してきている。人々が君たちに対して攻勢をかけていることは、よいことではないか。敵が出てきたら、これは蛇が穴から出てきたということで、それを消滅するのは簡単だ」(『劉少奇伝』下、九三九頁)。おそらく、他の指導者たちの多くも同じように考えていたに違いない。しばらくの間「右派」に好き放題暴れさせておき、悪い連中が出揃ったところで、彼らを一網打尽にする――これが劉の思い描いていた事態の展開であったろう。ところが、毛沢東は「右派」たちを鎮圧するどころか、学生たちの騒ぎに油を注ぐばかりで、いっこうに事態を収束させようとはしなかった。

八月一日、毛沢東は清華大学付属中学の紅衛兵に手紙を送り、「私は諸君に対し、熱烈な支持を表明する」と述べた。同中学の紅衛兵がただちにこの手紙を公表すると、これを契機として、全国各地で紅衛兵の組織が雨後の筍のように現れた。八月五日には主席は、党・政府の重要機関の所在地で要人たちの居住区でもある中南海の中庭に「司令部を砲撃しよう――私の大字報」と題する壁新聞を貼り出した。「全国最初のマルクス・レーニン主義の壁新聞と『人民日報』評論員の評論はなんとよく書かれていることか！　同志諸君にはこの壁新聞と評論をもう一度読んでもらいたい。しかし、この五〇日あまりの間に〔工作組が派遣されていた期間を指す〕、中央から地方に至るまでのいくらかの指導的同志は、かえってこの道に背き、反動的なブルジョア階級の立場に立ち、ブルジョア階級独裁を実行し、プロレタリア階級の嵐のような文化大革命の運動を抑えつけ……プロレタリア階級の士気をくじいている。これはまたなんと悪辣なことだろう！」（『毛沢東年譜』第五巻、六〇七頁）。その後間もなくして、紅衛兵たちは全国的範囲で運賃なしで列車に乗れるようになった。また、各地の紅衛兵たちは、北京に来ると無料で宿舎と食事が提供された。加えて、彼らには市内の交通機関を無料で利用できる乗車証が配られた（厳家祺ほか、上、八二頁）。

こうして毛沢東が学生たちをさかんに焚きつけたのは、八月一日から一二日にかけて開催されていた第八期一一中全会を、外部からの圧力を利用して自らに有利に進めるためであった。会議の冒頭、劉少奇が政治局を代表して報告を行い、工作組の派遣をめぐる混乱の責任は自分にあると発言した際、主席は工作組の「九〇パーセント以上は完全な間違い」であったと述べた（『劉少奇伝』下、九四六―九四七頁）。八月四日には、毛は劉に対してこうもいった。「君は北京で独裁をやっているな。うまくやっているじゃないか！　控えめにいって、方向性の誤りだ。実際には、ブルジョア階級の立場に立ち、プロレタリア階級の革命に反対している。なぜ毎日民主を論じながら、民主がやって来ると、そんなに恐れるのだ」(『毛沢東年譜』第五巻、六〇六頁)。主席が劉による工作組の派遣を材料に、彼を追い詰めようとしていることは、いまや明らかとなった。ところが、毛の期待に反して、出席者の間で劉少奇と鄧小平に批判の矢を放つ者はほとんど現れなかった。中央文革小組のメンバーを除けば、誰も毛沢東が本当のところ何を考えているか理解できなかったからである。そこでしびれを切らした毛が、先の壁新聞「司令部を砲撃しよう」を書いたとみることができるのである。「司令部」が劉少奇を指すことは明らかであった。

八月五日、毛沢東は周恩来に対し、劉少奇と鄧小平が指導者としてはもはや不適格となったいま、新たな候補として誰がよいと思うかと尋ねた。周が「それでは、林彪に戻ってきてもらいましょう」と答えると、その返事を待っていた毛は当然のように同意したという(高文謙、上、一八八―一八九頁)。かくして、林彪が大連から呼び寄せられ、増補された政治局常務委員の名簿と彼らの間での新たな序列が彼に示された。その名簿によれば、政治局常務委員が七人から一一人に増え(中央文革小組の陳伯達と康生も新たに加わった)、林彪が後継者として毛沢東に次ぐ第二位に昇格し、劉少奇が第二位から第八位に降格していた。こうして第八期一一中全会の舞台裏で、最高指導部が再編成され、文化大革命を推進する体制ができあがるとともに、林彪は後継者の座に収まったのである――もっとも林はいったんはそのような地位は受け入れがたいと断ったのではあったが(『林彪元帥年譜』下冊、三四三頁)。

この会議においては、やはりほとんど討論を経ることなく、毛沢東が自ら手を入れた重要な文書「プロレタリア文化大革命に関する決定」(通称「十六条」)が採択された。この文書は、文化大革命の目的を、資本主義の道を歩む実権派を叩きつぶし、ブルジョア階級の反動的な学術権威とすべての搾取階級のイデオロギーを批判し、教育、文学、芸術を改革することだとしている。なかでも、「資本主義の道を歩む実権派を罷免し、指導権をプロレタリア革命派の手中に奪い返す」ことが重要であるというのである。指導権を「奪い返す」ための手段は、大衆を敢然と立ちあがらせることであるとされた（『中国プロレタリア文化大革命資料集成』第一巻、一〇〇―一〇二頁）。

紅衛兵の暴力

工作組はもはや撤収し、「十六条」は大衆の造反を力強く鼓舞していたから、紅衛兵たちにとって、もはや恐れるものはなかった。八月一八日、数十万人を集めて「文化大革命祝賀大会」が天安門広場で開催された。この大会において、毛沢東は天安門上で紅衛兵に接見した際、女子学生から紅衛兵の腕章をつけてもらうことで、学生たちとともに歩む姿勢をアピールした。林彪は広場を埋め尽くした紅衛兵に対し、「搾取階級の旧い思想、旧い文化、旧い風俗、旧い習慣のすべてを大いに打ち破ろう」と呼びかけた。これが学生たちによる悪名高い「四旧打破」運動ののろしとなった。彼らは街頭に繰り出し、名所旧跡と文物を破壊して回った。学生たちはいたるところにビラや壁新聞を貼り、いたるところにスローガンを書きつけ、いたるところで集会と宣伝を行った。そのうえ街頭でパーマをかけた女性をみつけると髪を切り落とし、ハイヒールをはいた女性をみつけると靴のかかとを切り落とし、背広を着ている男性をみつけると背広を切り裂いた。ある元紅衛兵が記した当時の日記によれば、長い髪を切り落とされ坊主頭にされたため、傷心のあまりうずくまって泣き出した女性に対し、紅衛兵たちは一斉に拍手しながら、ははは と笑っていたのであった（陳煥仁、一〇二頁）。それだけでなく、紅衛兵たちは、彼らが地主、富農、反動派、右派分子、資本家とみなした人々をところかまわず殴った。北京市では、一九六六年八月五日から九月二三日までに一七七二人が殴り殺され（楊継縄、二〇一九年、一五頁）、もっとも多い日には、一日で二八二人が殴り殺された（王友琴ほか、六頁）。大規模な家捜しも始まり、各家庭にある古い契約書、レコード、旧暦の暦、美女がモチーフとなった商標など――要するに、旧世界を思い起こさせるものすべて――が次々に破られたり破壊されたりした（厳家祺ほか、上、五九―六〇頁）。

若者たちが欲するままに行うテロルに対して、法はまったく無力であった。公安部長でさえ「法治」を実践するどころか、いまやそれを求めるときではないと述べた。公安部長であった謝富治の八月下旬の発言はこうである。「人々が誰かを殴り殺すことに賛成はしない。だが、人々が悪人を心底憎んでいるなら、われわれは制止しきれないから、無理やり止めることはない」(同右、六九頁より再引用)。

　同年八月に出現した紅衛兵は主として高校生と大学生であったが、彼らの中核は党幹部の子弟であった。彼らは労働者、農民、兵士、革命幹部、革命烈士という、いわゆる「紅五類」の子弟の先進分子を自任し、旧地主、旧富農、反動分子、悪質分子、右派分子という、いわゆる「黒五類」の子弟は紅衛兵にはなれないという、「出身血統論」と呼ばれる考え方に強くとらわれていた。一種のエリート主義といってよい。この態度は、張承志によれば、革命を求める魂と革命第二世代の責任感の混合物が、次第に優越感へと転化したところに生まれたものであった(張承志、二九―三〇頁)。しかしそうなると、学生たちの造反はすでに「政治的賤民」に指定された人々に向けられるだけで、彼らの両親たちは保護されることになってしまう。言い換えれば、紅衛兵は極端に「左」であると同時に、極端に「右」でもあった。これは毛沢東や中央文革小組の考え方と明らかに矛盾するものであったから、八月になって大量に出現した紅衛兵――のちに「老紅衛兵」、あるいは「八月紅衛兵」と呼ばれた――は同年秋以降、批判される運命にあった。

天安門広場で横断幕を掲げる紅衛兵ら(AFP =時事)

　ところで、党中央は大衆による既存の権力に対する造反を鼓舞していたが、標的となった地方の当局者たちは、当然のように、防御の姿勢をとった。彼らは、ある場合には軍隊と警察を動員して学生を鎮圧し、また別の場合には労働者と農民を組織して学生を包囲攻撃した（楊継縄、二〇一九年、一五頁）。毛沢東は、このような地方指導者たちの激しい抵抗の背後に劉少奇の影をみていた。彼らの抵抗を打ち破るために、党中央は一〇月九日から二八日にかけて、地方の責任者を集めて中央工作会議を開催した。この会議においては、地方指導者たちの態度が「ブルジョア反動路線」に基づくものとされ、厳しく批判された。つまり、文化大革命に参加しようとする人々を抑圧する者は――工作組であれ、「出身血統論」にしがみつく紅衛兵であれ、地方指導者であれ――たんなる「左傾」や「右傾」ではなく、より深刻な路線の誤りを犯しているのだと指摘されたのである。したがって、「出身血統論」が反動的な考え方であると批判されたのは当然の成り行きであった。いまや「黒五類」の社会的背景をもつ人々にも紅衛兵組織に参加する道が開かれた。出身階級を問わない新たな紅衛兵組織が次々と誕生し、その多くは自らを「造反派」と称した。これによって、暴力は「血統のよい」紅衛兵だけでなく、あらゆる人々の手にゆだねられた。

上海「一月革命」

一九六六年一二月二六日、毛沢東は七三歳の誕生日を迎えた。中央文革小組の主たるメンバーを集めて行われた宴会の席上、主席は立ち上がって祝杯を挙げる際、通常の政治指導者からは決して聞くことができない驚くべき一言を放った。「全国的、全面的内戦の展開を祝して！」（高文謙、上、二四七頁。高によるこの記述は、宴会に出席した王力へのインタビューに基づいている。「全面的内戦」という言葉は「全面的階級闘争」に改められて一般に流布したという。『毛沢東年譜』第六巻、二五頁に記載されている主席の乾杯の言葉は「全国的、全面的階級闘争の展開を祝して」である）。もしこれが事実であるとすれば、毛は同年夏の「八月の嵐」がもたらした混乱ではまだ足りず、さらなる大乱を望んでいたのである。彼の望みはかなえられつつあった。中国最大の都市、上海での造反派による「奪権」すなわち権力の簒奪が成功したからである。

上海では一九六六年夏以来、紅衛兵が上海市党委員会を攻撃し、党委の指導下にある労働者赤衛隊との間で激しい攻防戦が展開されていたが、労働者あがりの王洪文（後に「四人組」のもっとも若いメンバーとなる）が率いる上海工人革命造反総司令部（工総司）が紅衛兵とともに赤衛隊を圧倒し、一九六七年一月六日に奪権の成功を宣言した。この知らせを聞いて心を躍らせた毛沢東は、「これはひとつの大革命であり、ひとつの階級が他の階級を覆す大革命である。この大事件は華東全体、全国各省のプロレタリア文化大革命運動の発展にとって巨大な推進作用を果たすに違いない」と称賛し、工総司のアピールを『人民日報』に転載するよう指示した。

だが、造反派による奪権が成就した後、事態をいかに収めるべきであろうか。主席の構想に従えば、革命的大衆組織の責任者、軍の責任者、および党・政府機関の革命的幹部による「三結合」を基礎とした革命委員会が新たな権力機関となって、混乱の収拾を図るであろう。この構想に沿って、上海「一月革命」の直後、黒竜江省および山東省で革命委員会が成立した（安藤ほか、七五―七六頁）。ところが、上海においては中央文革小組の張春橋と姚文元の指導のもとに、新たな権力は意外な形態を採用しようとしていた。「上海人民公社」（上海コミューン）がそれである。この権力はプロレタリアート独裁の「地方国家権力の新しい組織形態」を宣言し、「その指導メンバーは、下から上への全面的な奪権勝利の後、革命的大衆がパリ・コミューンの原則に基づいて選出する」とうたっていた。墓のなかのマルクスやプルードンが、パリ・コミューンから約百年後に、東洋の地でコミューンの成立が宣言されたこの事態をどう思ったかはともかく、毛沢東がこの宣言に心躍らせたことは疑いない。というのも、パリ・コミューンは主席の抱いていた理想郷をある意味で象徴していたからである。だが、結局のところ、毛沢東は上海の新しい権力がコミューンを名乗ることを許さなかった。それは「二月逆流」と呼ばれる事件が原因であった。

「二月逆流」

一九六六年秋、中央文革小組の扇動によって、人民解放軍の軍学校においても造反派が立ち上がっていた。彼らは校内の党委員会メンバーを攻撃し、北京に赴いて国防部の建物に突撃を繰り返していた。このような事態を葉剣英、徐向前、聶栄臻などの老将軍たちは深く憂慮していた。彼らの信念に基づけば、軍隊はいかなる混乱においても、いや政治的・社会的混乱が深まればなおさら、秩序の最後の砦となるべきであった。だが、軍長老たちの懸念にはおかまいなく、毛沢東は一九六七年一月二三日、軍を文化大革命に全面的に投入することを決定した。党中央や中央文革小組などの連名の通達は、「軍は必ず断固としてプロレタリア革命派の側に立ち、断固としてプロレタリア左派を支持し、援助しなければならない」と告げていた（『毛沢東年譜』第六巻、三九頁）。とはいえ、楊継縄がいうように、そもそも秩序をもっとも重んじる軍隊に、秩序の破壊に血道をあげる造反派を支援させることは無理であった。加えて、造反派は軍の上層部を攻撃対象として見逃すことはなかったのだから、軍の大部分が造反派の側に立たなかったのは無理もなかった（楊継縄、二〇一九年、一八頁）。

かくして中央文革小組と軍長老たちの対立が深まるなか、一九六七年一月から二月にかけて両者はいくつかの会議で衝突した。一月一九日、北京の京西賓館で行われた中央軍事委員会常務委員会において、葉剣英は中央文革小組が軍隊を混乱のなかに引きずり込もうとしているとして、軍がいまや修正主義すれすれのところまで来ていると主張する同小組を激しく批判した。この老将軍は、発言途中で怒りのあまり机を激しく叩き、右手を骨折してしまった（『葉剣英年譜』（下）、九五六頁）。このとき、林彪は老将軍たちの側に立った。かくして、軍長老たちの意向を汲んで、今後いかなる場合にも軍事機関への攻撃を禁止する旨の中央軍事委員会「八条命令」が定められ、毛沢東もこれに同意した（厳家祺ほか、上、一二三頁）。中央文革小組と軍長老たちの対決の第一幕は後者の勝利に終わったのである。

第二幕の舞台となったのは二月一四日と一六日、中南海の懐仁堂において周恩来の主宰で行われた会議の席であった。一四日、葉剣英は中央文革小組が政治局の討論を経ることなく上海市を「上海コミューン」と改名したことを批判したうえで、こう述べた。「君たちは党をめちゃくちゃにし、政府をめちゃくちゃにし、工場や農村をめちゃくちゃにした！　それでも足りずに軍隊もめちゃくちゃにしようとしている！　こんなことをして、君たちはいったいどうするつもりなのだ」（高文謙、上、二七九頁）。徐向前も机を叩きながら訴えた。「軍隊はプロレタリアート独裁の支柱である。このように軍隊をめちゃくちゃにしても、まだこの支柱が必要なのか。まさかわれわれは皆もうだめだとでもいうのか。蒯大富〔清華大学における紅衛兵のリーダー〕のような奴に軍隊を指揮させるのか」（同右）。

二月一六日の会議はさらに大荒れとなった。この日の主役は二人の副総理、譚震林と陳毅であった。譚震林は会議が始まる前から激しい批判を中央文革小組に叩きつけた。「君たちは大衆を利用して老幹部を一人ずつ打倒しようとしている。老幹部は革命を数十年やってきたというのに、今では妻も子も失った。……この文化大革命は党の歴史上もっとも残酷に革命幹部をやっつける運動だ。漁業問題〔原文は「出海捕魚」〕ひとつだけで、君たちは私を四回もやっつけた」（戚本禹、（下）、五七六頁。彼の言葉遣いは文献によっていくらか違っているが、大意は同じである）。彼は興奮のあまり席を蹴って出て行こうとしたが、周恩来が分厚い書類の束を机に叩きつけて叱責し、とめられた。陳毅もまた憤激してこう述べた。「こいつらが政権につくことは、修正主義が政権につくことだ」（同右）。これが後に「二月逆流」と呼ばれた事件である。老将軍たちの怒りについて報告を受けた毛沢東は大いに驚いたに違いない。軍の元老たちが、毛沢東を名指しすることこそなかったとはいえ、実際には彼の政策に対し、あからさまに不満をぶつけたからである。

今度は、主席が反撃する番であった。毛は二月一八日夜、林彪夫人の葉群を呼び出して彼女にこう告げた。「俺は、お前と林彪を連れて南方に行く準備をしている。陳毅、譚震林、徐向前、聶栄臻、葉剣英、李先念といった連中は、みな文化大革命に反対している。俺の話を聞かず、俺についてこない。奴らは大衆運動を嫌っている。奴らは文化大革命を理解していないのではなく、これに根本から反対している。俺の決心は変わらない。どうしても文化大革命をとことんやるのだ。奴らが俺についてこないなら、林彪とお前がいる。俺はお前たち二人を南方に連れていく。解放軍がついてこないなら、お前たちと南方に行ってもうひとつの解放軍を組織し、また井崗山に登り、もう一度始める」(『林彪元帥年譜』下冊、三八五頁)。毛沢東はどこまで本気だったのであろうか。彼が翌日夜明け方に会議を招集し、老将軍たちに次のような激しい言葉を投げつけたことからみて、ほんとうに井崗山にもう一度登る気になっていたのかもしれない。「中央文革〔小組〕に反対する奴には、誰であろうと俺が断固として反対する！　お前たちが文化大革命を否定しようとしたって、できないからな！……今回の文化大革命は失敗した。陳伯達、江青は銃殺しろ！　康生は兵隊にしろ！　俺と林彪は北京を離れ、また井崗山に登って遊撃戦をやる。お前たちは江青、陳伯達はだめだという。それなら、陳毅を連れて来て中央文革小組の長にしろ。譚震林、徐向前を副組長にしろ。余秋里をつかまえ、さらに薄一波、安子文の裏切り者どもをつかまえて組員にしろ。それでも力が足りないなら、王明と張国燾に帰ってきてもらえ。それでもまだ力が足りないなら、さっさとアメリカとソ連にも一緒に来てもらえ！」(同右、三八六頁。このまったく支離滅裂な言葉は、『毛沢東年譜』および公式の『毛沢東伝』には見出すことができない)。

以上のひどく冷静さを失った――あるいは演技が交じっていたかもしれない――主席の言葉からは、彼がすっかり孤立していると感じていたこと、そして林彪だけが頼りにされていたことがうかがえる。もしこのとき、この孤立した最高指導者に、軍の長老たちが総がかりで本気で立ち向かっていたなら、彼を梁山泊に追いやることが可能であったかもしれない。だが、出席者たちは最高指導者の剣幕に震え上がり、あっさりと投降した。陳毅、譚震林、徐向前、葉剣英は自己批判に追い込まれた(『葉剣英年譜』(下)、九六一頁)。かくして、軍長老たちの抵抗は封じられた。多くの重要な指導者が批判されたことにより、政治局会議は開催不能となり、中央文革小組が事実上、政治局を代行するという異常な事態が生じた。

ところで、老将軍たちを叱りつけたとはいえ、毛沢東は彼らの主張にまったく耳を貸さなかったわけではなかった。とりわけ「上海コミューン」という名称について、主席は再考を余儀なくされた。というのも、第一に、自由な選挙が建前であるコミューンにおいては、共産党員が指導者に選出される保証はなかったからである。党の指導はなくなってもかまわないのだろうか。「どうしてもひとつの党があることが必要だ。コミューンにはどうしても党が必要だ。コミューンが党に取って代わることができるだろうか」と毛は張春橋に書き送っている（これは一九六七年二月一二日の指示である。『毛沢東思想万歳』下、三八二頁）。第二に、コミューンにおいては、常備軍は廃止されることになっている。しかし、徐向前が訴えたように、軍は社会主義を支える柱である。その柱を失ってもよいのだろうか。かくして、毛は奪権の先にある深淵をのぞきこんで、そこから身を引いた。結局のところ、彼は「上海コミューン」の名称を使うことを禁じてしまった。ようやく一九六七年二月末になって、「上海コミューン」は「上海革命委員会」として『人民日報』紙上でその成立を伝えられた。

「二月逆流」とほぼ同じ頃、各地の軍が造反派に対して弾圧を加えていた。新疆ウイグル自治区、青海省、成都、武漢などで、造反派の指導者たちが大量に拘束され、ときには銃撃された。これが今日「二月鎮圧」と呼ばれる一連の事件である。この弾圧は、先に述べた中央軍事委員会による「八条命令」を根拠としていた。それには「証拠上確実な反革命組織と反革命分子に対しては断固たる独裁の措置をとる」（第一条）と記されていた（王年一、一六五頁および一六九─一七三頁）。だが、先に述べた老将軍たちのつかの間の抵抗が潰えた後、風向きが変わった。林彪と江青の扇動によって「二月逆流に反撃する運動」が沸き起こったのである。同年三月、北京は「断固として二月逆流に反撃せよ」、「打倒譚震林」などの叫び声で溢れかえった（厳家祺ほか、上、一二八頁）。それに伴い、軍幹部に対する攻撃が全国各地に広がっていった。

毛沢東はといえば、軍がいっこうに造反派を支援せず、かえってそれを弾圧していることを苦々しく感じていた。四月一日、「中共中央の安徽問題に関する決定」の末尾に、主席は驚くべき一文を書き加えた。「多くの外地の学生が中南海に突入し、いくらかの軍学校〔の学生〕が国防部に突入した。中央と中央軍事委員会はそれを厳しく叱責しなかった。まして彼らに罪を認めさせ、過ちを悔い改めさせ、自己批判書を書かせることはなかった。問題を説いて聞かせ、彼らに帰るよう勧めればそれでよかったのである。だが、各地方では軍事機関への突撃をあまりにも深刻にみすぎている」(『毛沢東年譜』第六巻、七一頁)。これは、軍事機関に対する向こうみずな若者の突撃を、最高指導者自身が許可したのも同然であった。造反派は勢いを盛り返し、執拗に軍事機関を襲撃して武器を奪ったため、軍およびそれに味方する党・政府幹部と造反派との間の対立がさらに先鋭化し、武力衝突が各地で頻発した。

武漢事件とその余波

一九六七年六月を迎えると、毛沢東もいっこうに先のみえない状況に嫌気がさし、文化大革命の収束を考えるようになった。主席は北京を訪れたセイロン共産党代表団に対して、文化大革命は「現在すでに一年がたった。もう一年やれば、まあよいだろう。二、三年の時間をかけてこの種の変化を完成させれば、長すぎるとはいえない」ともらした(『毛沢東年譜』第六巻、九二頁。同年九月二一日には、「文化大革命は来年春には終える。もうやらない」と述べた。同右、一二六頁)。彼のみるところ、大衆を大規模に動員する段階はすでに終わり、いまや対立する各派を和解させる段階に入ったのである。七月中旬になると、毛沢東は自ら現地に乗り込んで、軍、党・政府幹部、大衆組織の「三結合」を実現することを決意した。当時、軍指導者と造反派が激しい武装闘争を展開していた武漢に赴き、現地で「三結合」を成し遂げ、全国の手本にしようとしたのである(高文謙、上、三二〇頁)。

武漢においては党委員会の実力者が一九六七年一月に失脚したことによって、党の権威はすでに失われ、武漢軍区司令員の陳再道が事実上の指導者として君臨していた。彼は大衆組織である百万雄師を味方につけ、造反派の工人総部を圧倒していた。こうした状況のなかで、周恩来、公安部長の謝富治、中央文革小組の王力らが七月一四日に武漢に入り、次いで毛沢東が秘密裏に専用列車で到着し、東湖賓館に宿泊した。毛と周の解決策は、工人総部の名誉回復と拘束されている人々の解放、軍区の威信の保持、軍区と造反派の和解、および工人総部の百万雄師に対する報復の回避を基本方針とするものであった。周は陳再道をやっとのことで説得し、自己批判することに同意させ、また謝富治と王力に対して、軍区の思想工作が成功するまでは前述の方針を秘密にしておくように言い含めた後、北京に戻った。

ところが、謝富治と王力は首相の注意をまったく意に介さなかった。七月一八日、彼らは工人総部に出向いて、工人総部は「左派」であるが、百万雄師は「保守派」であると宣言した。これが対立する両派の争いに油を注いだ。同月二〇日、怒れる百万雄師の一部の人々は、東湖賓館の毛沢東が宿泊している建物のすぐそばまで突入し、王力を武漢軍区の建物に連れ去ったうえ殴打した。周恩来はあわてて北京から取って返し、何もできなかった毛沢東を飛行機で上海に避難させるとともに、両派の調停に奔走した。その結果、王力と謝富治は二二日に無事、北京に戻ることができた。

もとより武漢軍区指導者と確執のあった林彪と江青は、この事件を「反革命暴乱」と断定し、同軍区指導者を除去する好機ととらえた。彼らは党中央、国務院、中央軍事委員会、中央文革小組の名で「武漢市の革命大衆と広大な指揮・戦闘員に対する手紙」を発表し、「武漢軍区の少数の指導者は、公然と毛主席のプロレタリア革命路線に反抗し、……ファシズムの野蛮な手法で中央の代表〔王力のことを指す〕を包囲し、拉致し、殴打した」と決めつけた〔厳家祺ほか、上、二三三頁〕。党中央の態度が明らかにされて以降、百万雄師は四散し、造反派の残酷な報復にさらされた。

武漢の保守派を鎮圧することに成功した林彪と江青は勢いづき、「軍内のひとつまみ〔中国語では「軍内一小撮」〕の者を引きずり出す」運動を全国的に展開させた。毛沢東はといえば、「軍内のひとつまみ」という言い方に必ずしも同意していなかったものの、「大量に左派を武装させねばならない」と述べ〔高文謙、上、三一七頁〕、造反派を勇気づけたため、軍事機関に対する造反派の攻撃はさらにエスカレートした。主席は、文化大革命の混乱を収束させようと考え始めてはいたものの、武漢における造反派の守勢を目の当たりにして、心に迷いが生じたようであった。少なくとも力の均衡が造反派に大きく傾いた条件下で「三結合」がなされるべきだと彼は考えたのかもしれない。

さまざまな大衆組織が公然と軍から武器弾薬を強奪した。[†1] それによって、各地における保守派と造反派の武装闘争は、小銃のみならず機関銃、高射砲、榴弾砲、果ては戦車まで繰り出される始末であった。大学のキャンパスのなかでさえ、学生同士が銃を使って武装闘争を展開していた。マクファーカーが集めた資料によると、信じがたいことであるが、長春においては造反派の二つの組織が核兵器の開発にまで乗り出しており、実際に初歩的な爆発実験に成功したとのことである（マクファーカーほか、上、三一〇—三一一頁）。こうして一九六七年夏、文化大革命はもっとも混乱した局面を迎えた。それは同年初めに毛沢東が望んだ「全面内戦」に近かったといってよい。

混乱の収拾のためのさらなる暴力

とはいえ、迷える「偉大なる操舵首」はすぐに考えを改め、ようやく本気で文化大革命の幕引きに取りかかり始めた。主席は「軍内のひとつまみを引きずり出せ」というスローガンの流通をやめさせ、「長城を返せ」（人民解放軍を元に戻せ）と訴えた。高文謙によれば、最高指導者の心変わりは、武漢事件の後、上海にとどまっていた毛に周恩来が適切な意見を具申した結果であった（高文謙、上、三三〇—三三一頁）。「乱」から「治」への転換にあたって、中央文革小組の王力と関鋒は極左派として切り捨てられ、投獄された。後に戚本禹もまた放り出された。中央文革小組の他のメンバーである江青、康生、陳伯達らはといえば、変わり身も早く、「軍内のひとつまみを引きずり出せ」というスローガンはもともと王力が勝手に提起したものだと言い放った（厳家祺ほか、上、二三五頁）。

かつて双百のなかで共産党による統治を批判した人々がたどった運命とまったく同じように、今度は造反派が容赦なく弾圧される番であった。毛沢東は一九六七年九月、いわゆる「五・一六兵団」を指して「この反動組織は、人前に現れようとせず、この数カ月来北京で地下に潜んでいる。彼らのメンバーと領袖は、大部分が現在でもよくわからない。彼らはただ夜遅く人が寝静まった頃出てきてビラを貼り、スローガンを書く。この種の人物に対して、広範な大衆がいままさに調査研究を行っており、間もなく明らかになるだろう」と語った（『建国以来毛沢東文稿』第十二冊、四〇三頁）。だが主席がこう述べたのは、すでに「五・一六兵団」のリーダーが逮捕され、その組織が完全に失われた後のことであった。この組織は以前、中央文革小組の指図に従って「二月逆流に反撃する」運動のなかで、周恩来を攻撃するスローガンを掲げたことがあったが、取るに足りない小さな組織であった（厳家祺ほか、上、二四七―二四八頁）。だが、組織的実態は問題ではなかった。主席はこの「反革命集団」の陰謀を口実にして、造反派の徹底的な弾圧に取りかかったのである。二年後の一九七〇年には、全国的規模で「五・一六を取り締まる運動」が展開され、少なくとも数十万人が「五・一六分子」とされた（銭理群、（上）、一三二頁）。楊継縄によれば、江蘇省だけで「五・一六分子」とされた者は二六万人あまりにのぼり、死傷者は六〇〇〇人に及んだという（楊継縄、二〇一九年、二八頁）。

一九六八年には「階級隊列を整頓する」（中国語では「清理階級隊伍」）運動が開始された。これは暴力を通じて「階級敵」を粛清することを目的にしたもので、当然のように、秩序の再建を妨げていると考えられた人々が標的となった。かつての反革命粛清運動と同じように、またしても国民政府時代の経歴が問題とされ、摘発の範囲は際限なく広がっていった。安徽省では「悪質分子」四三万人が摘発され、拘禁中に自殺に追い込まれた者が四六四六人、撲殺された者が一〇七四人にのぼったという（楊継縄、二〇一九年、二九頁）。「階級隊列の整頓」の過程で数々の集団的冤罪が作り出された。内モンゴル自治区の「内モンゴル人民党」事件では、五〇万人が拘束され、一二万人が拷問によって身体障がい者となり、少なくとも二万人が殺害された（同右、三〇頁）。

以上の二つの運動に加えて、一九七〇年初めには「一打三反」運動が始まった。この運動は一見したところ関連をもたない党中央の三つの文書、すなわち「反革命の破壊活動に打撃を与えることに関する指示」、「汚職、横領と投機的売買に反対することに関する指示」、「派手な浪費に反対することに関する指示」に基づいていた（楊継縄、二〇一九年、三〇頁）。これは、秩序の回復を妨げているとみられた人々を打ちのめすのに、ありとあらゆるレッテルが用意されたことを意味していた。同年三月五日、北京工人体育場で一〇万人を動員した「公開裁判」が開かれ、出身血統論を批判した遇羅克が死刑に処せられたのは、この「一打三反」の小さなひとこまにすぎない。王年一の記すところ、一九七〇年二月から一一月までに、全国で摘発された「叛徒」、「特務」、「反革命分子」は一八四万人で、そのうち二八万四〇〇〇人が逮捕され、数千人が殺害されたのである（王年一、三三七頁）。重要な事実は、文化大革命の膨大な犠牲者――ウォルダーは、各地方の『県誌』、『市誌』などの記述に基づき作成したデータベースによって、その総数を約一六〇万人と推定している（Walder, pp. 178-179）――の大部分は、解き放たれた造反派の暴力によって特徴づけられる一九六六年から六七年に至る時期にではなく、一九六八年以降、毛沢東が文化大革命の幕引きを図る過程で生じたということである。楊継縄は、「五・一六分子」摘発運動、「階級隊列を整頓する」運動、および「一打三反」運動による死者は二〇〇万人を超えるであろう、と推定している（楊継縄、二〇一八年、中冊、六三二頁）。造反派に対するこれらの過酷な弾圧とともに、各地に新たな権力機関として革命委員会が成立し、それがまた弾圧を強力に推進した（Walder, p. 179）。一九六八年九月までに成立した二九の省レベルの革命員会の主任は、軍人が二一人を占め、その他は旧幹部によって占められた（安藤ほか、一〇五頁）。これによって中国は、「軍事独裁国家」にきわどいところまで近づいてしまった（ディケーター、下、一二頁）。

いまや用済みとなった紅衛兵には、毛沢東自らが引導を渡した。一九六八年七月二八日早朝三時、主席は聶元梓や蒯大富など北京の紅衛兵のリーダーたちを招集し、林彪、江青、周恩来、陳伯達などとともに総がかりで武装闘争をやめるよう説得した。「お前たちがさらに〔武装闘争を〕やるなら、労働者をつかわして干渉させる。これがプロレタリアート独裁だ！」[†2]。同年一二月には、毛は「知識青年は農村へ行き、貧・下・中農の教育を受ける必要がある」と述べ、大規模な「上山下郷運動」（辺鄙な地区へ行くこと）が開始された。かくして、秩序への復帰は力ずくで進められた。

毛沢東としても、以上のような造反派に対する大弾圧を、何らかの方法で正当化する必要に迫られた。その際、驚くべきことに、再建されようとしている秩序に楯突く人々は、すでに無力化されていた国民党、ブルジョアジー、地主階級とつながっていたとされたのであった。主席は一九六七年一二月一八日、アルバニアの中国友好協会代表団に対してこう述べた。「あるいくつかのことについて、われわれはまったく想定していなかった。どの機関も、どの地方も二派に分かれて大規模な武装闘争となっているが、それは想定していなかった。……解放後紛れ込んでいた国民党、ブルジョアジー、地主階級、国民党特務、反革命〔分子〕……これらが背後から闘争を操っている」（『毛沢東伝』中共、下、一五一五頁）。一九六八年四月に彼が行った文化大革命の新たな概括においても、国民党とのたたかいがその基調に据えられた。「プロレタリア文化大革命は……中国共産党およびその指導下にある広大な人民大衆と国民党反動派の間の長期にわたる闘争の継続のことであり、プロレタリアートとブルジョアジーとの階級闘争の継続なのである」（『建国以来毛沢東文稿』第十二冊、四五八頁）。同時に彼はこうも述べた。「走資派として過ちを犯した人々のなかで、死んでも後悔しなかった者は少数派である。教育を受け入れ、過ちを正すのが多数である。もう『走資派』を取り上げて悪い奴らだとみなす必要はない」（同右、六一七頁）。信じがたい発言ではないか。もし「教育を受け入れる」人々が多数であるなら、新たな革命を開始する必要など、はじめからなかったであろう。ましてや、国民党反動派との闘争も、すでに二〇年も前にけりがついていた。かくして、文化大革命を始めた際に高らかに宣言された、「資本主義の道を歩む実権派」との生死をかけた闘争のなかで、これを打倒するという目標は、一九六八年には意味を失っていたのであった。あるいは、当初から文化大革命の意味を厳密に定式化することに毛沢東はほとんど関心がなく、ただひたすら革命を続けるために彼はこの途方もない企てを始めたのかもしれない。

劉少奇の運命

文化大革命の「店じまい」(高文謙は、文化大革命は毛沢東と江青の二人が開いた店だったと表現している。そして、この夫婦の店の番頭が林彪だったという。高文謙、上、三五九―三六〇頁)を行うにあたって、毛沢東はこの運動における最大の標的であった劉少奇の問題に決着をつけなければならなかった。劉は、すでに述べたように一九六六年夏、政治局員として降格されてはいたものの、名目上は依然として国家主席であり、その最終的な処分は定まっていなかったからである。一九六六年一一月二五日の紅衛兵集会までは、人々は天安門上に立つ劉のやつれた姿をみることができた。その後、中央文革小組の扇動によって、劉に対する大衆の批判がエスカレートすると、一九六七年一月一三日、彼は毛沢東に対して国家主席、政治局常務委員などの要職を辞任し、妻子とともに延安に行くか、故郷で百姓をしたい、それによって文化大革命を早く終わらせたいと申し出た(王光美ほか、一四八頁)。だが、毛は取り合わなかった。

ほぼ同じ頃、奇妙にも、主席は来るべき第九回党大会において、劉少奇を鄧小平とともに中央委員に残してやるべきだと述べた(『毛沢東年譜』第六巻、三五頁)。かつて過ちを犯した高崗に対する態度と同じように、毛には迷うところがあったのかもしれない。だが彼は、中央文革小組が劉を完膚なきまでに打ちのめすことを決して阻止しようとしなかっただけでなく、自らも劉に対する攻撃に加わった。中央文革小組は一九六七年三月に「六一人自首変節資料」なる文書をこしらえた。これは一九三六年に抗日民族統一戦線政策のもとで、北方局の指導者であった劉少奇が、当時の総書記である張聞天の同意を得て、当時獄中にあった薄一波ら六一人の党員に「反共声明」を出させて出獄させたことを、「劉少奇が画策決定し、張聞天が同意し、毛主席に背いて行った」裏切り行為であると主張するものであった。

さらに同年三月、毛沢東は戚本禹の論文「愛国主義か売国主義か」に自ら手を加え、四月一日付『人民日報』に掲載させた。この論文は、劉少奇が毛に逆らって、義和団を英雄視しなかった映画『清宮秘史』をもちあげ、ブルジョア民主主義を美化したと示唆するものであった。戚は劉少奇に対して多くの罪名を並べ立て、「党内最大の資本主義の道を歩む実権派」、「中国のフルシチョフ」と決めつけた。中南海の劉の自宅は、すでに電話線が切断され、外部と連絡不能になっていた。そのうえ、中南海の職員たちの造反派が連日詰めかけて嫌がらせを行った。中南海の塀の外では「劉少奇を引きずり出せ」と叫ぶ群衆のテントが林立していた。七月一八日には、彼は妻子からも引き離された（王光美ほか、三〇六―三二四頁）。

劉少奇の罪状は、正式な中央委員会の場で宣言されなければならなかった。そのために、一九六八年一〇月、第八期一二中全会が開催された。主要な議題は、一九五六年以来一二年間も開かれていない党大会の準備、および劉少奇の審査報告の採択であった。当時、参加資格のある中央委員および中央候補委員は、その大多数が「反革命」、「裏切り者」、「特務」、「外国との内通者」などの嫌疑をかけられていたため、生存していた九七人の中央委員のうち、出席できたのは四〇人、また九八人の中央候補委員のうち、出席したのは一九人にすぎなかった。そのため、一〇人の候補委員を中央委員に昇格させてようやく中央委員の過半数を確保し、開会にこぎつけた（『劉少奇伝』下、九八一―九八二頁）。この会議において、「裏切り者、敵の回し者、労働貴族（原文は「工賊」）劉少奇の罪悪行為に関する審査報告」が採択され、劉少奇を「永遠に」党から追放し、党内外のすべての職務から解任することが決議された。この決議がすでに寝たきりとなっていた劉に伝えられると、それ以降、彼は死ぬまで二度と口を開こうとしなかったという（王光美ほか、三四五頁）。かつての国家主席は衰弱するに任された。一九六九年一〇月一七日、ソ連との戦争の可能性が高まったと恐れた毛沢東が、大規模な戦争準備を行うなか、劉はひそかに飛行機で河南省開封に移された。証拠は見当たらないが、この処置はソ連軍が――あるいはソ連軍と通じる誰かが——劉少奇を担ぎ出す可能性を恐れてのことであったかもしれない。同年一一月一二日、劉は肺炎により死亡した。遺体は「劉衛黄」という偽名で、「急性伝染病患者」の死体として火葬された（『劉少奇伝』下、九八六頁）。

第九回党大会と新たな対立の始まり

第九回党大会は、前回の党大会から実に一三年ぶりに、一九六九年四月、一五一二人の代表を集めて開催された。主席団席から会場を見渡した毛沢東は、軍服をまとった参加者があまりにも多いことに驚いたかもしれない。出席者の二八パーセントを占める四二二人が軍人であった。この大会で選出された中央委員と中央候補委員合計二七九人のうち、軍人は一二七人（四五パーセント）を占め、その後選出された二一人の政治局員のうち、軍人は一一人（五二・四パーセント）におよんだ（安藤ほか、一一五頁）。これは文化大革命の混乱の収拾過程で、軍の果たした役割が大きかったことを如実に物語っていた。林彪の主要な部下たちは、すべて政治局入りを果たした。

毛沢東はこの大会を「団結の大会、勝利の大会」としたかったが、実際には主席と副主席が袂を分かつ過程の始まりとなった。彼らの分裂は、林彪によって読み上げられた政治報告の起草過程に現れていた。いまや江青の一味から林彪へ鞍替えした陳伯達が起草した報告原稿には、党大会後の主要な任務は生産を発展させることであると記されていた。だが、それに不満を抱いた毛沢東が張春橋と姚文元に起草させた原稿は、プロレタリアート独裁下での継続革命を強調するものであった。毛沢東は、陳の見解を一部残して張と姚が書いた草稿を採用し、それに自ら手を入れて定稿とした（マクファーカーほか、下、七六—七七頁）。林彪は演壇に立って報告を始めるまで、その原稿に目を通そうとしなかった（高文謙、上、三七二頁）。

中国史において珍しくない「宰相と将軍の不和」は、国家主席であった劉少奇が失脚した後、誰が国家主席となるかという問題をめぐって拡大した。かつて毛の後継者とされた劉が国家主席となった先例に照らせば、今度は林彪がその任に就くべきであった。ところが、毛は憲法を改正し、国家主席を置かないよう提案した。これは、当然のことながら、林彪にこの職務を担当させないことを意味していた。一方、林彪のほうは、毛が国家主席を兼任するのがよいと提案した。毛は頑なにこの提案を受け入れようとせず、かたや林はあくまで国家主席を設けるべきだと主張したから、この問題は暗礁に乗り上げてしまった。†3

一九七〇年八月一三日、憲法改正小組会議の席上、張春橋と林彪の腹心である呉法憲（人民解放軍副参謀総長兼空軍司令）が憲法改正草案の表現をめぐって衝突した。この衝突は、憲法に毛沢東が「天才的に、全面的に、創造的に」マルクス・レーニン主義を発展させたという一節を加えるかどうかをめぐって生じた。この一節は、林彪が『毛主席語録』第二版に寄せた序文に登場することは誰もが知っていたが、これら三つの副詞を党規約から削除するよう毛沢東が主張したことを知っていた張春橋は、これらの副詞の削除を提案したのであった。呉法憲は、この提案を林彪に対する攻撃とみなした。そして呉は、張が主席の偉大な謙遜に乗じて、実際には毛沢東思想を貶めようとしていると激しく非難した。論争は双方譲らず、物別れに終わった（マクファーカーほか、下、一二七頁）。

林彪グループは張春橋に狙いを定め、彼を追い落とすべく廬山での第九期二中全会に臨んだ。八月二三日に開幕したこの会議の冒頭、林彪は張春橋を名指ししなかったものの、毛沢東がマルクス・レーニン主義を発展させていないと主張する者が党内にいるとほのめかした。すると、これに呼応する形で、林彪の副官たち——葉群、陳伯達、呉法憲、李作鵬、邱会作がそれぞれのグループ討論の場で、現在党内に毛主席と林副主席に反対する風が吹いている、とはやしたてた。やがて、会議全体が緊張した雰囲気に包まれ、「毛主席側近の野心家、陰謀家」を引きずり出せとの大合唱が湧き起こった。張春橋の運命は尽きたかに思われた。

だが、そうはならなかった。「二月逆流」を覆した際とまったく同じように、再び毛沢東の剛腕が会議の流れをひっくり返した。八月二五日の政治局常務委員会拡大会議において、主席は激しい言葉を投げつけた。「国家主席を設けるかどうかの問題は、もう持ち出さないでくれ。どうしても設けるというなら、そういう本人がやればよい。とにかく私はやらない！……君たちが会議をうまくやらないなら、私は山を下りる。君たちが〔会議を〕開き、会議が済んだらまた山に登ってきて、ここに居座ることにする。さもなければ党主席をやめる！」（『毛沢東年譜』第六巻、三二七頁）。こう述べると同時に、主席は陳伯達に批判の矛先を向けた。陳が前日にグループ討論で行った発言――毛沢東の天才を否定する者は「歴史的な馬鹿者」というべきであるという発言や、毛主席が国家主席にならないと聞いて飛び上がるほど喜んでいる反革命分子がいるなどという発言（同右、三二四頁）――を激しく批判し始めた。毛はここで陳伯達がひそかに編纂した「天才と称するものに関するエンゲルス、レーニン、毛主席の語録」をとりあげ、「私のちょっとした意見」（「我的一点意見」）を書いて、三〇年間も彼に尽くしてきたこの党内きっての理論家に対し、冷酷に政治的な死を宣告した。「私と陳伯達というこの天才的理論家は、三〇年あまり一緒にやってきたが、いくらかの重大な問題で協力したことはなく、ましてやうまく協力したことはなかった」（中共中央辦公庁編、一三―一六頁）。こうして会議の風向きは一八〇度変化した。張春橋に対する批判がやみ、陳伯達に対する批判の嵐が湧き起こった。そのため、周恩来は主席、中央文革小組のメンバー、林彪グループの間を往復し、毛と林の対立が臨界点に達しないよう奔走させられるはめとなり、ついには心臓発作で倒れてしまった（高文謙、上、四一三頁）。

廬山会議の閉幕後も、毛沢東は陳伯達に対する批判の手を緩めなかった。この風光明媚な山を下りた後、主席が大々的に始めた「批陳整風」運動（陳伯達を批判して作風を整える運動）は、もはや陳のみを標的にしていなかった。その矛先は、明らかに副主席の部下たちにも向けられていた。それが、中国政治の世界ではおなじみの、より高位にある権力者を打倒するための前段階であることは誰の目にも明らかであった。毛沢東は次第に林彪に対する不満を隠さなくなった。一九七〇年一二月一八日、スノーと会談した際、話が個人崇拝に及ぶと、毛は「『四つの偉大』などというものには、うんざりする！」と述べ、林彪を間接的に批判した（『毛沢東年譜』第六巻、三五八頁)。「四つの偉大」――偉大な教師、偉大な指導者、偉大な統帥、偉大な舵取り――とは、林彪の造語であった。そして、主席はこの談話の紀要をわざわざ党中央の文献として印刷配布させた。

それにしても、毛沢東はいつ、どのようにして林彪が後継者として不適格だと考え始めたのだろうか。そして、林が後継者にふさわしくないなら、その首を誰と挿げ替えようと思っていたのだろうか。そもそも文化大革命が始まってから、毛沢東と林彪が手に手を取ってこの大事業を推進してきたことは周知の事実であった。そのうえ、第九回党大会で採択された新党規約に後継者として林彪の名前が書きこまれたからには、この後継者の突然の粛清は、どんなにうまい理由をこしらえたとしても、人々を納得させられそうになかった。いくつかの中国の文献は、毛が張春橋を後継者にしようと考え始めていたと示唆している(例えば、高文謙、上、四一二頁、楊継縄、二〇一九年、三八頁)。そうだとしても、彼は自分自身が指名した後継者を突然、いかなる理由で排除しようとしたのであろうか。第九回党大会に臨んだ主席が、あまりにも軍の影響力が、そして林彪の影響力が大きくなり始めたことにふと気がつき、軍の影響力を縮小しようと考えたとしても不思議ではない。また、林彪が彼の息子の林立果――彼は呉法憲が掌握する空軍内部で急速に影響力を拡大していた――に後を継がせようと画策していたことも気がかりであったに違いない。あるいは、毛沢東は廬山会議後、頑に自己批判を拒み続ける林彪に嫌気がさしたのかもしれない。だがそれらは、自分が選んだ後継者を政治的外科手術によって除去することを正当化する説得力ある理由にはなりそうになかった。したがって、林彪が妻子とともに国外逃亡を企てたことは、ある意味で毛にとってもっけの幸いであった。

林彪事件

林彪は第九期二中全会の後、毛沢東が自分を許すことはないだろうと思い始めていた。彼に残された道は、座して劉少奇がたどった没落の道を歩むか、それともいまや神と称えられる人物と一戦を交えるか、二つにひとつしかなかった。だが、肝心の部下たちは、いまや「批陳整風」運動の暴風雨にさらされ、頼りにならなかった。元帥の頼みの綱は、息子の林立果であった。林立果は毛沢東が「批陳整風」運動に着手した頃、空軍司令部の党委員会若手将校グループである「調査研究小組」を「連合艦隊」と改称して（日本映画『連合艦隊司令長官山本五十六』や『あゝ海軍』を観た林立果が、この改称を提案したといわれる）、北京、上海、広州、北戴河などに秘密拠点を設け、情報収集を行っていた。中国の文献によれば、一九七一年三月下旬、林立果は上海で「連合艦隊」の中核メンバーを集めて武装クーデター計画「『五七一工程』紀要」を作成したという（「五七一」の中国語の発音は「武起義」（武装蜂起）と似ている）。この文書の「必要性」と題された部分は、毛沢東を糾弾するものであった。「B—52〔毛沢東を指す〕にとってよいことは長続きせず、一刻も猶予できない様子でこの数年内に後のことを割り振りしようとしている。……もちろん、われわれは、彼が中国を統一する歴史的役割を果たしたことを否定しない。だが、現在、彼は中国人民が彼に与えた信任と地位を濫用し、歴史的に反対の方向に向かい、実際にはすでに現代の始皇帝となっている」。そして「時機」と題された部分ではこう述べられている。「これは生きるか死ぬかの闘争だ！　彼らが権力を握る限り、われわれは権力を失い、監獄行きだ。……われわれが彼らを食い尽くすか、彼らがわれわれを食い尽くすかである」[†4]。ただし、クーデターの手段そのものは、いささか漫画じみていた。「上層での集会を利用して一網打尽にする」か、あるいは「毒ガス、細菌兵器、爆撃、五四三〔ミサイルの一種とみられる〕、自動車事故、暗殺、誘拐、小部隊による都市ゲリラ」を用いるというのである（王年一、三五四頁）。一九七一年春から夏にかけて林立果はクーデターに必要な準備作業を本格化させた。

　一方、おそらく不穏な空気を感じ取っていた毛沢東は、八月一五日、専用列車で秘密裏に北京を離れ、それ以降南方を転々としながら、各地の党、政府、軍の指導者と会見を重ねた。その間、主席の林彪に対する批判の言葉は次第にあからさまなものになっていった。八月一六日、毛は今回の廬山会議は「二つの司令部の闘争」であり、「私が年をとって間もなく天に上ると思う者がいる。彼らは国家主席になりたいと焦り、党を分裂させ、奪権を焦っている」と述べた（『毛沢東年譜』第六巻、三八九頁）。最高指導者が南方で何を語っているのか、林彪グループはなかなか把握することができなかった。だが、九月六日、林の情報網はついに毛沢東の一連の発言内容を把握し、北戴河にいる副主席に届けた。林彪グループはもはや「B—52」と対決するよりほか道はないと腹を決めた。

林立果は、列車のなかの毛沢東を上海で殺害する方策を練った。三つの方法が検討されたという。ひとつ目は火炎放射器と四〇ミリロケットで列車を攻撃する。二つ目は一〇〇ミリ高射砲で列車を水平砲撃する。三つ目は王維国（林彪グループの一人）が列車内で「B—52」に接見する際、ピストルで銃殺する。ほかに「日本人が張作霖をやった方法」、つまり爆殺も検討されたようである（厳家祺ほか、上、三〇五—三〇六頁）。ところが、杭州から上海に入った毛沢東は、おそらくは異変を察知して列車をすぐに北京に帰してしまった。主席は九月一二日夕刻、北京駅に到着し、無事南方視察を終えた。それによって林彪グループの毛沢東暗殺計画も潰えた。

だが、林彪グループは毛沢東暗殺計画と同時に準備していた手筈に従って、広州にもうひとつの党中央の設立を目論んだ。広州を選んだのは、かつて林彪が司令官を務めた第四野戦軍の地盤であり、また彼の腹心の黄永勝が取り仕切る地であったからである。林彪らは指導者たちの避暑地である河北省北戴河にいたため、林彪の専用機のトライデント二五六号が、ひそかに当地にもっとも近い山海関空港に回された。ところが、こともあろうに林彪の娘である林立衡が、自分の父親が悪意ある母親と息子に連れ去られようとしていると思い込み、彼らの動きを、中央警衛団を通じて党中央に報告した。これが副主席の広州割拠の企てを台なしにした。周恩来はこの事態を知ると、ただちに毛沢東と連絡を取り、北戴河に行って林彪と直接会って話をしたいと申し出た。だが、毛はこれを許さなかったという。毛沢東の側近である汪東興の率いる中央警衛団も、なぜか真剣に林彪らの逃亡を阻止しなかった（高文謙、下、六七頁）。かくして、林彪らを乗せた飛行機はともかくも飛び立った。この飛行機を撃墜すべきか否か問われた際、毛は謎めいた言葉を吐いた。「林彪はまだわが党の副主席ではないか。天は雨を降らせるもので、娘は嫁に行くものだ。行かせてやれ」（『毛沢東年譜』第六巻、四〇五頁）。林彪ら九人を乗せたトライデント機は、どうしたわけかいったんは南に進路を取り、その後北に進路を取ったが、モンゴルの草原に墜落した。後に墜落した飛行機の残骸、および林彪、葉群、林立果の焼け焦げた遺体の写真が中国当局によって公表された。[†5] このようにして、またしても毛沢東の後継者は悲惨な死を遂げた。

九月一四日夜、駐モンゴル中国大使館からトライデント機墜落および搭乗者全員死亡の知らせを受けると、周恩来をはじめとする政治局メンバーは茅台酒で乾杯したという。林彪グループに攻撃されていた張春橋もまた美酒に酔った（楊継縄、二〇一九年、四九頁）。だが、毛沢東はそのような気分にはなれなかったに違いない。なぜ偉大なる主席の後継者たちは、ことごとく一夜にしてもっとも悪質な反革命分子に変貌し、かくも無残な死を遂げるのだろうか——これが党内外の人々の間に自然にわきあがる疑問であった。どう彼らに説明できるのだろうか。

†1　例えば、一九六七年夏、四川省瀘県の武器庫から奪われた武器は、歩兵銃二四八一挺、軽機関銃一一五挺、重機関銃一二挺、手榴弾一一五個、各種の砲七二門、銃弾二八万四〇〇〇発であった（卜偉華、五七九頁）。これだけあれば、小さな戦争を行うのに不足はなかった。

†2　『毛沢東年譜』第六巻、一七五頁。この五時間もかけた説得工作の状況は、『毛沢東思想万歳』下、四〇七—四四四頁から知ることができる。興味深いのは、毛が紅衛兵運動のリーダーたちに対して武装闘争をやめるように申し渡しながら、同時に、暴れたいならとことんやれと何度か述べていることである。ここにも秩序回復と現状破壊との間で揺れ動く主席の姿をみることができる。

†3　国家主席を設けよとの林彪の主張は、彼自らが毛沢東の死後、その地位に就きたいと望んだからであったとの説が一般に流布しているが、林の腹心であった呉法憲の理解は異なっている。呉によれば、林彪が国家主席になろうと考えたことを証明するいかなる証拠も存在しない。林は、文化大革命による無政府状態が終わり、国家の秩序が正常に戻ったことを示すために、国家主席を設けることを主張した、というのが呉の解釈である（呉法憲、下巻、九七三—九七四頁）。

†4　王年一、三五三—三五四頁。われわれは、林立果が一九七〇年七月末に空軍内部で行った演説のテクストを参照する

ことができる。それは、政治の論理で経済を導くことを戒める内容で、中央文革小組のやり方を批判するものと読める。だが他方で、この演説は毛沢東を終始もちあげるものであった。毛沢東の扱いをめぐるこの演説と「『五七一工程』紀要」の落差は、中国の政治指導者が抱く本音と建前の巨大な乖離を物語っている（「林立果在一九七〇年七月三一日〔略〕的報告」、一一二九頁）。

†5　事件から約一カ月後、ソ連から専門家チームが事故現場を訪れ、林彪ともう一人（妻の葉群か？）の遺体から頭部を切り取り、ソ連に持ち帰った。火葬された後の遺灰は、現在でもモンゴル政府が保管しているらしい（古谷、一四六―一四九頁）。

林彪が尋常ではない死を遂げたことで、党内においても、また民衆の間においても、毛沢東の権威はひどく傷ついた。第九回党大会で確立された権力構造は破壊されてしまった。五人の政治局常務委員のうち、残るのは毛沢東、周恩来、そしてすでに病に倒れてほとんど活動不能となっていた康生のみとなった。どうみても、いまや文化大革命という事業が行き詰まったことは明らかであった。だが、それにもかかわらずというより、そうであったからこそ、主席はこの事業の継続に執着をみせた。自らの寿命がもうすぐ尽きることを自覚した最高指導者は、自らの政治生命を賭した最後の企てが、最悪の結果を残したと死後に評価されることをなんとしても避けようとした。かくして、（1）毛沢東、（2）毛にどこまでも付き従い、それによって毛に重用されているが、決して彼の全幅の信頼を得られなかった江青、張春橋、姚文元といった人々、そして（3）秩序の復旧を目論む周恩来、鄧小平、および軍の長老たち——以上の三者の間で複雑なゲームが展開されることになった。

林彪事件の後始末と新たな対立

林彪事件は最高指導者の権威を損ねない形で人々に説明されなければならなかった。事件後、すぐに「林彪反党集団」の罪状を調査する専門チームが組織され、「『五七一工程』紀要」を含む多くの関連文書が資料集にまとめられた。この資料集は一九七二年七月二日、「絶密文件」として党内に発出された。その「前書き」によれば、林彪らは「プロレタリアート独裁を転覆し、資本主義を復活させようとした。彼らは毛主席の指導下でわが党、わが軍、わが人民が自ら打倒した地主・ブルジョア階級をあらためて育てあげようとした。国内において、彼らは地主、富農、悪質分子、右派と連合し、地主・買弁・ブルジョア階級によるファシスト独裁を実行しようとした」のであった（『粉砕林彪反党集団反革命政変的闘争』、四頁）。

ここで林彪がブルジョア階級の味方だとされ、彼が同階級の復活に力を尽くしたと評価されていることに注意されたい。この評価は毛沢東の裁定によるものである。なぜ主席は、このような無理な評価を下したのだろうか。それは、一言でいえば、文化大革命を継続するためであった。政治の振り子はたしかに「左」に触れすぎたかもしれない。だが、もし林彪が階級敵に対して過度に戦闘的な姿勢で臨む「左」の誤りを犯したと断定すれば、その反動で振り子は「右」に振れてしまうであろう。しかしながら、文化大革命の本質は階級敵の力を徹底的に削ぐことにあるのだから、人々を敵に対して妥協的にさせてはならなかった。そのため、あれほど激しく旧世界の破壊を呼びかけたかつての副主席は、一夜にしてブルジョア階級の友へと変貌を遂げたのである。

林に対するこのような毛の評価は、周恩来による林彪評価の否定という文脈においても理解することができる。周は、林彪の死後、さまざまな機会を利用して極左思潮に対する批判を展開していた。八月初旬、周は外交人員を前にこう述べた。「極左思潮は世界的に広まっている。中国にも極左思潮があり、われわれの鼻の下にもあるだろう。外交部にもあり、外国駐在大使館にもある。もし現在、外国にある大使館・領事館に極左をやっている人間がまだいるなら、呼び戻して学習させ、われわれの対外工作を妨害させてはならない。実際上、各単位の極左思潮は林彪がほしいままに起こしたもので、……林彪は極左の方法を用いて主席の威信を破壊した」（『周恩来年譜』下巻、五四一―五四二頁）。周の極左批判は、失脚した古参幹部の復職と対になって進められたことが特徴である。林彪亡き後、思いもかけず党内ナンバーツーの地位に押し出された周恩来は、混乱した秩序、ずたずたにされた官僚機構、そして停滞する経済を正常な発展の軌道に戻すことを自らの使命と考えたのであった。実際、首相が取り組まなければならない喫緊の課題はいくつもあった。とりわけ深刻であったのは、飢餓が再び中国に影を落とし始めたことであった。一九七〇年代前半、陝西省、河北省、山東省、湖北省などで数百万人にものぼる人々が、またしても飢餓状態に陥っていたのである（ディケーター、下、一〇六―一一〇頁）。

だが、毛沢東にとって、政治こそが問題であった。周恩来による「復旧」の企ては、あくまで「革命」を求める毛沢東と彼に忠実な人々の猜疑心を招かずにはすまなかった。一九七二年を通して、林彪集団の評価をめぐり、周恩来と江青・張春橋・姚文元らはせめぎ合いを演じていたが、ついに一二月五日、『人民日報』理論部の王若水が毛沢東に書簡を送り、次のように述べて主席の判断を仰いだ。「『人民日報』は現在、広報の面で混乱状態にあります。とくに林彪批判の方針という問題についてです。総理は八月一日に『左傾』批判はまだ徹底していないといわれましたが、張春橋、姚文元からは逆に八月八日、『左傾』批判はやりすぎてはいけないとの話がありました。そこで問題が生じたのです。そもそも、『左傾』批判は十分ではないのか、それともやりすぎてしまったのかということです。私は総理のいわれるのが正しいと思います」。毛の判断は実にはっきりとしていた。「極左を批判するのか、それとも右を批判するのか。極左思潮の批判については批判の度合いを減らすように。王若水のあの手紙は、私のみるところ、間違っている」と彼は述べ、同時に林彪路線の本質について、「極右である。修正主義で、分裂させ、権謀術数をめぐらし、党を裏切り、国を裏切った」との裁定を下した（『毛沢東年譜』第六巻、四五七―四五八頁）。

ここにおいて、毛沢東と周恩来の間に重大な亀裂が走っていることが明らかとなった。この亀裂は例によって、副官のほうが作り上げたものではなく、副官に対して不信感を募らせた独裁者のほうが作り上げたものであった。毛の周に対する不信感を語る際には、総理が外交面であげた成果について触れないわけにはいかない。

米中国交正常化

時間は前後するが、文化大革命は一九六〇年からすでに公然化していた中ソ対立を、いっそうはなはだしいものにした。一九六八年八月、「プラハの春」として知られるチェコスロバキアの民主化運動を、ソ連が戦車によって蹂躙し、その行為を「社会主義共同体の利益は、各社会主義国の利益に優先する」という論理で正当化すると、毛沢東は大いなる危機感を抱いた。ブレジネフ・ドクトリンとして知られるこの論理が、中国にも適用されかねないと恐れたからである。主席は、ただちに「二月逆流」で厳しく叱責した軍の長老たちを集めて会議を開き、国際情勢を検討させた(『毛沢東年譜』第六巻、一八四—一八五頁)。そして、それがモスクワの意図を探るためであったか、それとも来るべき第九回党大会を有利に進めるためであったかはともかく、毛は危険な賭けに打って出た。一九六九年三月二日、中ソ両国が領有権を争うウスリー川の中州の珍宝島(ダマンスキー島)において、人民解放軍部隊にソ連軍の国境パトロール部隊を襲撃させたのである。緊張は瞬く間に拡大し、両国は一触即発の状態となった。ソ連の核攻撃に備えるために、全国各地に防空壕が掘られ軍需品の増産と食糧の備蓄が開始された。

第九回党大会の後、毛沢東は高まりすぎた緊張を緩和するための方法を模索し始めた。再び陳毅、葉剣英、徐向前、聶栄臻の四元帥が招集され、国際情勢の検討が命じられた(『毛沢東年譜』第六巻、二五四頁)。ちょうど世界中がアポロ一一号による人類最初の月面着陸で沸き立っていた七月と九月、彼らは報告書を提出した。それには、米ソが単独もしくは連合して中国に侵攻する可能性は小さいこと、またソ連のほうがアメリカより重大な脅威であることが記されていた。こうして、「敵の敵は友である」との古い格言が意味をもつ局面が、あるいは「夷を以て夷を制する」局面が到来したと認識された。すなわち、アメリカとの連携によってソ連「社会帝国主義」の脅威に対処するという選択肢が浮上したのである。

一方、アメリカもベトナム戦争からの「名誉ある撤退」を求めていた。そのためには北ベトナムの後ろ盾である中国との関係改善が不可欠であった。かくして、米中両国の思惑は一致した。一九六九年一二月には、ワルシャワでアメリカの駐ポーランド大使が中国の駐ポーランド代理公使を追いかけ、米中ワルシャワ会談の再開を希望すると伝えた。一九七〇年一〇月一日の国慶節に中国はエドガー・スノーを招待し、毛沢東とともに天安門上に立たせた。毛はその際、中国共産党の長年の友であるこのアメリカ人記者に対し、ニクソン大統領を北京に招いてもよいと伝えたのである。そして一九七一年四月、中国チームが名古屋で開催された世界卓球選手権大会に参加すると、意外にもアメリカチームは自ら中国訪問の可能性を打診してきたのであった。アメリカ選手団を招くべきか招かざるべきか、外交部と国家体育委員会が緊急会議を行ったうえで招請に慎重な意見を出すと、迷える周恩来は毛沢東に裁可を求めた。主席もいったんは招請しないこととした。だが、彼は深夜、睡眠薬を飲んで朦朧としながら昼間の判断を覆し、アメリカチームの訪中を招請するとの決断を看護師に伝えたのであった（林克ほか、一二三〇―一二三四頁）。

このような一連の接触の延長線上に、キッシンジャー大統領補佐官の秘密訪中がなされた。一九七一年七月九日、彼はパキスタン訪問中、仮病を使ってパキスタン大統領の山荘で休息するといって、ひそかにパキスタン航空の専用機に乗り込み、北京に到着した。そして七月一五日、ニクソン大統領がテレビで、キッシンジャーが訪中して周恩来と会談したこと、また自らも間もなく中国を訪問する予定であることを明らかにして、世界を驚かせた。

一九七二年二月一二日、すなわちニクソン大統領が歴史的な北京訪問を果たす九日前、思いもかけないことが起こった。毛沢東が心臓の病で危篤状態に陥ったのである。病名は「慢性肺原性心臓病」であった。この知らせを聞いてもっとも動揺した人物が周恩来であったことは想像に難くない。ここで毛沢東に死なれては、目前に迫っていたニクソンの訪中がなくなってしまうかもしれない。それどころか、主席の死は人民解放軍内部の米中接近に反対する一派のクーデターを誘発するかもしれない。だが、毛はその恐るべき生命力で死の淵から蘇った。そして、新しい服と靴を急いで作らせ、伸びほうだいだった髪を切り、髭も剃って大統領の前に現れ、どうにかこの頑迷な反共主義者との六五分間の会見を乗り切ったのである（張玉鳳ほか、一五一一七頁）。ニクソンの訪中は、二月二八日の米中共同コミュニケ（「上海コミュニケ」）の発表によって幕を閉じた。この文書は、米中両国の関係が正常化の方向に向かうことをうたい、両国がいずれも「アジア太平洋地域で覇権を求めるべきではない」、また「いかなるその他の国あるいは国家集団であれこうした覇権を打ち立てようとすることに反対する」と表明した。また、もっとも厄介な台湾問題については、アメリカは「台湾海峡両側のすべての中国人が、みな中国はただひとつであり、台湾は中国の一部であると考えていることを認識（acknowledge）している。アメリカ政府はこの立場に異議を申し立てない」と述べて難局を切り抜けたのであった。

戦後の国際関係の構図を大きく変えた米中接近は、中国に甘い果実と苦い果実の両方をもたらした。甘い果実とは、一九七一年一〇月に開催された国連総会において、台湾の中華民国政府に代わって、北京政府が中国を代表して国連に加盟することが認められたことである。これ以降、中国と外交関係を結ぶ国家は急速に増大することとなり、中国は外交的孤立状態から抜け出した。一方、苦い果実とは、世界の革命運動において、資本主義陣営の首魁と抱擁した中国の威信が低下したことである。とりわけ、まだアメリカと死闘を演じていたベトナムの共産主義者は中国に失望し、その反動でソ連に接近した。そして、これが後の中越戦争の背景を形作ることとなる。[†1]

ともあれ、中国が多くの国々と国家間関係を結んだことは、北京の指導者にかつての「革命外交」をあきらめさせるよう迫るものであった。というのも、「革命外交」はその国の政府とではなく、反体制派の集団と結びつき、彼らを鼓舞して革命運動に駆り立てるものであったからである。それが自らの企てであったにもかかわらず、米中国交回復の後、毛沢東はこのような事態に不満を抱いたと想像される。加えて、一九七三年六月、米ソが戦略攻撃用兵器のいっそうの規制に関する基本原則を定めた共同宣言を発表し、あわせて核戦争防止協定に調印したことに、主席は不快感を覚えた。しかも、中国外交部が内部刊行物において、現在の世界情勢について、米ソが一方で結託し他方で争う関係にあるが、どちらかといえば両国が結託して世界を支配しようと計画していると述べたことで、毛は堪忍袋の緒が切れてしまった。七月四日、彼は張春橋と王洪文を呼び寄せ、外交部についてこう述べた。「結論は四つだ。大事が討論されていない。小事は毎日送ってよこす。この調子を改めなければ、必ずや修正主義が出てくるに違いない。将来修正主義をやるということを、私が事前に話していたことを忘れるな」（『毛沢東年譜』第六巻、四八五頁）。

この言葉は、すでに膀胱癌に侵されていた周恩来の全身に冷水を浴びせかけたも同然であった。彼が「修正主義」に走ろうとしている――劉少奇や林彪と同じように――との警告であったからである。果たせるかな、一一月一四日、キッシンジャーが六度目の訪中を終えて帰途に就いた直後、総理に対する猛烈な批判が始まった。毛沢東の指示に基づき、政治局が周恩来の外交路線における「右傾投降主義」を批判する会議を連続して開いた。周を批判する「支援グループ」が組織され、王洪文、江青、張春橋、姚文元、汪東興、華国鋒がそのメンバーとなった。何回か会合を重ねた後、汪東興と華国鋒が抜け、もっとも文化大革命に執着する人々が残った。これが「四人組」の出発点となったのである（高文謙、下、二〇一頁）。

それにしても、なぜ毛沢東は周恩来に襲いかかったのだろうか。それは、周が林彪批判の際に「極左批判」を展開して、文化大革命それ自体を覆そうとしているようにみえたことに加えて、総理が外交の舞台で華々しく振る舞い、「周恩来外交」が中国の内外でもてはやされたことがしゃくにさわったためであろうと、『周恩来秘録』の著者は推測しているが（高文謙、下、一八九頁）、これは十分にうなずけるものである。一九七四年を迎えると、毛は「批林批孔」運動を開始して、周に対する批判をエスカレートさせた。

批林批孔運動と後継体制の迷走

一九七四年を迎えるとすぐに、林彪と孔子を並べて批判する運動（批林批孔運動）が大々的に展開された。あてこすり、ほのめかし、将を射んと欲してまず馬を射る迂回的な方法が好んで用いられる中国的政治闘争に通じた人々にも、死者を批判するこの運動の意味するところがすぐにはわからなかった。だが、この騒々しい運動は、実際には死者に向けられたものではなく、存命中の指導者に向けられたものであった。それは前年末の政治局会議における周恩来批判を社会に向けて拡大したものであった（高文謙、下、二一七頁）。

運動の始まりは、林彪事件後、かつての副主席の罪をあばくために彼の住居を捜索した際、押収物のなかに「悠々万事、唯此為大、克己復礼」と書かれた掛け軸がみつかったことにあった。毛沢東は、この「己に克ちて礼に復る」に林彪が儒教の信奉者であるとの「根拠」を見出した。やがて主席は一九七三年八月の第一〇回党大会の頃より、歴史を学び孔子を批判すべきであると主張し、同時に「尊儒反法」（儒家を尊び法家を批判する）を批判する闘争を展開すべきだと告げて回った（楊継縄、五八－五九頁）。

だが、これがどうして周恩来に対する批判となるのだろうか。毛沢東や江青、張春橋、姚文元らのみるところ、儒家は「復辟させ」（復活させ）、物事を後退させる性質を備えている。現在、党内の「復辟」派は文化大革命の成果を覆し、いったん打倒された老幹部をせっせと復活させている。こうした動きの先頭に立っている「儒者宰相」は批判されなければならない、というわけである。実に回りくどいが、やがて一般の人々にも批林批孔が誰を標的にしているかが明らかとなった。

この運動の急先鋒が江青であった。彼女は、国家体育委員会に介入してそこから周恩来批判の波を起こそうと画策したり、輸出用絵画の展覧会に駆けつけて、そこに労農兵を描いた革命的絵画がないと主張して総理の責任を問うたりした。さらには、周恩来が国内での造船と外国からの船舶購入を並行して行わせたことを、「孔孟の徒の売国主義路線」と批判し執拗に彼を攻撃した（厳家其ほか、下、八六－九九頁）。

とはいえ、自分の妻がいたるところで周恩来や古参幹部に難癖をつけ、喧嘩をふっかけ、悶着を起こしていることを、毛沢東は次第に苦々しく感じるようになった。一九七三年二月一七日、主席はキッシンジャーに対して、突如、中国で「多すぎるものといえば女です」と語り、この大統領補佐官を当惑させた。アメリカが中国女性を輸入したければ、毛としては大喜びだというのである。そうなれば、中国女性はアメリカで災難を引き起こしてくれて中国は平和になる、と（キッシンジャー、一九八二年、九〇頁）。もちろん、この「災難」とは江青のことを念頭に置いていたのである。毛の妻に対する怒りは、ついには面と向かっての叱責に及んだ。一九七四年七月一七日の政治局会議において、主席は江青にこう述べた。「四人で小さな派閥を作ってはならない。……二つの工場を作ってはならない。ひとつは製鉄工場で、もうひとつは帽子工場で、なにかというとすぐに人に大きな帽子をかぶせる〔人にレッテルを貼るという意味〕。よくない、注意したまえ」。そして、さらに会議の参加者に対し、二度にわたって「彼女は私を代表していない。彼女は彼女自身を代表しているのだ」（『毛沢東年譜』第六巻、五四〇頁）と語った。

毛沢東のいらだちは、老いのために身体的にすっかり弱りきった彼が、残された時間が少ないことを自覚して、自らの後継者とその人物を支える体制を構想していたところ、その構想を妻が台なしにしていたことから生じていた。主席は、癌に蝕まれた周恩来の後継者に鄧小平を据えるつもりであった。鄧は周とは異なり、延安時代においても毛にぴたりと寄り添っていた人物であり、毛の死後も文化大革命の炎を燃やし続けてくれると期待できたからである。そこで、主席は一九七三年一二月に鄧小平を政治局員に加えること、また中央軍事委員会のメンバーとすることを提案し、それはすぐに党中央の決定となった（『毛沢東年譜』第六巻、五一〇頁および五一五頁）。翌年三月には、鄧は第六回国連特別総会に中国代表団を率いて出席した。周恩来ではなく鄧小平を団長として、鄧こそが周の後継者であると世界に印象づけたのは、毛沢東の明確な指示に基づくものであった（高文謙、下、二五一頁）。一〇月四日には、毛は滞在中の武漢から、鄧を第一副首相に任命するよう指示し、名実ともに彼を周恩来の後任に据えた。

ところが江青は、夫が手がけたこの人事配置がまったく気に入らなかった。彼女は一〇月一八日、王洪文を長沙に滞在中の主席のもとに遣わして、鄧小平と周恩来が不穏な活動をしていると告げさせた。王洪文は一九七二年九月に、毛沢東の指示で上海から首都に連れてこられ、いわば「権力者見習」として育てられていた。彼は旧満洲の貧農の出身で、朝鮮戦争にも参加し、その後は紡績工場で働いていたから、申し分のない社会的背景――農民、労働者、兵士――を備えており、上海市の奪権でその華々しい活躍が毛の目にとまっていた。おそらく主席は、政府を鄧小平に託し、党をこの若い弟子に託す腹積もりだったのであろう。だが、毛の目算は狂わされた。王洪文は、まんまと江青の一派に取り込まれてしまい（そのために「四人組」が生まれた）、あろうことか協力すべき鄧小平と対立し、毛沢東への密告に及んだのであった。告げ口を聞かされた主席は不愉快になり、「帰って総理、葉剣英同志と相談せよ。江青と一緒にやってはならない。彼女には注意せよ」といって王洪文を追い返した（『毛沢東年譜』第六巻、五五二頁）。その直後、毛は秘書を通じて「総理はまだわれわれの総理であり続ける」というメッセージを北京に伝えた（『建国以来毛沢東文稿』第十三冊、四〇五頁）。このとき、彼の主たる関心は、指導部内における左右の均衡を図ることであったに違いない。「左」とは文化大革命の炎を燃やし続けるためには不可欠であるが、明らかに人望に欠け、それゆえ単独では政治を任せられない江青、張春橋、姚文元、王洪文といった人々を指し、「右」とは人望を集め、きわめて有能ではあるが、文化大革命の炎を消し去りかねない周恩来に代表される人々を指す。毛沢東は、鄧小平をこの中間に位置する人物とみなしていた。一九七四年秋、毛沢東の政治的天秤は、「左」に失望した反動で、いっとき「右」に傾いた。そのため、猛威を振るっていた批林批孔運動も沙汰やみとなった。これが闘病中の周恩来と復活して間もない鄧小平に、比較的大きな活動の余地を与えた。

鄧小平による「全面整頓」

一九七五年一月に、文化大革命が始まって以来一度も開催されていなかった全国人民代表大会が開かれた。周恩来は病をおして、実質的には彼の最後の演説となる「政府活動報告」を行った。そのなかで、総理は「四つの現代化」として知られる壮大な目標を、すなわち「今世紀内に農業、工業、国防、科学技術の現代化を全面的に実現して、わが国の国民経済を世界の前列に立たせる」という目標を提起した。この周の政治的遺言を受け継ぎ、その実現に奮闘したのが鄧小平であった。この身長約一五〇センチの指導者は全人代の後、政治局常務委員、中央副主席、中央軍事委員会副主席、第一副首相、および人民解放軍総参謀長を兼ねるようになり——彼の生涯で最高の地位である——大きな権限を手にしていた。彼は間もなく「全面整頓」と呼ばれる国民経済の回復、社会秩序の回復、行政機構の立て直しに取りかかった。この企ては、政治的には、剛腕とともに繊細さを必要とした。というのも、大胆な変化を導入しながらも、文化大革命の継承を毛沢東に印象づけなければならなかったし、あらゆる手段を通じて妨害してくる江青ら「四人組」と対決しながら、なおも主席に重用され続ける彼らと妥協しなければならなかったからである。

党と政府の新しい主宰者となった鄧小平が、「全面整頓」を進めるためにとった手段は、いたって単純であった。それは、毛沢東の言葉をもって自らの企てを正当化することであった。鄧は毛が一九七四年夏から翌年初めにかけて出した三つの独立した指示、すなわち「安定団結」、「反修防修のための理論学習」、および「国民経済を向上させよう」をひとまとめにして、すべてを凌駕する毛沢東の最高指示とみなした。鄧の述べるところ、「三つの指示は相互につながっており、ひとつの全体として決して切り離すことができないものである。三つの指示はこの時期におけるすべての仕事の要である」（『鄧小平文選』中共、一二頁）。

彼はまず鉄道輸送を正常化することから手をつけた。一九七〇年代の中国において、鉄道は主な燃料である石炭をはじめ、さまざまな工業原料を輸送するもっとも重要な運輸手段であり、国民経済全体を動かす血液のような役割を担っていたからである。だが、鉄道は文化大革命による派閥闘争の影響を受け、主要な路線がほとんど機能しておらず、そのせいで各地の工場の生産は滞っていた。鄧小平は全国の鉄道を統一的に管理する権限を鉄道部長の万里に与え、もっとも混乱した地域には工作組を派遣して力ずくで派閥闘争を停止させ、さらに文化大革命で誤って打倒された鉄道職員を大量に復職させた。彼の見事な手腕により、全国の鉄道輸送は急速な回復をみせた（Pantsov, p. 289. および程中原ほか、四二一―四三頁）。

鄧小平が次に狙いを定めたのが鉄鋼業であった。周恩来の努力によって一九七三年の全国における鉄鋼生産量は二五三二万トンの過去最高を記録したが、一九七四年には生産現場における批林批孔運動の影響を受けて生産量は二一一一万トンにまで落ち込んでいた（史雲ほか、五三二頁）。鄧小平は生産の停滞の原因が、生産現場で延々と続く派閥闘争、勝手な欠勤さえ許容する緩み切った職場規律、指導者の「軟弱、怠惰、散漫」にあるとみて、各地の鉄鋼生産を指導する人々に次々に厳しい要求を突きつけた。八大国営鉄鋼会社には、工作組を派遣して現地に駐在させ、指導を行った。こうした努力が奏功して、一九七五年の鉄鋼生産量は二三九〇万トンにまで回復した（同右、五三三頁）。

国防・航空宇宙事業での技術開発も鄧小平が精力を傾けた分野であった。文化大革命による大混乱にもかかわらず、中国は中距離弾道ミサイル東風三号の発射実験に成功し（一九六六年一二月）、水爆実験を成功させ（一九六七年六月）、さらに人工衛星東方紅一号の打ち上げにも成功を収めていた（一九七〇年四月）。これは国防技術と宇宙開発を統括していた国務院第七機械工業部が、政治にほとんど影響されることなく、技術開発の指導に努めてきた結果であった。ところが、一九七四年には第七機械工業部内でも批林批孔運動に伴い造反派組織が生まれ、派閥闘争が繰り返されるようになり、技術開発は麻痺していた。鄧小平は同部に、国防科学技術委員会主任の張愛萍将軍が率いる工作組を進駐させ「整頓」に努めた。その際、鄧は張愛萍にこう述べたという。「あなたはただ大胆に仕事をすればよい。何か不測の事態が起これわれわれは責任をとるつもりだ。一万枚の壁新聞が張り出されても怖がる必要はない」（東方鶴、九一三―九一四頁）。「整頓」の成果は、一九七五年後半における三度の人工衛星打ち上げと衛星の回収実験の成功であった。これは鄧の「全面整頓」を象徴する成果となった。

こうして鄧小平は多くの部門での正常化を力強く推し進めた。だが、それは手痛い代償を伴うものであった。毛沢東夫妻が鄧の意図に疑念を深めたのである。

一九七五年末の政局の大逆転

毛沢東は経済回復には同意したものの、修正主義の出現にはあいかわらず強い懸念を抱いていた。そこで、一九七五年二月、主席はレーニンのプロレタリアート独裁に関する理論を学習する運動を展開した。この理論が理解できなければ、修正主義の発生を招くというのである（『鄧小平年譜』（上）、一八―一九頁）。おそらくこれは、鄧小平の「全面整頓」を背後から牽制したものであろう。経済の回復はよいが、思想が失われてはならないというわけである。これを好機とみた張春橋と姚文元は、「経験主義批判」を鳴り物入りで展開した。これは、鄧小平が思想の問題に関心を示さず、もっぱら現実の問題の解決に力を注いでいることに対する婉曲な批判であった。だが、毛はこのような批判の仕方には同調せず、かえって張春橋らのマルクス・レーニン主義に対する理解の乏しさを叱責した。教条主義は経験主義と同じくらいたちが悪いものであるのに、彼らは経験主義だけを一方的に批判している、というのである。五月三日、毛は再度、「四人組」に警告を与えた。「団結しなければならない。分裂してはならない。公明正大でなければならない。陰謀や詭計をめぐらせてはならない。『四人組』をやってはならない。……私は江青こそが一人のちっぽけな経験主義者であると思う。勝手にやってはならない」（『毛沢東年譜』第六巻、五八三頁）。夫からの圧力を受けて、妻は六月二八日、毛と政治局に対して自己批判書を提出するはめになった。そのなかで、江青は「四人組が客観的な存在である」こと、自分の派閥主義がひどくなって党中央を分裂させる恐れすらあったことを認めた（『毛沢東伝』中共、下、一、七三八頁）。

七月には、江青の一九三〇年代の活動を称賛する『紅都女皇』と題する書籍が香港で出版されたこと、およびアメリカの女性歴史家ウィトケが、江青に六〇時間ものインタビューを行って書き上げた彼女の伝記が出版されることを知った主席は、激怒した。『紅都女皇』に言及した際、毛は江青と縁を切るとまで述べたという（高文謙、下、三四一―三四三頁、および張顥、四八―五一頁)。かくして「四人組」は、この時点では運気を使い果たしてしまったかにみえた。

だが彼らは、毛沢東が同年夏から始めた奇妙な運動である『水滸伝』批判のなかでまた勢いづいた。主席によれば、この明代初期に書かれた古い小説の利点は、「投降派」とは何かについての反面教師となることであった。七一回本(『水滸伝』にはいくつかの版本があるが、当時、毛沢東が読んだのはこの版本であった)の最終章で反乱分子の頭目である宋江は、皇帝の懐柔策を受け入れ帰順するが、これは農民反乱の指導者としてはよくない、「彼は投降し、修正主義をやった」(『毛沢東伝』中共、下、一七四八頁)というのである。かくして、小説のなかの英雄は「投降派」と決めつけられた。人々は、宋江が現実世界のだれを指しているのかといぶかった。しかし、高文謙のみるところ、宋江とはもはや体重が三〇・五キロにまで減少していた周恩来を指していることは明らかであった。というのも、すでに一九七三年末の政治局会議での周に対する批判において、主席は宋江が朝廷に帰順した話を用いて、総理のアメリカに対する「右傾投降」を批判していたからである。さらに高によれば、宋江に対する批判は、周恩来に「帰順した」鄧小平にも同時に向けられていたのである(高文謙、下、三四九―三五一頁)。

だが、この企ては思いもかけず、周恩来からの反撃を食らった。死に神と格闘していた総理は、今度ばかりは、毛沢東が暗に自分に貼りつけようとした政治的レッテルを頑として受け入れようとしなかった。九月七日、ルーマニアの党・政府代表団と会見した際、周は突然こう述べた。「鄧小平同志が私を引き継いで国務院の工作を主宰するでしょう。……あなたがたは、鄧小平同志が党の内外の方針を継続して執行するものと完全に信じてよろしい」(『周恩来年譜』下巻、七一九―七二〇頁)。そして、九月二〇日、もはや生還できないかもしれない大手術を受けるために手術室に入る直前、搬送寝台の上で総理はこう叫んだ。「私は党に忠実で、人民に忠実だ! 私は投降派ではない!」(同右、七二一頁)。思わぬ反撃を受け、『水滸伝』批判はうやむやとなった。

「全面整頓」を進める鄧小平の政治的手腕を評価していた毛沢東は、鄧が文化大革命を葬り去ろうとしているのではないかとの疑いを強めていたとはいえ、同年一一月半ばまで、彼を打倒する気はなかった。言い換えれば、「四人組」に権力を引き渡すつもりはなかった。一一月一五日、しばらくの間上海に派遣されていた王洪文が北京に戻ってきたため、党中央の日常業務を主宰する役割を王に戻すよう求めた鄧小平の手紙に対して、主席は「しばらくの間、〔鄧〕小平同志に主宰してもらい、少し様子をみよう」と答えている（『毛沢東年譜』第六巻、六二四頁）。だが、「様子」とは、鄧小平の政治的態度を指していたことがすぐに明らかとなった。一一月二〇日、毛は政治局会議を招集し、鄧が先頭に立って文化大革命を肯定する決議を行うよう求めた。この決議の基調は、主席によってあらかじめ定められていた。すなわち、文化大革命は「七部が成果、三部が欠点」と評価されるべきものであった。これは、鄧小平の毛に対する忠誠を試したものであったといってよい。だが、鄧は周恩来とは異なり、妥協することをほとんど知らない性格の持ち主であった。この頑固者は、自分が中心となってこの決議を書くことはできないと言い張った。このとき、彼は隠遁詩人として知られる陶淵明を引用し、自分は桃源郷の人間であるから、「漢あるを知らずして、魏晋を論ぜず」（政治への関心が欠けている）と述べた（毛毛、下、二〇二―二〇三頁）。かくして、鄧小平は毛を失望させ、試験に不合格となった。

すぐに毛沢東は指示を発し、鄧小平を批判するための会議を開催させた。「打招呼会議」――政治運動の趣旨を事前に伝達することを目的とした会議――という、政治局員でさえ耳慣れない名目での会議であった。奇妙にも、この会議は鄧小平が司会を務め、彼自身が彼に対する批判を呼びかけることになった。一九七五年一二月と翌月の最初の数週間、政治局は連続して会議を開き、鄧小平を批判し続けた。新たな運動の趣旨が各方面に伝えられると、「右からの巻き返しに反撃する」運動が始まった。当然のように江青らは再び活気づいた。

周恩来の死と「四五運動」

鄧小平に対する批判が続いている最中の一九七六年一月八日、周恩来が七八歳で死去した。この出来事のために、鄧批判はしばらくお預けとなり、名目上まだ党中央の業務を主宰している鄧が追悼集会で亡き総理のために弔辞を読み上げた。これ以降、彼は公の場から再び姿を消した。

だが、いささか理解に苦しむ点であるが、毛沢東は鄧小平を引きずり降ろす決断を下したとはいえ、それでもなお彼を完全に打ちのめすつもりはなかった。一月二〇日の政治局会議における鄧小平の自己批判について、翌日、甥の毛遠新から報告を受けた主席は、彼にこう述べた。鄧については「やはり人民内部の問題だ。うまく導いてやれば、劉少奇、林彪のように敵対する方面に行くことがないようにすることができる。〔鄧〕小平の工作の問題は、また後で議論しよう。私の意図は、〔鄧小平の〕仕事は減らしてよいが、工作から離脱させてはならないということ、つまり棍棒の一撃で打ち倒してはならないということだ」(『毛沢東年譜』第六巻、六三四頁)。

ともあれ、周恩来が去り、いまや鄧小平が政治的に無力化されたからには、主席は誰に党中央の仕事を任せるのであろうか。この日、毛遠新が毛沢東に聞きたかったのもまさにこの点であった。伯父の答えは、甥にとってまったく意外なものであった。毛は「華国鋒に陣頭指揮をとらせよう」と述べたのである(『毛沢東年譜』第六巻、六三五頁)。最高権力にほんのわずかのところまで近づいたと考えていた「四人組」は深く失望したが、彼らは決してあきらめることはなかった。

江青、張春橋らは、人々が周恩来の追悼活動に夢中になることによって、鄧小平に対する批判の波が勢いを失うことを恐れた。そのため、「四人組」は亡き総理に対する人々の追悼活動の広がりを抑え込もうとし、喪章をつけること、花輪を供えること、祭壇を設けること、総理の遺影を掲げることを禁じてしまった(楊継縄、六二三頁)。だが、一部の人々は外套の下に喪章をつけ、遺影が職場の点検係によって壁から取り外されると、点検係が去るや、また新たに遺影を壁にかけ直した(毛毛、下、二二五頁)。人々の抵抗はこのような消極的な形態にとどまるものではなかった。折しも、年に一度人々が故人を偲ぶ日である清明節(一九七六年は四月四日)が近づいていた。三月二五日、上海で発行される新聞『文匯報』が「党内のあの走資派〔資本主義の道を歩む人々〕は、打倒されても今なお悔い改めようとしない走資派の登場を助けている」と書いたとき、人々はこれが周恩来と鄧小平を指しているると理解し、この記事の背後にいると考えられた張春橋を批判し始めた。批判の波は、南京大学から始まり、あっという間に南京市全体を飲み込んだ。同市の大通りには、「打倒張春橋」と記されたスローガンが公然と張り出された。南京市から約三〇〇キロ離れた上海市では――そこは「四人組」の根拠地にほかならなかった――「四人組」に対する批判が流入することのないよう、上海市党委員会に命じられた人々が鉄道の駅や長距離バスのターミナルを見張っていた。だが、彼らは南京市民の戦闘的スローガンを車体に大きく記した列車が、北京に向かうことまでは阻止することができなかった。三月三一日、列車が北京に到着すると、北京市民と南京市民は、「四人組」に対する批判のために手を携えた(厳家其ほか、下、一四七―一五七頁)。

北京では四月四日、天安門広場が白い花をもつ何万人もの人々によって埋め尽くされた。広場の中央にある人民英雄記念碑の周囲一面に「四人組」への批判、さらには毛沢東への批判さえも含んだ詩や弔辞が張り出された。人々は押し合いへし合いしてそれらを書き写したり、朗読したりした。その夜、華国鋒は政治局会議を開き、前例のないこの事件にどう対応するかを協議した。現在、中国の文献は、すでに再失脚した鄧小平はもちろん、葉剣英や李先念が参加しなかったこの会議においては、江青がその場を取り仕切った結果、この事件が反革命事件と断定されたと示唆している(例えば、『中国共産党的九十年　社会主義』、六二六頁)。しかし、この騒ぎに直面した政治局のメンバーたちは、おそらくいずれも一九五六年のハンガリー動乱を想起し、鎮圧以外の選択肢を主張しなかったのである。

政治局会議の決定に基づき、四月五日未明、北京市当局は二〇〇台のトラックを出して、天安門広場の花輪をすべて撤去し、さらにいくらかの人々を連れ去った。夜が明けると、人々は花輪が持ち去られていることを知って激怒し、数十万人が天安門広場につめかけて「花輪を返せ」、「戦友を返せ」と叫び始めた。興奮した群衆の一部は、警察車両をひっくり返し、火を放った。さらに、天安門広場南東角にあり、公安関係者の詰め所となっていたビルにも突入し、火をつけた。同日夜、人民解放軍、公安、民兵が出動し、棍棒などで群衆を蹴散らしたため、広場は血で染められた。これが「四五運動」あるいは「(第一次)天安門事件」と呼ばれるものである。四月六日、政治局は人々が起こした騒ぎを「紛れもない反革命事件」と断定した。

このとき毛沢東は、もはや書類を持ち上げることさえできないほどの著しい衰弱のため、政治局の判断に影響を与えることができなくなっていた。主席の情報源はもっぱら毛遠新と江青であった。彼らは、この前代未聞の「反革命事件」の黒幕は鄧小平だと毛に訴えた。四月五日早朝五時、毛遠新は主席に書面で報告を行った。「このように大量に天安門前に集中したかくも多くの大衆が、公開で反革命の演説を行い、直接に毛主席を攻撃しているのは、建国以来なかったことです。明らかに、これは計画的で組織的で、北京だけでなく全国の少なからぬ地方で起きています」。四月六日の政治局会議後、毛は珍しく江青の面会を断らなかった。妻は夫にこう述べた。「これは死人が生きている人間を圧迫しているのです。鄧小平が彼らの黒幕です。私は告発します。私は鄧小平の党籍を剝奪することを提案します」。今度ばかりは、夫は妻の要求を全面的にではなかったが、少し割り引いて受け入れた。翌日、毛は政治局に二つの決議を行うよう提案した。ひとつは、華国鋒を党中央第一副主席、および国務院総理に任命することであった。もうひとつは、鄧小平の党内外の職務をすべて取り消すこと、ただし党籍は保留し、観察処分とすることであった(『毛沢東伝』中共、下、一七七六―一七七七頁)。

華国鋒という意外な人物が前面に躍り出てきたとはいえ、鄧小平をお払い箱にできたのだから、「四人組」は小さく万歳を唱えることができた。同日、彼らは「勝利」を祝う宴を催した(厳家其ほか、下、一八五頁)。だが、彼らが美酒に酔うことができたのはこれが最後であった。

「十月政変」

まったくの偶然と考えるほかはないが、一九七六年は中国にとって実に出来事の多い年となった。一月八日に周恩来が死去した後、三月八日には、吉林省に大きな隕石が落下し、東北の大地を揺らした。四月には、天安門事件が起こり、七月六日には、人民解放軍の元老である朱徳が死去した。同月二八日には、河北省唐山市付近でマグニチュード七を超える規模の大地震が起こり、人口一〇〇万人のこの大都市を廃墟にした。被害は天津、北京にも及び、これらの都市でも多くの建物が倒壊した。死者は中国政府の公式発表によれば、二四万人にのぼった。[†2] 物理的地震の次に訪れたのは政治的地震であった。九月九日に毛沢東が死去したのである。

亡くなる数カ月前、最高指導者の衰弱ぶりはすでに顕著であったから、誰もが彼の死が間近に迫っていることを理解した。六月初めには、毛沢東は心筋梗塞を起こし、救命措置を施されてなんとか一命をとりとめた（『毛沢東年譜』第六巻、六四九頁）。圧倒的な権力をもつ後ろ盾を間もなく失うことが明らかとなったとき、宣伝機関を掌握しているほかには何ら権力資源をもたない江青、張春橋、姚文元らは何を思っただろうか。間違いなく、彼らは恐怖にとらわれていたであろう。すでに天安門広場における人々の振る舞いを、またいくつもの大都市において「四人組」を非難する人々の大群が現れたことを目の当たりにして、もはや彼らも大衆から見放されていることは察知していた。だが、そうであるがゆえに、江青らは座して毛沢東とともに政治生命を終えるよりは、攻勢に転じて最高権力の掌握を目指したのであった。同年春から夏にかけて、彼らは天安門事件の参加者に対する追及の手を強めた。また、彼らの影響下にある『人民日報』、『解放軍報』、『紅旗』を最大限利用して鄧小平に対する批判を強化すると同時に、「党内の走資派」との闘争を呼びかけた。さらに江青はといえば、毛沢東を漢王朝の劉邦に、そして自分をその皇后である呂后になぞらえ、劉邦の死後、呂后がいかに諸侯を追い落とし権力を握ったかを側近に調べさせた（厳家其ほか、下、二二三―二二五頁）。一方、「四人組」の攻撃対象となった古参幹部たちは、鄧小平を失って求心力を欠いていた。そのため、江青らによる、どちらかといえば一方的な攻勢にさらされていた。そうしたなか、毛沢東が死去したのである。

最高指導者が死去した直後、「四人組」は毛沢東の最後の指示のなかに、彼らによる権力継承の根拠を見出そうとし、「既定方針通りにやれ」（按既定方針辦）との言葉にたどり着いた。九月一六日付の『人民日報』は「毛主席は永遠にわれわれの心のなかに生き続ける」と題する社説を掲載したが、そのなかで「毛主席はわれわれに『既定方針通りにやれ』と教えている」と書いていた。彼らのいうこの主席の「臨終のいいつけ」が意味するところは、亡き主席は華国鋒を党中央第一副主席に据えたのであって、もとより主席に据えたのではない、ということであった。これに対し華国鋒は、それは正確に事実を伝えていないと異議を唱えた。もともと、同年四月三〇日、ニュージーランド首相マルドーンとの会見を終えた直後、毛沢東は華国鋒と内外の問題について話し合ったが、言葉がはっきりしない毛は、華に三つの短文を書いて渡した。それらは、「ゆっくりやれ、焦ることはない」、「これまでの方針通りにやれ」（照過去方針辦）、そして「君がやれば私は安心だ」であった（『毛沢東伝』中共、下、一七七八頁）。だが、「四人組」は、華国鋒の主張を認めようとしなかったばかりか、かえって華に主席の「臨終のいいつけ」を改竄した罪を着せようとした（範碩、下巻、五九四頁）。この期に及んで、文化大革命の受益者であるが江青らとは距離を置く華国鋒と、文化大革命の被害者であるがゆえに江青らに反発する李先念、葉剣英、聶栄臻ら軍の元老たちが手を取り合った。彼らは九月中旬から下旬にかけて、非常手段を用いて「四人組」を排除することをひそかに決定した。周到な準備がなされ、長年毛沢東の身辺警護の責任者であった汪東興が執行責任者となった。

一〇月六日夜八時、政治局常務委員会を開催するとの名目で、張春橋、王洪文、姚文元が中南海懐仁堂に一人一人集められた。彼らが会場に入ると、華国鋒は隔離審査を行うと告げ、連行した。このとき張春橋は何ら反抗しなかったが、王洪文は華国鋒に殴りかかろうとして阻止されたという。時を同じくして、中南海にいた江青と毛遠新もまた拘束された。極端な文化大革命推進派はこれで政治の舞台から姿を消し、ひとつの時代が終わりを告げた。翌日、政治局は華国鋒が党中央主席ならびに中央軍事委員会主席に就任するとの決議を行い、来るべき党大会でその追認を求めることを決定した（厳家其ほか、下、二二六―二二七頁）。

†1　中国は一九七九年二月一七日、広西チワン族自治区と雲南省の国境から、二〇万人以上の兵力を用いてベトナム北部に進攻した。国家間の通常の戦争では考えにくいことであるが、この攻撃は領土の獲得が目的でもなければ、相手国の政権の転覆を狙ったものでもなく、ベトナムのカンボジアへの侵攻に対する「懲罰」を目的として行われた。しかも、かつての「兄弟国」との戦争を始める直前、既定の方針に基づいて米中国交正常化を実現するために訪米していた鄧小平は、近くベトナムと戦争を始めるつもりだと、わざわざカーター大統領に告げていたのである。アメリカ側の会談記録によると、副首相は大統領にこう述べたという。中国はベトナムに「教訓を与え」なければならない。ソ連はキューバやベトナムを使うことができ、さらにアフガニスタンも手先に加えようとしている。中国はこの問題に力の立場から接近している。作戦行動は限定的であり、一〇日から二〇日間続いた後、軍を撤退させるであろう（*FRUS, 1977–1980*, Vol. XIII, pp. 771–772)。

戦争の決断は、鄧小平が自らアメリカ人に説明したように、ソ連の支援を受けたベトナムの力がインドシナにおいて確立することは、世界的規模でのソ連の戦略的展開の決定的な一歩になることを真剣に恐れたためであったのだろうか（キッシンジャー、二〇一一年、(下)、四六六―四六七頁)。たしかに、鄧小平の訪米直前に行われた秘密会議――『鄧小平年譜』にも記載が見当たらない――においては、ベトナムのカンボジアに対する侵略について、「これはソ連社会帝国主義がベトナムという東方のキューバを駆り立てて、それを東南アジア方面へと向かわせる第一歩であり、ソ連社会帝国主義のグローバルな戦略計画の一部である」がゆえに見過ごすことはできないという主張が展開されている（「中共中央政治局委員耿飈同志」、一五九頁)。それとも、権力が華国鋒から鄧小平の手中へと移動しつつあったことと関連があったのであろうか。さまざまな説が唱えられているが、朝鮮戦争と同じように、われわれが本当のことを知るにはもう少し時間がかかるであろう。

†2　この未曾有の自然災害直後に党中央が被災者に送った慰問の電報は、当時の指導者たちが何を重視していたかを端的に物語っている。その電報はこう述べていた。「毛主席の一連の指示を真剣に学習し、階級闘争をかなめとし、鄧小平の反革命修正主義路線に対する批判を深く展開しよう」(史雲ほか、六五四頁)。

第13章　改革開放への大転換

権力の移行——華国鋒から鄧小平へ

一九七六年一〇月のクーデターによって、極端な文化大革命推進派は排除された。これで実質的に文化大革命は終了したものの、正式にこの事業が終わったことが宣言されるのは、一〇カ月後の第一一回党大会を待たなければならなかった。この大会の政治報告において華国鋒はこう宣言した。「この政治大革命を経て、われわれは……劉少奇、林彪、『四人組』という三つのブルジョア階級司令部を粉砕し、繰り返された争奪戦のなかで彼らに奪われていた一部の権力を奪い返し、わが国のプロレタリアート独裁をこれまでになく強固なものとし、毛主席の革命路線を全面的に正しく貫徹するための道を掃き清めた。……こうして、一一年にわたるわが国の第一次プロレタリア文化大革命は『四人組』の粉砕をその標識として勝利のうちに幕を閉じたのである」(『北京週報』第一五巻第三五号(一九七七年八月三〇日)、三八—三九頁)。

ここで、毛沢東の後継者に収まった人物が、「四人組」を劉少奇や林彪と並ぶブルジョア階級司令部と呼び、彼らを除去した文化大革命の成果に言及するとともに、「第一次」文革が成功裏に幕を閉じたと語っていることに注意されたい。どうみても「極左」の範疇に属し、毛沢東の「継続革命」のもっとも忠実な実行者であった「四人組」を、ブルジョア階級の代表者とみなすことは無理であった。しかも、空前の規模の破壊と混乱をもたらした文化大革命に第二幕がありうると示唆したことは、多くの人々の背筋を凍りつかせた。

とはいえ、華国鋒の歩む道は、おそらくほかにはなかったであろう。それは華国鋒の権威の源泉が、毛沢東の政治的遺言にあったためである。華の側近たちは「二つのすべて」という奇妙な政治的原則を考案し、彼の権威を守ろうとした。これは、毛沢東が決めた政策はすべて実行し、そして毛沢東の指示したことはすべて守るという原則であった[†1]。それによって、華国鋒に亡き独裁者のオーラをまとわせようとしたのである。毛沢東と華国鋒を並べて描いた——あるいは華を毛に似せて描いた——肖像画も街角にあふれた。だが、その試みは逆効果であった。多くの人々は、党が文化大革命ときっぱりと手を切ることを望んでいたのである。

全国で荒れ狂った文化大革命に対する反動の嵐も、華国鋒には不利に作用した。すでに文革末期から、旧造反派を政治的に排除する運動が全国的に広まっていた。文革後は、これに「四人組」の残党を摘発する運動が重ね合わされた。一九七六年の「十月政変」直後に開始された摘発・批判・審査運動（中国語では「掲批査」運動）がそれである。この運動は一九七八年一二月の第一一期三中全会でいちおうの収束が宣言されたが、実際には「三種人」（暴行、破壊、略奪分子を意味する）摘発運動に引き継がれ、一九八〇年代半ばまで猛威を振るった（楊継縄、一〇九頁）。これらの運動は、文化大革命を通じて力ずくで打ち立てられた秩序を、再度力ずくで覆し、文革以前の秩序を回復させる大波のようなものであった。この反動の大波は、楊継縄が示唆するように、文革中に痛めつけられた官僚集団の旧造反派に対する報復として理解できるかもしれない。そのために、「掲批査」運動と「三種人」摘発運動は、文革と同様の恐るべき暴力を伴って旧造反派を襲った。

このような文化大革命の大がかりな反動が、一九八〇年代半ばまでの中国政治の構造的背景を形作っていたとすれば、文化大革命を肯定的に理解し、その再演さえもほのめかす華国鋒は、遅かれ早かれ大波に押し流される運命にあったといわなければならない。中国政治に新しい局面を切り開く役割を担ったのは鄧小平であった。指導者としての経験に富み、意志が強く、軍に強い影響力をもち、そのうえ「四人組」と真っ向からたたかった過去をもっていたから、中国政治を再出発させるのに、これ以上ふさわしい人物はほかに見出しがたかった。鄧小平は胡耀邦、趙紫陽、万里という助手を従えて、華国鋒ら旧い路線にすがりつく人々の権力を次第に削いでいった。[†2]

中央組織部長と中央党校の副校長を兼任していた胡耀邦は、「二つのすべて」に対して、いわゆる「真理基準」論争なるイデオロギー論争を仕掛け、華国鋒を追い詰めていった。胡耀邦ら改革を主張する人々の主張は、思想は解放されなければならず、したがって毛沢東思想に対する教条主義的態度は改めなければならず、実践を通じてこそ真理のありかは明らかとなる、というものであった。

改革派は一九七八年一一月に開催された中央工作会議において優位に立ち始めた。華国鋒がこの会議のために用意した議題のなかに、文革中に無実の罪を着せられた数々の人々の名誉回復を見出せないことに憤慨した陳雲がそれを議題とするよう迫ると、会議の雰囲気は一変した。会議は華国鋒の思惑から完全に外れ、さながら文化大革命の誤りの総点検の観を呈した。結局のところ、華国鋒は閉会の際に「二つのすべて」が誤っていたと認めざるをえなくなった（朱佳木、七二―八九頁）。そして、その直後に開かれた第一一期三中全会が、鄧小平率いる改革派が主導権を握った重要な会議となった。この会議においては、共産党の今後の活動の重点はもはや階級闘争ではなく、「現代化建設」に置かれることが宣言されたのである。華国鋒はなお党主席、首相、中央軍事委員会主席にとどまり、また汪東興、呉徳ら「二つのすべて」を掲げて華を支える人々も政治局に残ったが、その後、徐々に最高指導部から排除された。そのため、この会議は今日、中国共産党によって「偉大な転換点」と呼ばれている（『中国共産党的九十年　改革開放』、六六〇頁）。

このような路線転換を正当化した文書が、一九八一年六月に出された「建国以来の党の若干の歴史問題に関する決議」（通称「歴史決議」）であった。この長大な文書は、文化大革命について、「実践が証明するところ、『文化大革命』はいかなる意味でも革命あるいは社会的進歩ではなかったし、そうなるはずもなかった」と述べている

（『関於建国以来党的若干歴史問題的決議注釈本（修訂）』、三〇頁）。そして、一九五〇年代後半からの毛沢東の指導を痛烈に批判している。しかし、その一方でこうも述べている。「毛沢東同志は偉大なマルクス主義者であり、偉大なプロレタリア革命家、戦略家、理論家であった。彼は一〇年にわたる『文化大革命』で重大な過ちを犯したとはいえ、全生涯からみると、中国革命に対する功績は過ちをはるかにしのいでいる。彼の功績が第一で、誤りが第二である」（同右、四六頁）。この文書を歴史学的な考察として読むなら、われわれは大きな過ちを犯すことになるであろう。これは徹頭徹尾、鄧小平が当時の政治的必要から作成した文書であった。政治的必要とは、文化大革命に終止符を打ち、改革に乗り出すことを正当化すること、そして新しい路線のもとに党内の認識を一致させることであった。

認識の一致を作り出すうえでの最大の問題は、大きな誤りを犯した建国の父の扱いであった。毛沢東の功績を全面否定してしまえば、それは中国共産党が行った革命を全面否定することにつながりかねなかった。そこで毛沢東に対しては、フルシチョフによるスターリンの扱いとは異なる大いなる敬意が払われ、天安門広場の記念堂のなかに眠る彼を安心させた。とはいえ、もはや毛沢東が敷いた文化大革命の軌道のうえを走り続けることもできなかった。そのため、「歴史決議」は毛沢東を擁護しながら、毛沢東が歩んだのとは異なる道に党が踏み出すことを正当化したのであった。

この文書は華国鋒についても、彼が四人組の摘発に功績があったとする一方、重大な過ちを犯したと指摘している。過ちとは、「二つのすべて」を掲げたこと、「真理の基準をめぐる討論」を抑えつけたこと、文革期に失脚した古参幹部の名誉回復を妨害したこと、新しい個人崇拝を作り上げたこと、そして経済面で性急に結果を求めたこと、である（『関於建国以来党的若干歴史問題的決議注釈本（修訂）』、四〇－四一頁）。かくして、華は失脚は免れたものの、権力の中心から次第に遠ざけられた。彼は一九八〇年には首相を解任され、翌年には党主席も解任された。さらに一九八二年の第一二回党大会では政治局員にも選出されなかった。華国鋒がゆっくりと静かに去り行く過程は、鄧小平が次第に前面に躍り出る過程でもあった。

改革開放の時代の緩やかな始まり

このようにして、明瞭な始まりの日付をもたないまま、改革の時代が始まった。今日の公式の党史は、第一一期三中全会が新しい時代の華々しい出発点であったという印象を与えているが、それは事後の政治的評価を歴史に投影したものである。ある研究者は、改革開放という言葉が初めて『人民日報』に登場したのが一九八四年五月一八日であったことを明らかにしている（高原、二二一頁）。改革開放への転換は、数年を費やして行われた緩やかな過程であったとみたほうがよいであろう。

画期が不明瞭であったことには理由がある。ひとつは、最高権力者の交替が、数年にわたる時間をかけてゆっくりと行われたためである。これは鄧小平が華国鋒をすぐには圧倒できなかったこと、そして後に「歴史決議」で強調されるほどには、両者の政策に対する指向が違ってはいなかったことによる。このことは、華国鋒が毛沢東の後継者であろうとすると同時に、進歩的な側面も持ち合わせた「両面派」であったがゆえに、文革から改革開放へというほとんど一八〇度の路線転換が大きな混乱を伴うことなく見事に成し遂げられたのだという理解にわれわれを導く。

もうひとつの理由は、誰も未来の青写真を持ち合わせていなかったためである。指導者たちは、資本主義が不倶戴天の敵だと何十年にもわたって吹き込まれていた。私的経営は——農業であれ、商工業であれ——そのように危険な資本主義の温床であると信じてきた。「自力更生」が正しい路線であるから、外国との貿易は控えるべきだと教えられていた。「民主」はよきものであると理解してはいたものの、それは指導者が民のために取り計らってやることとほとんど同義であった。そのように未来についての構想力が欠けた状況では、清朝末期の改革に対する反動と同じように、そもそも過去に歩んだ正しい道から逸脱したことが問題であったとして、「正しい過去」

への復帰を唱える人々が現れるのも自然であった。そもそも、文革の嵐が過ぎ去って、この大災難以前の秩序が回復されたからには、党・政府の大部分の官僚たちにとって、改革などほとんど必要がなかった。かくして、大胆さがはじめから姿を現したわけではなかった。改革は、あたかも二歩進んで一歩下がるように、漸進的に進むほかはなかったのである。

改革開放のもっとも重要な成果のひとつとみなされる農家請負制は、数年もの時間をかけてようやく全国に広がった。農家請負制とは、各農家に農業税と義務的に政府に売り渡す生産量を請け負わせ、義務分を超過達成した分については、個人の裁量で処分してもよいとする仕組みである。実際上、それは個人経営とほとんど変わりがなく、農業を脱集団化し、かつ農産物の商品化を促すものであった。この仕組みは、一九七七年に安徽省において、旱魃によって人民公社が耕作を放棄した土地を、省政府の黙認を得て農民たちが個人で耕作したところ、大きな収穫量が得られたため、大いなる注目を浴びていた。ところが、第一一期三中全会において指導者たちは、実施されれば零細農民の生産意欲をかきたてるはずのこの仕組みを、断固認めないと決議した。保守的な人々が、個人的な農業経営に資本主義復活の新たな兆候をみていた——一九六二年における毛沢東と同じように——からである。そのため、翌年秋の第一一期四中全会においても、党が農家請負制を支持することはなかった。この制度が「五年を費やして」(胡耀邦の言葉、一九八三年一月二〇日、『胡耀邦文選』、四七五頁)ようやく公認されるのは、一九八二年を待たなければならなかった。同年一一月、全国人民代表大会で人民公社の解体がようやく決定された。

対外貿易を拡大し、外国資本を積極的に導入するための沿海地域における経済特別区の設置に対しては、農業の脱集団化ほど抵抗はなかった。それはおそらく、「二つのすべて」を掲げる人々も、外資を利用した急速な発展に同意していたからであろう。第一一期三中全会で特区設置の方針が決まった後、一九八〇年五月には、深圳、珠海、汕頭、厦門において経済特別区の具体的な運用が開始された。その四年後には、大連、天津、上海、福州、広州など一四の都市が対外経済開放都市に指定され、さまざまな優遇措置が与えられた。これらの都市が、アヘン戦争後、帝国主義国と締結した一連の不平等条約によって、力ずくで開港させられた場所であることを指導者たちはよく覚えていた。したがって、これらの都市を足がかりにして、帝国主義が再度中国によからぬ影響を及ぼす危険を、彼らが考慮しないはずはなかった。一九八二年一月五日には陳雲が、始まったばかりの対外開放と密輸などの経済犯罪の増加とを結びつけた結果、「重大な経済犯罪に打撃を与える」運動が開始された。保守派の総帥と目される胡喬木と鄧力群がすぐにこの運動の先頭に立った。胡喬木は文化大革命を思い起こさせる表現でこう述べた。「反密輸闘争は現在、全国が政治上、経済上、文化上で直面している資本主義思想による腐食と社会主義思想による反腐食との重大な闘争のひとつの重要な環節なのである」（『胡喬木伝』（下）、六一〇頁）。この運動は、いったんは拡大したものの、対外開放を強く支持する鄧小平がそれ以上の運動の拡大を嫌ったため、立ち消えとなった。

農村と沿海部での改革の成果に鼓舞され、一九八四年からは都市でも改革が開始された。小島麗逸の表現を借りれば、「農村の自発的な市場化と経済特区や開放都市の合弁企業の市場経済の二つが、市場経済化の先兵として、もっとも統制色の強い国営企業を挟み撃ちすることになった」のである（小島、一一九頁）。以前の国有企業においては、生産、分配から人事に至るまで国家が深く関与し、企業自体は経営上の重要な決定権をもってはいなかった。だが、経営権と所有権を分離し——つまり資産は国有のままで——企業に自主的な経営を認めたのである。そのために工場長責任制と称される、工場長に大幅な経営上の決定権を与える仕組みが採用された。同時に、国有企業の独占状態に終止符を打つために、個人経営および外資との合弁などのさまざまな形態の企業を発展させ、市場における競争がもたらされた。このようにして、かつての統制経済は商品経済に徐々に侵食され始めた。

このような都市の改革は、連鎖的にさまざまな新たな改革を必要とした。従業員の地位の変化に伴う新しい社会保障制度の構築、法制度の整備、新たな人材育成の仕組みなど、ほとんどきりがなかった。したがって、改革を進めれば進めるほど、既得権益をもつ人々との間に広範な摩擦が生じてくることは避けられなかった。もちろん、既得権益と抵触するか否かにかかわらず、改革の方向性をイデオロギー的にみて容認しがたいと考える人々も依然として少なくなかった。

保守派対改革派

改革派と保守派という用語はつねに単純化の危険をはらんでいる。たいていの場合、この両派を分かつ境界線は固定されたものではなく、また両派のいずれにも分類しがたい中間派が存在しているものである。加えて、各派内部には、やや指向の異なるいくつかの集団を見出すこともできる。そのような危険を承知のうえで、便宜的に、経済分野における市場化を目指すと同時に、政治分野における重要な制度改革を必要と考えていた人々を改革派と呼び、それらの改革に否定的な立場をとった人々を保守派と呼んでおこうと思う。両者は時に静かだが、時に激しい闘争を展開し、改革開放に紆余曲折をもたらした。

改革派が一九七八年秋に訴えた「思想解放」に鼓舞されて、知識人たちは中国の未来に関するさまざまな構想を語り始めた。彼らの構想の一端は、一九七九年末、北京市西単の大通りに面した壁（「民主の壁」と称された）に無数に貼り出された壁新聞や、当時発行された多くの地下出版物にみることができる。「北京の春」と呼ばれた、思想と表現の自由を求める運動がこれである。[†3] 北京のみならず、天津、上海、武漢などの大都市でも自発的結社が多数出現し、民主、自由、人権などを標榜し、集会やデモを行った（『胡喬木伝』下、六〇四―六〇五頁）。この騒然とした状況は、当初、「北京の春」を静観していた鄧小平を次第に不安にさせた。そこで彼は一九七九年三月、「四つの基本原則」なるものを定めて、「北京の春」を強制的に終結させた。「四つの基本原則」とは、社会主義の道、プロレタリアート独裁、共産党の指導、マルクス・レーニン主義と毛沢東思想を指し、これらは決して踏み外してはならない立脚点だとするものである。この原則を明らかにしたことによって、鄧小平は自らが経済的には急進改革派に属しながら、政治的には頑迷な保守派に属する両面派であることを自ら暴露した。改革の時代の幕開けが、立ち入ってはならない政治的禁区の設定から始まったことは象徴的であった。胡耀邦は、自由な言論の封殺にある程度まで抵抗しようとしたが、無駄であった。

胡耀邦は一九八一年六月に党主席に就任するとすぐに苦境に立たされた。というのも、同年一〇月、「ブルジョア自由化」反対を叫ぶ保守派による騒々しい運動が始まったからである。「ブルジョア自由化」とは、胡喬木によれば、「知らず知らずのうちに、政治、経済、社会、文化の領域において社会主義の軌道を逸脱し、ブルジョア階級の自由な制度を実行するよう求める」ものである（胡喬木、三頁）。この騒動は、人民解放軍に所属する作家である白樺の書いた映画の脚本『苦恋』に対する批判に端を発していた。この作品は、ある画家の抗日戦争から文化大革命へと至る不幸な生涯を描いたものであった。脚本を批判した『解放軍報』の論文によれば、『苦恋』は社会主義の祖国を醜悪化し、社会主義の優位性を抹殺し、毛沢東の誤りと「四人組」の犯罪を混同し、さらに文化大革命の原因について誤った解釈を下しているのであった（『解放軍報』一九八一年四月二〇日、特約評論員論文）。かつて反右派闘争のなかで批判されたこの作家は、またしても自分の作品が批判の対象となるとは夢にも思わなかったであろう。だが、一九五七年に反右派闘争を指揮した鄧小平は、今回も思想の領域における闘争には容赦がなかった。鄧の語るところ、現在、思想戦線上の問題で散漫軟弱な状態が存在している。「今後は反右派はやらない。だが、各種の誤った傾向に対して、厳粛な批判を行わないですませることは絶対にできない」（竹内ほか監訳、下巻、一八四―一八五頁）。胡耀邦はイデオロギーの領域が改革の埒外にあることを決定的に思い知らされたに違いない。

一九八三年三月一七日、陳雲は政治局常務委員会において、胡耀邦の経済問題に関する発言をとりあげて長々と批判した。批判は包括的なもので、三〇年前に陳雲が指導した第一次五カ年計画を胡が失敗だったと述べていることや、胡が経済計画を十分に尊重していないという点に至るまで多岐に及んでいた。鄧小平はこの演説に大いに困惑させられたが、自分の右腕である総書記の権威を守ろうとした彼は、議論の拡大を認めなかった。だが、胡喬木と鄧力群が陳雲の演説内容を無断で報道機関に漏らしてしまったことで騒ぎが生じ、胡耀邦の権威は大きく傷ついてしまった（鄭仲兵主編、下冊、八〇〇―八〇二頁）。

保守派の攻勢は続き、同年秋には「精神汚染」一掃キャンペーンが始まった。発端は『人民日報』副編集長の王若水が、「社会主義的人道主義」という概念によって、党の権威のうえに個人の自由と人格の尊厳を置くべきだと示唆したこと、および有名な作家の周揚が、資本主義社会のみならず社会主義社会においても、幹部が権力を乱用して民主主義と法治が損なわれれば「疎外」（中国語では「異化」）が生じうると主張したことであった。彼らの議論が党の絶対的権威を傷つけかねないと危惧した鄧小平は、「精神汚染」と命名された思想的傾向を批判する運動を行うことを決めた。胡喬木と鄧力群はこの機に乗じて、「汚染」地域は改革の始まった農村や、設置されたばかりの経済特別区にも及んでいると訴えた。同年一〇月に開催された第一二期二中全会で「精神汚染」に反対する全国的な運動が始まったが、胡耀邦、趙紫陽、万里などの一致した努力によって、運動は二八日間で収束した（李鋭、一七二頁）。

以上の経緯からみて、胡喬木と鄧力群に代表される保守派があらゆる機会をとらえて、改革を阻もうとしたことは明らかである。これら二人の「左王」（同右。左派の王という意味である。日本での一般的な理解とは異なり、中国においては毛沢東時代の古い社会主義的路線を支持する人々が「左」と呼ばれる一方、旧来の路線にこだわらない人々が「右」と呼ばれる。したがって、しばしば「左派」と保守派は同一視され、「右派」と改革派が同一視される）の背後には陳雲、李先念、王震、薄一波などの、いずれも辛亥革命以前に生まれた長老たちが控えており、彼らを支えていた。さらに長老たちの背後には、いかなる改革も本能的に嫌悪する膨大な数の官僚層が控えていた。そうであるがゆえに、胡喬木と鄧力群の抵抗は、孤立した企てではなかった。おそらく、両者の権力上の野心は、「四人組」と異なり、限られたものであったろう。だが、彼らは毛沢東時代の言葉で語り、毛沢東時代の概念で考え、そして毛沢東時代の心理と論理を捨てきれなかった。一九八〇年代の世界的な潮流——民主化、政治的自由の拡大、法治の広がり——が彼らの目に入らなかったわけではない。ポーランドの自主管理労組「連帯」の動向に対する胡喬木の反応からみて、彼らはむしろ世界史の大きな潮流を意識したがゆえに、中国共産党の一党独裁だけは、いかなる代償を払おうとも死守しなければならないと考えたのかもしれない。

一方、改革派も共産党による統治を手放すつもりは毛頭なかったとはいえ、それを民主主義、自由、法治といった世界的潮流に接合しようと考えていた。胡耀邦は鄧小平とは異なり、西側の制度に露骨な敵意を示さず、かえってそれにある種の普遍性を認めていたのである。それゆえに、彼は多くの開明的な人々、とりわけ急進的な知識人から敬愛された。だが、人民服より背広を着ることを好んだこの人物は、政治的な配慮に欠けるところがあり、また性急に結果を求めるという欠点も持ち合わせていた。そのため、彼は鄧小平をしばしば怒らせ、保守派に攻撃材料を与えただけでなく、改革派の盟友ともいいうる趙紫陽との間に対立も生じた[†3]。一九八三年一月には、趙紫陽のアフリカ訪問中に、胡耀邦が農村における請負制を都市部にも導入することを提案したが、これを知って驚いた趙は、帰国後ただちにこの提案を葬り去った。総書記と首相の反目を知った鄧小平は、両者を自宅に招いて二人の意見を聴取した後、はっきりと趙を支持する裁定を下した。鄧小平は経済政策を担当するのはあくまでも国務院と中央財経指導小組であると述べ、それによって胡耀邦が国務院の経済政策に介入する道を封じた（趙紫陽ほか、一九六—一九七頁）。

胡耀邦の退場

もし胡耀邦が政治的駆け引きと妥協に長け、鄧小平との関係を良好に保つと同時に、保守派につけいる隙を与えなかったならば、改革開放はそれほど曲折に富んだものにならず、より多くの新機軸が打ち出された可能性はある。しかし、両派の衝突はどのみち避けられなかったであろう。それは既得権益にしがみつく官僚層が改革を阻む盾となったことがもっとも重要な要因であるが、実質的な最高指導者である鄧小平が経済面での改革を進めながら、政治体制に手を加えることを一切認めなかったためでもある。

鄧小平も政治面における改革を口にしないわけではなかった。彼のもっとも詳細で包括的な政治改革の構想は、一九八〇年八月一八日に政治局で行われた「党と国家の指導体制の改革について」と題する長大な講話に見出すことができる。この講話において、鄧小平は一九五七年に官僚主義を攻撃したのと同じ痛烈さをもって、幹部たちの行動様式を批判した。鄧によれば、わが国の党と政府には、「雲のうえで胡坐をかき、権力を濫用する」人々がいる。「文書をたらい回しにし、責任をなすりつけあう」人々がいる。「私腹を肥やし、賄賂を送り受け取り、法を曲げる」人々がいる。そして「一部の高級幹部の行く先々で、歓送迎の宴会や通行止め、あるいは大げさな宣伝などをいまだにやっている」のである。これらが鄧のいう、中国に特徴的な官僚主義の表現であった。それだけでなく、彼の攻撃の矛先は、過度の権力集中、家父長制的傾向、幹部の終身制にも向けられた。この講話は、われわれのすべての改革の最終的な成否は、党と国家の指導制度の改革にかかっている、との言葉で締めくくられた（太田ほか編、上巻、三七二―三九一頁）。

政治体制の刷新を求める知識人たちは、この講話に大いなる期待を抱いた。だが、その期待は長くは続かなかった。胡喬木がポーランドの自主管理労組「連帯」が作り出した騒ぎに言及し、中国における現在の情勢は反右派闘争の前よりもいっそう緊迫しているから、もし政治体制改革を行えば必ず混乱が生じると主張すると、鄧小平はそれに同意し、政治改革の構想は棚上げにされてしまった（李鋭、一六七―一六八頁、および『胡喬木伝』下、六七九頁）。それ以降、彼は「ブルジョア自由化」反対へと舵を切ったのである。

後に趙紫陽が軟禁された際、ひそかにテープに吹き込んだ回想によれば、鄧小平のいう政治改革とは、行政改革と呼ぶべきものであった。それは共産党による統治をより強固にすることを目的とした統治技術と行政効率の改善、および行政人員の士気の向上を説くものにすぎなかった（趙紫陽ほか、三七七―三八二頁）。その一方で、この頑固な老人は、共産党の権力と権威を損なうようなあらゆる思想、制度、そして運動に強く反対した。鄧小平は、少数の人々への権力の集中を社会主義体制のこのうえない利点とみなしており、分散された権力の間に抑制と均衡を働かせる西側のシステムを嫌悪していた。彼の政治思想を端的にうかがわせる言葉はこうである。「社会主義国の最大の優位性は、何事であれ決断を下し、決議したらただちに実行し、他の妨害を受けないことです。われわれが経済体制の改革をやるといったら全国でただちに実行するし、経済特別区を設立すると決めればただちに実行でき、……議論だけして決議せず、決議しても実行に移さないということはありません。この範囲に限っていえば、われわれの効率は高いのです」（『鄧小平文選』テン・ブックス、二四七頁）。李鋭が伝える、天安門事件後に江沢民が総書記に就任した際、江に対して鄧小平が語った次の言葉も、鄧の権力観をよく表している。「毛が生きていた時は毛がいえばそれで決まった。私の時は私がいえばそれで決まった。君はいつそうなるか。そうなれば私は安心だ」（李鋭、二四九頁）。このように考える鄧小平は、趙紫陽に対し、西側の三権分立を絶対に取り入れてはならないと再三にわたって忠告した（趙紫陽ほか、三八四頁）。一方、胡耀邦を先頭とする改革派は、経済改革を進めるには官僚機構の改革にとどまらない政治体制の改革が伴わなければならない、言い換えれば、下部構造と上部構造の両方に及ぶ「全面改革」が必要だと信じた。それゆえ、彼らが鄧小平と衝突することは避けられなかった。

毛沢東時代とまったく同じように、この衝突は「君」に対する「臣」たちのあからさまな反抗という形をとることなく、前者の後者に対する不信頼の一方的増大という形をとった。一九八四年六月二八日、鄧小平は中央書記処書記の胡啓立を呼んでこう述べた。「『四つの基本原則』の堅持と反自由化の努力という点で、胡耀邦の態度は総書記としてあまりに弱腰で、これは基本的な欠点だ」（趙紫陽ほか、二六三―二六四頁。『鄧小平年譜』下巻、九八五頁には、同日は胡啓立と会話とのみ記されている）。一九八五年七月一四日には、自らの右腕に不満を募らせたこの老人は、やはり胡啓立と喬石に以下のように告げた。「一部の者（王若水ら）が胡耀邦をそそのかし、その一方で胡の名前を利用してわれわれの内外政策に反対を唱えている。胡耀邦にもっと反自由化の問題を提起するよう求めるべきだ」(趙紫陽ほか、二六四頁)。

そして一九八六年夏、指導者たちの避暑地である北戴河において、ついに鄧小平の口から重大な決断が楊尚昆ら長老たちに伝えられた。自分は大きな間違いを犯した、胡耀邦を見損なっていた、来るべき第一三回党大会までに胡には総書記をやめてもらう、というのである(同右、二七一頁。この発言については、『鄧小平年譜』下には一切記載が見当たらない)。趙紫陽は、その直後から長老たちが胡耀邦に対して完全に見下した態度をとるようになったと述懐している(趙紫陽ほか、二七一頁)。

その約一カ月後、第一二期六中全会で「精神文明の建設に関する決議」の草案が討議に付されると、「反自由化」という文言を入れるか入れないかで出席者の意見は分かれた。胡耀邦は終始曖昧な態度をとったという(同右、二六六―二六七頁)。だが最後に鄧小平が裁定を下した。「ブルジョア自由化への反対については、私が最も多く語ってきたし、私がもっとも頑固に主張してきた。自由化は実際には、われわれ中国の現行の政策を資本主義の道に導くものである。……自由化をやれば、われわれの安定団結の政治局面は破壊されるだろう。……自由化への反対は、いまいうだけではなく、一〇年、二〇年いわなければならない」(『鄧小平文選』中共、第三巻、一八二頁。半年後には、その期間は五〇年に延びた。同右、二一一頁)。

同年一二月、有名な天体物理学者の方励之が、安徽省合肥市の中国科学技術大学で急進的なメッセージを込めた演説を行ったことをきっかけにして、民主化を求める学生デモが全国に拡大した。すると鄧は胡耀邦、趙紫陽、胡啓立、万里、李鵬、何東昌を自宅に呼び、今度は胡耀邦の面前で彼を非難した。「およそ騒ぎが起きた地方では、当地の指導者の旗印がはっきりせず、態度が断固としていなかったからそうなったのだ。これはひとつや二つの地方の問題でもなければ、ここ一年や二年の問題でもない。この数年、ブルジョア自由化の思潮に反対する旗印がはっきりせず、態度が断固としていなかったことの結果なのだ」(『鄧小平年譜』下、一一六〇―一一六二頁)。事ここに至っては、胡耀邦は辞表を提出するほかなかった。彼の辞任は一九八七年一月一六日の政治局会議で承認された。この直後から「ブルジョア自由化」に反対する運動が全国で猛威を振るった。状況は保守派の勝利、そして「全面改革」派の敗北と思われた。だが、もう一度政治の振り子は「右」に振れた。それはもう一人の改革派の旗手である趙紫陽の努力によるところが大きい。

趙紫陽のリーダーシップ

胡耀邦が辞任に追い込まれた後、鄧小平によって総書記代行に据えられた――それは本人がまったく望んでいなかったことであった――趙紫陽は、胡の挫折の教訓からよく学んでいたためであろう、保守派と改革派の間にある細い橋を巧妙に渡った。彼は「ブルジョア自由化」反対運動の先頭に立ちながら、それを一定の範囲内に押し込めることに成功した。一九八七年一月二八日に発出された「現在のブルジョア階級自由化に反対する若干の問題に関する通知」(通称「四号文件」)は、この運動の対象を党内における思想的、政治的事柄のみに限定し、農業政策、科学技術、文学、芸術は対象外とすると規定していた。それによってこの通達は、反自由化運動が大規模な政治運動に拡大しないよう枠をはめたのである。趙自身の説明によれば、「四号文件」に従えば、「左」を避けながら「右」に陥ることも避けることができ、「ブルジョア自由化」反対の拡大を防ぎながらこの運動を素通りすることも避けることができるのである(『趙紫陽文集』第四巻、三三一―三四頁)。

鄧小平の態度も、趙紫陽に味方した。この頃の鄧に特徴的な見解は、同年五月中旬のユーゴスラビアからの訪問者に対する発言にみることができる。「問題は過度の左傾化だというのが、わが国の社会主義の追求において学んだもっとも重要な教訓である」(『鄧小平年譜』下、一一八四頁)。あたかも晩年の毛沢東が、周恩来や鄧小平と「四人組」の間で力の均衡を図ったのと同様に、鄧小平は一時的にせよ保守派を突き放したのである。このような鄧の態度を知っていた趙紫陽は、五月一三日、宣伝工作に関わる幹部たちを前に演説を行い、左派勢力が引き起こす混乱は長期的かつ重大なものだと指摘する一方で、改革を実行することが「四つの基本原則」の堅持につながるとの論理を展開して保守派の抵抗を封じようとした(『趙紫陽文集』第四巻、九六―一〇四頁)。趙自身の評価によれば、この演説が功を奏して保守派の抵抗はやんだのであった(趙紫陽ほか、三二五頁)。

機を逸することなく、趙紫陽は同年秋に予定されていた第一三回党大会で行う政治報告の準備に取りかかった。彼は改革開放を推進するための理論的根拠――保守派の抵抗を封じながら改革を継続するためには、これが不可欠であった――に「社会主義の初級段階」という概念を据えることを決めた。この概念の意味するところ、中国における三〇年あまりの社会主義の実践は十分に肯定すべきである。とはいえ、生産力がまだあまりにも低いため、中国の社会主義は「初級段階」にあるにすぎない。そうであるがゆえに、旧来の社会主義原則から解放された地点で、われわれには生産力を向上させる手段を講じることが許される、というのである。

政治報告に盛り込まれることが決まったもうひとつの重要な概念「ひとつの中心、二つの基本点」にも同様の意図が込められていた。「ひとつの中心」とは経済建設を指し、「二つの基本点」とは「四つの基本原則」と改革開放を意味した。これは「四つの基本原則」を錦の御旗に掲げる保守派に配慮しながら、この原則と同等の地位に改革開放を引き上げることを目的としたものであった。案の定、「ひとつの中心、二つの基本点」という表現を保守派は受け入れがたいものとみなした。「四つの基本原則」がすべての基盤であり、改革開放はそれに従属する手段にすぎないというのである。だが、鄧小平がそれは実にうまい表現だとほめちぎったことが保守派を沈黙させた。

趙紫陽は保守派を沈黙させるだけでなく、果断にも彼らに対する攻勢をしかけた。彼は保守派の牙城であった党中央書記処研究室を廃止し、さらに党の理論的機関誌である『紅旗』を廃刊に追い込み、『求是』と改名させた。折しも、保守派の長老である王震が、趙紫陽に代えて鄧力群を総書記に据えるべく画策を行っていることを知った李鋭が、延安時代における鄧力群の女性をめぐる不道徳な行為を暴露する手紙を趙紫陽と鄧小平に届けた。その直後、鄧力群の一切の職務を解任する決定が下された（趙紫陽ほか、三一四頁、および李鋭、二四二頁）。趙紫陽は、この保守派の大立者の政治局員としての地位を第一三回党大会でそのままにしておくよう提案し、鄧小平もこれに同意した。ところが、事前の合意にもかかわらず、鄧力群は政治局員に選出される前段階の中央委員の選挙で落選し、さらに中央顧問委員会常務委員の選挙においても落選してしまった（鄧力群、四七二頁）。

第一三回党大会は、一九八七年一〇月二五日から一一月一日にかけて開催された。この大会は、趙紫陽の政治的生涯のクライマックスというべきものであった。彼は正式に総書記に就任し、政治報告において「社会主義の初級段階」という新しい概念を用いて改革開放の継続をうたい、さらに政治体制改革の構想を明らかにした。趙はここで西側の三権分立と多党制を導入することはできないと前置きしてから、党と政府の職務の分離、権力を地方に移譲すること、行政機構の縮小、「社会の公開監督」のもとに置かれる公務員の選抜、社会との「協商対話」制度の確立などを訴えた（『十三大以来重要文献選編』上、三四―四九頁）。

指導部の再編成もまたこの党大会の焦点であった。指導者たちの高齢化がもたらす問題が深刻化していたのは、誰の目にも明らかとなっていた。とりわけ、この問題を強く意識していたのが鄧小平であった。彼自身もこの党大会を前に引退したいと強く望んでいたが、周囲がそれを許さなかった（この経緯については、鄧小平自らがアメリカ人記者に語っている。『鄧小平文選』テン・ブックス、一八四―一八五頁）。保守派にとっても改革派にとっても、鄧は厄介者であると同時に、うまく利用すれば相手を圧倒できる切り札であったからである。趙紫陽も、鄧小平に党大会後も引き続き政治局常務委員にとどまるよう懇願した。そこで、一九八七年三月、鄧は清朝末期に生まれた長老のうち一人を完全に引退させ、あとの三人を「半引退」させることを提案したという。すなわち、彭真を引退させ、鄧小平は中央軍事委員会主席に、陳雲は中央顧問委員会主任に、そして李先念は政治協商会議主席にするとの案であった。長老たちとの交渉は難航したが、七月初旬になってようやくこの提案は受け入れられた（趙紫陽ほか、三一七頁）。それと引き換えに、保守派は彼らが強く推す李鵬を首相に就任させた。

だが、鄧小平については「半引退」どころではなかった。一九八七年七月七日、薄一波が、重要問題については党大会後も鄧小平の指導を仰ぎ、最終決定も彼に委ねることを提案すると、鄧もこれを承諾したのであった（趙紫陽ほか、三二八頁。『鄧小平年譜』下には、同日、人事につき趙紫陽、楊尚昆、薄一波らと話す、とのみ記されている）。制度に対する人治の勝利というべきか、あるいは中国の政治的伝統の勝利というべきか、これによって、あれほど指導者の終身制に強く反対し、あれほど封建制の残滓の一掃を強く説いていた鄧小平が、毛沢東と同様、党のうえに立つカエサルとなることを、自ら受け入れてしまったのである。

天安門事件[†4]

一九八七年秋の党大会が、万事鄧小平の思惑通りに進んだからには、翌年の一九八八年は改革開放のさらなる深化を約束されているように思われた。だが、目論見は外れた。価格改革の試みが、急激なインフレーションを招いたのである。同年五月、趙紫陽は政治局拡大会議において、価格改革を一気に進めることを提案した。当時、物品には統制価格と市場価格の二種類があり、これが腐敗の温床となっていたためである。いちはやく市場経済へと移行するために、二重価格は廃止されなければならなかった。この提案は、国有企業への補助金削減を期待する鄧小平に強く支持されていた。だが、八月に北戴河で指導者たちが価格改革を議論し、物価の引き上げが発表されると、人々は恐慌に陥った。彼らは、苦労して蓄えた財産がインフレで目減りすると思い込んで銀行に殺到し、預金を引き出して商品を購入した。こうして銀行の取り付け騒ぎとパニック買いが発生したのである（趙紫陽ほか、三四八―三五一頁）。趙紫陽は価格改革を中断し、金融引き締めへと舵を切った。その結果、銀行の貸し渋りが生じ、生産と流通が滞った。経済の先行きに暗雲がただよった。

人々の不安は不満と結びつき、お互いを強め合った。拡大するばかりの所得格差、二重価格を利用して商品を安く仕入れて高く売り、不当な利益を得るブローカーの暗躍、そして「以権謀私」（権力を利用して私的利益を得ること）に走る役人たちの跋扈、さらには権力者の子弟が海外に資産を保有していることなど、人々の目には容認しがたい諸傾向が蔓延しつつあるように映った。かくして、一九八九年に生じる劇的な事件の「燃料」が中国社会に蓄えられていった。

かつて周恩来が死去した後に自然発生的に生じた市民の追悼活動が、一九七六年春の第一次天安門事件へと導いたように、人々に敬愛される指導者の死去が、またしても大きな騒動の引き金となった。一九八九年四月八日、胡耀邦が政治局会議の最中に心筋梗塞で倒れ、一五日早朝死去した。胡死去のニュースが伝わった直後から北京の人々は追悼活動をはじめ、翌日午後七時には、天安門広場の人民英雄記念碑の周囲に三〇〇〇人を超える人々が集まった（呉仁華、上冊、三五頁）。周恩来が死去したときと同じように、人々の追悼活動は当局に対する抗議を含んでいた。一八日には、学生たちは党中央の所在地である中南海の正門に押しかけ、胡耀邦に対する評価の見直し、「ブルジョア自由化」反対運動の見直し、高級幹部の資産公開、新聞の自由およびデモ行進に対する制限の取り消しなどを要求した（黎安友、二三頁）。騒ぎは首都だけにとどまらず、成都や長沙など一七の大都市へと拡大した（李鵬、四月一七日の記載）。

騒ぎが拡大するなか、四月二三日、趙紫陽は当初から予定されていた北朝鮮訪問へと旅立った。事態を穏便に解決するはずの総書記が不在のなか、四月二四日、李鵬が主宰する政治局常務委員会が状況を分析し、計画的で組織的な反党、反社会主義の騒擾が展開されていると結論づけた（『中国共産党的九十年　改革開放』、七六七頁）。その翌日、鄧小平は李鵬と楊尚昆に対してこう語った。「これは一般的なデモではなく、動乱である。まさに旗幟鮮明に、しっかりとした措置をとり、この動乱に反対し、制止しなければならない。この動乱は完全に計画的な陰謀活動である。この動乱には後ろ盾がおり、黒幕がいる。方励之夫妻がその典型だ」（『鄧小平年譜』下、一二七二―一二七三頁）。この発言に基づき、四月二六日、『人民日報』が「旗幟鮮明に動乱に反対せよ」と題する社説を掲げた。これは後に趙紫陽が天安門事件の根本原因と呼んだものであった（宗鳳鳴、九二頁）。同社説が述べるところろ、「ごく少数の人々が民主の旗を掲げて民主法制を破壊しているが、その目的は人心を攪乱し、全国をかき乱し、安定団結の政治局面を破壊することにある。……これは計画的な陰謀であり、動乱である。その実質は根本から中国共産党の指導を否定し、社会主義制度を破壊することにある。これは全党と全国各民族人民の面前に置かれた深刻な政治闘争である」。

このように大袈裟な言葉で脅せば、学生たちはおとなしくキャンパスに戻ると期待された。だが、脅しは裏目に出た。この社説に大いに憤った北京の学生と市民は、四月二七日、十数万人規模のデモ行進を行い、社説の撤回を要求した。権力側と学生たちの対立は抜き差しならないものとなった。平壌から戻った趙紫陽が、五月四日、アジア開発銀行理事会の年次総会において、学生たちは「決してわれわれの基本制度に反対しようとしているのではなく、運営上の病弊を一掃するよう求めているのだ」と発言すると、いくらか怒りが収まった多くの学生たちが授業に戻りはじめた（宗鳳鳴、八九―九〇頁、および呉仁華、上冊、二八〇頁）。しかし、これが学生たちの間に、デモを継続すべきか、それとも教室に帰るべきかをめぐる熱のこもった議論を引き起こした。そして、運動の士気の低下を懸念した一部の学生たちが、運動に再び勢いを取り戻すため、ハンガーストライキを計画し（封従徳、二七三頁）、五月一三日から天安門広場において実行に移したのである。

折しも、ソ連からゴルバチョフ書記長が中ソ関係改善のために北京を訪れようとしていた。学生たちは、この世界が注目する人物が北京にいる間、当局は手荒な真似はしないだろうと考えた（趙紫陽ほか、六八頁）。また、世界各地からかけつけた報道陣に、彼らの主張を訴える好機だとも考えた。かくして、学生たちは再び勢いづいた。社会のさまざまな領域に属する人々が学生たちのハンガーストライキに支持を表明したため、デモは空前の規模にまで発展した。

天安門広場でハンストに参加する学生が三一〇〇人に達した（呉仁華、上冊、四〇二頁）五月一六日午前、群衆の叫び声が響きわたるなか、鄧小平がゴルバチョフと会談し、両者は中ソ関係の正常化を宣言した。夕刻、趙紫陽はこのペレストロイカの旗手と会談を行った際、一九八七年秋に中国共産党が下した奇怪な決定について明かした。「全党の同志たちはいずれもこう考えています。党の事業から出発して、われわれの党は依然として鄧小平同志を必要としており、彼の知恵と経験を必要としており、これはわが党にとってこのうえなく重要である、と。そこで第一三期一中全会は決定を下し、重要な問題については鄧小平同志が舵を取ることを必要とするとしたのです。一三全大会以来、われわれがもっとも重要な問題を処理する際には、いずれも鄧小平同志に報告し、彼に教えを請うています。……私は今回初めてわれわれの党のこの決定を打ち明けたのです」（同右、四一五頁）。この告白は、趙紫陽が「友党」の党首に対して、率直に自党の実情を打ち明けたとみることもできるが、ゴルバチョフが目の当たりにした首都の混乱の責任を、意図的に鄧小平に押しつけようとしたとみることもできる。趙自身は事件後に、自分はこの事実を折にふれて外国人たちに打ち明けてきたと述べている（黎安友、三三三―三三四頁）。だが、趙の意図がどうであれ、鄧小平が彼に対する疑念を深めることは避けられなかった。

この日の夜、政治局常務委員会が開催された。趙紫陽は先の『人民日報』社説における学生運動の性格づけを改めることが騒ぎを鎮める唯一の道であると主張したが、李鵬がこれに強く反対して議論は平行線をたどった（李鵬、五月一六日の記載、および趙紫陽自身の第一三期四中全会での発言による。黎安友、三三五頁）。

五月一七日午後、政治局常務委員会が鄧小平宅で開催された。ここでもまた趙紫陽は、くだんの『人民日報』社説の訂正を主張したが、胡啓立の賛成を得られたのみで、李鵬と姚依林による手厳しい反撃にあった（趙紫陽ほか、七二―七三頁）。鄧小平は最後に口を開き、現在の中国が直面する状況を一九五六年秋のハンガリーと重ね合わせてみせた。「引き合いに出せる例はハンガリーだ。〔学生が〕騒いでは〔われわれは〕譲り、一歩譲ればまた騒ぐ。二歩譲っても満足しない。三歩譲っても永遠に満足しないだろう。共産党が崩壊しない限りは、だ」（李鵬、五月一七日の記載）。彼の念頭にあったのは、ブダペストにおける騒擾だけでなく、ハンガリー動乱に呼応して生じた当時の中国の学生たちの騒ぎと、翌年に彼が陣頭指揮をとることになった反右派闘争であったろう。このような歴史的類推に基づき、絶対に学生たちに譲歩してはならないと訴えたこの頑固な老人は、楊尚昆が持ち出した戒厳令に賛成した。「戒厳の風は早く吹かせすぎるということはない。さもなければ、効果は落ちる」（同右、五月一七日の記載）。かくして、戒厳令の施行が決定した。ここに至って趙紫陽は辞職を願い出たが、認められなかった。会議はいったん打ち切られ、夜になって再開された。北京で戒厳令を施行するための具体的な手段が検討されたが、再度、戒厳令に反対する趙紫陽と李鵬の間で激烈な論争が生じた。趙は再び辞職を持ち出したが、楊尚昆によって制止された。この会議において、北京における戒厳令の施行日をとりあえず五月二一日とすること（実際には五月二〇日となった）、そして楊尚昆が軍の動員に当たることが決定された（呉仁華、上冊、四五一―四五二頁）。

五月一九日早朝五時少し前、天安門広場に突如、趙紫陽が李鵬、温家宝とともに現れた。当時の映像は現在でもインターネット上で見ることができるが、疲れ切った表情の総書記は学生たちに「われわれは来るのが遅すぎた。……君たちはわれわれを批判するが、君たちにはそうする権利がある」と語り、ハンストを中止するよう訴えた。彼がこの期に及んでまだ学生たちとの対話を試みたことは、鄧小平を深く失望させた。午前中、鄧の自宅で開かれた長老たちと軍幹部を集めた会議で、彼は一九六六年夏における毛沢東の劉少奇に対する攻撃を思わせる表現でこう述べた。「今回の動乱で、問題は党内に現れた。中央に二つの司令部がある。名義上はみたところ李鵬と趙紫陽だが、実際上は私（鄧小平）と趙紫陽だ」（黎安友、三九頁）。こうして正規の手続きを踏むことなく、総書記はお払い箱となった（六月下旬、第一三期四中全会で総書記を正式に解任された後、趙紫陽は自宅に軟禁された）。そして鄧小平は趙に替えて江沢民を新たな総書記とすることを提案した。「江沢民というこの人物には思想があり、能力があり、気迫もあり、この責任を担うことができる」と鄧は述べた（呉仁華、上冊、五〇三頁）。江沢民は四月に上海における学生運動を手際よく沈静化した手腕が鄧小平によって高く評価されていたからである。

五月一九日夜、戒厳令を敷くための準備として、首都党・政府・軍機関幹部大会が開催され、果断な措置によって騒ぎを速やかに収束させることが決定された。そして翌日午前一〇時に北京の一部で戒厳令が施行された。だが、この措置は学生たちの怒りにさらに油を注いだ。彼らは、戒厳令が公布された日を「国恥日」と呼んだ（中国人民武装警察部隊北京市総隊、二〇―二一頁）。怒れる学生と市民は、北京市郊外から天安門周辺に向かおうとする戒厳部隊に石、レンガ、ガラス瓶、瓦などを雨あられと浴びせて移動を妨害し、兵士たちを立ち往生させた。そのため、部隊は三日三晩動くことができなかった（同右、四五）。学生と市民はかなり頑強に抵抗したといえる。それでも部隊は二六日までには所定の位置に着いた（解放軍歩兵第一九〇師政治部隊、一五四頁）。

学生に放火され炎上する装甲車と自転車をひいて逃げまどう市民（AFP ＝時事）

それから約一週間、兵士たちは学生たちに詰め寄られ、議論を挑まれた場合に備えて想定問答集を頭に叩き込んだ。それには次のような問答が含まれていた。

問：「もし李鵬が学生と大衆を鎮圧するよう命令を下したら、あなたたちは発砲するか」。

答：「人民政府の総理は、愛国的な学生と人民に向けて発砲するよう軍隊に命令することは決してない」（解放軍歩兵第一九〇師政治部隊、九―一二頁）。

六月三日午前、戒厳部隊が秘密裏に武器弾薬を移送していたところ、無数の群衆に阻止され、大規模な衝突が起こった。そして、同日夜、のちに戒厳部隊のある兵士が「革命と反革命の生死をかけた戦い」と呼んだ激しいたたかいが北京市西単で展開された。このとき、学生と市民は石、レンガ、ガラス瓶、瓦に加えて、火炎瓶、中華包丁、「狼牙棒」（棘状の突起物を柄頭に数多く取りつけた棒状の武器）など武器になりそうなありとあらゆるものを使って決死の抵抗を試みた。その結果、兵士と市民双方に少なからずの死傷者が出た（中国人民武装警察部隊北京市総隊、二四一―二五頁）。以上の経緯からみて、学生と市民は六月四日未明の天安門広場への軍の突入によって、あっという間に排除されたのでもなければ、一方的に排除されたのでもなかった。同日、天安門広場のみならず、北京市内各地で軍と学生、市民の衝突があり、多くの死傷者が出た。死傷者の正確な数は、現在に至っても不明である。

この事件の発生に至る過程には、鄧小平と李鵬、趙紫陽、および学生たちのそれぞれに誤算があったことが認められるとしても、謎めいたことはほとんど見当たらない[†5]。鄧小平は一九五六年から五七年の頃と同様、騒ぎを起こした学生たちに対して、一片の共感も抱かなかった。彼の態度はきわめて一貫していた。鄧は一九八九年初めから、「安定団結」の政治的状態を維持して改革開放を継続することが何よりも必要であり、断固とした手段をとらなければならないと強調していた。「中国の問題は、一切を圧倒するのは、安定が必要だということである。安定した環境がなければ、何も成し遂げられず、すでに得られた成果も失われることになる……民主はわれわれの目標であるが、国家は安定を維持しなければならない」（これは同年二月二六日、ジョージ・H・W・ブッシュ米国大統領との会談での発言である。『鄧小平年譜』下、一二六七頁）。三月四日には趙紫陽に対して、こうも述べた。「およそ安定を妨害するものとは対決しなければならない。譲歩してはならない。迷ってはならない」（同右、一二六八頁）。たしかに、この頑固一徹な老人は、必要とあれば力ずくで学生運動を弾圧することに何ら躊躇するところがなかった。

躊躇していたのは、趙紫陽であった。政治局のなかで、彼はどうにか胡啓立を味方につけていたが、穏健派はどうみても孤立した存在であった。もし趙紫陽が四月二三日に北朝鮮に向けて出発せず、北京に残って早期に事態の収拾に動いていたら、六月四日の悲劇的な事態は避けられたかもしれない、との反実仮想は興味深いが、強硬策を主張して一歩も引かない鄧小平を前に、彼は結局何もできなかった可能性が高いように思われる。また、趙紫陽が示唆するように、李鵬や姚依林が危機を誇張して鄧小平に報告したことが、この「最高実力者」の態度をさらに硬化させた可能性はある。だが、たとえ彼らがそうしなかったとしても、鄧の判断が覆ったとは思われない。

学生たちはといえば、妥協、取引、一時的後退といった穏健派の政治戦術を教わったことがなかった。彼らはどうにか組織を急造したものの、当然のように、経験に富んだ指導者を欠いていた。人民共和国の子供たちは、人民解放軍がまさか彼らに銃口を向けるとは思いもしなかった。加えて、ソ連から「民主の使者」ゴルバチョフがやってきたこと、西側のメディアが彼らを支持していることにも勇気づけられていた。学生たちは突き進むことしか知らなかった。鄧小平が一九五六年から五七年の出来事を教訓として思い浮かべ、それゆえ学生たちに譲歩できないと考えていたとき、学生たちもまた百花斉放・百家争鳴から反右派闘争へと至る歴史を思い起こし、それゆえここで後退してはならないと考えていた（呉仁華、上冊、二九六頁）。五月一七日、天安門広場に鄧小平が辞職したとの誤った情報が伝えられたとき、学生たちは歓呼の声をあげ、彼らの一部が（鄧が入るはずであった）棺桶を担いで行進し、鄧小平の像を焼き、爆竹を鳴らして喜んだのは（同右、四四三頁）、当時の彼らの精神状態をよく表している。こうして、強硬な指導者と強硬な若者たちが、彼らの中間に何ら有効な緩衝地帯を挟むことなく向き合って互いに譲歩せず、次第に不信感を高めあった結果、事態は六月四日の悲劇に向かって進んだ。

歴史上の悲劇に思いを巡らせる人々がつねにそうであるように、一部の論者は、実際にそうなったのとは異なる六月四日を思い描いている。すなわち、趙紫陽が圧倒的多数の学生、労働者、知識人、党と政府の官僚たち、および少なくとも軍の一部を味方につけて保守派を除去するクーデターに立ち上がる六月四日である（例えば、阮銘、二九三―二九五頁）。このクーデターが成就したならば、趙紫陽に率いられた新しい型の社会主義が中国に誕生し、ゴルバチョフに率いられたソ連とともに社会主義を根本から再生させる企てに取り組むことになったであろう、とこの思考実験は示唆する。

たしかに、天安門事件前夜における中国社会の階級的勢力図は、保守派に大いに不利であったようにみえる。怒れる学生たちの運動を労働者たちが熱烈に支持し、そこに多数の知識人と党・政府の職員が加勢していた。民主諸党派に属する人々、退役軍人、さらには現役の将校の一部も学生たちに対する支持を表明してはばかるところがなかった。鄧小平と李鵬の辞職を要求する人々の叫び声は全国にこだましていた。社会が形作った事実上の広範な統一戦線が、長老たちの支配を瀬戸際にまで追い詰めていた。それを理解していたがゆえに、鄧小平は五月一七日、「もう譲歩することはできない、譲歩すれば中国は終わりだ。すぐに全国的な動乱に発展するだろう」と述べたのである（呉仁華、上冊、四五〇頁）。

だが、趙紫陽にとって、クーデターは頭の片隅にもなかったようにみえる。少なくとも、総書記が事件当時を振り返った二種類の記録のなかに、彼の政変計画の痕跡を見出すことはできない。クーデターのかすかな臭いを、保守派の側が根拠もなく嗅ぎ取っていた可能性はある。五月一九日に開かれた中央軍事委員会において、楊尚昆が「軍を動かすことができるのは、鄧小平と自分だけである」と軍幹部に述べたのは、趙紫陽に従ってはならないと釘をさすためであったかもしれない（呉仁華、上冊、五一五頁）。だが、肝心の総書記は、あたかも一九六二年における劉少奇のように、あるいは晩年における周恩来のように、「最高実力者」がいかに誤った道に迷い込んでしまったかを理解していながらも、「君」に対する「臣」であり続けた。五月二八日に趙紫陽が鄧小平に送った手紙には、「いつになっても、私は鄧小平同志に反対することはありません」と記されていた（呉仁華、下冊、七〇一頁）。

鄧小平が固く信じていたように、天安門広場の大弾圧が、長期的にみれば中国の発展のために下されたやむをえない決断であったと評価することは、多くの人々を納得させることはできないとしても、可能である。たしかに、鄧小平が軍隊を投入してこの社会的大混乱を終結させなければ、いっそう深刻な混乱に道を開いていた可能性があったのだから。とはいえ、この決断の代償はきわめて高くついた。それは、鄧小平の名がこの事件と結びつけられていつまでも記憶されることにとどまらない。かつて文化大革命を開始するにあたり、工作組を大学に派遣して学生たちの騒ぎを鎮めようとした劉少奇に対して、毛沢東が学生運動を鎮圧するのは北洋軍閥しかいない、と述べたことを想起してほしい。過去の軍閥と根本的に異なる政治権力として統治しているはずの中国共産党が、軍閥と同じことをしたという非難ほど、同党による支配の正統性を深く傷つけるものはなかった。そのうえ鄧小平の決断は、いつの日か、中国を「移行期正義」の問題で深く苦悩させる材料を追加したのである。したがって、天安門事件の貸借対照表の確定は、はるか将来に横たわっているといわなければならない。

†1　ただし、華国鋒自身は、「二つのすべて」に言及することはほとんどなかった。むしろ、彼はイデオロギー論争に対しては、きわめて寛容な態度を示した。これは、生前の毛沢東が華国鋒に対して「君の頭は農業ばかりで、私の頭は路線闘争ばかりだ」と語ったように、華がイデオロギーに対してほとんど関心がなかったためであろう（『毛沢東伝』中共、下、一五九五頁）。

†2　『人民日報』編集長を務めた胡績偉によれば、華国鋒は開明的で民主的な人物であった（胡績偉、第三巻、一―二頁）。胡耀邦の息子である胡徳平も同様の評価を下している（胡徳平、一〇七―一〇八頁）。

†3　奇妙にも、胡耀邦は保守派から攻撃されていたとはいえ、彼らから憎まれる存在ではなかったようにみえる。鄧力群は彼の自伝において、陰謀をめぐらす趙紫陽とは異なり、胡耀邦は「公明正大でさっぱりしていた」と記している（鄧力群、四六六頁）。

†4　事件に関する以下の記述は、主として高橋、二〇二〇年に基づいている。

†5　謎めいた点をあえてひとつあげるとすれば、それは一九八九年四月二六日から五月一〇日まで、鄧小平がどこで何をしていたかがまったくわからない、ということである。奇妙なことに、『鄧小平年譜』下にも、この間の彼の動静に関する記載は一切見当たらない。

第14章　突進あるいは漂流——江沢民時代

鄧小平最後の闘争

天安門事件以降、改革は息をひそめた。事件の総括を行った一九八九年六月下旬の第一三期四中全会において、それまで改革を主導してきた趙紫陽の深刻な誤りが認められたのだから、それは当然であった。出席者は口々に趙の誤りについて辛辣な調子で語り、会議はさながら彼に対する糾弾大会の観を呈した。もっとも激しい非難の言葉は、党の長老たちから前総書記に向けられたものであった。国家副主席の王震はこう述べた。趙紫陽と彼のアドバイザーたちは、「林彪の小艦隊〔第11章で言及した「連合艦隊」を指す〕と同じである。彼らがやったのは、世論を作り上げ、秘密裏に組織を作って海外・国外の敵対勢力と通じ、大衆を扇動したということである。その目的は共産党をひっくり返し、社会主義の中華人民共和国を転覆することにあった」（黎安友、二二三―二二四頁）。

改革の停止は、国際的な孤立と対になっていた。それは天安門広場での虐殺に憤った西側諸国と日本が、中国に経済制裁を科したためであった。だが、経済的な孤立はすでに経験済みであり、大した問題ではなかった。中国共産党にとってもっとも重大な挑戦となったのは、国内における国民からの不信であった。

折しも、東欧諸国とソ連において共産党政権が連鎖的に存亡の危機に直面していた。天安門事件が生じたのと同じ日、ポーランドでは市民が国会議員を自ら選出するために投票所に詰めかけていた。この自由な選挙の結果、それまでの支配政党であったポーランド統一労働者党が大敗を喫し、ワレサ（ヴァウェンサ）議長の率いる独立自主管理労働組合「連帯」に政権を明け渡した。一一月初めには東ベルリンで言論・集会の自由を求める百万人規模のデモが生じた後、東ドイツの社会主義統一党は混乱を収拾できなくなり、同月九日、東西冷戦の象徴であったベルリンの壁が崩壊した。クリスマスには、中国共産党の指導者たちにとって、もっと恐ろしいことが起きた。中国のよき友と目されていたルーマニアの独裁者チャウシェスクが妻とともに、怒れる民衆によって無残にも処刑されたのである。この事件の様子をビデオで観た中国共産党の指導者たちの間からは、プロレタリアート独裁を強化しなければわれわれもこうなるとの声が上がった（だが、鄧小平は、改革を行わなければわれわれもこうなると述べたという。Lampton, p.30）。そして、一九九〇年二月には、ソ連の党大会で一党独裁の終結が議論されていた。一九一七年のロシア革命とともに始まった社会主義の時代が、全体として終焉を迎えているようにみえた。この状況に直面して、中国共産党の指導者のなかで、わが党は生き残ることができるかと自問しなかった者はいないであろう。

生き延びるためには何がなされるべきであろうか。指導者たちの態度は、大きく二つに分かれた。ひとつは、退却すること、つまり危機を作り出した根本原因であるように思われた改革開放から遠ざかることである。この考え方に従えば、中国はソ連および東欧諸国とは異なるのだから、改革開放など余計なことはせず、国民に対するイデオロギー教育をしっかり行って、しばらくの間息をひそめていれば、嵐は過ぎ去るはずであった。もうひとつは、前進すること、すなわち改革開放をいっそう大胆に行うことであった。この主張もやはり中国は特別であるとの前提に立っていたが、改革を通じて国民を豊かにすれば、一党支配は安定を取り戻すはずである、と訴えるものであった。かつて改革を阻止しようとした保守派は、当然のように、前者の立場をとった。そして鄧小平はといえば、断固として後者の立場に立っていた。天安門事件の最中、新しく総書記に抜擢された江沢民は、どっちつかずの曖昧な立場をとった。

老人心理学の見地からすればありえないことのように思われるが、天安門事件の際にすでに八六歳に達していた鄧小平は、あたかも急進主義的な青年のように、大胆な改革開放の旗を掲げた。とはいえ、彼はすぐに改革に再点火することはできなかった。それはひとえに保守派に政治的主導権を握られていたためである。保守派の大立者である陳雲と彼に連なる人々は、一九八八年に始まる経済調整政策がまだ必要であると信じていた。そして、『人民日報』などの宣伝機関は、鄧力群に近い人物に握られていたため、保守的なイデオロギーを宣揚していた。一九九〇年二月二二日付の『人民日報』は、中央宣伝部長の王忍之による「ブルジョア自由化に反することについて」と題する長大な論文を掲げ、鄧小平の言葉を引用しながら、改革が進む方向は「ブルジョア自由化」であってはならないと激烈に主張して鄧をいらだたせた。だが、この老人はあきらめることを知らなかった。一九九〇年一二月下旬、彼はいかにも実用主義者らしい論理を用意して反撃の足場とした。「資本主義と社会主義の区別は、計画か市場かという問題にあるのではない。社会主義にも市場経済はあるし、資本主義にも計画規制はある」(『鄧小平文選』中共、第三巻、三六四頁)。

一九九一年に入ると、鄧小平は自身の生涯で最後となる政治闘争を本格化させた。すでに一九八九年秋に中央軍事委員会主席のポストを江沢民に譲り、もはやこれといった肩書をもたない一党員にすぎなくなっていたとはいえ、彼は依然として最高指導者であり続けた。一月下旬、専用列車で上海に向かい、そこで休暇を過ごした彼は、「改革開放は数十年続ける」、「この両者〔計画と市場〕はどちらも手段にすぎず、市場も社会主義に奉仕できる」と述べた。この発言は、同年二月から四月にかけて、四回に分けて皇甫平というペンネームで上海の党機関誌『解放日報』に掲載された。ところが、北京の保守派は『人民日報』を使って、皇甫平の文章には「ブルジョア自由化反対」が見当たらない、と批判した。この批判は、巧妙にも、鄧小平自身の過去の発言を用いて皇甫平を批判するものであった。せめぎあいが続くなか、鄧小平は四月に小さな勝利を収めた。第七期全人代第四回会議において、改革精神に富む朱鎔基を副総理につけることに成功したのである。おそらくは朱鎔基の圧力を受けためであろう、同年九月、李鵬は三年間におよぶ経済調整政策の終了を宣言した。

一九九二年一月、鄧小平は局面を打開するための賭けに打って出た。彼は家族とともに専用列車で武漢、長沙、深圳、珠海、広州、上海などを訪れ、地方指導者に直接、大胆に改革開放を加速せよと訴えたのである。このときの鄧小平の政治手法は明らかに毛沢東を真似たものであった。すなわち、毛が文化大革命を始めた際に用いた、北京を離れて地方指導者を味方につけながら、南方から中央の指導者たちに矢を放つという方法である。この南方視察における鄧小平の講話（「南巡講話」）は、明らかに北京に巣くう頑固者たちに向けられたものであった。「計画が少し多いか、市場が少し多いかは、社会主義と資本主義の本質的な区別ではない。計画経済イコール社会主義ではなく、資本主義にも計画はある。市場経済イコール資本主義ではなく、社会主義にも市場はある。計画と市場はいずれも経済手段である。社会主義の本質は、生産力を解放し、生産力を発展させ、搾取を消滅させ、両極分化を除去し、最終的に共同富裕に到達することにある」（『鄧小平文選』中共、第三巻、三七三頁）。

効果はただちに現れた。多くの地方指導者たちがこのメッセージに呼応して、改革開放の加速を宣言した。鄧小平は、さらなる改革に向けて指導者たちを鼓舞しただけではなかった。彼の号令に応じない指導者に対する政治的脅しも用意していたのである。珠海で鄧は、表向きは長期的な軍事計画に関する会議を開催した。この会議は、江沢民の権力上のライバルと目されていた政治局常務委員の喬石が主宰するもので、国家主席で中央軍事委員会副主席である楊尚昆、もう一人の副主席である劉華清将軍、そして楊尚昆の弟であり中央軍事委員会秘書長を務める楊白氷将軍も参加していた。鄧小平に近いこれら軍の指導者たちが顔を揃えたことは、「いざとなれば軍の大物たちが新しい指導者〔つまり、江沢民以外の人物〕を支持するつもりであることを明確に示していた」（ヴォーゲル、四〇〇―四〇一頁。この会議に関しては、『鄧小平年譜』（下）に記載が見当たらない）。この会議の意味を江沢民が取り違えるはずはなかった。彼は改革に対する態度をはっきりさせるよう選択を迫られたのである。

急いで行動を起こさなければならなかった江沢民は、鄧小平に対する明確な支持を明らかにした。その結果、三月九日に開催された政治局会議において、来るべき第一四回党大会は、鄧小平の精神に基づいて行われることが合意された（『党的十三届四中全会以来大事記』、四八一―四八三頁）。江沢民は六月九日、中央党校における講話で、鄧小平にならって、「市場の役割が大きくなると、資本主義の道を歩むようになるという心配は根拠もなければ正しくもない」と断言した。そして今後、中国の目指す新しい経済体制を、慎重な言い回しではあったが、「社会主義市場経済」と表現した（『江沢民文選』第一巻、二一二頁および二一六頁）。この概念はまだ政治局の同意を得たものでもなければ、鄧小平の同意を取りつけたものでもなかった。だが、江にとって幸運にも、鄧はこの言葉に満足の意を表し、来るべき党大会の主題はこれにすればよいと語った（『鄧小平年譜』（下）、一三四七―一三四八頁）。

この概念は、鄧小平によって信用度を試され、悪くすれば前任者たちと同じように総書記の座から引きずり降ろされる可能性があった江沢民が、政治的に生き抜くために、おそらくはほとんど即席に打ち出した言葉であって、熟慮の末に表明されたものではなかった。だが、この概念は、社会主義にとって計画と市場はトレードオフの関係にあるのだから正常な社会主義の建設は市場の除去を前提としなければならない、とする根強い考え方から、党の指導者たちを遠ざけるのに役立った。これは「精神汚染」の除去に熱をあげる保守的な人々に対する強烈な一撃となった。一週間後、とくに第三次産業の発展に関連して、対外開放のいっそうの拡大を呼びかける党中央の指示も発せられた（『党的十三届四中全会以来大事記』、五一五頁）。これによって、改革は息を吹き返した。

第一四回党大会

一九九二年一〇月に開催された第一四回党大会は、さながら鄧小平の政治闘争の勝利を祝す式典であるかのような観を呈した。江沢民は政治報告の冒頭、この大会が「中国の特色ある社会主義に関する鄧小平同志の理論を指針とする」ことを宣言した。そして、彼が四カ月前に初めて語った「社会主義市場経済」体制の確立を、一九九〇年代における改革と建設の主要な任務とすると述べた。その際、社会主義市場経済の概念について、総書記はようやくその含意を明らかにした。「国家のマクロ調整・統制下で市場に資源配分の基礎的役割を演じさせ、経済活動を価値法則の要求に従わせ、需給関係の変化に即応させる。価格という梃と競争原理の機能を通じて資源を比較的効率のよい部分に配分するとともに、企業に圧力と原動力を与え、優勝劣敗を実現する。各種の経済信号に対して比較的敏感に反応するという市場の特徴を活かして生産と需要を適時に調和させるようにする」(『江沢民文選』第一巻、二四三頁)。この説明は、はたして社会主義市場経済なるものが資本主義と本質的に区別される経済体制なのであろうか、という党幹部と知識人たちの疑問を膨らませることに役立つだけであった。だが、ともかくも、保守派があれほど執着した、市場原理を取り入れた改革の行き着く先は資本主義であるとの主張の政治的な敗北が明らかとなった。以降、市場原理は改革の中心に据えられたのである。

人事の面では、鄧小平は自らの完全な引退に際して、保守的な元老たちを道づれにした。元老たちの集う中央顧問委員会は廃止された。江沢民の権力を脅かしかねなかった楊尚昆は引退に追い込まれ、楊白氷も解任された。改革に消極的な老人たちに代わって、朱鎔基副総理と四九歳の胡錦濤が政治局常務委員に抜擢された。これらはすべて、江沢民を真に権力の中核とするための鄧小平の努力を物語るものであった。江は翌年春に行われた全国人民代表大会で国家主席にも選出され、党、政府、軍のすべてを指揮する立場となった。ただし、李鵬は残された。これは一部の論者が述べるように、中央宣伝部と中央組織部を基盤とする保守派の抵抗の結果であったかもしれないが(高原ほか、九九頁)、政治的な天秤が急激に「右」に傾かないようにするための、そして三年前の天安門広場での弾圧に関する評価を覆させないための、鄧小平自身の判断に基づいていたのかもしれない。

新たな人事配置は、ブレジネフ時代のソ連を思い起こさせるものであった。一九八六年におけるソ連共産党政治局のメンバーは、その八九パーセントまでもが、技術系の教育を受けた人々で占められていた(Graham, pp. 73-74)。彼らは、前の世代の指導者たちに比べて「知識人」であったことは疑いない。だが、これらの電力やダムや機械の扱いに長けた人々にとって、おそらくシステムの転換は問題外であったろう。彼らの主要な関心事は、すでにできあがったシステムを工学的合理性の観点から安定的に維持することであった。同様に、第一四回党大会後に明らかとなった中国共産党の政治局メンバー二一人（候補委員を除いた数）も、過半数が大学で理工系の学位を取得した人々で占められていた。彼らはもはや革命の英雄ではなかった。むしろ、「鄧小平世代の人々が築いた制度のなかで育った優等生」（ヴォーゲル、四一四頁）であったといいうる。それゆえ、彼らは毛沢東のように途方もない構想を思い浮かべたり、破天荒な振る舞いをしたりする人々ではなかった。だが他方で、理想に突き動かされて現実を大きく変えようとする人々でもなかった。よかれ悪しかれ、技術者たちによる「集団指導体制」の時代が幕を開けた。おそらく、江沢民を中心とする第三世代の指導者たちによる統治のはじまりは、ブレジネフ時代のソ連と同様、社会主義が夢から離れて、党による支配の維持それ自体が目的とされる時代の到来を物語っていたのである。

彼らが工学的な合理性に基づいて中国社会を統治しようとしたこと、言い換えれば、社会主義本来の理念に対してさしたる執着もなく統治を行おうとしたことは、中国経済の発展にとっては好都合であった。江沢民らの社会主義の理念に対する敬意は失われてはいなかったが、それは彼らにとってもはや真の羅針盤とはならなかった。彼らの行った革新と転換は、社会主義の理念との距離を慎重に測りながら進められたものではなく、まさに鄧小平的な実用主義の観点――生産力の向上にとってよいかどうか――に沿って進められたものであった。そして、この党大会以降、江沢民は鄧小平以上の鄧小平主義者へと変貌を遂げるのである。

鄧小平は大会最終日にようやく姿を現し、壇上に登り、満場の拍手を浴びた。中華人民共和国の歴史において、初めて深刻な政治闘争を伴うことなく権力が継承されたことを物語る瞬間であった。これ以降、彼は公式の場に姿を現すことはほとんどなかった。一九九七年二月一九日、生涯最後の時期に改革を再び軌道に乗せるという輝かしい功績を残して、そして天安門事件の残像とともに、鄧は九三歳の生涯を閉じた。

「社会主義市場経済」と所有制の問題

鄧小平の最後の努力によって改革開放は加速された。一九九二年の貿易総額は前年比で二二・一パーセント増え、GDP成長率は一三・四パーセントに達した。地方政府が乱開発を行い、ノンバンクが乱立し、インフレも昂進したが、成長の勢いはとどまるところを知らなかった。朱鎔基は一九九三年夏、経済の過熱を鎮めるために見事な手腕を発揮した。鄧小平の人選が最適解であったことが証明された。朱鎔基は経済を失速させることなく、成長を持続することに成功したのである。

経済運営に自信を深めた中国共産党は、同年一一月の第一四期三中全会において、改革開放のさらなる深化のための基本戦略を示した。「社会主義市場経済体制を打ち立てるための若干の問題に関する中共中央の決定」と題されたこの文書は、社会主義市場経済体制を建設するとは、要するに、国家のマクロ・コントロールのもとで市場に「基礎的な」資源配分を行わせることである、と述べている。この目標を実現するためには、「公有制を主体とし」、「多様な経済成分」をともに発展させるという方針に従い、現代的な企業制度、全国的に統一された開放的な市場、国内市場と国際市場の接続、整ったマクロ・コントロール、効率を優先するが公平さも重視する所得分配、多層的な社会保障制度などを打ち立てる必要があるとされた（『十四大以来重要文献選編』上、五二〇—五二一頁）。今日の公式の党史は、この文書が政策面に新たな突破口を開き、改革の深化に導いた綱領となったと評価している（『中国共産党的九十年　改革開放』、八〇一頁）。

これ以降、中国政府は経済、財政、金融の分野における新機軸を矢継ぎ早に打ち出していった。それは諸外国において「中国のゴルバチョフ」、「経済ツァーリ」と呼ばれた朱鎔基——彼自身はその呼び名を嫌っていた（『朱鎔基答記者問』、八頁）——の疲れを知らぬ努力の成果であった。そのなかに含まれた重要な措置は、中央政府と地方政府の税収に関する従来の取り決めを改め、中央の財政上の権限強化を目論む「分税制」の導入、金融面でのマクロ・コントロールをより完全にするための中央銀行の機能強化、政府の行政命令を通じた大型・中型の国有企業の経営を廃止し、自己責任によって市場での競争主体とさせること、などであった。「中国のゴルバチョフ」の進めた改革は、やがてはWTO（世界貿易機関）加盟へと至る世界経済への接続を予定表として示しながら、国有企業に「構造改革」を迫ることをひとつの特徴としていた。もしこの国際機関に加盟がかなうなら（実際には、中国は二〇〇二年に加盟を果たした）、中国は新たな貿易の機会を手にするとともに、さまざまな代償を支払うことになるはずであった。海外企業との競争に敗れて、多くの国有企業が倒産に追い込まれるとの悲観論も一部でささやかれた。だが、朱鎔基はこの「ショック療法」の信奉者であった。彼が二〇〇〇年一〇月の訪日を前に、北京で元経済企画庁長官の宮崎勇と対談した際の記録が残されている。それによれば、一九六〇年代において、日本が農業の壊滅や中小企業の大規模な倒産の不安にもかかわらず貿易の自由化を進めたことが日本を高度成長に導いたと宮崎が指摘すると、朱鎔基はわが意を得たりと応じたのであった（『朱鎔基答記者問』、一六四頁）。

とはいえ、「多様な経済成分」を発展させるとの名目で、合弁企業を含む多様な企業形態のもとに、国家的所有（全人民的所有）が事実上なし崩しにされるなら、生産手段の社会的所有という社会主義の根幹が崩れかねないという憂慮が党内で生じるのは当然であった。江沢民は、一九九三年一二月の毛沢東生誕一〇〇周年記念の機会をとらえて、自らの改革の企てが決して毛沢東思想に背くものではないと弁明した。彼は清朝末期の改革者である康有為が儒教の大胆な再解釈を試みて、孔子の精神の神髄は変化する現実に適応するところにある、と論じたことを思わせるように語った。すなわち、中国の諸条件に合致した社会主義を建設したこの革命最大の英雄の思想は、時代の発展に伴って発展する科学なのである、と（『十四大以来重要文献選編』上、六二〇頁）。

だが、このような説明では満足できない人々がいた。一九九五年春から一九九七年春にかけて、社会主義市場経済に反対する執筆者不明の四編の長編の論文——かつて官僚が皇帝を諌めるために書いた意見書がそう呼ばれたことから、一般に「万言書」と称された——が相次いで発行され、党幹部および知識人の間で広く読まれた。これらの論文は、私営企業の発展によって中国にはすでに新しいブルジョア階級が生まれている、ブルジョア階級の形成は中国のプロレタリアート独裁に対して潜在的な脅威となっている、いったん条件が成熟すれば、国際的なブルジョア階級の支持と協力のもとに、共産党を消滅させる可能性がある、などと論じていた（馬立誠、一八一―一八四頁）。四編の「万言書」のみならず、天安門事件後に現れた保守的な雑誌として知られる『真理的追究』、『中流』、『当代思潮』などが、同様の主張を繰り返した（Miller, pp. 537-541）。江沢民が、このような保守的な人々からの挑戦にどの程度脅威を感じていたかはわからない。だが、現在読むことのできる江の著作から受ける印象は、彼がこれら「左」からの攻撃と真剣にたたかう必要を感じていたようにはみえない、ということである。総書記は、「四つの原則」を含む鄧小平思想を道標とすると繰り返し、また西側の思想の浸透に対抗して社会主義精神文明の建設を呼びかけるかぎり、保守派の大半は満足させることができると考えていたのかもしれない。

一九九七年九月に開催された第一五回党大会における江沢民の政治報告は、一方において国有企業を最重要の経済主体として存続させ、他方において「多様な経済成分」の発展を進めるために、周到に用意された理屈を提示していた。総書記は、社会主義である以上は「公有制を主体」としなければならないと述べる一方、中国の社会主義がなお初級段階にあるという点を繰り返し強調し、したがって生産力を向上させるための私的所有の発展は容認されなければならないと主張した。公有制を主体とするという意味はこうである。「公有資産が社会総資産のなかで優位を占め、国有経済が国民経済の命脈を握り、経済発展に対して主導的役割を果たすということに体現されている。……公有資産が優位を占めるという点については、量的優位も必要であるが、それよりも質的向上を重視しなければならない。国有経済の主導的な役割は主に支配力に現れている。……国民経済の命脈に関わる重要な業種と鍵になる分野では、国有経済が支配的地位を占めていなければならない」（『江沢民文選』第二巻、二一頁）。このような意味で公有制の主体性が確保されている限り、社会主義市場経済を発展させる形態は多様であるべきだと江は主張した。そして、この議論の延長線上において、彼は株式制を大いに推奨したのである。「株式制は現代企業の資本構成形態の一種であり、所有権と経営権の分離に役立つとともに、企業と資本の運営効率の向上に役立つため、資本主義が利用できるし、社会主義もこれを利用することができる。株式制が公有であるのか、私有であるのか、一概に言い切ることはできない。もっとも重要なことは、持株支配権が誰の手にあるのか、ということである。国家と集団が半分以上の株式を保有していれば明らかに公有性を有し、これは公有資本の支配範囲の拡大および公有制の主体的役割の増強に役立つ」（同右、二二頁）。

しかしながら、中国の社会主義が「初級段階」にあるとはいえ、株式会社化された国有企業は、どこまで社会全体の所有物となるのであろうか。しかも、マルクス主義の始祖たちは、生産手段の「社会化」の問題を、たんに法的な所有形態の面からのみ考えていたのではなかった。エンゲルスは「社会全体によって、すなわち共同の計算で、共同の計画に従って、社会のすべての構成員の参加のもとに、経営されるようにしなければならない」と述べた（マルクスほか、一五〇頁）。広範な人々の意思決定への参加が伴わなければ、生産手段の「社会化」は実現しないという点は、かつて東欧の社会主義国においても、企業の自主管理をめぐって知識人たちからさかんに提起された議論であった。だが、江沢民の指導部は、経済発展に資するという一点をもって、中国の国有企業をかつて誰も考えたことのない姿に変えていった。その結果、第一五回党大会以降、大型・中型の国有企業の株式会社化が進み、小型のそれは民間に売却されたのである。

党の変質あるいは適応

かくして「社会主義市場経済」が軌道に乗るとともに、猛烈な勢いで経済成長が進んだ。朱鎔基は、一九九九年三月、全国人民代表大会における政府報告において、前年の経済成長率が、アジア諸国を見舞ったアジア通貨危機、および歴史上まれにみる長江流域と東北地方の大洪水による甚大な被害にもかかわらず、七・八パーセントに達したと誇らしげに語ることができた（『十五大以来重要文献選編』上、七六九―七七〇頁）。

いかなる国家もかつて経験したことのない急速な経済成長とともに、中国の社会主義は誰もみたこともなければ、誰も想像したこともない姿に変わっていった。言い換えれば、社会主義の進化と解体の区別が、適応と堕落の区別が、成長と退行の区別がつかなくなってしまったのである。そのひとつの現れは、中国共産党がこれまで以上に強くナショナリズムに依存し始めたことであった。社会主義が本来、国民国家の枠を超えた世界的な体制間移行として構想されていた以上、その理念がナショナリズム（民族主義）ではなく、インターナショナリズム（国際主義）と結びついていることは明白であった。たとえ民族主義を愛国主義と言い換えたとしても、社会主義本来の理念からすれば、逸脱であることに変わりはなかった。社会主義は本来「国家の死滅」を展望するがゆえに、国家それ自体を崇拝するはずがなかったからである。だが、江沢民の指導部は一九九四年八月、何らためらうことなく「愛国主義教育実施綱要」を発出し、青少年を重点として民族の自尊心と自信を高める教育を強力に推進しなければならないと訴えた（『十四大以来重要文献選編』上、九二〇―九三三頁）。天安門事件の原因は青少年に対する教育の失敗にあったと総書記が考えるからには、一党支配に対する抵抗の予防措置として、中国の若者たちの心を愛国的精神で満たそうとしたことは自然であった。だが、この試みは、人々が共産主義に染まらぬよう、彼らの精神をあらかじめ保守的な儒教の倫理で満たそうとした一九三〇年代における蔣介石の運動と本質において変わりはなかった。江沢民は、一九九六年一〇月に開催された第一四期六中全会においても、愛国主義教育は「社会主義精神文明建設」の重要な一部であり、「社会主義現代化建設の全過程において貫かれなければならない」と述べた（『江沢民文選』第一巻、六二四―六三五頁）。

ナショナリズムが過去を素材として作られる意識である限り、愛国主義の強調が中国の古い伝統への回帰と結びついていたことは怪しむに足りない。はやくも一九九一年一一月、中央宣伝部は「文化遺産を十分に活用して愛国主義と革命的伝統についての教育を実施することについて」という指示を発していた。中国共産党の創設者たちが、あれほどまで自らの古い文明と手を切ることを切望していたというのに、国内のみならず海外にも中華文明を広めるとの方針すら定められた。革命とは、まさに古い時代と決別して歴史を再出発させることである。自民族の古き善き美徳を称賛しながら、愛国主義を人々の精神の基調に据えようと試みるなら、世界のいたるところに存在する保守的な政党の姿と変わるところはない。中国共産党は経済の急速な成長とともに、その深い次元において変質し始めた。

同じ文脈において、中国の対外姿勢に現れた変化を語ることができるかもしれない。あたかも帝国の記憶が蘇ったかのように、それまで抑制されていた対外的態度が攻撃性を帯び始めたのである。一九九二年二月に全国人民代表大会で制定された「中華人民共和国領海および接続水域法」が、尖閣諸島、西沙諸島、南沙諸島などを中国の領土と定めたことが、その予兆となった。江沢民はとりわけ台湾に対して威嚇的な態度で臨んだ。一九九五年七月に台湾の北方沖に向けてミサイル発射訓練を実施したのに続き、翌年三月の台湾総統直接選挙の直前にはミサイル発射演習、海空軍実弾射撃演習、陸海空軍統合演習を次々と行って台湾の人々を恐怖に陥れた（もっとも、この脅しは裏目に出て、江沢民が総統就任をなんとしても阻止したかった李登輝は、かえって高い得票率で当選してしまった）。これは軍に基盤をもたない江沢民が、軍の支持を得るために予算上の大盤振る舞いをしたことの自然な結果であったかもしれない。あるいは、西側諸国と日本への警戒心をとりわけ強く抱く総書記――「日本はかつて五〇年間も台湾を占領し、日本の右翼勢力も終始再び台湾に手を染めようと野心を抱いている」と江は述べた（『江沢民文選』第二巻、五九六頁）――の切迫した危機感が屈折して、彼に周辺諸国に対して攻撃的な態度をとらせたのかもしれない。いずれにせよ、中国の対外姿勢のなかに理念を見出すことは次第に困難となった。

以上のような党の性格の変化は、あらかじめ誰かによって計画されたものでもなければ、はっきりとした始まりの日付ももたなかった。おそらく、中国共産党の第三世代の指導者たちは、未知の領域に片足を踏み入れた際、もう片方の足を本能的に安全な場所に置こうとしたのであろう。ナショナリズムと中国の伝統的な美徳の強調は、いかに学識に富む党員たちが、それらは社会主義本来の理念からの逸脱であると主張したとしても、支配を安定させるための安全な踏み石にみえた。あるいは、このような変化は、改革を大胆に進めながら、それがもたらす副作用を強く懸念する人々をも満足させるための政治的配慮がなされた結果であったかもしれない。さらに可能性をいえば、政治的理念に無頓着な江沢民が、意図せずして、一九八〇年から徐々に現れていた諸傾向をたんに追認した結果であったかもしれない。いずれにせよ、中国の社会主義は目的地を見失い、漂流し始めた。船は高速で走り始めたため、操舵主はともかくも座礁しないよう船を安定させなければならなかった。船を安定させるための装置は、世界のどこにでもある保守的な政党の好んで用いるものであったから、中国共産党がそれらに似るのは当然の成り行きであった。

　このような過程のクライマックスとして、江沢民はついに中国共産党を「階級政党」の範疇と決別させた。彼は二〇〇〇年二月二五日、広東省を視察した際、後に彼の「重要思想」として党規約に刻まれることになる「三つの代表」論なるものを明らかにした（『江沢民同志重要論述研究』、八七頁）。それは、共産党が「先進的生産力の発展の要求」、「先進的文化の前進の方向」、および「もっとも広範な人民の根本的利益」の三つを代表しなければならないという主張であった（『江沢民文選』第三巻、二頁）。予兆もなく突如登場したこの主張は、高度経済成長の持続を通じて、一党支配を安定させることに自信を深めた江沢民が、二年後の党大会における引退を見据えて、自らの功績を歴史に刻みつけようという衝動から打ち出したものかもしれない。[†1]

　だが、三カ月後に上海で行われた総書記の長大な演説のテクストを読むなら、「三つの代表」論の背後にあったのは自信であるとともに、不安でもあったことが理解できる。すなわち、彼が当時、社会主義市場経済のもとで発展する多様な経済組織に対する党の指導が貫徹されていないこと、法輪功のような党に対する新たなタイプの挑戦者が出現したこと、そして台湾の国民党が選挙で敗北したことに、大いなる恐れを抱いていたことが理解できるのである（『江沢民文選』第三巻、一六―二四頁）。江がこの演説で明らかにしたところ、全国の私営企業のうち、党員がいない企業は八三・三パーセントにのぼる一方、党組織がある私営企業は一・四パーセントにすぎなかった（同右、一二三頁）。要するに、江沢民は膨らみゆく非公有部門における党の指導の不在を指摘していたのである。この問題のもっとも手っ取り早い解決策は、私営企業家を党員にすることであったろう。だが、演説の含意は明らかであったにもかかわらず、彼はそのような言明を避けた。おそらく、江沢民は約一年を費やして次なる決定的な一歩への根回しを行ったのである。

翌年七月、中国共産党成立八〇周年を記念する講話において、総書記は改革開放以来、中国社会に出現した「新しい社会階層」——すなわち「民営の科学技術型企業の創業者や技術者、外資系企業に雇われている管理者や技術者、個人経営者、私営企業主、仲介機構の従業員やフリーランサーなど」——が生産力の発展に果たしている役割を高く評価し、実に慎重な言い回しではあったが、実質的に彼らの入党を容認した（『江沢民文選』第三巻、三一六—三一七頁）。一方、彼は党が労働者階級の前衛としての性格を失わないと強調した。だが、そうなると、この党は社会のあらゆる階層から支持を引き出そうとする——同時に、それによって党内に階級対立を抱え込む——「八方美人」的政党、政治学の用語を用いるなら、「包括政党」となることは避けられなかった。つまり、日本の自民党のような、世界には珍しくない保守的政党の性格をさらに顕著に備えるようになったのである。その結果、「共産党」という長い歴史的背景をもつ名称は、世にも哀れな形容矛盾となってしまった。かくして「中国的特色をもつ社会主義」を追求する政党は、ありふれた政党の姿に近づいていったのである。

江沢民の議論は、西側の観察者からすると驚くべきものであったが、中国共産党内部では、おそらくは大きな衝撃をもって迎えられたのではなかった。というのも、すでに党員となっている人々が、個人的に企業経営に乗り出す例に事欠かなかったからである。私営企業の経営者に占める党員の割合は、一九九三年における一三・一パーセントから、二〇〇一年には二九・九パーセントにまで上昇していた（鮫島ほか編、一五頁）。したがって、ここでもまた江は、すでに進行していた過程を事後的に追認しただけであったかもしれない。

それでも、保守派はやはり声をあげないわけにはいかなかった。七月二〇日、鄧力群をはじめとする一七人が公開書簡を発表し、江沢民の講話は何ら理論的な刷新ではなく、党の基本的性質を変更するものである、と正当にも批判した（馬立誠、二〇二頁）。だが、結局、彼らは形勢を逆転する力にはなりえなかった。二〇〇二年一一月に開催された第一六回党大会に参加した二〇〇〇人を超える代表たちは、一致して江沢民の「三つの代表」論に賛意を表した。やがて事態は、「左派」が容認できる限度をはるかに超える地点にまで立ち至った。二〇〇四年三月に全国人民代表大会を通過した憲法修正案には、「国家は個体経済、私営経済などの非公有制経済の合法的権益を保護する。国家は非公有制経済の発展を奨励し、支持し、導くとともに、非公有制経済に対して法に基づき監督と管理を実行する」、「公民の合法的私有財産は侵犯されない」と書き込まれたのである。

†1　その五日前に江沢民が広東省で行った演説には、党がもっとも広範な人民大衆の利益と社会の先進的な生産力を代表しなければならないとの主張を見出すことができるが、「三つの代表」という言葉は見当たらない（『江沢民思想年編』、四五四頁）。

第15章　軌道修正あるいは修復——胡錦濤時代

権力の不完全な継承——江沢民から胡錦濤へ

二〇〇二年一一月に開催された第一六回党大会は、六〇歳の胡錦濤を新しい総書記に選出した。彼は翌年三月に開催された全国人民代表大会で国家主席にも選出された。だが、新しい時代の人事配置は、旧指導部の名残を色濃くとどめていた。なるほど李鵬と朱鎔基は引退したが、江沢民は中央軍事委員会主席の座にとどまったのである（胡錦濤がこのポストを江から引き継ぐのは、二〇〇四年秋のことである）。そして、新たな政治局常務委員会を構成する九人のうち、首相に選ばれた温家宝を別にすれば、大半が江沢民の息のかかった人物と目された。したがって、これは限定された権力移譲であったとみることができる。その証拠に、かつて江沢民に対しては賦与された「中核」という称号が胡錦濤には与えられず、「胡錦濤同志を総書記とする党中央」という素っ気ない表現が用いられ、それは彼の在任中、変わることがなかった。そのため、外部の観察者たちは、中国共産党に存在する事実上の「二つの中央」——すなわち、胡錦濤の党中央と江沢民の党中央である——について好んで語った。

この大会では党規約が改正され、江沢民の「三つの代表」論が「重要思想」として新たに党の行動指針とされた。それに伴い、中国共産党はプロレタリアートの前衛であると同時に、中国人民と中華民族の前衛であると規定された。これは、同党が階級政党であると同時に包括政党であると宣言したに等しく、どうみても党の性格規定を曖昧にする表現であった。ともあれ、胡錦濤指導部の最初の仕事は、全党をあげて前任者が残した「重要思想」の学習に取り組むことであった。

この学習運動の最中、新指導部はいきなり試練に直面した。重症急性呼吸器症候群（SARS、中国語では「非典型肺炎」）の流行である。この恐るべき感染症は二〇〇二年一一月に広東省から広がり、翌年四月には二六の省、自治区、直轄市を席巻し、さらには国外で三〇の国々に拡大した。議論は分かれるものの、この危機に胡錦濤と温家宝は比較的うまく対処したといいうる。彼らは当初被害状況を隠蔽して誤った情報を流した衛生部長を解任し、どうにか感染爆発を阻止した。六月二四日、WHO（世界保健機関）は北京への渡航警告を解除し、中国の指導者はかろうじて面目を保つことができた。

同年三月、広州市の服飾会社の従業員である孫志剛が一時居住証を携帯せず外出して連行され、ホームレス収容所の職員に暴行を受けて死亡するという事件が発生した。世間を瞠目させたこの事件について、首相に任命されたばかりの温家宝は自ら処理に乗り出した。事件に関与した人々を厳罰に処するとともに、孫志剛の家族に賠償金五〇万元を支払うこととしたのである。このような社会的弱者の利益を守ろうとした新指導部の姿勢に、人々は大いなる満足を見出した。

ところが、中国共産党創立記念日の七月一日になると、「三つの代表」論に関する学習キャンペーンが再び勢いづき、人々は新しい指導部が何を目指しているのかといぶかった。引退したはずの江沢民によって、いわば首根っこを押さえられていたのだから、胡錦濤がはじめのうち自由に動くことができなかったのは無理もなかった。それでも、この指導者は、制約のなかで次第に独自色を打ち出すようになる。

「科学的発展観」

前任者が、論争を呼ぶ「三つの代表」の概念に対する反応を、まず地方の聴衆で試したように、胡錦濤もまた二〇〇三年秋、彼独自の概念である「科学的発展観」(原文は「科学発展観」)を江西省と湖南省の視察の際に打ち出した。この視察に臨んで、総書記は「立党為民、執政為民〔立党は民のため、執政も民のため〕はわれわれの党の根本宗旨の体現であり、『三つの代表』重要思想の本質である」と繰り返し、前任者を痛ましいほど持ち上げてみせながら、談話のなかに「調和のとれた発展、全面的な発展、持続可能な発展という科学的発展観をしっかりと打ちたてる」という彼自身の言葉を控えめに差しはさんだ(二〇〇三年八月三一日―九月一日における江西省視察の際の言葉、データベース『人民数据』)。

同年一〇月に開催された第一六期三中全会の最終日、胡錦濤は次のように述べて、彼が江沢民とは異なる政策志向の持ち主であることを明らかにした。「成長は発展の基礎である。……しかし、成長は単純に発展と同じではないし、もし単純に数量を拡大し、単純に速度を追求し、質と効率を重視せず、経済、政治、文化の協調的発展を重視せず、人と自然の調和を重視しないなら、成長には失調が生じ、最終的に発展を制約する局面が生まれるであろう」(『十六大以来重要文献選編』(上)、四八四頁)。だが、果たせるかな、江沢民の政策を暗に批判するこのような考え方は、ただちに他の指導者たちが一致して認めるところとはならなかった。胡錦濤の講話のテクストは、後にほんの一部が公表されただけであり、会議後に発表されたコミュニケにも「科学的発展観」の文字はなかった(『十六大以来党和国家重要文献選編』上(一)、七五―八〇頁)。

二〇〇四年を迎えると、胡錦濤はようやく他の指導者たちにも受け入れられる、彼の独自性の表現方法を見出したようであった。すなわち、「科学的発展観」は、前任者の思想を否定するものではなく、紛れもなく江沢民の思想の延長線上に位置するというのである。胡の盟友である温家宝首相は、二月下旬、省の指導者たちを前にしてこう述べた。「科学的発展観の実質は、経済社会のさらに速い、さらによい発展の実現である」。しかし、やみくもに経済発展の速度だけを追求してはならない。「平穏で比較的速い発展」を目指すべきである。そのためには、「以人為本」(人間を根本となすこと)が必要であるが、これが科学的発展観の「本質と核心」である。そして、首相はこう結論づけた。「以人為本」を堅持することは、「三つの代表」重要思想を貫徹することにほかならないのである（二〇〇四年四月二二日の講話、データベース『人民数据』）。

胡錦濤自身は同年九月の第一六期四中全会において、自らの思想をあらためて次のように定式化してみせた。「人間を根本となし、全面的で、調和のとれた、持続可能な科学的発展観を堅持することは、党の三代の中央指導者集団の発展に関する一系列の重要思想の継承であり発展である」（『十六大以来重要文献選編』（中）、二三五頁）。おそらく、強力な後見人が背後で目を光らせるなかで、胡が独自色を打ち出そうとすれば、こうするほかはなかったであろう。だが、そのためにこの最高指導者は、その肩書にふさわしい自由を得ることができなかった。

この会議が採択した長大な決議「党の執政能力建設を強化することに関する中共中央の決定」は、さながら前総書記と現総書記がひとつの決議のなかで相争うような観を呈していた。同決議は、一方で「全篇において『三つの代表』重要思想が貫かれている」（政治局常務委員である曽慶紅による同決議の解説、『十六大以来重要文献選編』（中）、三七七頁）とされながら、他方で胡錦濤の新しいスローガンである「和諧社会（調和のとれた社会）の建設」の説明に相当の紙幅を割いていたのである。

胡錦濤が「調和」を強調したことには理由があった。前任者がわき目もふらず経済成長を追求した代償は、途方もなく大きなものであることがすでに明らかであった。それは、ひどくなる一方の腐敗、著しい貧富の格差、開発業者と地方政府に土地を奪われた農民の増加、目を覆うばかりの環境破壊などに現れていた。[†1] それらが背景となって、中国社会は目にみえて騒々しいものなりつつあった。それは訴訟や請願の顕著な増加に現れている。中国の裁判所が受理した訴訟の数は一九九四年には四二六万件であったが、二〇〇三年には八〇〇万件にまで増加した。同じ時期に行政訴訟の件数も、三万五〇〇〇件から八万七九〇〇件にまで増えた。県レベル以上の機関が受けつけた請願の数は、一九九五年には四七九万件であったが、二〇〇四年には一三七三万件に跳ね上がった（Cai, pp. 22-24）。『人民日報』の表現を借りれば、「発展の黄金期」と「矛盾の突出期」とが同時に訪れていたのである（任仲平「再幹一個二十年」、『人民日報』二〇〇四年七月一二日）。この事態は、胡錦濤の指導部に矛盾の緩和に向けた行動を起こすよう迫るものであった。

江沢民は、過去一〇年のうちに中国の経済的土台（下部構造）を大きく作り変えてしまった。この新しい経済的土台は、必然的に、その上に載っている上部構造——政治や思想を含む領域である——を作り変える方向に作用するはずであった。場合によっては、旧い上部構造を吹き飛ばしてしまいかねなかった。それにもかかわらず、前総書記は急激な経済発展の道を突き進みながら、旧い政治体制を温存できると信じた。江沢民は「三つの代表」論に基づき、新興ブルジョアジーを党内に引き入れて潜在的な敵対勢力を取り込むとともに、毛沢東時代の整風運動にならった「三講」（学習、政治、正しい気風の三つを重んじること）と呼ばれる政治思想の再教育によって党幹部の精神を引き締め、変化する下部構造から上部構造を守ろうとした。江沢民は、幹部はナイトクラブ、カラオケ、高級ダンスホールに行くべきではない、権力、金銭、女色に惑わされてはならないと機会あるごとに繰返した。だが、党幹部の精神的な引き締めは、政治システムの手直しからはほど遠かった。江沢民の訓戒は、社会主義市場経済のなかで、以前にもまして経済的な誘惑に駆られやすくなった幹部たちに対する、とうてい聞き入れられることのない道徳的な訴えでしかなかった。他方において、急速な経済成長のもとで、絶対的にあるいは相対的に立場を悪くした農民と労働者の声は、依然として政治に届けられなかった。それは彼らが真に党・国家から独立して自分たちの利益を代弁する農民組合や労働組合などの団体の組織化を認められなかったためである。

このままでは下部構造とともに上部構造までもが持ちこたえられないかもしれない、と胡錦濤は感じていたように思われる。いわば、ありえない速度で航行する中国という船全体が激しくきしむ音を彼は聞き取っていたのである。「科学的発展観」に基づく「調和のとれた社会」の建設は、船をバラバラにさせないための胡錦濤の処方箋であった。総書記は、後にこの概念を「人と人、人と社会、人と自然との全体として調和の取れた社会」（『十六大以来重要文献選編』(下)、六七五頁)と説明している。調和を回復するためには、発展はある程度まで犠牲にしなければならない。したがって、このような訴えは、発展至上主義にとりつかれた他の指導者たちや党・政府の官僚たちの不興を買ったに違いないが、多くの恵まれない人々の心に届く要素を備えていた。彼は前任者とは異なる聴衆に向けて語っていたのである。それは胡が自らの権力基盤を形成するためのほとんど唯一の道でもあった。

胡錦濤は二〇〇五年一〇月の第一六期五中全会において、「社会主義和諧社会の建設」をいっそう前面に打ち出した講話を行った。「社会主義」という形容詞が前面に置かれた「和諧社会」にとくに新味はなかった(というより、「社会主義和諧社会」はある種の同義語反復であった)。変化した点はといえば、彼はもはや江沢民の引用は最小限にとどめ、自らの主張を多く語るようになっていたことである。三年の時を費やして、新しい総書記はようやく自らの足で歩きはじめたようにみえた。

翌年になると、胡錦濤はいっそう大胆になった。二〇〇六年一〇月に開催された第一六期六中全会において胡は、これまでの「過度に投資主導でエネルギー資源の大量消費に依存した粗放型発展方式」、「単純に経済発展の速度および盲目的に投資規模の拡大を追求するやり方」を改めるよう訴えた。それは紛れもなく江沢民時代の発展方式に対して向けられた批判であった(『十六大以来重要文献選編』(下)、六七九頁)。また、この会議では「社会主義和諧社会を建設する若干の重要問題に関する中共中央の決定」と題する文書が採択された。「社会的調和は中国の特色ある社会主義の本質的属性であり、国家の富強、民族の振興、人民の幸福の重要な保障である」との宣言から始まるこの文書を通じて、胡はこれまで語ることを控えていた彼の問題意識と夢の全貌をようやく明らかにした。人民の政治的権利の保障、公民権と自由の保障、所得分配の公平化、教育費の負担の軽減、「サービス型政府」の建設、生態環境の顕著な好転などを目標に掲げるこの文書は、「人を根本とする」をモットーとした総書記の面目躍如といってよいものであった(『十六大以来重要文献選編』(下)、六四八―六七一頁)。

胡錦濤の関心がとくに農村に向けられていたのは驚くに当たらない。それは彼が甘粛省や貴州省やチベット自治区という貧しい辺境地区で長く仕事をした経験と無縁ではなかった。だが、より根本的な理由は、中国の農村が急速な経済発展の恩恵を受けるどころか、かえって発展によって追いつめられていたことである。「農民は実に苦しく、農村は実に貧しく、農業は実に危うい」と湖北省の農村の学歴ある幹部、李昌平は朱鎔基首相宛の手紙で痛切に訴えた（李昌平、四九頁）。それは穀物価格の持続的な下落、農業税、住宅税、自留地費などのさまざまな負担金の増大、農村において養うべき幹部たちの増加などの複合的な要因によっていた。困窮した農民たちは大挙して都市へ出稼ぎに出たものの、「農村戸籍」である彼らは、「都市戸籍」をもつ人々が享受できるはずの諸権利——医療、子供の教育、失業給付など——をもたなかった。この「農民工」と呼ばれる哀れな出稼ぎ農民たちは、中国の大都市において、いまや新たなプロレタリアートの大群を形成していた。もし彼らに救いの手を差し伸べなかったとしたら、中国は「社会主義市場経済」ではなく、たんなる歪んだ「市場経済」であったろう。

農民のさまざまな負担の軽減を目指した結果、二〇〇五年末、全人代常務委員会は「農業税条例」の廃止を決定した。中国の報道によれば、この画期的な措置によって、はるか昔の春秋時代にその原型が作られ、その後二六〇〇年間も中国で続いてきた農業に従事する人々に課される税金が廃止されたのであった。

「調和」を重視する胡錦濤の姿勢は、対外姿勢にも反映された。二〇〇三年に一部の知識人が日本との関係について「対日新思考」——中国は過去の戦争に基づく怨恨から脱するべきである、日本に軍国主義が復活していると考えるべきではない、中国には理性的なナショナリズムが必要とされている、といった主張を基軸としていた——を唱え、それに対する激烈な批判が生じた際にも、総書記は日本との協調的関係を模索し続けた。この姿勢は台湾の国民党に対しても同様であった。二〇〇五年九月の抗戦勝利六〇周年を記念する講話において、胡錦濤は日本の侵略者との戦いにおいて、国民党の軍隊が「正面戦場」において果たした役割を高く評価した（『十六大以来重要文献選編』（中）、九七五—九七六頁）。同月、ニューヨークで国連総会での演説に臨んだ彼は、「平和、共同繁栄の調和世界の建設」を訴えた。だが、あたかも江沢民が傷つけたものを修復して回るかのような胡の対外的な努力は、「もうひとつの中央」によって水を差された。抗戦勝利六〇周年記念行事における政治局員の李長春——江沢民の息のかかった人物として知られる——の講話は、国民党の功績に言及しなかった。そして、胡錦濤の国連演説における「調和世界の建設」は中国国内の報道機関からは無視されたのである。

それでも、総書記は二〇〇六年から始まる第一一次五カ年計画の基礎に自らの思想を据えることができた。この計画——中国語では、もはや「計画」という表現は用いられず、「規画」が用いられた——は、二〇〇〇年と比較した二〇一〇年の人口一人当たりの（つまり、たんにGDPの総量が問題とされたのではなく）GDPを倍増させることを目標に掲げた。また、単位当たりのGDPのエネルギー消費を、前回の五カ年計画期と比べて約二〇パーセント減少させることも目標とされた。さらに農民に希望を抱かせる「社会主義新農村」の建設も計画に盛り込まれた。

第一七回党大会と胡錦濤政権のつかの間の輝き

二〇〇七年一一月に開催された第一七回党大会において決定された新たな人事配置は、前大会と比べてさらに変化に乏しいものであった。最高権力者の集団である政治局常務委員会は、第一六回党大会で選ばれたメンバーのうち四人が入れ替わったのみであった。二〇〇二年の党大会では二五人の政治局員のうち一五人が新顔であったのに対して、この党大会では、やはり二五人の政治局員のなかで新人は九人にすぎなかった。したがって、指導者の顔ぶれの刷新は限定的であった。とはいえ、指導者たちの高学歴化はいっそう進んだ。いまや二五人の政治局員のうち、二三人までが大学卒で占められた。そのうえ、習近平、李克強、李源潮、劉延東は、大学院で学んだ経歴の持ち主であった。「技術者の王国」化の傾向は、いくらか弱まった。二三人の大学卒業者のうち、理工系の出身者は一三人にとどまった。いずれにせよ、中華人民共和国史上、もっとも高学歴の指導者集団が誕生したのである（Miller, pp. 591–592）。

新しい指導部を発足させるにあたり、胡錦濤は江沢民の影響力を完全に拭い去ることはできなかったが、いくらか薄めることはできた——半分は幸運に助けられて。胡はすでに二〇〇六年秋、江の息のかかった人物である上海市党委員会書記にして政治局委員の陳良宇を、重大な腐敗に関わったとして失脚に追い込んでいた。また、江の右腕である曽慶紅も引退年齢に達していたため、もはや政治局の一員となることはできなかった。そのうえ、やはり江に忠実な人物であった政治局常務委員の黄菊もまた二〇〇七年六月に死去していた。かくして、今回の党大会は、胡錦濤がその揺るぎない権力を内外に印象づける重要な機会となると予想された。だが、重大な見込み違いが生じた。大会前、外部の観察者たちは、胡と同様に共産主義青年団を背景とする李克強が政治局常務委員に昇進し、後継者の座に収まるであろうと予想していた。だが意外にも、予備選挙を経て、習近平が李よりも高い序列で常務委員に選出されたのである。これは再分配よりも成長を重視する官僚たち、軍、および「太子党」（指導者の子弟たち）が習近平を推した結果だと目されている。

その点を除けば、この党大会は胡錦濤の思惑通りであった。党規約には、彼の「科学的発展観」が「重大戦略思想」として新たに書き込まれた。毛沢東思想、鄧小平理論、江沢民の「三つの代表」思想に加え、さらに江の精神とは異なる精神に支えられた「科学的発展観」までもが党規約に記されたことで、中国共産党が何を目指すのかはますます混沌とした。それはまさにこの政党のイデオロギー的な漂流、あるいは空洞化を物語るものであった。とはいえ、いまやある程度まで自らの信念に従って進むことができるようになった胡は、大会の政治報告において、「調和のとれた社会」を目標に掲げるとともに、政治改革に踏み出す決意を強調したのであった。

総書記就任当初、諸外国では存在感が薄いといわれた指導者が、いまや実質を備えた指導者であることを内外にみせつける機会が間もなく訪れた。二〇〇八年八月八日午後八時に開幕した北京オリンピックがそれである。一九三六年のベルリン大会がヒトラーのオリンピックであったというなら、北京大会はまさしく胡錦濤のオリンピックであったといいえる。このうえなく壮大で華麗な開会式の演出、豪華な競技施設、完璧な大会運営は、改革開放を通じて強大になった中国の力を十分に誇示するものとなった。

オリンピックの興奮が収まって間もなく、国際的な金融危機が中国を襲った。「リーマン・ショック」がそれである。同年五月に生じた四川大地震が国内に原因を持った危機であったのに対して、この危機は遠く離れたアメリカが震源地であった。未曾有の金融危機に直面した温家宝は、内外の記者たちを前に、われわれはたっぷりと「弾薬」を用意したと語った（『人民日報』二〇〇九年三月一四日）。これは高速鉄道への投資を中心にした四兆元にもおよぶ景気刺激策を意味していた。この桁外れの景気刺激策が功を奏して、西側諸国の経済成長率がいずれも大きく落ち込んだのとは対照的に、二〇〇九年の中国のそれは八・七パーセントに達した。かくして、胡錦濤と温家宝は「新世紀に入って以来、わが国の経済発展にとってもっとも困難な一年」（李長春の言葉、『十六大以来重要文献選編』（中）、三六八頁）を見事に乗り切ってみせた。そして、二〇一〇年になると、中国はGDPで日本を追い越し、世界第二位の経済大国へと躍進した。かくもすばらしい実績をあげたのだから、名実ともに胡錦濤の時代が訪れたとしても不思議はなかった。だが、そうはならなかった。それは彼の構想が肝心なところで壁に突き当たったためである。

「調和のとれた社会」の挫折

総書記と首相の成し遂げた環境保護の領域における成果は、評価に値するであろう。環境への負荷の大きい旧式の生産設備の廃棄、太陽光・風力・地熱などの再生可能エネルギーへの転換、植樹による緑化面積の増大など、温家宝が二〇〇九年一二月の国連気候変動コペンハーゲン会議で列挙してみせた中国の成果は、堂々たるものであった（『人民日報』二〇〇九年一二月一九日）。この成果は、多くの人々を満足させるものではなかったとはいえ、指導者が彼らでなかったとしたら望むことができなかったであろう。だが、これ以外の分野となると、胡と温のあげた成果は、はなはだ心許ない。

農民の苦境を救おうとした胡錦濤は、第一七回党大会後、労働者の苦境に目を転じた。二〇一〇年のメーデーの直前、彼は全国の労働模範たちを前に、毛沢東時代を思わせる表現で、労働者階級の果たす役割をこのうえなくもち上げてみせた。「わが国の労働者階級はわが国の先進的生産力と生産関係の代表であり、われわれの党のもっとも堅実でもっとも頼りになる階級的基礎であり、社会主義中国の紛れもない指導階級であり、小康社会の建設と中国の特色ある社会主義を堅持し発展させる主力軍である」（二〇一〇年四月二七日の講話、データベース『人民数据』）。

この労働者賛歌と対になっていたのが、「合理的な収入分配制度」の構築という新たな目標の提起であった。二〇一〇年二月、温家宝は「合理的な収入分配制度を通じて、社会的富というケーキをうまく切り分ける」必要性について語った（『人民日報』二〇一〇年二月五日）。都市における中低所得者の所得水準を引き上げることがその狙いであった。翌月、首相は全国人民代表大会における政府活動報告で、前年の報告では「経済構造の戦略的調整」と表現されていたものを「経済発展方式の転換」と言い換えたうえで、収入分配制度の改革を「重点工作」にあげた（『人民日報』二〇一〇年三月一六日）。もし農民と労働者をほんとうに苦難から救おうとすれば、温家宝が述べたように、従来の経済発展方式の「調整」にとどまらない「転換」が必要であったろう。だが、首相が「転換」をうたった翌年の政府工作報告が、再び「調整」に言及するにとどまったことは、示唆的であった。

実際、経済発展方式の転換は夢に終わった。所得格差はほとんど是正されなかった。中国国家統計局が二〇一三年に公表した、所得分配の不平等を示すジニ係数の推移によれば、二〇〇三年には〇・四七九であったものが、二〇〇八年には〇・四九一に達し、それ以降は若干下がり始め、二〇一二年には〇・四七四となったものの、一般に社会不安の警戒線とされる〇・四を上回ることに変わりはなかった（大和総研グループ、二〇一三年二月一日）。胡錦濤は二〇〇八年一二月中旬、改革開放の開始から三〇周年となる機会をとらえて、一九七八年から二〇〇七年までの間、中国農村の貧困人口は二・五億人から一四〇〇万人にまで劇的に減少したと述べた（二〇〇八年一二月一八日の講話、データベース『人民数据』）。ところが、ちょうど一年後、温家宝はコペンハーゲンの気候変動会議で外国人たちを前に、「国連の貧困基準に従えば、中国にはまだ一・五億人が貧困ライン以下で暮らしている」と告白したのである（『人民日報』二〇〇九年一二月一九日）。政治局常務委員である呉邦国は、二〇一〇年七月、農民一人当たりの純収入は五一五三元であり、都市住民の三分の一にも満たないと述べた（『十七大以来重要文献選編』中、八七四頁）。要するに、社会に調和を回復しようとするさまざまな努力がなされたものの、その成果はごくささやかなものであった。

なぜそのような事態となったのであろうか。それは成長よりも再分配が重要であると考えない人々に彼らが包囲されていたからと考えるのが自然であろう。「レ・ミゼラブル」（悲惨な人々）を救おうとする指導者の前に立ちふさがっていた人々とは誰であったか。それは疑いもなく、一九九〇年代の改革を通じて利益を得た党・政府の官僚層であったろう。ウェーバーがすでに一九二〇年代に警告していたように、もし国家政策的官僚群とカルテル、銀行、巨大企業の経済的官僚群が別々の団体として並立していれば、政治権力によって経済権力を制することが可能である。だが、これらの官僚群が連帯的利害をもった単一の団体となれば、もはや統制不能となる（ウェーバー、五二頁）。それはまさに国有企業が強力な力をもつようになり、企業家と党官僚が結びついた一九九〇年代の中国で生じた変化であった。

彼らは、かつてトロツキーが労働者階級の新しい敵と指摘した特権官僚だろうか。それとも、一九五〇年代にユーゴスラビアの共産主義者ジラスがいった「新しい階級」であろうか。筆者はまだこの問題に断定的に答えることができない。それは、彼らの数、資産、および彼らを構成する諸集団間の結びつきに関する情報が用心深く秘匿されていることが、厳密な社会学的考察を妨げているからにほかならない。だが、この問いに肯定的に答えるための状況証拠は、次第に積み増されている。なるほど彼らは土地を所有してはいないが、いまや株主という形で生産手段を所有している。いまやこれらの人々は収入の一部を資本に転化することができる。いまや彼らは株や金融資産の形で永続的に資産を形成し、投資し、蓄積することができる。しかも、繰り返される官僚たちの腐敗が明るみに出しているのは、彼らがこれらの資産を子供たちに残すためにさまざまな努力を惜しまないということである。もし彼らがこのような集団であるとすれば、胡錦濤と温家宝が提唱する「公平なケーキの切り分け」に賛成するいかなる理由があろうか。この既得権益集団に含まれていたのは、「太子党」と呼ばれるかつての指導者たちの子弟であったと目される。そして軍もまたこの集団に合流したと思われる。軍歴をもたなかった江沢民が軍を味方につけようとすれば、気前のよい予算措置を通じてそうするほかはなかった。江が総書記を務めていた時代、国防支出は毎年二桁の割合で増加を示していたのである（土屋、一〇八頁）。

かくして、胡錦濤の改革は、それを阻止しようとする人々の群れに取り囲まれてしまった。毛沢東や鄧小平のようなカリスマをもたず、また軍の強力な支持も期待できなかった胡錦濤が、「集団指導体制」のなかでなしうることは限られていた。後世の歴史家たちは、胡の時代を振り返る際、彼がそのなかに置かれていた、どうみても身動きのとれない客観的状況を重視し、彼について同情的に語るかもしれない[†2]。胡が総書記であり続けるためには、好むと好まざるとにかかわらず、既得権益集団と妥協せざるをえなかった。そのため彼は、江沢民の敷いた急激な成長路線のうえを走り続けることを余儀なくされたのである。胡は江の定めた方針に沿って、私的財産を法律で保護した。二〇〇五年七月、全人代委員長が「物権法」草案を発表すると、広範な議論が湧き起こった。この法案には、私人の個人財産に対する所有権を認めることがうたわれていたからである。かつてエンゲルスは「プロレタリアートは、私的所有一般を廃棄することによってのみ自己を解放しうる」（マルクスほか、一四二頁）と述べたのだから、いまや「共産党」は「私産党」に変貌を遂げてしまったと人々がささやいたのも無理はなかった（祁建民、三二八頁）。それでも二〇〇七年三月、全人代は「物権法」を通過させた。社会主義の弾力性を極限まで試すという姿勢において、胡錦濤は江沢民の忠実な後継者であった。その結果、権力とつながる経営者や新興ブルジョアジーはますます豊かになった。それは、「国進民退」(国家が進み、民が退く)と称された大規模な国有企業の再編と復活と並行して進んだのである。[†3]

胡錦濤は中央軍事委員会主席を江沢民から引き継ぐ代償として、国防建設は経済建設に必ずしも従属しているわけではないとの言明を迫られてもいた。「国防建設と経済建設を協調して発展させ、相互に促進させる良好な局面を形成しなければならない」と胡は述べた(二〇〇四年七月二四日の講話、データベース『人民数据』)。経済と社会がいかなる状態に置かれようとも、国防建設に高い優先順位を与えることが「調和のとれた社会」の建設に役立つであろうと胡が真面目に考えていたとは、筆者には思われない。だが、彼はたとえ不本意であったとしても、そのように述べなければならなかった。二〇〇九年一〇月一日、建国六〇周年を記念する軍事パレードを天安門上で閲兵した胡錦濤のすぐ傍らに、引退したはずの江沢民が立っていたことは、胡と江と軍との関係を暗示するものであった。このようにして胡錦濤は自らの政治的構想を実現する力を奪われてしまった。

総書記の企てを不首尾に終わらせたのは、社会主義市場経済のもとでは、経済運営が成功すればするほど、政治運営が難しくなるという逆説に彼が直面していたためでもあった。経済成長とともに、従来の政治的枠組みのなかに収まり切らない新しい集団と新しい要求が生まれつつあった。新しい要求は、豊かさのなかで人々の間に芽生えた権利意識によって鼓舞されていた。そのため、人々の従順さは、もはや党による権力行使の与件ではなくなっていたのである。だが一党支配は、日々増大する多様で、錯綜し、相互に矛盾する要求を調整する仕組みを備えていなかった。この政治システムは、そもそも人民の間に基本的な利害の分岐は存在しないという前提のうえに組み立てられていた。したがって、このような政治システムを温存しながら、「調和」を回復することは無理であった。根本的な手直し――つまり民主化である――が施されないかぎり、この政治システムは、打ち出される政策と人々の要求との距離を果てしなく拡大し続ける。つまり、いつかは不可避的に起こる爆発のための燃料を蓄え続けるのである。

だが、胡錦濤は根本的な政治システムの改編には踏み込もうとせず、小さな改良を積み重ねて対応しようとした。もし上部構造の根本的な手直しをせずに、それが崩壊することを先延ばしにしようとすれば、現在の政治の仕組みは中国の実情に適したものであるとの主張を人々に受け入れさせる一方、彼らの要求に対する指導者たちの感応性をいくらか高めることしかなかった。これは、「お上」が民衆のためによりよく「取り計らう」ことを意味するもので、民衆自体に指導者を選択させるものではないから、西側の政治学がいう民主主義ではなかった。だが、上部構造を持続させるためには、このような民主主義的な粉飾に頼らざるをえなかった。かくして胡錦濤は「民主」を掲げた政治改革によって、民主主義を制しようとした。実際、彼ほど「民主」という言葉を好んで用いた中国の指導者はほかには見当たらない。「……人民を主人とすることを保証する。民主制度を健全化し、民主形式を豊富にし、公民の秩序ある政治参加を拡大し、人民が法に基づき民主的選挙、民主的政策決定、民主的管理、民主的監督を実行することを保障する」とは、第一六期四中全会で採択された「党の執政能力建設を強化することに関する中共中央の決定」の一節である（『十六大以来重要文献選編』（中）、二八〇頁）。だが、民主の伝道師を気取る指導者の語るこの言葉の意味はといえば、自由という次元をまったく含まないものであった。すなわち、国家が重視すべき価値、進むべき道、目指すべき未来を民衆の選択に委ねるものではなかった。それらがすべて党によってあらかじめ選択されていたことは江沢民の時代と変わりなかった。農民と労働者を苦難から救おうとしながらも、胡錦濤は彼らに真の発言権を与えるための、党・国家によって統制されない農民組合も労働組合も認めなかった。まさにこのために、後世の歴史家たちの一部は、この指導者の不幸な人々に対する善意を疑わないとしても、彼に同情するよりは、彼の勇気、大胆さ、そして政治闘争を勝ち抜くための戦略の欠如について好んで語るであろう。

普遍的な価値を求めて

もし胡錦濤と温家宝が、党の指導者たちの習い性となっていた民主に関する旧い考え方の枠を踏み越えて進んでいたら、そして不幸な人々に真の発言権を与え、彼らとの実質的な同盟に踏み出していたら、どうなっていたであろうか。実際、彼らは民主主義、自由、人権の普遍性について語り始めていた。首相は二〇〇七年二月二七日付の『人民日報』で次のように語った。「科学、民主、法制、自由、人権は資本主義の専有物などではない。それは人類が長い歴史の過程において共同で追求した価値観、および共同で創造した文明の成果である」。この言葉は、世界文明の多様性と異なる文化の尊重を訴える文脈で語られたものであったが、読み方によっては、中国の発展が世界の近代史の一部にほかならず、したがって中国もまた西側諸国と同じ道を歩むことになるであろうとの、保守的な人々を不安にさせる危険な含意を備えていた。

二〇〇八年五月に訪日した際に胡錦濤が福田康夫首相とともに署名した「『戦略的互恵関係』の包括的推進に関する日中共同声明」においても、日中両国は「国際社会がともに認める基本的かつ普遍的価値のいっそうの理解と追求のために緊密に協力する」ことがうたわれていた。[†4] そして二〇一一年一月、ワシントンでオバマ大統領と共同記者会見に臨んだ胡は、「人権には普遍性がある」と言明したのである。

なぜ総書記と首相は人類共通の普遍的価値について語ったのであろうか。それは彼らが、台頭する中国は特殊な価値を追求しているがゆえに脅威である、との諸外国からの強まるばかりの議論にさらされていたことに対する反応であったのかもしれない。つまり、人民に対して親しみやすい存在であると同時に、世界に対して親しみやすい中国をアピールするための演出であったかもしれない。だが彼らは、天安門事件後に囚われの身となった趙紫陽がそうであったように、中国もまた普遍的価値に立脚すべきだと本気で信じ始めていたのかもしれない。それは「人を根本とする」という理念から出発すれば、自然な思考の到達点であった可能性がある。逆に、「中国的発展」の名のもとに、あらゆる悪しき傾向が容認されることは許しがたいと彼らは考えるようになっていたかもしれない。いずれにせよ、この問題は、社会主義中国が何を目指すのかという根本問題に関わるため、政治的な対立を呼び起こさざるをえなかった。案の定、オバマ大統領との記者会見における総書記の重要なメッセージは、中国国内では報じられなかった。その後、胡錦濤と温家宝はこの問題にあえて踏み込むことを避けたようにみえる。彼らの思想的跳躍は不発に終わった。

胡と温を思想的跳躍台から引き戻したのは、西洋諸国と思想的に手を取り合えば、中国の政治体制が覆されかねないという鄧小平や江沢民も同様に抱いていた恐怖であったかもしれない。江沢民は「わが国の西洋化と分裂を狙う国際的敵対勢力の政治的たくらみは変わっていないし、変わることもない」と述べた（『江沢民文選』第二巻、五七五頁）。国際社会に対するこのような過剰な猜疑心から、江沢民の後継者もまた完全に免れてはいなかった。それゆえ、胡錦濤もまた「安定が一切を圧倒する」という原則を掲げ続けた（『十六大以来重要文献選編』（中）、二八七頁）。彼らが、旧ソ連邦を構成していた諸国における連鎖的な政権交代を――二〇〇三年のジョージアにおける「バラ革命」、二〇〇四年のウクライナにおける「オレンジ革命」、二〇〇五年のキルギスタンにおける「チューリップ革命」による平和的な政権交代である――を目の当たりにしていたのだから、西洋と同じ意味での民主を採用した後に訪れる事態を恐れたのは無理もなかった。先進諸国において、これらの「カラー革命」の延長線上に中国における政権交代が待ち受けているかもしれないとの議論が流布していたことは、疑いもなく胡錦濤の指導部を刺激したであろう。したがって、二〇〇八年末、世界人権宣言六〇周年に合わせて劉暁波らが起草した、一党支配に終止符を打つことを求める「零八憲章」に署名する人々が次々に現れると、この反抗精神に富んだ文芸評論家は当然のように拘束された。そして、二〇一〇年二月、国家政権転覆扇動罪により、懲役一一年および政治的権利剝奪二年の判決が彼に下された。投獄中の同年一〇月に、劉にノーベル平和賞が授与されたことは、総書記を深く苦悩させたに違いない。だが、胡は中国的民主の枠を超えて進もうとはしなかった。

普遍的な価値について語りながら、奇妙なことに、胡錦濤の言葉は前任者と同様、次第に伝統的で儒教的な響きをもつようになった。二〇〇六年春以降、彼は「八つの栄辱」なる古めかしい格言を社会に広めようとした。これは、「科学的発展観」に加えて、彼の独自性をいっそう際立たせようとする政治的策略の一部であったかもしれない。だが、進歩的指導者として振る舞おうとした胡には、どうみてもふさわしくなかった。「信念や献身やそのほかの優れた精神的素質に頼ること――それは政治では本気で取り上げるべきものではない」というレーニンの言葉に、胡錦濤は耳を傾けてもよかったはずであった（『レーニン全集』第三三巻、二九二頁）。調和の回復の鍵は、政治システムそのものの刷新にあったのである。

一九八〇年代の胡耀邦の時代に芽生えた、下部構造と上部構造の両方におよぶ「全面改革」が必要であるとの認識は、おそらく胡錦濤と温家宝によっても受け継がれていたであろう。経済的にはこのうえない成功を収めていたのだから、政治システムの大胆な改革に踏み出すタイミングとしては、この時をおいてほかになかった。だが不幸にも、党内政治は彼らに自由な行動空間を与えなかった。また、彼ら自身も断固たる意志を欠いていた。かくして、跳躍のための千載一遇の好機は失われたのである。

胡錦濤政権末期の社会的・政治的混乱

胡錦濤の時代が終わりに近づくにつれ、社会は騒々しさを増した。これは主として、先に述べたように人々の間で利益の多元化が進んだにもかかわらず、政治の仕組みが一元的であることとの矛盾から来るものであった。加えて、最高指導者の親民的姿勢が、意図せずして、不満をもつ人々を騒擾に立ち上がらせる効果をもったためでもあったかもしれない。とりわけ広東省では、大規模な暴動が連続して起こった。二〇一一年六月に同省増城市で発生した暴動のきっかけは、四川省から出稼ぎに来て露店商を営んでいた女性に、地元の村の自治組織である治安防衛委員会のメンバーが暴力を振るったことであった。この委員会メンバーは女性に場所代を要求し、それを拒否されて暴行におよんだのである。これに憤った四川省からの出稼ぎ労働者たちが抗議活動を始めると、その一部が過激化してバスや自動車に放火し、大規模な騒擾へと発展した。この騒ぎは三〇〇〇人近い人民解放軍部隊が出動してようやく沈静化した(『中国年鑑二〇一二』、五九頁)。

同年九月に広東省陸豊市東海鎮烏坎村で発生した騒ぎも、中国内外のメディアが取材に殺到したため、大きな注目を集めた。この海辺の村で生じた大騒ぎの発端は、村の党委員会書記が村人の同意を得ることなく農地を開発目的で売却したうえ、その利益を村人にわずかしか分配しなかったことであった。憤慨した村人たちの一部が村周辺の工場に押し寄せ、打ち壊しを始めると、上級政府が差し向けた武装警察との衝突が始まった。これは他の地域でも珍しくない騒擾の発生の仕方であった。珍しかったのは、事態を打開するために、村人たちが自主的に村民臨時代表を選出し、従来の名ばかりで機能していなかった村民委員会を代行したことである。だが、上級政府はこれを認めず、対立はさらに深まった。一二月には「首謀者」たちが逮捕され、その一人が拘禁先で不審な死を遂げると、対立はエスカレートした。警察は村を包囲したが、村民は携帯電話やインターネットを使って窮状を国内外に発信して抵抗を続けた。おそらくはそのために、当局としても暴力的な弾圧に訴えることをためらったのであろう。広東省党委副書記が現地に入り、村民代表と話し合いの末、合意に達し、警官隊は撤収した。村民臨時代表は次期選挙が行われるまでの間、村の権力機関を代行することが認められ、選挙は年明けに実施された。その結果はといえば、平和裏に新しい村民委員会が発足したのである(『中国年鑑二〇一二』、八〇―八一頁、および任哲、五六―六四頁)。騒擾が民衆側の勝利に終わったのは、例外に属するといいうる。それは、党中央における親民的な指導者、いくらか進歩的な広東省の指導者、そして村民によるメディアを効果的に利用した戦略が揃ったところに生じた小さな奇跡であった。そうした条件が揃わなかったところでは、あいかわらず社会的騒乱に対する当局側の力ずくの弾圧が行われたのである。

時間はいくらか前後するが、二〇一一年七月二三日、やはり中国内外のメディアが連日報道した事件が起こった。浙江省温州市で高速鉄道が車両同士の追突事故を起こし、四〇人の死者と一七〇人あまりの負傷者を出したのである。事故から四日後、事故対策本部が捜索打ち切りを宣言し、車両の取り壊しを行っていた最中、痛々しく押しつぶされた車体のなかから二歳半の女児が救出された。生存者がいる可能性があるにもかかわらず、捜索を早々に打ち切ろうとした鉄道当局の姿勢に、人々は大いに憤った。それでも事故車両は世界が注視するなか、まだ中に人が残されているのではないかという疑惑とともに、現場近くの土中に埋められた。人々は「人を根本とする」精神が、政府に根づいていないことを思い知らされた。それだけではなかった。この鉄道事故に関する当局の姿勢を容赦なく批判するおびただしい数の意見がインターネット上に現れたのをみると、同年一〇月に開催された第一七期六中全会は、「社交のためのインターネットおよび即時通信ツールなどの指導管理を強化し、インターネット上の情報伝達を規範化する」との方針を打ち出した（『十七大以来重要文献選編』（下）、五七〇頁）。やがて人々は、SNSを通じた匿名による意見の表明を封じられてしまった。かくして、胡錦濤があれほど強調してみせた「民主」もまた、中国政治の本質を何ら変えるものでなかったことが明らかとなった。

総書記の任期の最終年となる二〇一二年には、きわめて厄介な政治的事件が生じた。将来の指導者候補とみなされていた人物の失脚である。同年二月、重慶市の副市長にして公安局長であった王立軍が、こともあろうに四川省成都市のアメリカ総領事館に保護を求めて駆け込んだ。この人物は、政治局員にして重慶市党委員会書記の薄熙来が、同市における組織犯罪とたたかわせるために遼寧省から連れてきた男であった。王は、薄の妻がイギリス人実業家を毒殺した証拠を握っていたらしい。公安局長の政治亡命は領事館員によって拒否され、彼の身柄は北京からやってきた役人に引き渡された（Wedeman, p. 211）。この事件は、しばらくの間、政治問題として扱われることはなかった。つまり、この事件の背後にいた薄熙来が咎められることはなかった。それはおそらく重慶における薄熙来の政治運営が、多くの政治局員たちから高く評価されていたためであろう。党の元老である薄一波を父にもつこの重慶党委書記は、低所得者層向けの住宅の供給、犯罪集団の撲滅、および人々を毛沢東時代の郷愁へと誘う革命歌を歌わせる政治的実践を通じて、大衆の喝采を浴びていた。

だが、三月中旬、温家宝が記者会見の場で突然、婉曲に薄熙来を批判し始めると風向きが変わった。首相はこの重慶の指導者に直接言及することはなかったものの、彼の政治運営が文化大革命の再演を思わせるとほのめかしたのである（"China's Wen Jiabao Calls for Reforms Even as Legislature Strengthens Detention Law," *The Washington Post*, March 14, 2012）。間もなく、薄は重大な規律違反の疑いで重慶市党委書記を解任され失脚の憂き目にあった。そして翌年、巨額の収賄と職権乱用などの罪で実刑判決を受けた。二〇〇六年の陳良宇に続き、胡錦濤政権下で、再び現職の政治局員が失脚した――しかも、今度は政治局常務委員会入りの可能性がささやかれていた人物が失脚した――のだから、党指導部内に重大な亀裂が走っているという印象を内外に与えないはずはなかった。かくして、胡錦濤時代は、経済的には目を見張る実績を挙げながら、社会的、政治的には混乱のうちに幕を閉じた。

†1　江沢民の名誉のためにつけ加えておけば、彼もまた持続可能な発展という問題の重要性について認識していなかったわけではない。だが、江の語る持続可能性は、人口抑制との関連で語られることが多かった。彼は、例えば、一九九五年九月の第一四期五中全会でこう述べている。「人口の抑制、資源の節約、環境の保護を重要な位置に置き、人口の増加を社会生産力の発展に適応させ、経済建設を資源、環境と調和させ、好循環を実現しなければならない」（『江沢民文選』第一巻、五〇六頁）。そのうえ、この指導者には、「全体として」均衡のとれた発展を目指すという発想は欠けていたようにみえる。

†2　オバマは、胡錦濤との会談は「いつものことながら」、「眠気を誘う時間」であったと述べている。それは話題が何であれ、胡がまったく自分の言葉で語ることがなく、「用意した分厚い書類を読み上げる」だけだったからである。大統領の質問に対する返答でさえ、総書記は書類をめくって用意された答えを返すだけであったという（オバマ、下、二一三―二一四頁）。要するに、オバマの目には胡錦濤がまったく個性のない指導者に映っていた。

†3　改革開放以降、工業生産額に占める国有企業の比重はほぼ一貫して低下した。それは国有企業が民営化されたためであった。だが、二〇〇〇年代初め以降、民営化の動きに歯止めがかかり、一部ではそれに逆行する状況が生まれた（駒形、一〇六頁）。これが「国進民退」と呼ばれる現象である。

†4　とはいえ、この声明に署名した約半年後、胡錦濤が中国人権研究会に宛てた書簡では、中国における普遍的価値の追求には重要な留保がつけられていた。すなわち、「人権の普遍的な原則を尊重するとともに、基本的な国情から出発する」必要性が説かれていたのである（『人民日報』二〇〇八年一二月一二日）。

終　章　凍結あるいは反動――習近平時代

第一八回党大会

二〇一二年一一月に開催された第一八回党大会で、大方の予想通り、習近平が新しい総書記に選出された。彼とやがて首相となる李克強を含む新しい政治局常務委員会は、胡錦濤時代の九人から七人へと減員された。習と李を除く五名は、いずれも彼らより年長で、すでに設けられた年齢制限からみて五年で同委員会から去る可能性が高く、それゆえ総書記に権力闘争を挑む可能性は低いと目された。かつて江沢民が胡錦濤の傍らに自らの息のかかった人物を配置したのとは異なり、去り行く胡は、習近平の指導部に自分の腹心を残さなかった。また胡錦濤は総書記と国家主席のみならず、中央軍事委員会主席の座をも習近平にすぐに引き渡した――胡はこの点でも江沢民とは違っていた。潔い去り際という点において、胡は党史に名をとどめるかもしれない。

胡錦濤時代とは異なり、新たな政治局常務委員七人のうち、大学で理科系の学問を専攻した者は、有機化合物について学んだ習近平とハルピン軍事工程学院を卒業した最年長の兪正声の二人だけであった。これが何を意味するのかは、もう少し長期的に観察してみなければわからない。指導者たちの教育的背景の変化とその意味を知るためには、より広い範囲で指導者集団を眺めたほうがよいであろう。第一八回党大会に先立つ一〇カ月あまりの間に、各省においても新しい指導者集団が選出されていた。省レベルの党委員会常務委員のうち、博士号をもつ者が九七人におよび――ほんとうに彼ら自らが学位論文を書いたかどうかはさておき――全体の約二四パーセントにも達した（朱建栄、七九―八〇頁）。習近平と李克強の二人がともに博士号の取得者であることを考えれば、指導者たちがこのうえなく高学歴化したことは明らかであった。

胡錦濤が総書記に就任した直後に行ったのは、前任者の「思想」を高く持ち上げて、その学習運動を展開することであった。だが、新しい党規約において、胡の「科学的発展観」がそれまでの「重大戦略思想」から「行動指針」へと昇格したにもかかわらず、習近平は前任者に最低限の敬意しか払わなかった。習の「科学的発展観」への言及は、どうみても形式的なものにとどまった。その代わり、新しい総書記は、はじめから自らの金看板を高く掲げた。それには「中華民族の偉大な復興」と記されていた（もっとも、これは実際には、胡錦濤によってすでに強調されていた目標であった）。

党大会直後、元副総理を父にもつこの指導者は、すべての政治局常務委員を引き連れ、北京の国家博物館で開催されていた「復興の道」展を見学した。その際、習近平はこう述べた。「私は中華民族の偉大な復興を実現することこそが、中華民族が近代以来抱き続けてきた最も偉大な夢であると思う。数世代にわたる中国人の宿願が凝縮され、中華民族と中国人民の全般的な利益が具現化されているこの夢は、中華民族の子女共通の願いである。歴史がわれわれに教えているように、一人一人の前途、運命はすべて国と民族の前途、運命と密接につながっている。国と民族が繁栄してこそ、国民一人一人の未来は明るくなるのである」（習近平、三六頁）。これは激越な調子で語られた典型的な民族主義者の言葉であった。一方、このスピーチにおいては、彼がここで表明した民族の「偉大な夢」が、社会主義の理念といかに関わるのか、まったく示されなかった。実際、習近平が社会主義をどのようなものと考えているのかは不明なままである。それどころか、外部世界は、この指導者の個人的性格について、そしてこの人物が凡庸なのか、それとも優れた知性の持ち主なのかについて、まったく理解できないでいる――彼と四年間にわたって対立した風変わりなアメリカ大統領の性格については、いやというほど知らされているというのに。後世の歴史家たちは、社会主義中国に生まれたこの指導者が、ほんとうは社会主義の理念などもはやどうでもよいと考えていたのか、それとも社会主義は、いかなる理解に基づいていたのであれ、彼にとってやはり重要な羅針盤たることを失わなかったのかについて、議論することになるであろう。

体制が抱える不安と自己防衛機制

習近平の「偉大な夢」のなかでは、中国があらゆる面で「強国」となって世界に君臨するはずであった。「軍事強国」はもちろんのこと、「製造強国」、「宇宙強国」、「品質強国」、「インターネット強国」、「交通強国」、「貿易強国」、「文化強国」、「生態文明強国」など、「強国」という言葉を冠した政策目標は枚挙にいとまがなかった。なぜこの指導者は、かくも中国を強くすることを望んだのであろうか。「強くなりたい」という少年の願望は自然であるかもしれない。だが、もし成人が周囲に向かってそのように頻繁に語るとすれば、その人物は内面にある種の強い不安を抱えていると考えるのがよいであろう。習近平の不安とは、おそらく共産党を中核とする政治体制が不安定化する可能性に関するものである。

二〇一五年九月、習近平の右腕とされる政治局常務委員にして中央規律委員会書記の王岐山は、六〇人あまりの外国の要人と学者を前にして突如、中国共産党の支配の正統性（中国語では「合法性」）について語りはじめた。「中国共産党の支配の正統性の源は歴史であり、人心の向背の決するところであり、人民の選択である」と述べる王の言葉は新味に乏しいように聞こえるが、中国の最高指導者の一人が多くの外国人を前にして、自ら正統性に関する問題を切り出したことは異例であった（「王岐山称中共合法性源於歴史引発討論」BBC News中文、二〇一五年九月一一日）。それはあたかも、羊飼いがふと、なぜ自分は羊たちを率いていられるのか疑問になったようなものであった。この反腐敗闘争で辣腕を振るう人物は、過去はともかくとして、現在、選挙に基づくこともなしに統治を続けている共産党が、果たして人民に選択されているのかどうか指導者自身にも自信がない、といいたかったのであろう。第一八回党大会で新しい指導部が発足した際、二〇一〇年末から一一年にかけて起きたチュニジアでの「ジャスミン革命」を発端とする「アラブの春」がまだ続いており、今度こそ中国もこの革命の波にのまれるのではないかと国内外でささやかれていたことを思えば、支配の正統性の欠如をどう埋め合わせるかが、最高指導部内でひそかに議論されていたとしても不思議はない。「強さ」を求める背後には、「弱さ」に関する自己認識、およびそれに基づく不安があったとみることができる。

実際、習近平と彼の副官たちによる政治の根底にあったものが不安であったと仮定すれば、彼らが打ち出した諸政策を有機的に結びつけて理解しうるように思われる。習は胡錦濤指導部の特徴であった集団指導体制をご破算にして、自らに権力を集中させた。胡の時代において、政治局常務委員たちは、それぞれが領導小組と呼ばれる政策領域別の指導機構の責任者を任されていた。これによって、副官たちによる政策的分業が成り立っていたのである。ところが、習は国家安全委員会のみならず、この領導小組の多く——外事工作領導小組、中央サイバーセキュリティ・情報化領導小組、中央全面深化改革領導小組、中央財経指導小組、中央軍委深化国防和軍隊改革領導小組など——の長を一手に引き受けてしまった。その結果、習近平に強大な権限が集中することとなった（山口、一一〇、一二四頁）。

これは新しい総書記が、絶対的権力者でありたいと願う権力的な野心から、そう望んだ結果であろうか。現在のところ有力な見解は、党の指導者たちの間に、胡錦濤時代のような集団指導体制では政治的決定に果断さ、一貫性、迅速性が失われるとの反省が生まれたことが、一人の強い権力者の誕生を促した、というものである。彼らはあるいは、一九世紀の太平天国が天王である洪秀全と五人の王という体制をとった後、内部対立から滅んだ歴史を思い起こしたのかもしれない。いずれにせよ、多くの指導者たちが、党が分解の危機に直面していると感じたため、その副作用を認識しながらも、党内における確かな求心力の再生を渇望した結果が、新しい総書記に対する権力の集中であったとみられる。その結果、二〇一六年一〇月に開催された第一八期六中全会において、

「習近平同志を核心とする党中央」という表現が用いられるに至った。もっとも、この会議のコミュニケには、「党内民主は党の生命である」という言葉も盛り込まれていたのであるが（「第十八届中央委員会第六次全体会議公報」、データベース『人民数据』）。

強い不安は、政治構造の頂点に権力を集中することと並んで、底辺（すなわち社会）に対する統制の強化に導いた。習近平は総書記就任直後、「現行憲法公布施行三〇周年記念大会」で、あたかも模範的な立憲主義者であるかのように語り、自由な言論活動を求める知識人に期待を抱かせた。「憲法の施行を確保することは、人民の根本利益の実現を確保することである。憲法を確実に尊重し効果的に施行しさえすれば、人民の主人公としての地位は確保でき、党と国家の事業は順調に発展できるのである」。「いかなる組織または個人も、憲法と法律を超える特権を有してはならない」（習近平、一五一―一五二頁）。

だが、期待はすぐに裏切られた。二〇一三年一月、リベラルな言論で知られる広州の週刊紙『南方週末』が「中国の夢、憲政の夢」を論じた社説を掲載しようとしたところ、広東省党委宣伝部の指示で、共産党を賛美する内容に差し替えさせられる事件が生じたことが、不吉な予兆となった。続いて同年五月、党中央は非公式の通達によって、高等教育機関に対して「七つの語ってはならないこと」を定め、これらを教室で講じないよう指示した。講じてはならないこととは、普遍的価値、報道の自由、市民社会（中国語では「公民社会」）、公民の権利、党の歴史的誤り、権力と資本をあわせもつ階級（中国語では「権貴資産階級」）、司法の独立であった（「習近平新政：七不講後又有十六条」BBC News中文、二〇一三年五月二八日）。これらを大学で語ってはならないタブーに指定することで、習近平は憲法学、歴史学、政治学の教授たちを見えない鉄の檻に閉じ込めてしまった。胡錦濤と温家宝も一度は受け入れたかにみえた普遍的価値をはっきりと否定したからには、人権擁護に積極的に携わる弁護士たちが弾圧の対象となるのは当然であった。二〇一五年七月には、そのような活動を推進する弁護士および活動家が、三日間で約六〇人も逮捕されるという空前の事件が起こった（「中国大批維権律師及相関人士『遭当局抓捕』」BBC News

中文、二〇一五年七月一一日)。

「締めつけ」の対象は知識人に限られなかった。特定の少数民族もまた標的となった。二〇一五年一月、新疆ウイグル自治区で、公共の場における宗教活動の禁止と未成年者の宗教活動の禁止を定めた条例が施行された。加えて、エジプトやタイに滞在していたウイグル族は強制的に帰国させられたうえ、パスポートを没収されてしまった。さらに、彼らが所持していた携帯電話やパソコンにスパイウエアを強制的にインストールさせる措置までとられた(小嶋、四〇頁)。

キリスト教徒に対する監視と統制も強化された。改革開放以来なかった規模での迫害が、二〇一三年から北京、河南省、山東省などで教会と信者に対して行われていることが報告されていた。二〇一四年からそれはいっそう激しいものになり、とりわけ浙江省においては——そこはかつて習近平が省党委員会書記を務めた地域であった——二〇一三年三月から二〇一六年半ばにかけて、一五〇〇もの教会の屋根から十字架が撤去され、二〇以上の教会が解体された(Cook, 2017)。それは、教会が普遍的な価値を奉じる人々からなる膨大な数を誇る勢力であるからであり、またそれゆえ外国とつながりかねない勢力であったからである。習近平は二〇一六年四月に開催された全国宗教工作会議において、「われわれは断固として宗教的手段を通じた海外からの浸透に警戒しなければならず、過激分子によるイデオロギー的な違法行為を防がなければならない」と述べた(“China's Xi Warns Against Religious Infiltration from Abroad,” AP News, 25 April 2016)。このような観点からすれば、増加する一方のキリスト教徒は特別な警戒対象となる運命にあった。非公式の統計では、中国のキリスト教徒の数はすでに共産党の党員数を上回っていた(“Why Many Christians in China Have Turned to Underground Churches,” BBC News, 26 March, 2016)。ただし、おそらく、信徒であり党員でもある人々が少なからず存在するであろうが(つけ加えるなら、キリスト教徒だけが増えていたのではなかった。理解も制御もできず、生きている意味も見出せない世界から、非合理性そのものを売り物とする多様な信仰へと逃げ込みたい人々が後を絶たなかった。これは紛れもなく、急激な経済成長に伴い急激に変化する社会のなかで方向感覚を失った人々の急増と関係があった）。だが、揺るぎない信念に支えられた人々は、弾圧されればされるほど団結と抵抗を強める。未来の歴史家たちは、習近平政権下における宗教者の苦悩とたたかいについて、何十冊もの本を書くであろう。

信仰が階級的に引き裂かれた人々を広く結合させる紐帯として期待されていたとすれば、非政府組織（NGO）もまた同様の役割を期待されていた。中国のNGOは一九九〇年代以降急速に増加した。海外の観察者たちはそれらが長期的にみて、この民主主義にとって不毛の大地にみえる国にも民主主義を育てる土壌となることを期待していた。だが、習近平はその危険な潜在力を見逃さなかった。彼は外国に本部を有し、中国で活動するNGOを厳しい監視のもとに置いた。二〇一七年一月には、それらを標的とした「海外NGO国内活動管理法」が施行され、疑わしいとみられた海外NGOに対しては、公安機関が活動停止を命じることも、財産没収を行うことも可能となった（小嶋、四〇頁）。

以上のような社会に対する統制の強化は、各都市のいたるところに設置された監視カメラ、顔認証技術、音声認識技術（電話の話者を特定するための技術）、人工知能（AI）と結びついたビッグデータの解析などの新しいデジタル技術の助けを借りて進められた。二〇一七年には、中国は世界で最多の監視カメラが設置される国となり、一億七六〇〇万台もの監視カメラが設置されていた（Qiang, p. 57）。

それ以上に物議を醸したのは、DNAデータベースの構築であった。中国当局は犯罪者のみならず、社会治安にとって「高リスク」と判断された人々――ウイグル族のみならず、特定の都市に暮らす出稼ぎ労働者や炭鉱労働者に至るまで――にDNAサンプルを提供するよう求めた（Qiang, p. 58）。同様に、社会信用システムの構築もまた恐るべき監視の手段となりつつある。個人の経済的信用度を評価する仕組みは多くの国々に存在するとはいえ、中国が導入を進めたのは、経済状況だけでなく、個人の行動――納税、友人関係、商品購入の傾向、交通違反、SNS上の発言など――をも考慮したより包括的な信用評価システムであった。これによって膨大な個人情報が当局の側に蓄積され、それに基づきさまざまなブラックリストを作成することが可能になった(Ibid., pp. 59-60)。

このような状況は、多くの人々にオーウェルが小説『一九八四年』に描いた世界を思い起こさせた。最新のデジタルテクノロジーの活用によって、習近平体制は、中国社会に生まれる反乱の兆候をいち早く察知し(それどころか予想し)、急襲し、「消火」することが可能となったのである。

習近平体制の自己防衛機制は、危険を待ち受けてそれを消去する受動的な側面だけでなく、能動的な側面も併せもっていた。それは、党外に積極的な支持者の集団を作り出すことであった。二〇一五年五月に開催された中央統一戦線工作会議は、統一戦線の対象範囲を拡大し、「高度に重視する」対象として「新しい経済組織」、「新しい社会組織」のなかの知識人を標的に定めた。この標的とは、具体的には留学経験者、新しいメディアを代表する人々、宗教者などを指していた。総書記は、とりわけ新しいメディアを代表する人材に、インターネット空間を「浄化し」、「主旋律を大いに発揚」してもらうよう期待した。これによって、習近平は党外に「共産党の指導を自覚的に受け入れ、……比較的強い代表性と政治に参加し議論する能力を備えた党外の代表的人士の隊伍」を養成しようと目論んだのである(『人民日報』二〇一五年五月二一日)。

支配を不安定化させかねない要素を社会から一掃するために、最新のテクノロジーを積極的に利用した点からすれば、習近平は新しいタイプの独裁者であるといいうる。だが、彼の態度そのものは、古い専制君主を思い起こさせる。毛沢東と鄧小平の時代にも、外部世界は「赤い王朝」について語っていた。だが、習近平の時代ほど、古い時代への中国の回帰を鮮明に印象づけられた時代はなかった。なぜなら、この「皇帝」が中国の古い伝統の継承をあからさまに主張し、不穏な言動に走る知識人を力ずくで抑えつけ、そして力のあくなき追求に走ったからである。

この独裁者は、例えば、清朝の最盛期と目される時代に、悪名高い「文字の獄」を実行して文人たちを恐れさせた雍正帝に似ていたといえるかもしれない。しかし、おそらくより適切な比較は、近代化の圧力に直面して、社会が国家権力にいっそう批判的な目を向けるようになった一九世紀以降の専制君主たちと習を比べることであろう。習近平の諸政策は、例えば、デカブリストの革命運動を恐れて知識人を徹底的に弾圧したニコライ一世が採用したものに似ていたといいうる。興味深いことに、このロシア皇帝は「正教、専制、国民性（民族性）」という三原則を主張していた（カレール＝ダンコース、一七六―一七七頁）。もし「正教」を「中国の夢」に、そして「専制」を一党支配に置き換えれば、ただちに習近平も同意できる三原則ができあがる。

もしマルクスがまだ生きていて習近平を目撃していたら、既視感ありとして習をルイ・ボナパルト（つまりナポレオンの甥、ルイ・ナポレオン）にたとえたかもしれない。すなわち、一度目の「悲劇」を演じるナポレオン・ボナパルトが毛沢東で、二度目の「茶番劇」を演じる「平凡で馬鹿げた」ルイ・ボナパルトが習近平というわけである（筆者のこの着想はもちろん、マルクス『ルイ・ボナパルトのブリュメール一八日』に基づいている）。階級闘争の激化のなかで身動きがとれなくなった政治社会、指導者と人々の将来に関する不安、危機のなかにあっても色褪せることのない――それどころかいっそう鮮明になりさえする――過去の偉大な革命の記憶――それらを背景として、強権によって諸矛盾を凍結し、革命につながる一切の運動を弾圧する反動的性格をもった政治権力、これが習近平政権である、とマルクスならいうかもしれない。

反腐敗運動

社会を恐れる専制君主は、一般的にいって、たんに危険な人々、思想、傾向を一掃しようと努めただけではなかった。通常、彼は大衆の喝采を浴びるような政策も同時に用意した。それは習近平も同様であった。彼が用意したのは、腐敗撲滅運動であった。江沢民の時代から、腐敗との闘争は重要な政策であったが、いっこうに効果があがらないことに人々は失望していた。この問題をあざやかに解決できる指導者が現れるなら、人々は彼を名君と讃えるに違いなかった。「虎も蝿も一緒に叩く」と総書記は印象的な言葉で宣言した（習近平、四三二頁）。これは大物も小物も容赦なく打撃の対象とするという意味であった。その言葉通り、多くの「虎」が退治された。党であれ、政府であれ、軍であれ、国有企業であれ、実力者とその人物に連なる人々が次々と摘発された。習の獲物となって皮をはがれた大物のなかには、元政治局常務委員であった周永康、一時は習の後継者と目された政治局員の孫政才、人民解放軍の大立者である谷俊山（元総後勤部副部長）、徐才厚（元中央軍事委員会副主席）、郭伯雄（元中央軍事委員会副主席）が含まれていた。とはいえ、標的となった人物は政治的な考慮に基づき、あらかじめ慎重に選択されていたかもしれない、つまり腐敗撲滅が習近平の権力の障害となる人物を無力化するために用いられた可能性があるという、しばしばなされる指摘はうなずけるものである。

この運動を通じて、習近平の権力はより確固たるものとなったであろうか。この問いには、肯定的にも否定的にも答えることができる。というのも、一方で腐敗撲滅は習の権力行使の邪魔者になりそうな人物を除去し、恐怖に駆られた有力者たちを彼に対していっそう忠実ならしめる効果をもったが、他方で怨恨を培養したからである。とりわけ、摘発の手が習近平を支えたとみられる「太子党」の内部にまで及んだことが、指導者たちの間の亀裂に導く可能性は残る。さらにいえば、民衆はとめどなく摘発され続ける幹部たちの実態を知るにつれ、共産党の腐敗が底なしであることを深く印象づけられてもいるのである。

強さの誇示、弾圧、そして「摘発ショー」の組み合わせに頼るのではなく、習近平は自由の領域を拡大しながら、もっと余裕をもって人々と相対することもできたはずである。なぜなら、習の権力に対する国内からの挑戦は、ほとんど考えられないからである。総書記は権力上のライバルたちをすでに無力化してしまった。広く国内を見渡しても、政治的反対派は社会の片隅に潜んでいるとはいえ、現体制に対してまったく手も足も出せず、息を潜めること以外できなかった。同時に、国外からの脅威もほとんどありえなかった。奇行で知られるアメリカの大統領が、予測不能な経済的たたかいを挑んでくることはあっても、軍事的挑戦はありえなかった。場合によっては、中国と戦争をしてもかまわないと考える国は世界のどこにもなかった。ならば、習はもっと悠然と構えていればよいはずであった。だが、この指導者にはそれができなかった。

それは、習近平がひとえに体制の将来に強い不安を抱えていたからにほかならない。おそらく、彼もまた前任者たちと同様、「和平演変」の恐怖に強くとらわれていたのであろう。すなわち、西側諸国がさまざまな平和的手段を通じて中国の社会主義を転覆させようとする陰謀についての恐怖である。毛沢東時代には、中国の社会主義を崩壊させせようと虎視眈々と身構える西側諸国が、中国国内にその手先を送り込み、たくさんの協力者を作り出し、やがて共産党による一党支配を内側から切り崩す危険性が語られた。グローバリゼーションを通じて中国が国際社会と緊密に結びついたいま、習は以前にも増して強くこの危険性を意識したのかもしれない。そのために、本来国境などないはずのサイバー空間を囲い込もうと試み、西側のNGOが中国で活動しにくいように仕向け、普遍的な価値を標榜するキリスト教徒の活動を制限しようとしたのであろう。

とはいえ、西側諸国による「和平演変」の企てを、習近平と彼の側近たちが本気で信じていたのか、それとも国内から革命の芽を根絶やしにしてしまうための格好の口実として、その脅威を意図的に演出したのかは、判然としない。少なくとも、自身がカリスマを備えてもいなければ、カリスマ的指導者によって後継指名されたわけでもなく、またプーチン大統領のように選挙における圧倒的勝利によって権威づけられてもいない習近平は、支配の正統性に根本的な弱点を抱えており、それが外部からの脅威に関する彼の感受性をいっそう刺激していたとみられるのである。

アメリカとの対立

「和平演変」は自己充足的な予言であった。自らの権力に関する強い不安にさいなまれる習近平が、その不安を打ち消すために強さを追求すればするほど、また普遍的価値に背を向け、中国の「国情」に即した独特な政治運営を追求すればするほど、先進諸国からは理念なき異形の大国と映る。すると先進諸国からは「中国脅威論」が湧き起こり、この国の台頭に歯止めをかけなければならないとの声があがる。国外でこのような声があがると、北京の指導者たちはその背後に、悪意に満ちた「和平演変」の陰謀の臭いを鋭敏にかぎとるのである。

習近平にとって、「和平演変」の最大の策源地と彼がみなすアメリカとの関係は、次第に緊張に満ちたものとなった。それは、彼自身の政策の結果でもあれば、アメリカ政治に生じた変化のためでもあった。北京の外交政策の基礎に据えられていたのは、ワシントンとの深刻な対立や摩擦を避けるという原則であった。それは、胡錦濤の時代に生まれ、そして習が引き継いだ「新型大国関係」という概念に含まれていた。習によれば、それは「相互に尊重し、協力・ウインウインを図り、両国および世界各国の人々に幸福をもたらすよう、ともに努力する」関係なのである（習近平、三〇八頁）。だが、二〇〇九年に誕生したオバマ政権が、アメリカの新たな国際戦略の柱として、発展著しいアジア太平洋地域への関与を深める「リバランス」政策を打ち出すと、「新型大国関係」は次第に緊張をはらむものとなった。アメリカのアジアへの回帰は、海洋への進出に余念がない中国と衝突せざるをえなかったからである。

二〇一六年秋の大統領選挙で大方の予想を覆して当選したトランプは、大統領就任前に突然、台湾の蔡英文総統と電話会談を行って中国を恐慌に陥れた。政治家としての経験を何らもたないこの新大統領にとって、過去の米中関係の実践のなかで蓄積された官僚たちの知恵と経験など問題ではなかった。二〇一七年四月、同年秋に党大会を控えてアメリカとの関係を安定させたい習近平は、異例にも、トランプの大統領就任後七〇日あまりで訪米し、この予測不能な人物との直接会談に踏み切った。幸運にも、会談は険悪な雰囲気に包まれることなく進み、両国は対話の新たな枠組みを整え、貿易摩擦を緩和するための計画を作成することで合意した。これは習にとっては、願ってもない成果であった。

だが、良好な関係が演出できたのは一時的であった。トランプ大統領の側近には、中国の脅威についてあからさまに語る人々が登用された。一方、習近平の傍らにも、アメリカの振る舞いの背後にある邪悪な陰謀をみつけだすことに余念がない人々が控えていた（林、四六―四九頁）。前者からすれば、いまや習の代名詞となった「一帯一路」構想は、中国が世界を支配するための地ならしにみえた。かたや後者は、世界のどこであれ権威主義体制が動揺すれば、そこにアメリカの悪意をみるのである。かくして、太平洋の西と東にある不信感は、互いが互いを強めあうよう構造化された。それは、閉ざされた城塞の内部を打ち固めようとする習近平の防御的姿勢をいっそう頑ななものとしたのである。

第一九回党大会とその後

二〇一七年秋に開催された第一九回党大会は、習近平の独裁があと五年にとどまらず、さらに長期化する道を開いた。というのも、大会直後に選出された新しい政治局常務委員七人のなかに、彼の後継者と目される五十代の人物が見当たらなかったからである。外部の観察者たちが習の後を継ぐかもしれないと考えていた若手の有望株は、いずれも政治局員への昇格にとどまった。そして、翌年三月に開催された全国人民代表大会で憲法が改正され、国家主席の任期を二期一〇年に制限していた規定が撤廃された。それによって、この大会で国家主席に再選された習近平は、理論的には三選以上を目指すことが可能となったのである。トランプ大統領によって解任されたボルトン首席補佐官によれば、二〇一八年一二月、ブエノスアイレスでの米中首脳会談の際、習近平は大統領に対して、今後六年間協力していきたいと告げたという（ボルトン、三三〇頁）。人々は、彼が毛沢東に近づきたいとの願望を有しているのではないかといぶかった。また、観察者たちは、習とプーチンとの類似性について考えないわけにはいかなかった。「権力を制度の檻に閉じ込める」と習近平は五年前の総書記就任直後に語っていた（習近平、四三二頁）。だが、五年が経過すると、檻に閉じ込められたのはいずれも彼以外の指導者で、彼自身は制度のうえに立つ存在であることが明らかとなった。

この大会は、イデオロギーの面でも習近平の考え方を公式に権威づけた。「習近平新時代中国特色社会主義思想」と正式に命名された「思想」が、またしても党規約に書き込まれて中国共産党の行動指針とされ、党員が従うべきものがさらに増えた。党規約のなかに指導者の名を冠した「思想」が書き込まれたのは、それまで毛沢東以外には存在しなかった。この点からみれば、習近平はやはり自らを毛沢東と並ぶ指導者にしたいと考えたようにみえる。だが、これが彼自身の願望に基づいていたかどうかは、現時点では不明である。これもまた、求心力を求めた指導者たちの集団的意思の産物であったかもしれない。

この「習近平新時代中国特色社会主義思想」という長々とした言葉のなかでもっとも重要な意味をもつのは「新時代」であった。自らの時代が前任者たちの時代と異なるという点を強調するために、総書記は次のような論理を用意した。改革開放の時代――これは鄧小平、江沢民、胡錦濤の時代をひとくくりにしたものである――と現在とでは中国が抱える「主要矛盾」が変化した。すなわち、改革開放時代の主要矛盾とは、「人民の日増しに増大する物質的文化への需要と、遅れた社会的生産との矛盾」であったものが、いまや「人民の日増しに増大するすばらしい（原文は「美好」）生活への需要と、不均衡で不十分な発展との矛盾」に変わったのだ、と。ここでいう「すばらしい生活への需要」には、たんに物質的、文化的な豊かさだけでなく、民主、法治、公平、正義、安全、そして環境についての要求までもが含まれると説明されている。つまり、発展における量の重視から質の重視への転換がうたわれているのである。

習近平は「新時代」に関するもっと理解しやすい説明も用意していた。すなわち、中国は毛沢東時代の「立ち上がる」段階、そして鄧小平時代の「豊かになる」段階を経て、いまや「強くなる」段階を迎えた。この第三段階が「新時代」で、それを切り開いたのが習であるという理屈であった。この「新時代」においては次のような将来の展望が示された。まず二〇二〇年に「小康社会」（まずまずゆとりのある社会）を全面的に実現する。そして、二〇三五年には社会主義近代化を基本的に実現し、そのうえで中華人民共和国建国一〇〇年に当たる二〇四九年には社会主義近代化強国を実現する、というのである。このような目標が宣言されることによって、二〇四九年にも中国が共産党の支配下にあり続けるであろうこと、さらには習がそこまでを自分の時代だと考えている可能性が示された。

党大会後、アメリカとの関係はますます緊張を深めた。二〇一八年三月、トランプ大統領は知的財産権の侵害を理由に、中国からの輸入品に二五パーセントの追加関税を課す大統領令に署名した。その後、両国は相次いで閣僚級会議を開催し、そのなかで中国側はアメリカの対中貿易赤字の大幅な削減や構造改革を約束するなど、少なからず譲歩する姿勢をみせた。だが、「アメリカ第一主義」を掲げるトランプ政権は満足せず、ファーウェイやZTEなど中国製のハイテク製品を使用している企業とアメリカ政府との取引を停止するとの方針を打ち出した。それだけでなく、半導体装置を生産するアメリカの大手企業は、中国向けの輸出を制限されてしまった。

アメリカとの通商上の決定的な対立は、ただでさえ減速しつつある中国経済の成長をさらに押し下げてしまう要因となることは明らかであった。したがって、巨額の貿易黒字を抱える北京が、ワシントンとの交渉のなかで一定の譲歩を行うことは避けられなかった。とはいえ、通商面での譲歩は、他の領域における譲歩を困難にした。横暴な超大国の理不尽な要求に屈し続ける「弱い」中国を人々に印象づけることは、習近平の権威を大いに傷つけかねなかった。かくして、南シナ海、東シナ海における領有権問題、および台湾問題について、中国は絶対に譲らない姿勢をますます鮮明にしたのである。

二〇一九年六月、「逃亡犯条例」の施行をめぐる香港市民の反発から生じた大規模なデモは、翌年六月の国家安全維持法の施行によって、中国と西側諸国の価値をめぐる対立の火に油を注いだ。この活気に満ちた港湾都市における警官隊と市民の大規模な衝突は、圧政と自由のたたかいという象徴的な意味を帯びた。ニューヨークで、ロンドンで、パリで、東京で、中国政府の措置に憤った人々が中国の大使館や領事館前で抗議デモを行った。台湾の人々は、中国大陸における統治が、彼らの容認できるものではないことをますます思い知った。「ソフト・パワー」強国となることが目標であったというのに、北京の香港に対する一連の措置は、人権、自由、民主主義、そして正義を踏みにじる中国という負のイメージを強化することに役立つだけであった。

展望

習近平体制はもちこたえるであろうか。彼による統治は、腐敗摘発運動によって指導者の座から追われた多くの元指導者たち、弾圧によって言論と活動を封じられた多くの知識人たち、潜在的な反政府分子と目され過酷な扱いを受けている一部の少数民族、そして普遍的な教義と特殊な民族主義を和解させることのできない宗教者たちの魂のなかに「怒りの葡萄」を育てている。だが、民衆による「下から」の革命では、この体制は倒れないであろう。一九一一年の辛亥革命は、地方的な反乱が各地でほぼ同時に発生した結果、成就したとみることができるが、それから一〇〇年後の今日、民衆が打ち破らなければならない「バスチーユ」の壁はあまりにも高く、途方もなく頑丈である。この壁が崩れるとすれば、それは外側からではなく内側からであろう。現代の政治学の理論は、権威主義体制の崩壊の物語は「上から」――つまり政治構造の頂点部分における指導者層内部の亀裂から――始まると教えている（オドンネルほか、六二頁）。これは、防塁は内側からもっとも破られやすいという古くからの格言をいいかえたものにすぎない。われわれは、権力を握るエリート内部の分裂が、民衆の闘争と結びつくときにのみ、中国における新たな革命の展望について語ることができるであろう。

とはいえ、中国の民衆は豊かになった生活に満足を見出し、「虎退治」に痛快さを見出し、強くなった中国に喜びを見出している。習近平体制の過酷さは現実のものであるが、それが達成した成果もまた現実のものである。民衆がそれを意識しないことは、ほとんどありえない。習の時代に至るまでの改革開放によって達成された成果は、かつて彼らが享受したこともなければ夢みたこともない自由なるものの欠如を上回るものであった。そのような成果の重要な一部は、国際社会における中国の威信の増大である。人々は、いまやオリンピックをはじめとする巨大な国際イベントを開催できる中国の姿に、数々の国際会議でアメリカと堂々と渡り合う中国の姿に、また単独で宇宙開発を進めることができる中国の姿に、喜びを見出している。

だが、習近平は、裕福になりたい、より強くまたより威厳に満ちた中国がみたい、という民衆の欲求を膨らませては不安に駆られている。彼は民衆の無限に高まりゆく期待に応え続けなければならない。応えられない場合、この指導者を待ち受けているのは政治学の「Jカーブ理論」が示唆するところの、高められた期待と惨めな現実との間の大きなギャップの発生、そしてそれに伴う民衆の政治権力に対する攻撃的心理の高まりである。

同時に習近平は、固く引き締めた統治の手綱を緩めることができない。それは、厳格な統治からのわずかな後退が、自らの弱さの表明と受け止められるかもしれないと恐れる、独裁者に共通する心理のためである。また、独裁が長期化すればするほど増えていく圧制の犠牲者たちによる報復の恐怖のためでもある。さらに、中国の指導者たちの間で広く読まれ、習もまた読んだかもしれないトクヴィルの著作に記されている社会心理的な傾向に、おそらく彼も気づいているためである。この貴族出身の思想家は、フランス革命を振り返ってこう述べている。「多くの場合、もっとも重く厳しい法律に何の不平ももらさず、意識していないかのごとく耐えてきた国民は、その法律の重圧が軽くなるやいなや、徹底的に拒否の姿勢を示すものなのである。……不可避のものとして耐え忍ばれてきた弊害は、逃れられる可能性が開かれるや否や、我慢ならないものとなるようだ」(トクヴィル、三六二頁)。

かくして習近平は、より過酷な統治へと向かう階段を下りることはできない。階段を一歩上るなら、彼が目にする光景は、より荒涼としたものになる——豊かではあるが過剰に監視された社会、強くはあるが諸外国から尊敬されない国家、表向きは崇拝されるが決して愛されてはいない自分の姿。

だが、習近平は階段を上るにせよ下るにせよ、途中で足を踏み外すかもしれない。それは彼の健康状態に突如異変が生じる場合だけではない。何らかの理由で急転直下する経済状況、突発的で破滅的な自然災害、重要な利益をめぐって外国と妥協せざるをえなくなる事態、そして自らが犯した弁明不能で明らかな大失策——そうなった場合、別の道があると主張する指導者の一群が現れ、彼らが現体制に不満をもつ民衆と同盟を形作る可能性がある。その同盟はいうまでもなく、諸外国からの支援を待ち望むであろう。

そのような危機的状況のもとでも、多くの人々は文化大革命の再来を恐れて、過激な行動を慎むであろうか。豊かな社会に対する満足感、強くなった国家に対する誇りが、築きあげた資産を失うことを恐れる心理、および結局中国の政治は変わらないという冷笑主義と結びついて、彼らは行動を起こさないかもしれない。とはいえ、中国人のかつての革命的な精神が、豊かな時代を潜り抜けて、反革命的な精神に完全に取って代わられたともいい切れない。人々は毛沢東時代について、正面から批判的に語ることはできないとはいえ、ナチス・ドイツや旧ソ連や旧東欧諸国における人々の日常生活を描いた書籍——近年、数多く出版されている——を読み、迂回的にかつて自らが体験した過酷な時代を記憶し続けている。これは、象徴の領域で行われている全体主義的統治に対する一種の抵抗とみることができる（いや、もしかすると温められ続けているのは、官僚主義的堕落に対する毛沢東的な造反精神かもしれない）。いかなる条件下においても、人々の抵抗が、象徴の領域から行動の領域へと躍り出ることはないとは誰にも断言できない。

約百年前、孫文は講演のなかで、中国人に対して自由の価値を説いても無駄であると断じてこう述べた。「中国人は自由を知らず、知っているのは発財〔金儲け〕だけだ。中国人に自由を説くのは、広西の山奥の瑶族に発財を説くようなものだ。……今日、自由という言葉は、いったいどのように使うべきなのか。個人に適用すると、ばらばらな砂になってしまうから、断じて二度と個人に適用してはならない。国家に適用しなければならない。個人が自由でありすぎてはいけない。国家が完全に自由でなければならないのだ」（民権主義に関する第二回の講演（一九二四年三月一六日）、『孫文選集』第一巻、一六五—一六八頁）。われわれは習近平の言葉のなかに、この孫文の言葉のこだまを聞くことができる。この「中国革命の父」の言葉は、今日でもなお当たっているかもしれない。だが、当たっていないかもしれない。というのも、われわれは百年前よりもはるかに、自由という価値を重んじる、一体化した世界に生きているからである。

習近平政権は、二〇一九年末に武漢からやがて中国全土へと拡散した新型コロナウイルスを、世界全体へと拡大させた後に封じ込めた。だが、この「成功」は大きな代償も伴った。当局による初期の隠蔽工作と、ウイルス封じ込めの成功を強引に習近平の功績に仕立て上げようとする政治的演出は、人々の反感を買った。ウイルスの封じ込めは、皮肉にも、習近平政権を我慢ならないものとみる「メンタル・ウイルス」を中国の内外に拡散させた。

中国共産党を危機に陥らせる偶発的で突発的な重大事態は、今後も生じるであろう。同党が、まだみぬ挑戦をこれまでの挑戦と同じようにかわすことができるかどうかは、未知数である。もし中国において重大な政治変動が生じた場合、次に訪れるのは民主主義的統治ではなく、新たな権威主義的統治である可能性が高い、と多くの観察者は考えている。どこまで過去をさかのぼっても権威主義的統治の遺産しか見当たらない中国は、革命によって大きく「逸脱」した後、結局過去へ返っていくほかはないのであろうか。だが、そうと決まっているわけではない。歴史の神は、中国の未来の予定表に「回帰」とともに「新たな逸脱」を書き込んでいるかもしれない。もとより未来は、人々の意志の次元にも大きく関わっているのである。

あとがき

本書の執筆においては、たくさんの人々からの助言といくつかの機関からの支援を受けることができた。たんに歴史に関する知識だけではない。中国共産党という組織がいかなるものであるかに関する「基礎感覚」を得る機会をも与えてくれたのである。

二〇一四年、四川省のある大学の政治学院（現在の名称はマルクス・レーニン主義学院。学院とは、学部プラス大学院である）から「海外院長」就任の要請が届いた。この学院の主に海外交流を担当する、日本の大学でいえば「副学部長」に相当する職務である。二〇一二年に中国各地で生じた「反日デモ」は四川省でも起き、その余韻もまだ冷めやらぬ時期に、日本人を重要な職務にあてようとするこの大胆な企てに、私は大いに驚いた（日本の国立大学の法学部が、中国人を副学部長に据えるだろうか）。だが、日中関係が緊張を深めるなか、自分にも何かできることはないかと考えていた私は、二つ返事で引き受けた。以降三年間、四川省と日本を往復する日々が続いた。その間、炒めたトウガラシの香りが漂う大学内の教職員住宅に住み、大学内にオフィスをあてがわれ、党員集会にも参加させてもらった。党員集会に参加するのに、私が日本人であることは何ら問題にならなかった。集会では、党員たち（教員と学生）の討論の活発さに圧倒された。そのときはじめて、彼らが上級機関からの指示をただ鵜呑みにしてそれに従うだけでなく、旺盛な批判精神をも持ち合わせていることを理解した。大学の党委員会という狭い範囲での観察を安易に一般化することは慎まなければならないが、彼らは意外にも開放的で、「民主的」で、柔軟であった。もちろん、私を「海外院長」とする決定も、党委員会の許可を得たうえでのものである。

近年、中国共産党を権威主義の権化であるかのようにみる態度が日本人の間に広まっている。たしかに、そのような側面があることは否定できない。しかし、この党は誕生以来、つねに多様な、そして相互に矛盾する側面を備えてきた。一九二〇年代から三〇年代にかけて、この「革命政党」は、地主や富農や匪賊の頭目を自己の隊列に引き込んでいた。地主を誘拐して、その身代金を革命の資金源とすることもいとわなかった。四〇年代には、アヘンの生産にも手を染めた。五〇年代には、ソ連を社会主義のモデルとして崇拝していたというのに、六〇年代以降はこの社会主義の母国と決裂した。七〇年代には、帝国主義の親玉であるアメリカと手を結んだ。そして資本主義を不倶戴天の敵とみなしていたのに、八〇年代以降改革開放が始まると、資本主義を抱きしめた。要するに、歴史的にみた場合に、この政党の発展を特徴づけているのは、頻繁に行われる組織上、イデオロギー上、そして路線上の方向転換なのである。もしこのような変幻自在さ（あるいは高度な適応能力）がこの政党の本質の一部であるなら、現在の姿がこの組織の最終形態であると考えるのは禁物である。われわれにもまた思考の柔軟性が求められている。本書が、一筋縄ではいかない中国共産党の多面的な理解に少しでも役立てば、筆者にとっては大いなる喜びである。

本書の完成に至る過程では、多くの方々に力をお貸しいただいた。深く感謝申し上げたい。また、慶應義塾図書館は、その現代中国に関する豊富な蔵書によって、執筆の際の大きな拠り所となった。カリフォルニア大学バークレー校の東アジア図書館、およびロサンゼルス校の東アジア図書館は、その貴重な資料を閲覧するにあたって実に寛大であった。きわめて居心地のよいこれら二つの図書館で資料を読むことができなければ、本書は完成させることができなかった。

慶應義塾大学出版会の乗みどり氏は、本書の発案者であり、執筆の過程でつねに根気強く激励していただいた。彼女の後押しがなければ、本書は決して完成することはなかったであろう。記して感謝申し上げる。

最後に、本書を新型コロナ禍のなかでこの本の完成を待っていてくれた父母に捧げたい。

二〇二一年五月

高橋　伸夫

高橋伸夫（たかはし　のぶお）
慶應義塾大学法学部教授、慶應義塾大学東アジア研究所所長。1960年生まれ。
慶應義塾大学大学院法学研究科博士課程修了、博士（法学）。
主要著作：『党と農民―中国農民革命の再検討』（研究文出版、2006年）
『現代中国政治研究ハンドブック』（編著、慶應義塾大学出版会、2015年）、
ほか。

中国共産党の歴史

2021年7月30日　初版第1刷発行

著　者――――高橋伸夫
発行者――――依田俊之
発行所――――慶應義塾大学出版会株式会社
〒108-8346　東京都港区三田2-19-30
TEL〔編集部〕03-3451-0931
〔営業部〕03-3451-3584〈ご注文〉
〔　〃　〕03-3451-6926
FAX〔営業部〕03-3451-3122
振替 00190-8-155497
https://www.keio-up.co.jp/
装　丁――――宗利淳一
組　版――――株式会社キャップス
印刷・製本――中央精版印刷株式会社
カバー印刷――株式会社太平印刷社

ISBN978-4-7664-2754-7

索　引

〈人　名〉

ア行

ウェーバー，マックス　314
ヴォイチンスキー，グリゴリー　16, 19, 27
エンゲルス，フリードリヒ　171, 230, 297, 315
閻錫山　56
袁世凱　36, 133
王稼祥　77, 95, 103, 106, 121
王岐山　327
王光美　189
王洪文　215, 243, 245, 246, 251, 256
王若水　239, 268, 271
王震　268, 274, 287
汪精衛（汪兆銘）　33
汪東興　233, 243, 256, 261
王明（陳紹禹）　61, 62-64, 69 72, 94, 95, 102-104, 106, 218
王力　214, 220-222
オバマ，バラク　318, 319, 336
温家宝　280, 303-305, 312-315, 318-320, 323, 329

カ行

華国鋒　243, 252-254, 256, 259-263
何孟雄　56, 64
関鋒　222
キッシンジャー , ヘンリー　241, 243-245
金日成　133, 134, 156
瞿秋白　32, 37, 41, 47, 53, 58, 61, 62
項英　57, 60, 71, 97
黄華　122
高崗　121, 143-147, 226
康生　94, 105, 195, 200, 204, 211, 218, 219, 222, 237
江青　120, 195, 200, 203, 204, 218, 220-222, 224, 226, 228, 237, 239, 243-247, 249, 251-256
江沢民　271, 280, 287-305, 307, 308, 310, 311, 315-317, 319, 325, 333, 338
向忠発　53, 57, 60, 62, 64, 69
康有為　295
呉晗　203
胡錦濤　3, 292, 303-313, 315-320, 322, 323, 325, 326, 328, 329, 336, 338
胡啓立　271, 272, 279, 282
顧順章　64, 69
胡適　13
呉法憲　229, 231
胡耀邦　261, 264, 267-269, 271-273, 277, 320
ゴルバチョフ，ミハイル　278, 279, 283-285

サ行

蔡和森　28, 41
謝富治　213, 220, 221
周永康　334
周恩来　32, 42, 47, 51, 53, 54, 57-62, 64, 67, 69-72, 74, 78, 79, 82-85, 91-94, 103, 104, 108, 113, 134, 135, 140, 155, 163, 169, 170, 178, 179, 184, 185, 187, 194, 195, 202, 208, 211, 216, 217, 220, 221, 223, 224, 230, 233, 234, 237-239, 241, 243-246, 248, 250-256, 273, 277, 284

習近平　3, 6, 310, 311, 325-343
周仏海　20
朱徳　51, 66, 74, 77, 78, 82, 83, 85, 113, 123, 255
朱鎔基　289, 292, 294, 295, 297, 303, 309
聶栄臻　116, 123, 216, 217, 240, 256
蔣介石　32, 33, 36-40, 42, 48, 54, 56, 59, 64, 66-68, 70, 72-76, 88, 90-93, 96, 97, 108, 111, 112, 114, 116, 134, 202, 298
鄒容　12
スターリン，ヨシフ　26, 31, 40-42, 44, 49, 53, 58, 59, 62, 63, 88, 90, 92, 106, 107, 111, 112, 115, 117-122, 125, 127, 128, 131, 133-135, 139-142, 144, 148, 152, 153, 155-165, 170, 171, 200, 201, 262
スチュアート，ジョン・レイトン　122
スノー，エドガー　92, 198, 199, 230, 241
石達開　79
戚本禹　195, 222, 227
宋慶齢　92, 141
宋子文　93
宋美齢　93
孫文　8, 16, 27, 28, 31-33, 52, 141, 342

タ行

譚震林　116, 196, 217-219
譚平山　32, 37, 41
張学良　59, 87, 91, 92
張国燾　16, 18, 20, 21, 27-32, 37, 41, 42, 47, 80-85, 92, 218
張作霖　39
張春橋　215, 219, 228-230, 234, 237, 239, 243, 244, 246, 249, 252, 253, 255, 256
趙紫陽　261, 268, 269-280, 282-284, 287, 318
張聞天（別名、洛甫）　69, 71-73, 76-78, 81, 82, 84, 94, 95, 102, 103, 179, 226
陳雲　78, 94, 145, 146, 169, 189, 191, 195, 261, 265, 267, 268, 275, 289
陳毅　115, 116, 123, 217, 218, 240
陳公博　19
陳独秀　12, 15-19, 21, 26-29, 33, 35-37, 39, 40, 42, 47, 60, 106
陳伯達　178, 204, 211, 218, 222, 224, 228-230
ディミトロフ，ゲオルギ　92, 95, 97, 104
ドイッチャー，アイザック　7, 36, 89
鄧子恢　190, 194
鄧小平　3, 73, 116, 145, 164, 190, 191, 193, 195, 196, 208, 211, 226, 237, 245-255, 259-263, 265-280, 282-285, 287-294, 296, 311, 315, 319, 332, 338
鄧力群　265, 268, 274, 275, 289, 301
トランプ，ドナルド　336, 337, 339
トリアッティ，パルミーロ　117

ナ行

任弼時　71, 72, 85, 95, 103
ノイマン，ハインツ　47

ハ行

ハーレー，パトリック　108, 112
薄一波　195, 199, 218, 226, 268, 276, 322
博古（秦邦憲）　61, 63, 69-79, 81, 82, 84, 94, 103
万里　247, 261, 268, 272
馮玉祥　39, 42, 56
フォン・ゼークト，ハンス　75
ブッシュ，ジョージ・H・W　282
ブハーリン，ニコライ　26, 53, 59
フュレ，フランソワ　4
ブラウン，オットー　75, 76, 78-81, 83
フルシチョフ，ニキータ　155-157, 170, 174,

180, 200, 201, 227, 262
彭述之　40, 60
彭真　113, 188, 195, 203, 275
彭徳懐　66, 80, 84, 179, 194, 203
方励之　272, 277
ボロディン，ミハイル　31, 39, 41-43

マ行

マーリン，ヘンドリクス・スネーフリート　19, 27-30
マクファーカー，ロデリック　222, 228, 229
マッカーサー，ダグラス　135
マルクス，カール　29, 146, 171, 194, 215, 297, 333
ミコヤン，アナスタス　115, 119, 120, 127, 128
ミフ，パーベル　62, 64
毛遠新　252, 254, 256
毛沢東　3, 5, 17, 19, 32, 42, 48-50, 53-55, 57, 64-67, 69-85, 90, 92-109, 111-115, 117-128, 132-149, 151-154, 156-165, 167-179, 181-204, 207-234, 237-256, 259-264, 266-269, 271-273, 276, 280, 285, 290, 293, 295, 307, 311, 315, 332, 333, 335, 337, 342

ヤ行

姚依林　279, 283
葉群　217, 229, 234
葉剣英　216-218, 240, 246, 253, 256
楊虎城　91, 92
楊尚昆　272, 276, 277, 280, 284, 290, 292
姚文元　203, 215, 228, 237, 239, 243, 244, 246, 249, 255, 256
ヨッフェ，アドリフ・A　31

ラ行

羅栄恒　115, 116
羅瑞卿　153, 154, 159, 160, 184
ラデック，カール　29
李維漢　42, 47, 56, 57, 60, 62, 72
陸定一　154, 155, 158
李克強　310, 311, 325, 326
李作鵬　229
李先念　217, 253, 256, 268, 275
李大釗　13, 14, 16-19, 28, 32
李登輝　299
李鵬　272, 275, 277, 279-284, 290, 292, 303
劉暁波　319
劉源　191
劉少奇　103, 107, 113, 121, 122, 126-128, 140, 144-147, 186, 188-191, 194-189, 203, 204, 208-211, 214, 226-228, 231, 243, 252, 259, 280, 284, 285
劉仁静　20
劉伯承　115, 116, 123
李立三　34, 42, 47, 53, 55-63, 94, 106
林彪　64, 66, 80, 113, 115, 116, 120, 135, 179, 189, 195, 200, 203, 211, 212, 216-218, 221, 224, 226, 228-234, 237-239, 243, 244, 252, 259, 287
林立果　231, 232, 233, 234
レーニン，ウラジーミル　14, 16, 22, 29, 71, 81, 84, 136, 171, 230, 249, 320
ロミナーゼ，ヴィッサリオン　47

〈事　項〉

ア行

アジア通貨危機　297

一帯一路　337

AI　331

AB 団　65-67

延安　94, 95, 98-100, 102, 103, 105, 106, 108, 109, 112-114, 226, 245, 274

延安整風運動　103, 104

カ行

改革開放　6, 259, 263, 264, 266, 269, 274-277, 282, 288-290, 294, 301, 312, 313, 330, 338, 340

階級闘争　17, 22, 30, 35, 56, 70, 149, 153, 160, 180, 184, 193-197, 214, 225, 261, 333

『海瑞の免官を評す』　203

開放都市　265

「過渡期の総路線」　138, 145

壁新聞（大字報）　207, 208, 210-212, 248, 266

瓦窰堡会議　88, 90

カラハン宣言　14

広東コミューン　49

皖南事件　97

共産主義グループ（小組）　18, 19, 27

共産主義青年団　311

極左派　222

計画経済　138, 168, 169, 173, 189, 290

経済特別区　264, 268, 271

継続革命論　194

ゲリラ戦　73, 114

減租減息　98

五・一六兵団　223

紅衛兵　6, 207, 208, 210, 212-217, 224, 226

高級合作社　143, 153, 161, 174

公共食堂　175, 185

紅軍　51, 54, 55, 57, 58, 66-72, 75-85, 88, 91, 93, 94, 114, 115, 143

高崗・饒漱石事件　143, 144, 147, 149, 153

紅五類　213

高度経済成長　300

抗日戦争　100, 106, 111, 192, 267

黄埔軍官学校　32, 51

黒五類　213, 214

国民革命　30, 31

国民革命軍　33, 37, 93, 94

——第八路軍　94, 96, 98

国民党　4, 8, 12, 19, 25-33, 35-43, 47-51, 54-56, 59, 64, 67, 68, 74, 75, 77, 81, 83, 86, 93-96, 99, 101, 102, 107, 108, 111, 112, 114-116, 122, 124, 127, 134, 136, 139, 144, 225, 300, 309, 310

五・三〇事件　35

五四運動　15

国共合作

第一次——　25, 27, 30, 32, 33, 35-37, 40, 41, 43, 47-49, 59

第二次——　90, 93-95

国共内戦　111, 143

「五七一工程紀要」　222, 237

五反運動　137, 138, 196, 197

コミンテルン　16-19, 21-23, 26-29, 32, 33, 36, 37, 39-43, 47-49, 53-59, 61, 62, 64, 67, 69, 71-73, 75, 78, 81, 85, 88-92, 94, 95, 102-104, 106

コミンフォルム　119, 120, 125

サ行

査田運動　73
三反運動　137
三反五反運動　137, 138
三面紅旗　191
三湾改編　50, 51
四旧打破　212
四五運動　251, 254
実事求是　188
市場経済　265, 276, 290, 309
四清運動　197-199
実権派　198, 211, 225, 227
『実践論』　71, 101
社会主義市場経済　291, 292, 294-297, 300, 307, 309, 316
社会主義初級段階　274, 275, 296, 297
上海革命委員会　219
上海コミューン　215, 217, 219
上海事変　74, 87, 93
重慶会談　112
秋収蜂起　48, 49
修正主義　191, 193, 195, 200, 201, 203, 204, 217, 239, 243, 249
珠海　264, 290
遵義会議　76-81, 95, 101
商品経済　265
自力更生　263
辛亥革命　12, 133, 268, 340
新型コロナウイルス　343
晋察冀（辺区）　96
『新青年』　13, 14, 17
深圳　264, 290
新文化運動　12
人民解放軍　47, 115, 116, 118, 120, 125, 128, 133, 141, 184, 200, 202, 216, 222, 229, 240, 241, 247, 254, 255, 267, 283, 321, 334
人民公社　167, 174-176, 178-181, 183, 185, 187, 191, 264
「人民内部の矛盾を正しく処理する問題について」　161, 162
「人民民主主義独裁論」　122
新四軍　94, 96-98
『水滸伝』批判　251
スターリン批判　155, 156, 159, 161, 164, 170, 171, 200
西安事変　92
井崗山　50-54, 66, 192, 218
精神汚染一掃キャンペーン　268, 291
整風運動　100-106, 307
尖閣諸島　299
陝甘寧辺区　94, 99, 105
全国人民代表大会　140, 246, 264, 292, 297, 299, 302, 303, 313, 337
——全人代会議　160, 289
「前十条」　196
走資派　225, 252, 253, 255
双十協定　112
双百（百花斉放・百家争鳴）　152, 155, 158, 161-165, 192, 207, 223
ソ連共産党　16, 59, 115, 119, 120, 139, 155, 201, 292
ソ連修正主義　193, 201
ソ連留学生派（留ソ派）　18, 60
「孫文・ヨッフェ共同宣言」　31

タ行

第一次五カ年計画　141, 267, 310
大字報（壁新聞）　207, 208, 210-212, 248, 266
第一一期三中全会　260, 261, 263
中国共産党全国代表大会

第八回――　172
第一六回――　303, 310
第二革命　31
太平天国　79, 328
大躍進　147, 165, 167-171, 176-181, 183, 185-189, 192, 193, 195, 201, 203
大陸反攻　202
台湾　99, 121, 242, 299, 300, 309, 336, 339
台湾問題　242, 339
WHO（世界保健機関）　304
WTO（世界貿易機関）　295
塘沽協定　87
チベット　81, 309
中央軍事委員会　82, 85, 141, 216, 219, 220, 245, 247, 256, 261, 275, 284, 289, 290, 303, 316, 325, 334
中央工作会議　185, 187, 190, 197-199, 214, 261
中央文革小組　204, 211, 213-218, 220-223, 226, 230
中華ソヴィエト共和国　132
中国革命　5-7, 21, 26-29, 40, 41, 43, 48, 54, 57-59, 78, 79, 102, 113, 115, 119, 149, 262, 342
中国人民銀行　71
中国人民政治協商会議　124, 125, 127, 128, 132, 275
『中国白書』　123, 124
中国民主同盟　124
中山艦事件　33, 36
中ソ関係　59, 278
中ソ対立　240
中ソ友好同盟条約　111
中ソ友好同盟相互援助条約　134
「中体西用」　12
中南海　210, 216, 220, 227, 256, 277
長征　71, 73, 77, 78, 82-85, 90, 143, 192
朝鮮戦争　121, 132, 133, 136, 138, 179, 246
珍宝島（ダマンスキー島）事件　240
天安門事件
第一次――　254, 255
第二次――　3, 6, 271, 276-289, 293, 296, 298, 318
土地改革　73, 93, 96, 136, 139, 142
土地革命　38-41
土法高炉　173, 174, 176

ナ行

七千人大会　188, 189, 199
南京国民政府　20, 38, 69
南巡講話　290
南昌蜂起　47
二月逆流　215-217, 219 223, 229, 240, 241
ニクソン訪中　241, 242
二重価格制　276
「二・七惨案」　34
農業集団化　139, 140, 142, 153, 155, 264
農業六〇条　185

ハ行

八一宣言　90
八七会議　43
パリ・コミューン　49, 208, 215
反右派闘争　152, 160, 163, 164, 167, 169, 181, 209, 267, 270, 279, 283
ハンガリー動乱　156, 161, 163, 253, 279
批陳整風　231, 232
逼蔣抗日　91
百団大戦　96, 97

百花斉放・百家争鳴→双百
批林批孔　243, 244, 246, 248
ファーウェイ　339
武漢政府　37, 38, 41, 43
二つのすべて　260-262, 264
福建事変　67
福建人民革命政府　74
ブルジョアジー　17, 21, 25, 26, 28, 29, 35, 36, 38, 40, 41, 63, 116, 124-126, 132, 151, 179, 192, 194, 207, 225, 307
ブルジョア自由化　267, 270, 272, 273, 277, 289
プロレタリアート　17, 20, 22, 26, 35, 95, 124, 126, 148, 157, 171, 193, 194, 204, 215, 217, 225, 228, 238, 249, 259, 266, 288, 296, 303, 309, 315
——独裁　17, 20, 124, 157, 171, 193, 204, 215, 217, 225, 228, 249, 259, 266, 288, 296
文化革命五人小組　203, 204
文化大革命　6, 113, 164, 186, 187, 189, 191, 194, 203, 204, 207, 209-212, 214-218, 220, 222, 224, 226, 228, 231, 237, 238, 240, 243-248, 250, 256, 259-262, 265, 267, 285, 290, 323, 342
分税制　294
平津戦役　116, 118
米中国交正常化　240, 242
平和共存　126, 201
「平和と民主主義の新段階」　113, 197
北京オリンピック　311
北京の春　266
ベトナム戦争　240
ペレストロイカ　279
包産到戸　190-192
法輪功　300
北戴河　174, 191, 232, 233, 272, 276
北爆　202
北伐　32, 33, 36, 37, 39
北洋軍閥　285
ボリシェビズム　13

マ行

マルクス主義　13, 14, 17, 18, 20, 21, 78, 80, 101, 102, 132, 168, 194, 200, 262, 297
マルクス・レーニン主義　13, 14, 20, 71, 75, 102, 157, 171, 201, 210, 229, 249, 266
満洲国　87
満洲事変　91
民主化運動　240
『矛盾論』　71, 101
『毛沢東語録』　200, 229, 230
「毛沢東思想」　100, 101, 106, 229, 261, 266, 295, 311

ヤ行

ヤルタ会談　107
四つの基本原則　266, 271, 274
四人組　215, 243, 246, 247, 249-256, 259, 260, 262, 267, 268, 273
四・一二クーデター　38, 39

ラ行

羅明路線　72, 73
リーマン・ショック　312
遼瀋戦役　115
林彪事件　231-234, 244
林彪グループ　229, 230, 233, 234
冷戦　109, 122, 148, 164, 288
連合艦隊　232, 287
「連合政府論」　107-109, 111, 113, 125-128

盧溝橋事件　93
廬山会議（1959 年）　167, 177-180, 187
廬山会議（1970 年）　229-232
ロシア革命　7, 13-15, 69, 136, 169, 288

ワ行

淮海戦役　116, 118
和平演変　335, 336

参考文献一覧

引用頻度の高い文献・資料（文献名ないし略記の五十音順、〈　〉内は本文での略記）

●中国語資料

〈俄羅斯档案〉沈志華主編『俄羅斯解密档案選編－中蘇関係』第一巻、第二巻、第八巻、上海、東方出版社、2015年。

中共中央文献研究室、中央档案館編『建国以来周恩来文稿』北京、中央文献出版社。第三冊、2008年。第七冊、2018年。

中共中央文献研究室編『建国以来重要文献選編』北京、中央文献出版社。第十三冊、1996年。第十五冊、1997年。第十六冊、1997年。第十九冊、1998年。

中共中央文献研究室編『建国以来毛沢東文稿』北京、第七－十三冊、中央文献出版社、1998年。

中共中央党史和文献研究院、中央档案館編『建国以来劉少奇文稿』第11冊、第12冊、北京、中央文献出版社、2018年。

中共中央文献研究室編『建国以来劉少奇文稿』第四冊、第五冊、第六冊、北京、中央文献出版社。2005－2008年。

中共中央文献研究室、中央档案館編『建党以来重要文献選編』北京、中央文献出版社。第一二冊、2013年。第一三冊、2011年。第二六冊、2011年。

中共中央マルクス・エンゲルス・レーニン・スターリン著作編訳局訳『江沢民文選』北京、第一巻－第三巻、北京、外文出版社、2010－2013年。

〈若干問題説明〉中共中央党史研究室第一研究部編著『《中国共産党歴史（上巻）》若干問題説明』北京、中共党史出版社、1991年。

〈『周恩来伝』中共〉中共中央文献研究室編『周恩来伝』四、北京、中央文献出版社、1998年。

中共中央文献研究室編『周恩来年譜（1949－1976）』上・中・下巻、北京、中央文献出版社、1997年。

中央档案館編『中共中央文件選集』第1－18冊、北京、中共中央党校出版社、1989年。

〈中国革命档案資料叢書〉中共中央党史研究室第一研究部編（訳）『共産国際、聯共（布）与中国革命档案資料叢書』北京。第一巻、第二巻、北京図書出版社、1997年。第六巻、北京図書出版社、1998年。第七巻、北京図書出版社、2002年。第十巻、第十一巻、第十二巻、中央文献出版社、2002年。

〈中国共産党的九十年　改革開放〉中共中央党史研究室『中国共産党的九十年　改

革開放和社会主義現代化建設新時期』北京、中共党史出版社、2016年。

〈中国共産党的九十年　社会主義〉中共中央党史研究室『中国共産党的九十年　社会主義建設時期』北京、中共党史出版社、2016年。

〈中国共産党的九十年　新民主主義〉中共中央党史研究室『中国共産党的九十年　新民主主義革命時期』北京、中共党史出版社、2011年。

中共中央党史研究室編『中国共産党歴史』北京、中共党史出版社。第二版第一巻上冊（1921－1949）・下冊（1921－1949)、2011年。第二巻上冊（1949－1978）・下冊（1949－1978)、2011年。

中共中央文献研究室編『鄧小平年譜（1975－1997)』上・下巻、北京、中央文献出版社、2004年。

〈『鄧小平文選』中共〉中共中央文献研究室編『鄧小平文選』北京、人民出版社。第二版第一巻、1994年。第二巻、2004年。第三巻、1993年。

〈『毛沢東選集』人民〉中共中央毛沢東著作編輯出版委員会編『毛沢東選集』第五巻、北京、人民出版社、1977年。

〈『毛沢東伝』中共〉中共中央文献研究室編『毛沢東伝（1949－1976)』上・下、北京、中央文献出版社、2003年。

〈毛沢東年譜〉『毛沢東年譜－1949－1976』第1－6巻（第1巻：1949.10－1952.12、第2巻：1953.01－1956.09、第3巻：1956.10－1959.03、第4巻：1959.04－1961.06、第5巻：1961.07－1966.09、第6巻：1966.10－1976.09)、北京、中央文献出版社、2013年。

〈『毛沢東年譜』修訂本〉中共中央文献研究室編『毛沢東年譜－1893－1949』修訂本、上・中・下巻、北京、中央文献出版社、2013年。

中共中央文献研究室編『毛沢東文集』北京、第七巻、第八巻、中央文献出版社、1999年。

中共中央文献研究室編『劉少奇伝』（上）・（下)、北京、中央文献出版社、2008年。

●日本語資料

中共中央マルクス・エンゲルス・レーニン・スターリン著作編訳局訳『江沢民文選』第一巻－第三巻、北京、外文出版社、2010年－2013年。

〈『周恩来伝』阿吽社〉金冲及主編、狭間直樹監訳『周恩来伝－1898－1949』上・中・下、阿吽社、1992年。

日本国際問題研究所中国部会編『新中国資料集成』日本国際問題研究所、1981年。第二巻、第三巻、1969年。第四巻、1970年。第五巻、1971年。

日本国際問題研究所中国部会編『中国共産党史資料集』勁草書房。第1巻、1969年。第3巻、1971年。第4巻、1972年。第5巻、1972年。第6巻、1973年。第8巻、1974年。

東方書店出版部編『中国プロレタリア文化大革命資料集成』第一巻、東方書店、1970年。

〈『鄧小平文選』テン・ブックス〉中共中央文献編集委員会編、中共中央編訳局、外文出版社訳『鄧小平文選　1982～1992』テン・ブックス、1995年。

東京大学近代中国史訳『毛沢東思想万歳』上・下、三一書房、1976年。

〈『毛沢東選集』外文〉『毛沢東選集』第四巻、北京、外文出版社、1968年。

〈『毛沢東伝』みすず書房〉金冲及主編、村田忠禧・黄幸監訳『毛沢東伝　1893-1949』上・下、みすず書房、1999年。

序　章（以下、日・中・英の刊行年順）

I・ドイッチャー著、山西英一訳『ロシア革命五十年－未完の革命』岩波新書、岩波書店、1971年。

フランソワ・フュレ著、大津真作訳『フランス革命を考える』岩波書店、1989年。

ユン・チアン、ジョン・ハリデイ著、土屋京子訳『マオ－誰も知らなかった毛沢東』上・下、講談社、2005年。

高橋伸夫『党と農民－中国農民革命の再検討』研文出版、2006年。

エリック・ホブズボーム著、大井由紀訳『20世紀の歴史－両極端の時代』上・下、ちくま学芸文庫、筑摩書房、2018年。

第1章

B・I・シュウォルツ著、石川忠雄・小田英郎訳『中国共産党史－中国共産主義と毛沢東の抬頭』慶應通信、1964年。

国際労働運動研究所編、国際関係研究所訳『コミンテルンと東方』協同産業出版部、1971年。

山田辰雄「中国政党史論」、野村浩一編『岩波講座現代中国』第1巻、岩波書店、1989年。

ケヴィン・マクダーマット、ジェレミ・アグニュー著、萩原直訳『コミンテルン史－レーニンからスターリンへ』大月書店、1998年。

石川禎弘『中国共産党成立史』岩波書店、2001年。

近代中国人名辞典修訂版編集委員会編『近代中国人名辞典』修訂版、霞山会、2018年。


周永林編『鄒容文集』重慶、重慶出版社、1983年。

張国燾『我的回憶』第一冊、北京、東方出版社、1991年。

楊奎松「共産国際為中共提供財政援助情況之考察」、欒景河主編『中俄関係的歴史与現実』開封、河南大学出版社、2004年。

洪小夏「中共誕生紀念日前推問題芻議」、中共「一大」会址記念館・上海革命歴史博物館籌備処編『上海革命史資料与研究（第6輯）』、上海、上海世紀出版股份有限公司、2006年。

張文琳、呂建雲「中共“一大”為何没有採納列寧的民族和植民地革命思想」、中共一大大会址紀念館編『中共“一大”研究論文集（1980－2010）』上海、上海辞書出版社、2011年。

蘇杭、蘇若群『解密档案中的張国燾』北京、人民出版社、2015年。

Van de Ven, Hans J. *From Friend to Comrade: The Founding of the Chinese Communist Party, 1920-1927.* Berkeley: University of California Press, 1992.
Schwartz, Benjamin I. “Culture, Modernity, and Nationalism: Further Reflections.” *Dædalus* Vol. 122, No. 3 (1993).
Zarrow, Peter. *China in War and Revolution, 1895-1949.* New York: Routledge, 2005.

第2章

徐大粛著、金進訳『朝鮮共産主義運動史－1918～1948』コリア評論社、1970年。

トロツキー著、山西英一訳『中国革命論』現代思潮社、1970年。

日本共産党中央委員会『日本共産党の五十年』日本共産党中央委員会出版局、1972年。

アイザック・ドイッチャー著、田中西二郎・橋本福夫・山西英一訳『武力なき予言者・トロツキー－1921－1929』新評論、1992年。

E・H・カー著、塩川伸明訳『ロシア革命－レーニンからスターリンへ、1917－1929年』岩波書店、2000年。

ボリス・スラヴィンスキー、ドミートリー・スラヴィンスキー著、加藤幸廣訳『中国革命とソ連－抗日戦までの舞台裏（1917－37年）』共同通信社、2002年。

鄭超麟著、長堀祐造・三好伸清・緒形康訳『初期中国共産党群像１－トロツキスト鄭超麟回憶録』平凡社、2003年。

陳独秀著、石川禎浩・三好伸清訳『陳独秀文集２－政治論集1　1920－1929』平凡社、2016年。


『“二大”和“三大”：中国共産党第二、三次代表大会資料選編』北京、中国社会科学出版社、1985年。

中央档案館編『中共中央文件選集』第一冊、北京、中共中央党校出版社、1989年。

張国燾『我的回憶』第一冊、北京、東方出版社、1991年。

李潁「共産国際与中共五大」、中共中央党史研究室第一研究部・中国中共党史学会共産国際与中国革命研究専業委員会編『共産国際、聯共（布）秘档与中国革命史新

論（第一集）』北京、中共党史出版社、2004年。

武漢地方志編纂委員会辦公室編『武漢国民政府史料』武漢、武漢出版社、2005年。

蘇杭、蘇若群『解密档案中的張国燾』北京、人民出版社、2015年。

中共中央党史研究室、中央档案館編『中国共産党第五次全国代表大会档案文献選編』北京、中共党史出版社、2015年（『第五次全国代表大会档案文献選編』と略）。

第3章

エドガー・スノウ著、宇佐美誠次郎訳『新版 中国の赤い星』筑摩書房、1964年。

国際労働運動研究所編、国際関係研究所訳『コミンテルンと東方』協同産業出版部、1971年。

ロバート・ノース著、現代史研究会訳『モスクワと中国共産党』恒文社、1974年
ジェローム・チェン著、徳田教之訳『毛沢東―毛と中国革命』筑摩書房、1976年。

唐純良著、中村三登志訳『李立三―中国共産党史外伝』論創社、1986年。

ディック・ウィルソン著、田中恭子・立花丈平訳『周恩来―不倒翁波乱の生涯』時事通信社、1987年。

郭華倫著、矢島鈞次監訳『中国共産党史論』第二巻、春秋社、1988年。

高橋伸夫「李立三路線と地方党組織―湖北省を例に」、小島朋之・家近亮子編『歴史の中の中国政治―近代と現代』勁草書房、1999年。

高橋伸夫『党と農民―中国農民革命の再検討』研文出版、2006年。

韓鋼著、辻康吾編訳『中国共産党史の論争点』岩波書店、2008年。

高文謙著、上村幸治訳『周恩来秘録―党機密文書は語る』上・下、文春文庫、文藝春秋、2010年。

小林一美『中共革命根拠地ドキュメント―1930年代、コミンテルン、毛沢東、赤色テロリズム、党内大粛清』御茶の水書房、2013年。


李維漢『回憶与研究』（上）・（下）、北京、中共党史資料出版社、1986年。

中共湖北省委組織部・中共湖北省委党史資料徴集編研委員会・湖北省档案館編『中国共産党湖北省組織史資料』武漢、湖北人民出版社、1991年。

中共福建省委組織部・中共福建省委党史研究室・福建省档案館編『中国共産党福建省組織史資料』福州、福建人民出版社、1992年。

唐純良『李立三全伝』合肥、安徽人民出版社、1999年。

劉宋斌「共産国際、聯共（布）与李立三“左”傾冒険錯誤」、中共中央党史研究室第一研究部主編『共産国際、聯共（布）秘档与中国革命史新論』北京、中共党史出版社、2004年。

中共上海市委党史研究室『1921－1933：中共中央在上海』北京、中共党史出版社、2006年。

中共江西省委党史研究室、中共贛州市委党史工作辦公室、中共竜岩市委党史研究室編『中央革命根拠地歴史資料文庫・党的系統』1、北京、中央文献出版社、2011年。

楊慶旺『中共重要会議会址考察記』北京、中共党史出版社、2012年。

周国全、郭徳宏原著、郭徳宏増補『王明伝』増訂本、北京、人民出版社、2014年。

中共上海市委党史研究室編『上海党史資料彙編』第二編、上海、上海書店出版社、2018年。

第4章

高田爾郎・浅野雄三訳『王明回想録－中国共産党と毛沢東』経済往来社、1976年。

オットー・ブラウン著、瀬戸鞏吉訳『大長征の内幕－長征に参加した唯一人の外人中国日記』恒文社、1977年。

姫田光義『中国革命に生きる－コミンテルン軍事顧問の運命』中公新書、中央公論社、1987年。

逄先知著、竹内実・浅野純一訳『毛沢東の読書生活－秘書がみた思想の源泉』サイマル出版会、1995年。

ユン・チアン、ジョン・ハリデイ著、土屋京子訳『マオ－誰も知らなかった毛沢東』上・下、講談社、2005年。

高文謙著、上村幸治訳『周恩来秘録－党機密文書は語る』上・下、文春文庫、文藝春秋、2010年。

フィリップ・ショート著、山形浩生・守岡桜訳『毛沢東－ある人生』上、白水社、2010年。

高橋博「チャイナ・ラビリンス（134）真実の長征」、『東亜』第576号、2015年6月（この文章は、2015年4月3日に中国のウェブサイト『共識網』がインターネット上に掲載した歴史学者、劉統へのインタビュー記事「劉統：紅軍長征是多面化的、歴史真実不応掩蓋」を翻訳し、解説を付したものである。だが、このウェブサイトは、2016年秋に中国当局によって閉鎖に追い込まれた）。

石川禎浩「毛亡き後に神話を守る－遵義会議をめぐる文献学的考察」、石川禎浩編『毛沢東に関する人文学的研究』京都大学人文科学研究所附属現代中国研究センター、2020年。


張鼎丞『中国共産党創建閩西革命根拠地』北京、人民出版社、1982年。

聶栄臻『聶栄臻回憶録』北京、解放軍出版社。上、1983年。中、下、1984年。

温必権「回憶福建的査田運動」、『風展紅旗』第四輯、福州、福建人民出版社、1984年。

中央統戦部等編『中共中央抗日民族統一戦線文件選編』（上）、北京、档案出版社、

1984年。

李維漢『回憶与研究』(上)、北京、中共党史資料出版社、1986年。

張国燾『我的回憶』第一、三冊、北京、東方出版社、1991年。

『陳雲文選』第二版、第一巻、北京、人民出版社、1995年。

遵義会議紀念館編『陳雲与遵義会議』北京、中央文献出版社、2004年。

軍事科学院軍事歴史研究所編著『中国工農紅軍長征全史』(一)、北京、軍事科学出版社、2006年。

呉明剛『1933:福建事変始末』武漢、湖北人民出版社、2006年。

中共中央党史研究室第一研究部編著『紅軍長征史』第二版、北京、中共党史出版社、2006年。

中共中央文献研究室編『朱徳年譜新編本　1886－1976』(上)、北京、中央文献出版社、2006年。

中国現代史学会編『長征档案―紀念中国工農紅軍長征勝利七十周年』下巻、北京、中共党史出版社、2006年。

朱玉総編『中国工農紅軍西路軍・回憶録巻』(上)、蘭州、甘粛人民出版社、2007年。

夏宇立『史説長征』香港、大風出版社、2009年。

高華『革命年代』広州、広東人民出版社、2010年。

黄道炫『張力与限界:中央蘇区的革命(1933～1934)』北京、社会科学文献出版社、2011年。

蘇杭、蘇若群著『解密档案中的張国燾』北京、人民出版社、2015年。

李徳、舒雲編著『林彪元帥年譜』上冊、香港、香港鳳凰書品文化出版、2015年。

第5章

チャルマース・C・ジョンソン著、田中文蔵訳『中国革命の源流―中国農民の成長と共産政権』弘文堂新社、1967年。

エドガー・スノウ著、小野田耕三郎・都留信夫訳『中共雑記』未來社、1975年。

ピョートル・ウラジミロフ著、高橋正訳『延安日記―ソ連記者がみていた中国革命 1942－1945』上・下、サイマル出版会、1975年。

高田爾郎、浅野雄三訳『王明回想録』経済往来社、1976年。

マーク・セルデン著、小林弘二・加々美光行訳『延安革命』筑摩書房、1976年。

A・グェルラ著、坂井信義訳『コミンフォルム時代』大月書店、1981年。

I・ドイッチャー著、上原和夫訳『スターリン―政治的伝記』みすず書房、1984年。

香川孝志・前田光繁『八路軍の日本兵たち―延安日本労農学校の記録』サイマル出版会、1984年。

高橋伸夫『中国革命と国際環境―中国共産党の国際情勢認識とソ連、1937年～1960年』慶應義塾大学出版会、1996年。

ボリス・スラヴィンスキー、ドミートリー・スラヴィンスキー著、加藤幸廣訳『中国革命とソ連―抗日戦までの舞台裏（1917－1937）』共同通信社、2002年。

楊海英『墓標なき草原―内モンゴルにおける文化大革命・虐殺の記録』（下）、岩波書店、2009年。

高文謙著、上村幸治訳『周恩来秘録―党機密文書は語る』上・下、文春文庫、文藝春秋、2010年。

ジョン・バイロン、ロバート・パック著、田畑暁生訳『龍のかぎ爪　康生』上、岩波現代文庫、岩波書店、2011年。

小林弘二『グローバル化時代の中国現代史1917－2005―米ソとの協調と対決の軌跡』筑摩書房、2013年。

李鋭著、小島晋治訳『中国民主改革派の主張―中国共産党私史』岩波書店、2013年。


張天栄、呂澄、鐘碧恵、王延湜主編『党的建設七十年』北京、中共党史出版社、1992年。

高華『紅太陽是怎様昇起的：延安整風運動的来龍去脈』香港、中文大学出版社、2000年。

中共中央党史研究室張聞天選集伝記組編、張培森主編『張聞天年譜（1900－1976）』上巻、北京、中共党史出版社、2000年。

陳永発『中国共産革命七十年』修訂版、上冊、台北、聯経、2001年。

楊奎松『毛沢東与莫斯科的恩恩怨怨』南昌、江西人民出版社、2002年。

中共中央文献研究室編、『任弼時年譜（1904－1950）』北京、中共文献出版社、2004年。

尚明軒主編『宋慶齢年譜長編（1893～1948）』（上）、北京、社会科学文献出版社、2008年。

張友坤、銭進、李学群編著『張学良年譜 修訂版』北京、社会科学文献出版社、2009年。

郭徳宏編『王明年譜』北京、社会科学文献出版社、2011年。

楊奎松『西安事変新探―張学良与中共関係之謎』太原、山西出版集団・山西人民出版社、2012年。

蕭軍『延安日記　1940－1945』下巻、香港、Oxford University Press, 2013年。

陳永発「延安的『革命鴉片』：毛沢東的秘密武器」、『二十一世紀双月刊』第168期（2018年8月）。

U. S. Department of State, *Foreign Relations of the United States*〔*FRUS*〕*: Diplomatic Papers, 1945,* Vol. VII. Washington D. C. : U. S. Government Printing Office, 1965.
Tuckman, Barbara W. "If Mao Had Come to Washington in 1945: An Essay in

Alternatives," *Foreign Affairs,* Vol. 51, No. 1(Oct. 1972).

Chen, Yung-fa. *The Making of a Revolution: The Communist Movement in Eastern and Central China, 1937-1945.* Berkeley: University of California Press, 1986.

Selden, Mark. "Yan'an Communism Reconsidered," *Modern China,* Vol. 21, No. 1 (January 1995).

Banac, Ivo ed. *The Diary of Georgi Dimitrov, 1933-1949.* New Haven: Yale University Press, 2003.

第6章

ピョートル・ウラジミロフ著、高橋正訳『延安日記－ソ連記者が見ていた中国革命 1942－1945』上・下、サイマル出版会、1975年。

中国国民党中央委員会党史委員会編、陳鵬仁訳『中国国民党略史－中国国民党創立百周年を記念して』台北、近代中国出版社、1994年。

高橋伸夫『中国革命と国際環境－中国共産党の国際情勢認識とソ連、1937年～1960年』慶應義塾大学出版会、1996年。

楊奎松「共産党のブルジョワジー政策の変転」、久保亨編著『1949年前後の中国』汲古書院、2006年。

中国人民解放軍軍事科学院編『毛沢東軍事文選』内部本、北京、中国人民解放軍戦士出版社、1981年。

中央統戦部、中央档案館編『中共中央解放戦争時期統一戦線文件選編』北京、档案出版社、1988年。

師哲『在歴史巨人身辺－師哲回憶録』第二版（修訂本）、北京、中央文献出版社、1995年。

金冲及『国共決戦－毛沢東、蔣介石在三大戦役的博弈』香港、中華書局有限公司、2013年。

沈志華『冷戦的転型：中蘇同盟建立与遠東格局変化』北京、九州出版社、2013年。

中共中央党史和文献研究院編『劉少奇年譜　増訂本』第二巻、北京、中央文献出版社、2018年。

Petersen, Neal H. *et al.* ed., *Foreign Relations of the United States* 〔*FRUS*〕*, 1950, East Asia and the Pacific,* Vol. VI. Washington D. C.: U. S. Government Printing Office, 1976.

Tozer, Warren W. "Last Bridge to China: The Shanghai Power Company, the Truman Administration and the Chinese Communists." *Diplomatic History,* Winter 1977.

Prescott, Francis C. *et al.* ed., *Foreign Relations of the United States* 〔*FRUS*〕*, 1949, The Far East: China,* Vol. VIII. Washington D. C.: U. S. Government Printing Office, 1978.

Eastman, Lloyd E. *Seeds of Destruction: Nationalist China in War and Revolution, 1937-1949.* Stanford: Stanford University Press, 1984.

第7章

ソ同盟共産党中央委員会付属マルクス＝エンゲルス＝レーニン研究所編、マルクス＝レーニン主義研究所訳『レーニン全集』第26巻、大月書店、1972年。

ロデリック・マックファーカーほか編、徳田教之ほか訳『毛沢東の秘められた講話』上、岩波書店、1993年。

カール・マルクス著、社会科学研究所監修、資本論翻訳委員会訳『資本論』第一巻a、新日本出版社、1997年。

楊奎松「共産党のブルジョワジー政策の変転」、久保亨編著『1949年前後の中国』汲古書院、2006年。

銭理群著、阿部幹雄ほか訳『毛沢東と中国—ある知識人による中華人民共和国史』(上)、青土社、2012年。

沈志華著、朱建栄訳『最後の「天朝」—毛沢東・金日成時代の中国と北朝鮮』上、岩波書店、2016年。

高橋伸夫「高崗事件再考」上・下、『法学研究』第91巻第11号、第12号、2018年11月、12月。


師哲『在歴史巨人身辺—師哲回憶録』第二版(修訂本)、北京、中央文献出版社、1995年。

楊奎松『毛沢東与莫斯科的恩恩怨怨』南昌、江西人民出版社、2003年。

李海文整理『師哲口述中蘇関係見証録』北京、当代中国出版社、2005年。

盛永華主編『宋慶齢年譜(1893－1981)』下冊、広州、広東人民出版社、2006年。

趙家棟、張暁霽『半截墓碑下的往時—高崗在北京』香港、大風出版社、2008年。

薄一波『若干重大決策与事件的回顧』(上)、北京、中共党史出版社、2008年(人民出版社1997年修訂本の再版)。

尚明軒主編『宋慶齢年譜長編(1949～1981)』(下)、北京、社会科学文献出版社、2009年。

戴茂林・趙暁光『高崗伝』西安、陝西人民出版社、2009年。

袁小栄編著『毛沢東外出和巡視記事(1949－1976)』香港、大風出版社、2010年。

沈志華主編『中蘇関係史綱—1917～1991年中蘇関係若干問題再探討(増訂版)』北京、社会科学文献出版社、2011年。

沈志華『冷戦的転型：中蘇同盟建立与遠東格局変化』北京、九州出版社、2013年。

湖北省公安庁編『九年来省委有関鎮反闘争的指示及歴次省公安会議文件彙編』出版地・出版社不明、1958年(『中共重要歴史文献資料彙編』第29輯、公安法制史料

専輯第49分冊、ロサンゼルス、中文出版服務中心、2014年。UCLA東アジア図書館で閲覧（※以下同））。

MacFarquhar, Roderick ed. *The Politics of China: Sixty Years of the People's Republic of China,* Third Edition. Cambridge: Cambridge University Press, 2011.

第8章

J・R・タウンゼント著、小島朋之訳『現代中国－政治体系の比較分析』慶應通信、1980年。

志水速雄訳・解説『フルシチョフ秘密報告「スターリン批判」』講談社学術文庫、講談社、1991年。

ロデリック・マックファーカーほか編、徳田教之ほか訳『毛沢東の秘められた講話』上、岩波書店、1992年。

沈志華著、朱建栄訳『最後の「天朝」－毛沢東・金日成時代の中国と北朝鮮』上、岩波書店、2016年。

ハンナ・アーレント著、大久保和郎・大島かおり訳『全体主義の起原3　全体主義』みすず書房、2017年。

『学習文選』第一巻、出版地・出版社不明、1967年。

中央档案館編『広東革命歴史文件彙集　1927年－1934年』広州、広東人民出版社、1984年。

北京政法学院革命委員会「首都政法兵団」編『打倒羅瑞卿－反革命修正主義分子羅瑞卿在政法方面的反動言論摘編』北京、出版社不明、1967年8月（中文出版物服務中心編『中共歴史重要文献資料彙編』第十八輯、“文革”初期有関中共軍事系統暨領導人的批判資料専輯第四分冊羅瑞卿問題（一）、ロサンゼルス、1998年※）。

『公安建設』（表紙に「内部刊物、絶対秘密」とあり）1957年第6期（4月15日）（中文出版物服務中心編『中共歴史重要文献資料彙編』第二一輯、一九四九年以来中共内部党刊資料専輯第一至三分冊合訂本、ロサンゼルス、2003－2004年※）。

〈粛反文件〉中共山東省委粛反領導小組編『粛清暗蔵反革命分子運動文件彙編』（表紙に「絶密資料、不得外伝」とあり。）出版地・出版社不明、1960年（中文出版物服務中心編『中共歴史重要文献資料彙編』第二九輯、公安法制史料専輯第六分冊、ロサンゼルス、2002年※）。

薄一波『若干重大決策与事件的回顧』（上）、北京、中共党史出版社、2008年（人民出版社1997年修訂本の再版）。

湖北省公安庁編『九年来省委有関鎮反闘争的指示及歴次省公安会議文件彙編』、出版地・出版社不明、1958年10月（中文出版物服務中心編『中共歴史重要文献資料彙

編』第二九輯、公安法制史料専輯第四九分冊、ロサンゼルス、2014年※)。

〈全国公安会議文件〉第九次全国公安会議秘書処『歴届全国公安会議文件彙編 1949年10月－1957年9月』出版地・出版社不明、1958年9月(中文出版物服務中心編『中共歴史重要文献資料彙編』第二九輯、公安法制史料専輯第五二分冊、ロサンゼルス、2014年※)。

第9章

日本国際問題研究所現代中国部会編『中国大躍進政策の展開：資料と解説』上巻・下巻、日本国際問題研究所、1973－74年。

G・ボッファ、G・マルチネ著、佐藤紘毅訳『スターリン主義を語る』岩波書店、1978年。

彭徳懐著、田島淳訳『彭徳懐自述―中国革命とともに』サイマル出版会、1986年。

A・P・ダントレーヴほか著、佐々木毅ほか訳『国家への視座』平凡社、1988年。

辻康吾編、小島麗逸解説『現代中国の飢餓と貧困―2,000万人餓死事件への証言』弘文堂、1990年。

丁抒著、森幹夫訳『人禍1958～1962―餓死者2,000万人の狂気』学陽書房、1991年。

蘇暁康ほか著、辻康吾監訳『廬山会議―中国の運命を定めた日』毎日新聞出版、1992年。

ロデリック・マックファーカーほか編、徳田教之ほか訳『毛沢東の秘められた講話』上・下、岩波書店、1992年。

フランク・ディケーター著、中川治子訳『毛沢東の大飢饉』草思社、2011年。

銭理群著、阿部幹雄ほか訳『毛沢東と中国―ある知識人による中華人民共和国史』(上)、青土社、2012年。

楊継縄著、伊藤正ほか訳『毛沢東大躍進秘録』文芸春秋、2012年。

沈志華著、朱建栄訳『最後の「天朝」―毛沢東・金日成時代の中国と北朝鮮』(下)、岩波書店、2016年。


『学習文選』第一巻、出版地・出版社不明、1967年。

《当代中国》叢書編輯部編『当代中国的河南』北京、中国社会科学出版社、1990年。

李鋭『「大躍進」親歴記』上海、上海遠東出版社、1996年。

中共中央文献研究室編『周恩来伝』四、北京、中央文献出版社、1998年。

国家統計局「国民経済統計報告」第61号(『中共重要歴史文献彙集』特輯補編之一"統計数字中的人民公社"(1958年－1964年)、ロサンゼルス、中文出版物服務中心、2007年※)。

中国人民解放軍総政治部『工作通訊』(『中共重要歴史文献彙集』第21輯1949年以来中共内部党刊資料専輯第10種、ロサンゼルス、中文出版物服務中心、2007年※)。

薄一波『若干重大決策与事件的回顧』(下)、北京、中共党史出版社、2008年(人民出版社、1997年修訂本の再版)。

楊継縄『墓碑ー中国六十年代大飢荒紀実』上篇・下篇、香港、天地図書有限公司、2008年。

林藴暉『烏托邦運動ー従大躍進到大飢荒』(中華人民共和国史・第四巻)香港、香港中文大学中国文化研究所当代中国文化研究中心、2008年。

新疆維吾爾自治区党委辦公庁『中国共産党第八届全国代表大会第二次全体会議発言稿選編』(『第八届全国代表大会第二次全体会議』と略)1958年6月14日(『中共重要歴史文献資料彙編』第22輯五十年代後期“反右派”和“反右傾”運動歴史資料専輯第95分冊、ロサンゼルス、中文出版物服務中心、2015年※)。

河南省統計局、公安庁、人口普査辦公室編『建国四十年河南省人口統計資料彙編』上冊、1989年3月(『中共重要歴史文献資料彙編』第30輯稀見統計資料専輯第308分冊、ロサンゼルス、中文出版物服務中心、2016年※)。

Li, Lillian M. *Fighting Famine in North China: State, Market, and Environmental Decline, 1960s-1990s.* Stanford: Stanford University Press, 2007.

Manning, Kimberley Ens and Wemheuer, Felix eds. *Eating Bitterness: New Perspectives on China's Great Leap Forward and Famine.* Vancouver: UBC Press, 2011.

Zhou, Xun ed. *The Great Famine in China, 1958-1962: A Documentary History.* New Haven: Yale University Press, 2012.

第10章

エドガー・スノー著、松岡洋子訳『革命、そして革命……』朝日新聞社、1972年。

日本国際問題研究所現代中国部会編『中国大躍進政策の展開:資料と解説』下巻、日本国際問題研究所、1974年。

逄先知著、竹内実・浅野純一訳『毛沢東の読書生活』サイマル出版会、1995年。

高橋伸夫『中国革命と国際環境ー中国共産党の国際情勢認識とソ連、1937年〜1960年』慶應義塾大学出版会、1996年。

王光美・劉源ほか著、吉田富夫、萩野脩二訳『消された国家主席　劉少奇』日本放送出版協会、2002年。

ユン・チアン、ジョン・ハリデイ著、土屋京子訳『マオー誰も知らなかった毛沢東』上・下、講談社、2005年。

高文謙著、上村幸治訳『周恩来秘録ー党機密文書は語る』上・下、文春文庫、文藝春秋、2010年。

フィリップ・ショート著、山形浩生・守岡桜訳『毛沢東ーある人生』下、白水社、2010年。

フランク・ディケーター著、中川治子訳『毛沢東の大飢饉』草思社、2011年。

銭理群著、阿部幹雄ほか訳『毛沢東と中国—ある知識人による中華人民共和国史』（上）、青土社、2012年。

楊継縄著、伊藤正ほか訳『毛沢東大躍進秘録』文藝春秋、2012年。


『学習文選』第一巻、出版地・出版社不明、1967年。

郭徳宏、林小波『四清運動実録』杭州、浙江人民出版社、2005年。

薄一波『若干重大決策与事件的回顧』（下）、北京、中共党史出版社、2008年。

楊継縄『墓碑—中国六十年代大飢荒紀実』上篇・下篇、香港、天地図書有限公司、2008年。

中共中央文献研究室、中国人民解放軍軍事科学院編『建国以来毛沢東軍事文稿』下巻、北京、軍事科学出版社・中央文献出版社、2009年。

《彭真伝》編写組『彭真伝（1957－1978）』第三巻、北京、中央文献出版社、2012年。

中共中央文献研究室編『鄧小平伝（1904－1974）』下、北京、中央文献出版社、2014年。

沈志華主編『俄羅斯解密档案選編—中蘇関係』第八巻、上海、東方出版中心、2015年。

李徳、舒雲主編『林彪元帥年譜』下冊、香港、香港鳳凰書品文化出版有限公司、2015年。

中共中央文献研究室編『陳雲伝』（三）、北京、中央文献出版社、2015年。

中共中央文献研究室編『陳雲年譜（修訂本）』下巻、北京、中央文献出版社、2015年。

陳晋主編『毛沢東読書筆記精講』（戦略巻）、香港、中華書局有限公司、2017年。

宋永毅編『機密档案中新発現的毛沢東講話』New York、国史出版社、2018年。

楊継縄『天地翻覆—中国文化大革命史』（第三版修訂本）上冊、香港、天地図書有限公司、2018年。

Li, Mingjiang. *Mao's China and the Sino-Soviet Split: Ideological Dilemma.* New York: Routledge, 2012.

第11章

安藤正士、太田勝洪、辻康吾『文化大革命と現代中国』岩波新書、岩波書店、1986年。

張承志著、小島晋治・田所竹彦訳『紅衛兵の時代』岩波新書、岩波書店、1992年。

逢先知著、竹内実・浅野純一訳『毛沢東の読書生活—秘書がみた思想の源泉』サイマル出版会、1995年。

厳家祺、高皋著、辻康吾監訳『文化大革命十年史』(上)・(下)、岩波書店、1996年。

王光美、劉源ほか著、吉田富夫・萩野脩二訳『消された国家主席　劉少奇』日本放送出版協会、2002年。

高文謙著、上村幸治訳『周恩来秘録―党機密文書は語る』上・下、文春文庫、文藝春秋、2010年。

ロデリック・マクファーカー、マイケル・シェーンハルス著、朝倉和子訳『毛沢東最後の革命』上・下、青灯社、2010年。

銭理群著、阿部幹雄ほか訳『毛沢東と中国―ある知識人による中華人民共和国史』(上)・(下)、青土社、2012年。

王友琴・小林一美ほか編著『中国文化大革命「受難者伝」と「文革大年表」―崇高なる政治スローガンと残酷非道な実態』集広舎、2017年。

古谷浩一『林彪事件と習近平―中国の権力闘争、その深層』筑摩書房、2019年。

楊継縄著、辻康吾編、現代中国資料研究会訳『文化大革命五十年』岩波書店、2019年。

フランク・ディケーター著、谷川真一監訳、今西康子訳『文化大革命：人民の歴史1962－1976』上・下、人文書院、2020年。


中共中央辦公庁編『九届二中全会公報和九届二中全会以来毛主席的文章、批示和重要談話』(1972年5月21日、表紙に「絶密」とあり)(『中共重要歴史文献資料彙編』第一輯(林彪専輯)第二分冊中共中央1972年第24号絶密文件“粉砕林彪反党集団反革命政変的闘争(材料之三)”ロサンゼルス、中文出版物服務中心、1995年※)。

王年一『大動乱的年代：「文化大革命」十年史』第二版、鄭州、河南人民出版社、2005年。

陳煥仁『紅衛兵日記』香港、中文大学出版社、2006年。

中国人民解放軍軍事科学院編『葉剣英年譜(1897－1986)』(下)、北京、中央文献出版社、2007年。

呉法憲『呉法憲回憶録―歳月艱難』第三版(下巻)、香港、北星出版社、2008年。

薄一波『若干重大決策与事件的回顧』(下)、北京、中共党史出版社、2008年(人民出版社、1997年修訂本の再版)。

卜偉華『「砸爛旧世界」―文化大革命的動乱与浩劫』(中華人民共和国史・第六巻)香港、香港中文大学中国文化研究所当代中国文化研究中心、2008年。

李徳、舒雲主編『林彪元帥年譜』下冊、香港、香港鳳凰書品文化出版有限公司、2015年。

戚本禹『戚本禹回憶録』(下)、香港、中国文革歴史出版社、2016年。

編者不詳「林立果在1970年7月31日空直機関幹部会上的講用報告」(『中共重要歴史文献資料彙編』第一輯(林彪専輯)第五十九分冊、ロサンゼルス、中文出版物服

務中心、2016年※)。

楊継縄『天地翻覆－中国文化大革命史』(第三版修訂本)、上・中・下冊、香港、天地図書有限公司、2018年。

Walder, Andrew G. *Agents of Disorder: Inside China's Cultural Revolution.* Cambridge, MA: The Belknap Press of Harvard University Press, 2019.

第12章

ロクサーヌ・ウィトケ著、中嶋嶺雄・宇佐美滋訳『江青』上・下、パシフィカ、1977年。

H・A・キッシンジャー著、読売新聞・調査研究本部訳『キッシンジャー激動の時代1　ブレジネフと毛沢東』小学館、1982年。

厳家其・高皋著、辻康吾監訳『文化大革命十年史』下、岩波書店、1996年。

林克・徐濤著・呉旭君著、村田忠禧訳・解説『「毛沢東の私生活」の真相－元秘書、医師、看護婦の証言』蒼蒼社、1997年。

毛毛著、藤野彰ほか訳『わが父・鄧小平－「文革」歳月』下、中央公論新社、2002年。

高文謙著、上村幸治訳『周恩来秘録－党機密文書は語る』上・下、文春文庫、文藝春秋、2010年。

エズラ・F・ヴォーゲル著、益尾知佐子・杉本孝訳『現代中国の父　鄧小平』上・下、日本経済新聞出版社、2013年。

楊継縄著、辻康吾編、現代中国資料研究会訳『中国文化大革命五十年』岩波書店、2019年。

フランク・ディケーター著、谷川真一監訳、今西康子訳『文化大革命：人民の歴史1962－1976』上・下、人文書院、2020年。

ヘンリー・A・キッシンジャー著、塚越敏彦ほか訳『キッシンジャー回想録　中国』(上)・(下)、岩波現代文庫、岩波書店、2021年。


「中共中央政治局委員耿飈同志一九七九年一月十六日《関於印支半島形勢報告》」、『中共研究』1980年第10期。

中共中央文献編輯委員会編『鄧小平文選(一九七五－一九八二年)』北京、人民出版社、1983年。

張穎「周恩来与江青維特克事件」、『百年潮』1997年第1期。

東方鶴『張愛萍伝』北京、人民出版社、2000年。

「粉砕林彪反党集団反革命政変的闘争(材料之一、二)」(『中共重要歴史文献資料彙編』第一輯第二分冊、ロサンゼルス、服務中心、2001年※)。

範碩『葉剣英在非常時期：1966－1976』下巻、北京、華文出版社、2002年。

史雲、李丹慧『難以継続的「継続革命」－従批林到鄧（1972－1976）』（中華人民共和国史1949－1981第八巻）、香港、香港中文大学当代中国文化研究中心、2008年。

程中原、夏杏木『前奏－鄧小平与1975年整頓』北京、人民出版社、2009年。

張玉鳳等『近看毛沢東』台北、新潮社文化事業有限公司、2010年。

Foreign Relations of the United States〔*FRUS*〕, *1977-1980*, Vol. XIII, China. Washington: U. S. Government Printing Office, 2013.
Pantsov, Alexander V. and Steven I. Levine. *Deng Xiaoping: A Revolutionary Life.* New York: Oxford University Press, 2015.

第13章

竹内実、吉田富夫監訳『鄧小平は語る－全訳・日本語版「鄧小平文選」』下巻、風媒社、1983年。

太田勝洪・小島晋治・高橋満編『中国共産党最新資料集』上巻、勁草書房、1985年。

阮銘著、鈴木博訳『鄧小平帝国の末日』三一書房、1992年。

小島麗逸『現代中国の経済』岩波新書、岩波書店、1997年。

宗鳳鳴著、高岡正展編訳『趙紫陽－中国共産党への遺言と「軟禁」15年余』ビジネス社、2008年。

趙紫陽ほか著、河野純治訳『趙紫陽極秘回想録－天安門事件「大弾圧」の舞台裏！』光文社、2010年。

高原明生「現代中国史における一九七八年の画期性について」、加茂具樹・飯田将史・神保謙編著『中国改革開放への転換－「一九七八年」を越えて』慶應義塾大学出版会、2011年。

李鋭著、小島晋治編訳『中国民主改革派の主張－中国共産党私史』岩波現代文庫、岩波書店、2013年。

余傑著、劉燕子編、劉燕子・横澤泰夫・和泉ひとみ訳『劉暁波伝』集広舎、2018年。

楊継縄著、辻康吾編、現代中国資料研究会訳『文化大革命五十年』岩波書店、2019年。

高橋伸夫「序文－特集：天安門事件30周年」、『アジア研究』第66巻第3号、2020年7月。


胡喬木『当前思想戦線的若干問題（1981年8月8日在中央宣伝部召集的思想戦線問題座談会上的演説）』北京、人民出版社、1982年。

中共中央文献研究室編『関於建国以来党的若干歴史問題的決議注釈本（修訂）』北京、人民出版社、1985年。

中共中央文献研究室『十三大以来重要文献選編』上、北京、人民出版社、1991年。

鄭仲兵主編『胡耀邦年譜資料長編』下冊、香港、時代国際出版有限公司、2005年。

鄧力群『十二個春秋（1975－1987）』香港、博智出版社、2005年。

胡績偉『胡績偉自述』第三巻、香港、卓越文化出版社、2006年。

盛平主編『胡耀邦思想年譜　1975－1989』上巻・下巻、香港、泰徳時代出版有限公司、2007年。

朱佳木『我所知道的十一届三中全会』北京、当代中国出版社、2008年。

胡徳平『中国為什麼要改革：思憶父親胡耀邦』第二版、北京、人民出版社、2011年。

中国人民武装警察部隊北京市総隊『回顧与反思：1989制止動乱平暴乱主要経験彙編』1989年12月（『中共重要歴史文献資料彙編』第27輯第26分冊、ロサンゼルス、中文出版物服務中心、2012年※）。

解放軍歩兵第190師政治部隊『戒厳政治工作資料彙編』1990年4月（『中共重要歴史文献資料彙編』第27輯第40分冊、ロサンゼルス、中文出版物服務中心、2013年※）。

封従徳『六四日記：広場上的共和国』増訂版、香港、溯源書社、2013年。

胡喬木伝編写組『胡喬木伝』（上）・（下）、北京、当代中国出版社、2015年。

胡耀邦『胡耀邦文選』北京、人民出版社、2015年。

『趙紫陽文集』編輯組編『趙紫陽文集　1980－1989』第四巻、香港、中文大学出版会、2016年。

呉仁華『六四事件全程実録』（上冊）、（下冊）、台北、允晨文化実業股份有限公司、2019年。

黎安友導言『最後的秘密－中共十三届四中全会「六四」結論文档』香港、新世紀出版及伝媒有限公司、2019年。

李鵬『関鍵時刻：李鵬六四日記』（https://64memo.com/download/LiPeng64Diary.pdf）最終アクセス2020年4月14日。

第14章

鮫島敬治・日本経済研究センター編『資本主義へ疾走する中国』日本経済新聞社、2004年。

カール・マルクス、フリードリヒ・エンゲルス著、水田洋訳『共産党宣言・共産主義の諸原理』講談社学術文庫、講談社、2008年。

エズラ・F・ヴォーゲル著、益尾知佐子・杉本孝訳『現代中国の父　鄧小平』上・下、日本経済新聞出版社、2013年。

高原明生・前田宏子『開発主義の時代へ－1972－2014』岩波新書、岩波書店、2014年。


中共中央政策研究室編写組編『党的十三届四中全会以来大事記』北京、紅旗出版社、

1993年。

中共中央文献研究室編『十四大以来重要文献選編』上・中・下、北京、人民出版社、1996年。

中共中央文献研究室編『十五大以来重要文献選編』上・中・下、北京、人民出版社、2000年。

中共中央文献研究室編『江沢民論有中国特色社会主義（専題摘編）』北京、中央文献出版社、2002年。

『中国共産党編年史』編委会編『中国共産党編年史　1998－2001』太原、山西人民出版社、2002年。

本書編写組編『江沢民同志重要論述研究』北京、人民出版社、2002年。

李潁編『従一大到十六大』北京、中央文献出版社、2002年。

馬立誠『交鋒三十年－改革開放四次大争論親歴記』南京、江蘇人民出版社、2008年。

『朱鎔基答記者問』編集組編『朱鎔基答記者問』北京、人民出版社、2009年。

中共中央文献研究室編『江沢民思想年編　1989－2008』北京、中央文献出版社、2010年。

祁建民『中国共産党与資本主義－従否定到肯定的両次循環』台北、人間出版社、2012年。

黎安友導言『最後的秘密－中共十三届四中全会「六四」結論文档』香港、新世紀出版及伝媒有限公司、2019年。

Graham, Loren R. *The Ghost of the Executed Engineer: Technology and the Fall of the Soviet Union.* Cambridge, Mass.: Harvard University Press, 1993.
Lampton, David M. *Same Bed, Different Dreams: Making U. S.-China Relations, 1989-2000.* Berkeley: University of California Press, 2001.
Miller, Alice, "Dilemmas of Globalization and Governance," in Roderick MacFarquhar ed. *The Politics of China: Sixty Years of the People's Republic of China,* Third Edition. Cambridge: Cambridge University Press, 2011.

第15章

ミロバン・ジラス著、原子林二郎訳『新しい階級－共産主義制度の分析』時事通信社、1957年。

ソ同盟共産党中央委員会付属マルクス＝エンゲルス＝レーニン研究所編、マルクス＝レーニン研究所訳『レーニン全集』第33巻、大月書店、1959年。

マックス・ウェーバー著、濱島朗訳・解説『社会主義』講談社学術文庫、講談社、1980年。

鮫島敬治・日本経済研究センター編『資本主義へ疾走する中国』日本経済新聞社、

2004年。

李昌平著、吉田富夫監訳、北村稔・周俊訳『中国農村崩壊－農民が田を捨てるとき』日本放送出版協会、2004年。

カール・マルクス、フリードリヒ・エンゲルス著、水田洋訳『共産党宣言・共産主義の諸原理』講談社学術文庫、講談社、2008年。

中国研究所編『中国年鑑2012』明石書店、2012年。

大和総研グループ「中国ジニ係数公表の波紋」2013年2月1日（https://www.dir.co.jp/report/column/20130201_006758.htm）最終アクセス2021年4月30日。

任哲「『烏坎事件』からみる中国の基層政治」、『アジ研ワールド・トレンド』第210号、2013年3月。

高原明生・前田宏子『開発主義の時代へ－1972－2014』岩波新書、岩波書店、2014年。

土屋貴裕『現代中国の軍事制度－国防費・軍事費をめぐる党、政、軍関係』勁草書房、2015年。

駒形哲哉「中国『社会主義市場経済』の性格と構造－工作機械産業における競争的国有企業の役割に注目して」、大西広編著『中成長を模索する中国－「新常態」への政治と経済の揺らぎ』慶應義塾大学出版会、2016年。

バラク・オバマ著、山田文・三宅康雄ほか訳『約束の地　大統領回顧録Ｉ』下、集英社、2021年。


新華月報編輯部編『十六大以来党和国家重要文献選編』上（一）、北京、人民出版社、2005年。

中共中央文献研究室編『十六大以来重要文献選編』（上）・（中）・（下）、北京、中央文献出版社、2005－2008年。

馬立誠『交鋒三十年－改革開放四次大争論親歴記』南京、江蘇人民出版社、2008年。

中共中央文献研究室編『十七大以来重要文献選編』（上）・（中）・（下）、北京、中央文献出版社、2009－2013年。

祁建民『中国共産党与資本主義－従否定到肯定的両次循環』台北、人間出版社、2012年。

データベース『人民数据：中国共産党文献信息』

Cai, Yongshun. *Collective Resistance in China: Why Popular Protests Succeed or Fail.* Stanford: Stanford University Press, 2010.
Miller, Allice. “Dilemmas of Globalization and Governance,” in Roderick MacFarquhar ed. *The Politics of China: Sixty Years of the People's Republic of China.* Third Edition, Cambridge: Cambridge University Press, 2011.

Wedeman, Andrew. "China's Corruption Crackdown: War without End." *Current History,* Vol. 160, Issue 791 (September 2017).

終　章

伊地智善継・山口一郎訳『孫文選集』第一巻、社会思想社、1985年。

ギジェルモ・オドンネル、フィリップ・シュミッター著、真柄秀子・井戸正伸訳『民主化の比較政治学―権威主義支配以後の政治世界』未來社、1996年。

アレクシス・ド・トクヴィル著、小山勉訳『旧体制と大革命』筑摩書房、1998年。

エレーヌ・カレール＝ダンコース著、谷口侑訳『未完のロシア―10世紀から今日まで』藤原書店、2008年。

朱建栄「中央政治」、中国研究所編『中国年鑑 2013』明石書店、2013年。

習近平『習近平　国政運営を語る』北京、外文出版社、2014年。

林望『習近平の中国―百年の夢と現実』岩波書店、2017年。

小嶋華津子「2期目を迎えた習近平政権―集権体制の強靭性と脆弱性」、中国研究所編『中国年鑑 2018』明石書店、2018年。

山口信治「領導小組の制度変化―中国の政策決定における半公式制度の機能の重層化」、加茂具樹・林載桓編著『現代中国の政治制度―時間の政治と共産党支配』慶應義塾大学出版会、2018年。

カール・マルクス著、丘沢静也訳『ルイ・ボナパルトのブリュメール18日』講談社、2020年。

ジョン・ボルトン著、梅原季哉監訳、関根光宏・三宅康雄ほか訳『ジョン・ボルトン回顧録―トランプ大統領との453日』朝日新聞出版、2020年。


中共中央文献研究室編『十八大以来重要文献選編』(上)、北京、中央文献出版社、2014年。

中共中央党史和文献研究院編『十九大以来重要文献選編』(上)、北京、中央文献出版社、2019年。

データベース『人民数据：中国共産党文献信息』

Cook, Sarah. "Christianity: Religious Freedom in China," Freedom House Report, 2017.
Qiang, Xiao. "The Road to Digital Unfreedom: President Xi's Surveillance State." *Journal of Democracy,* Vol. 30, No. 1 (January 2019).